Hebeler | 40 Probleme aus dem Staatsrecht

40 Probleme aus dem Staatsrecht

von

Dr. Timo Hebeler

Professor an der Universität Potsdam

3., neu bearbeitete Auflage

Verlag Franz Vahlen München 2011

Verlag Franz Vahlen im Internet:
vahlen.de

ISBN 978 3 8006 4177 2

Wilhelmstraße 9, 80801 München
Druck: Nomos Verlagsgesellschaft
In den Lissen 12, 76547 Sinzheim

Satz: John + John, Köln
Umschlagkonzeption: Martina Busch, Grafikdesign, Fürstenfeldbruck

Gedruckt auf säurefreiem, alterungsbeständigem Papier
(hergestellt aus chlorfrei gebleichtem Zellstoff)

Vorwort zur 3. Auflage

Die erfreuliche Nachfrage hat wiederum nach drei Jahren eine Neuauflage erforderlich gemacht. Zur Zielsetzung des Buches sei auf das hier im Anschluss auszugsweise abgedruckte Vorwort aus der Erstauflage verwiesen. Gegenüber der Vorauflage wurde das 32. Problem neu aufgenommen; dafür wurde das 32. Problem der 2. Auflage gestrichen. Die 3. Auflage will den Nutzen des Buches dadurch noch weiter erhöhen, dass verstärkt Hinweise auf Klausurlösungen in Fallsammlungen und in juristischen Ausbildungszeitschriften gegeben werden, die die hier behandelten Probleme zum Gegenstand haben. Dies erfolgt beim jeweiligen Problem am Ende bei den ergänzenden Hinweisen. Rechtsprechung und Schrifttum sind bis Oktober 2010 eingearbeitet; wertvolle Hilfe bei der Recherche hat Josephine Schmidl geleistet. Über Anregungen und Kritik aus dem Leserkreis freue ich mich auch weiterhin. Diese bitten richten an hebeler@uni-potsdam.de oder an die Professur für Öffentliches Recht, insbesondere Besonderes Verwaltungsrecht und Verwaltungswissenschaften, Universität Potsdam, August-Bebel-Straße 89, 14482 Potsdam.

Potsdam, November 2010 *Timo Hebeler*

Vorwort zur 1. Auflage aus dem Jahr 2005 (Auszug)

Seit vielen Jahren gibt es in der Buchreihe »Klausurprobleme« Bände zum Strafrecht und Zivilrecht. Das Öffentliche Recht ist bisher unbesetzt. Für das Staatsrecht soll diese Lücke hiermit geschlossen werden. Das Staatsrecht ist seit jeher ein zentrales Prüfungsfach im juristischen Studium und wird es auch in Zukunft bleiben – trotz zunehmender Bedeutung anderer Rechtsgebiete auch im Öffentlichen Recht wie insbesondere des Europarechts. Es gibt zahlreiche staatsrechtliche Fragestellungen, die immer wieder geprüft werden und die es für den Studenten Wert sind, sich mit ihnen näher zu beschäftigen. Die Vorgehensweise der »Klausurprobleme«-Bände ermöglicht es meines Erachtens, sich zugleich gründlich und vergleichsweise zeitsparend die prüfungsrelevanten Probleme eines Rechtsgebietes zu erschließen.

Das jeweilige Problem wird in einem kleinen Beispielsfall aufgegriffen und im »Ausgangspunkt« darauf hingeführt. Es folgt eine nach unterschiedlichen, wesentlichen »Theorien« geordnete Darstellung der zum Problem vorgebrachten Argumente. Bewusst wird dem Leser keine Abwägung der vorgebrachten Argumente und kein Streitentscheid o.ä. geliefert; der Leser soll einen eigenen Standpunkt bilden. Zielsetzung sollte nicht sein, sich die Mehrzahl oder gar alle der aufgelisteten Argumente zu merken, sondern diejenigen, die man als besonders schlagkräftig ansieht. Die Problemdarstellung wird abgeschlossen mit dem Wiederaufgreifen des Ausgangsfalles, der unter die dargestellten Theorien kurz subsumiert wird. Teilweise werden hier weitere kleine Beispielsfälle angeführt und ergänzende Hinweise zum Problem gegeben.

Bei einigen Problemen wird von der beschriebenen Vorgehensweise abgewichen. Dies ist insbesondere dann der Fall, wenn es zwar keine sich einander gegenüberstehenden Theorien gibt, es aber dennoch angebracht erscheint, dass ein Student sich mit dem Problem näher auseinandersetzt.

Das Buch mag neben der Einzellektüre auch hilfreiche Dienste in einer (anzuratenden) privaten Arbeitsgemeinschaft leisten. Gerade wenn man eine solche nicht nur mit Fällen und ihrer Lösung bestreiten, sondern auch Sachfragen eingehend besprechen möchte, dürfte sich das Buch eher als herkömmliche Lehrbücher eignen, Grundlagen und Anregungen für die inhaltliche Ausgestaltung zu liefern. Ferner mag das Buch neben der Vorbereitung auf Klausuren auch bei der Bearbeitung von Hausarbeiten hilfreich sein, die hier behandelte Probleme zum Gegenstand haben. (…)

Inhaltsverzeichnis

B. Staatsorganisationsrecht

I. Rechtsstaats- und Demokratieprinzip

II. Bundesstaatsprinzip und Bundesstaatlichkeit

III. Bundesrat

Abkürzungsverzeichnis

Abs.	Absatz
AcP	Archiv für die civilistische Praxis
a.F.	alte Fassung
AfP	Archiv für Presserecht
Alt.	Alternative
AK	Alternativkommentar zum Grundgesetz
Anm.	Anmerkung
AöR	Archiv des öffentlichen Rechts
ArbG	Arbeitsgericht
ArbGG	Arbeitsgerichtsgesetz
Art.	Artikel
AtomG	Atomgesetz
Aufl.	Auflage
AuslG	Gesetz über die Einreise und den Aufenthalt von Ausländern im Bundesgebiet
BAG	Bundesarbeitsgericht
BAGE	Entscheidungen des Bundesarbeitsgerichts
BayVBl	Bayerische Verwaltungsblätter
BayVerfGH	Bayerischer Verfassungsgerichtshof
BB	Betriebsberater
Bd.	Band
Bde.	Bände
BGB	Bürgerliches Gesetzbuch
BGH	Bundesgerichtshof
BGHZ	Entscheidungen des Bundesgerichtshofs in Zivilsachen
BK	Bonner Kommentar zum Grundgesetz
BSGE	Entscheidungen des Bundessozialgerichts
BT-Drucks.	Bundestagsdrucksache
BVerfGE	Entscheidungen des Bundesverfassungsgerichts
BVerfGG	Gesetz über das Bundesverfassungsgericht (Bundesverfassungsgerichtsgesetz)
BVerwG	Bundesverwaltungsgericht
BWahlG	Bundeswahlgesetz
CDU	Christlich-demokratische Union
CSU	Christlich Soziale Union
DB	Der Betrieb
DJT	Deutscher Juristentag
DÖD	Der Öffentliche Dienst
DÖV	Die Öffentliche Verwaltung
DRV	Deutsche Rentenversicherung
DV	Die Verwaltung
DVBl	Deutsches Verwaltungsblatt
EG	Vertrag zur Gründung der Europäischen Gemeinschaft
EStG	Einkommensteuergesetz
EuGH	Gerichtshof der Europäischen Gemeinschaften
EuGRZ	Europäische Grundrechte-Zeitschrift
EuZW	Europäische Zeitschrift für Wirtschaftsrecht
EWG	Europäische Wirtschaftsgemeinschaft
EuR	Europarecht

f.	folgende
FDP	Freie Demokratische Partei Deutschlands
ff.	fortfolgende
FGO	Finanzgerichtsordnung
Fn.	Fußnote(n)
FS	Festschrift
GA	Goltdammers Archiv für Strafrecht
GG	Grundgesetz für die Bundesrepublik Deutschland
GmbH	Gesellschaft mit beschränkter Haftung
GOBR	Geschäftsordnung des Bundesrates
GS	Gedächtnisschrift; Gedenkschrift
GVG	Gerichtsverfassungsgesetz
GWB	Gesetz gegen Wettbewerbsbeschränkungen
HdBStR	Handbuch des Deutschen Staatsrechts
HdBVerfR	Handbuch des Verfassungsrechts der Bundesrepublik Deutschland
HessStGH	Hessischer Staatsgerichtshof
Hs.	Halbsatz
HwO	Gesetz zur Ordnung des Handwerks
IHKG	Industrie- und Handelskammergesetz
InfAuslR	Informationsbrief Ausländerrecht
i.S.v.	im Sinne von
i.V.m.	in Verbindung mit
JA	Juristische Arbeitsblätter
JöR	Jahrbuch des Öffentlichen Rechts der Gegenwart
JR	Juristische Rundschau
Jura	Juristische Ausbildung
JuS	Juristische Schulung
JZ	Juristenzeitung
Kap.	Kapitel
KJ	Kritische JuStiz
L	Lernbogen (der JuS)
LAG	Landesarbeitsgericht
LKRZ	Zeitschrift für Landes- und Kommunalrecht Hessen, Rheinland-Pfalz, Saarland
LKV	Landes- und Kommunalverwaltung
LMBG	Lebensmittel- und Bedarfsgegenständegesetz
MDR	Monatsschrift für Deutsches Recht
MedR	Medizinrecht
MMR	Multimedia und Recht – Zeitschrift für Informations-, Telekommunikations- und Medienrecht
m.w.N.	mit weiteren Nachweisen
NJ	Neue JuStiz
NJW	Neue Juristische Wochenschrift
Nr.	Nummer
NRW	Nordrhein-Westfalen
NStZ	Neue Zeitschrift für Strafrecht
NuR	Natur und Recht
NWVBl	Nordrhein-Westfälische Verwaltungsblätter
NVwZ	Neue Zeitschrift für Verwaltungsrecht
NVwZ-RR	NVwZ-Rechtsprechungs-Report Verwaltungsrecht

NZS	Neue Zeitschrift für Sozialrecht
o.ä.	oder ähnlich/e/er/es
OHG	Offene Handelsgesellschaft
OVG	Oberverwaltungsgericht
OVGE	Rechtsprechungsammlung der Oberverwaltungsgerichte Münster und Lüneburg
PartG	Parteiengesetz
PBefG	Personenbeförderungsgesetz
PDS	Partei des Demokratischen Sozialismus
PersR	Der Personalrat
PersV	Die Personalvertretung
RdA	Recht der Arbeit
RiA	Das Recht im Amt
Rn.	Randnummer
RuP	Recht und Politik
RVO	Reichsversicherungsordnung
S.	Seite(n); Satz, Sätze
SächsVBl	Sächsische Verwaltungsblätter
SGB	Sozialgesetzbuch
SGb	Die Sozialgerichtsbarkeit
SGG	Sozialgerichtsgesetz
sog.	sogenannt/e/er/es
SPD	Sozialdemokratische Partei Deutschlands
StGB	Strafgesetzbuch
StPO	Strafprozessordnung
st. Rspr.	ständige Rechtsprechung
StWStPr	Staatswissenschaften und Staatspraxis
TierSchG	Tierschutzgesetz
u.a.	unter anderem; unter anderen
UPR	Umwelt- und Planungsrecht
u.U.	unter Umständen
UWG	Gesetz gegen den unlauteren Wettbewerb
VerfGH	Verfassungsgerichtshof
VersG	Gesetz über Versammlungen und Aufzüge (Versammlungsgesetz)
VersR	Zeitschrift für Versicherungsrecht
VerwArch	Verwaltungsarchiv
VG	Verwaltungsgericht
vgl.	vergleiche
VO	Verordnung
Vorb.	Vorbemerkung
VR	Verwaltungsrundschau
VVDStRL	Veröffentlichungen der Vereinigung der Deutschen Staatsrechtslehrer
VwGO	Verwaltungsgerichtsordnung
VwVfG	Verwaltungsverfahrensgesetz
WiVerw	Wirtschaft und Verwaltung (Beilage zum Gewerbearchiv)
WRV	Weimarer Reichsverfassung
z.B.	zum Beispiel
z.T.	zum Teil
ZBR	Zeitschrift für Beamtenrecht

ZG	Zeitschrift für Gesetzgebung
ZParl	Zeitschrift für Parlamentsfragen
ZPO	Zivilprozessordnung
ZRP	Zeitschrift für Rechtspolitik
ZSR	Zeitschrift für Sozialreform
ZUM	Zeitschrift für Urheber- und Medienrecht/Film und Recht
ZUR	Zeitschrift für Umweltrecht

Literaturverzeichnis

Es werden hier nur die häufig zitierten Werke aufgeführt; bei den übrigen finden sich nähere Angaben beim jeweiligen Zitat.

AK-GG	Kommentar zum Grundgesetz für die Bundesrepublik Deutsch land, Reihe Alternativkommentare, 3 Bde., Lsbl.
Badura	*Badura*, Staatsrecht, 4. Aufl. 2010
Berg	*Berg*, Staatsrecht, 5. Aufl. 2007
BK	Bonner Kommentar zum Grundgesetz, 12 Bde., Lsbl.
Brauner/Stollmann/Weiß	*Brauner/Stollmann/Weiß*, Fälle und Lösungen zum Staatsrecht, 7. Aufl. 2003
Brinktrine/Sarcevic	Brinktrine/Sarcevic, Fallsammlung zum Staatsrecht, 2004
Degenhart	*Degenhart*, Staatsorganisationsrecht, Staatsrecht II, 26. Aufl. 2010
Degenhart	*Degenhart*, Klausurenkurs im Staatsrecht I, 2009
Degenhart	*Degenhart*, Klausurenkurs im Staatsrecht II, 5. Aufl. 2010
Dreier	*Dreier*, Grundgesetz-Kommentar, 2. Aufl. Bd. I 2004, Bd. II 2006, Bd. III 2008
Epping	*Epping*, Grundrechte, 4. Aufl. 2010
Epping/Hillgruber	*Epping/Hillgruber*, Grundgesetz, Kommentar, 2009
Friauf/Höfling	*Friauf/Höfling*, Berliner Kommentar zum Grundgesetz, 3 Bde., Lsbl.
Geis	*Geis*, Examens-Repetitorium Staatsrecht, 2010
Gröpl	*Gröpl*, Staatsrecht I, Staatsgrundlagen, Staatsorganisation, 2. Aufl. 2010
HdBStR	Handbuch des Staatsrechts der Bundesrepublik Deutschland, Hrsg. *Isensee/Kirchhof*, 3. Aufl. 2003 ff., derzeit 8 Bde.
HdBVerfR	Handbuch des Verfassungsrechts der Bundesrepublik Deutschland, Hrsg. *Benda/Maihofer/Vogel*, 2. Aufl. 1994
Hendler	*Hendler*, Staatsorgansiationsrecht, 2. Aufl. 2003
Heimann/Kirchhof/Waldhoff	*Heimann/Kirchhof/Waldhof*, Verfassungsrecht und Verfassungsprozessrecht, 2. Aufl. 2010
Hesse	*Hesse*, Grundzüge des Verfassungsrechts der Bundesrepublik Deutschland, 20. Aufl. 1995
Höfling	*Höfling*, Fälle zu den Grundrechten, 2009
Höfling	*Höfling*, Fälle zum Staatsorganisationsrecht, 4. Aufl. 2009
Hömig	*Hömig*, Grundgesetz-Kommentar, 9. Aufl. 2010
Hufen	*Hufen*, Staatsrecht II, Grundrechte, 2. Aufl. 2009
Ipsen	*Ipsen* I, Staatsrecht I, Staatsorganisationsrecht, 22. Aufl. 2010
Ipsen	*Ipsen* II, Staatsrecht II, Grundrechte, 13. Aufl. 2010

Jarass/Pieroth	*Jarass/Pieroth*, Grundgesetz für die Bundesrepublik Deutschland, Kommentar, 10. Aufl. 2009
Katz	*Katz*, Staatsrecht, Grundkurs im öffentlichen Recht, 18. Aufl. 2010
Kloepfer	*Kloepfer*, Verfassungsrecht, Bd. II, Grundrechte, 2010
Manssen	*Manssen*, Staatsrecht II, Grundrechte, 7. Aufl. 2010
Maunz/Dürig	*Maunz/Dürig*, Grundgesetz-Kommentar, 5 Bde., Lsbl.
Maurer	*Maurer*, Staatsrecht I, 6. Aufl. 2010
Michael/Morlok	*Michael/Morlok*, Grundrechte, 2. Aufl. 2010
Pieroth/Schlink	*Pieroth/Schlink*, Grundrechte, Staatsrecht I, 26. Aufl. 2010
Sachs	*Sachs*, Verfassungsrecht II, Grundrechte, 2. Aufl. 2003
Sachs	*Sachs*, Grundgesetz-Kommentar, 5. Aufl. 2009
Schmidt-Bleibtreu/ Hofmann/Hopfauf	*Schmidt-Bleibtreu/Hofmann/Hopfauf*, Kommentar zum Grundgesetz, 11. Aufl. 2008
Sodan	*Sodan*, Grundgesetz-Kommentar, 2009
Sodan/Ziekow	*Sodan/Ziekow*, Grundkurs Öffentliches Recht, 4. Aufl. 2010
Starck/Schmidt	*Starck/Schmidt*, Staatsrecht – Prüfe dein Wissen, 2. Aufl. 2008
Stein/Frank	*Stein/Frank*, Staatsrecht, 21. Aufl. 2010
Stern	*Stern*, Das Staatsrecht der Bundesrepublik Deutschland, 5 Bde., 1./2. Aufl. 1984 ff.
Stern/Becker	*Stern/Becker*, Grundrechte-Kommentar, 2010
Umbach/Clemens	*Umbach/Clemens*, Grundgesetz. Mitarbeiterkommentar und Handbuch, 2 Bde., 2002
Volkmann	*Volkmann*, Staatsrecht II, Grundrechte, 2007
von Mangoldt/Klein/Starck	*von Mangoldt/Klein/Starck*, Das Bonner Grundgesetz, Kommentar, 3 Bde., 6. Aufl. 2010 Bd. I und Bd. II, 5. Aufl. 2005 Bd. III
von Münch	*von Münch*, Staatsrecht II, 5. Aufl. 2002
von Münch/Mager	*von Münch/Mager*, Staatsrecht I, Staatsorganisationsrecht unter Berücksichtigung der europarechtlichen Bezüge, 6. Aufl. 2010
von Münch/Kunig	*von Münch/Kunig*, Grundgesetz-Kommentar, 5. Aufl., Bd. I 2000, Bd. II 2001, Bd. III 2003
Wilms	*Wilms* I, Staatsrecht I, Staatsorganisationsrecht unter Berücksichtigung der Föderalismusreform, 2006
Wilms	*Wilms* II, Staatsrecht II, Grundrechte, 2010
Zippelius/Würtenberger	*Zippelius/Würtenberger*, Deutsches Staatsrecht, 32. Aufl. 2008

A. Grundrechte

I. Allgemeine Grundrechtslehren

1. Problem: Ist ein Grundrechtsverzicht zulässig?

Beispiel:

A ist Hochschullehrerin an der Hochschule B und führt von ihrem Dienstapparat aus als Dienstgespräche deklarierte Telefonate in das Ausland, die mehrere tausend Euro Telefongebühren verursachen. A war zuvor, als der Dienstapparat installiert wurde, davon in Kenntnis gesetzt worden und hatte sich damit einverstanden erklärt, dass alle über den Apparat geführten Gespräche vollautomatisch nach der Rufnummer des Bediensteten, der Nummer des anderen Gesprächsteilnehmers, Datum, Zeit und Gebühreneinheiten erfasst werden. B verlangt für die ihrer Ansicht nach nicht dienstlichen Gespräche der A von dieser die Erstattung der Telefonkosten. A ist der Auffassung, der Bescheid sei u.a. deshalb rechtswidrig, da er auf Grundlage der erfolgten Gesprächsregistrierung ergangen sei und diese sie in Art. 10 GG verletze. B meint, dieser Hinweis gehe schon deshalb ins Leere, da A im Hinblick auf Art. 10 GG wirksam ihren Grundrechtsverzicht erklärt habe. Hat B Recht (nach VG Bremen NJW 1978, 66 f.; OVG Bremen NJW 1980, 606 f.; vgl. auch BVerwG NJW 1982, 840)?

Ausgangspunkt:

Den Begriff des Grundrechtsverzichts wird man als einen mittlerweile anerkannten Begriff der Grundrechtsdogmatik ansehen müssen, obwohl das, was damit gemeint ist, nicht einfach exakt zu bestimmen ist. Als mittlerweile konsensfähig dürfte man die Umschreibung ansehen, dass ein Grundrechtsverzicht eine Willensäußerung des Grundrechtsberechtigten darstellt, deren Rechtsfolge zu einer Schmälerung grundrechtlich geschützter Rechtspositionen führt. Es geht dabei lediglich um den Verzicht in einer konkreten Situation, nicht hingegen darum, dass der Grundrechtsträger gleichsam »ein für allemal« das ihm zustehende Grundrecht zum Erlöschen bringt; dass Letzteres nicht möglich ist, ist unumstritten. Aus Sicht der eingreifenden Staatsgewalt geht es um die Frage, ob der an sich grundrechtswidrige Eingriff durch eine Willensäußerung des Betroffenen verfassungsrechtlich zulässig wird (*Stern* Bd. III/2, S. 906).

Der Grundrechtsverzicht ist abzugrenzen von der sog. »negativen Seite« der Grundrechte (vgl. dazu auch das 16. Problem). Damit ist gemeint, dass Grundrechte in der Regel nicht nur das im jeweiligen Grundrecht zumeist positiv umschriebene Tun schützen, sondern auch das Unterlassen. Wer z.B. nach Art. 4 II GG eine Religion nicht positiv ausübt, sondern dies gerade unterlässt, der nutzt die negative Seite der Religionsausübungsfreiheit aus. Dies stellt eine Inanspruchnahme der grundrechtlichen Freiheitsgewährleistung dar, nicht aber einen Verzicht auf ein Grundrecht (vgl. dazu *Gampp/Hebeler* BayVBl 2004, 257 [257 f.]).

Der Grundrechtsverzicht ist ferner abzugrenzen von der bloßen Nichtausübung eines Grundrechts. Wer z.B. eine verfassungswidrige (weil z.B. gegen Art. 14 I GG verstoßende) Steuer zahlt, ohne Rechtsbehelfe einzulegen, verzichtet nicht auf sein Grundrecht; denn durch einen Verzicht – seine Wirksamkeit unterstellt – wird die sonst rechtswidrige Maßnahme rechtmäßig; bei bloßem Nichtgeltendmachen eines Rechts hingegen bleibt der Eingriff rechtswidrig und das Grundrecht kann unbeschadet möglicher gesetzlicher Einschränkungen, wie etwa des Fristablaufs für Rechtsbehelfe, weiterhin geltend gemacht werden (so zutreffend *Robbers* JuS 1985, 924 [924]; ähnlich *Fischinger* JuS 2007, 808 [808]).

Einigkeit besteht darüber, dass der Grundrechtsverzicht (sofern man ihn denn überhaupt zulässt) frei von Willensmängeln erfolgen muss. Wenn ein Grundrechtsträger nicht im Vollbesitz seiner geistigen Fähigkeiten oder lediglich auf Täuschung hin oder aufgrund von Zwang seinen Grundrechtsverzicht erklärt, so ist der Grundrechtsverzicht unwirksam, da er auf keiner frei- und eigenverantwortlichen Entscheidung beruht.

Noch keine Einigkeit besteht darin, auf welcher Prüfungsstufe im grundrechtlichen Prüfungsschema der Grundrechtsverzicht einzuordnen ist. Die wohl herrschende Ansicht sieht dies »regelmäßig« als eine Frage des Eingriffs an (so *Pieroth/Schlink* Rn. 156; unklar bleibt, ob und wenn ja, wann es Ausnahmen davon geben soll); wenn eine staatliche Maßnahme also unter Vorliegen eines wirksamen Grundrechtsverzichts erfolgt, so soll dies keinen Eingriff in das Grundrecht darstellen. Denkbar wäre hingegen auch, den Grundrechtsverzicht bereits dem Grundrechtstatbestand (Schutzbereich) zuzuordnen oder ihm aber rechtfertigende Wirkung auf der Stufe der verfassungsrechtlichen Rechtfertigung zukommen zu lassen (so *Sachs* Kap. A 8, Rn. 36, der dies dahingestellt sein lässt).

I. (hier sog.) **Unzulässigkeitstheorie**

Ein Grundrechtsverzicht ist nicht zulässig.

Vertreten von:
Sturm FS Geiger, 1974, S. 173 (187 ff.); *Müller/Pieroth* Politische Freiheitsrechte der Rundfunkmitarbeiter, 1976, S. 34–36; *Malorny* JA 1974, 475 (476–478); *Bussfeld* DÖV 1976, 765 (771); *Frieß* Der Verzicht auf Grundrechte, 1968, passim; *Erichsen* Staatsrecht und Verfassungsgerichtsbarkeit I, 3. Aufl. 1982, S. 162; *Berg* Rn. 437 f.; *Koellreuter* Deutsches Staatsrecht, 1953, S. 52; *Brüggemann* Der Verzicht von Zivilpersonen im Verwaltungsrecht, 1966, S. 79; tendenziell auch: *Göldner* JZ 1976, 352 (355); *Wilde* Der Verzicht Privater auf subjektive öffentliche Rechte, 1966, S. 78 ff.

1. Argument
Nach Art. 1 II GG sind die Menschenrechte unveräußerlich; dies bedeutet, dass auf die Grundrechte nicht verzichtet werden kann.

2. Argument
Ein Verzicht auf ein Rechtsgut ist einem allgemeinen Rechtsgedanken zufolge stets dann unzulässig und also unverbindlich, wenn das Rechtsgut, auf das sich der Verzicht bezieht, ein Rechtsgut der Allgemeinheit ist und daher eine Dispositionsbefugnis des Einzelnen nicht besteht. Dies ist bei Grundrechten der Fall. Denn sie sind

nicht nur subjektive Rechte, sondern zugleich immer Grundelemente objektiver Ordnung. Art. 1 III GG zufolge binden die Grundrechte Gesetzgebung, vollziehende Gewalt und Rechtsprechung. Grundrechte lassen sich daher zum einen als negative Kompetenzbestimmungen für alle staatlichen Gewalten begreifen; zum anderen verbürgen sie zugleich nicht nur die individuelle Freiheit des Bürgers, sondern schützen darüber hinaus als Rechtsgut das Wohl der Allgemeinheit.

II. (hier sog.) **Zulässigkeitstheorie**

Ein Grundrechtsverzicht ist grundsätzlich möglich. Lediglich dann, wenn der Verzicht zur Folge hat, dass der Wesensgehalt des Grundrechts nach Art. 19 II GG angetastet wird, ist er unzulässig.

Vertreten von:
Bleckmann Staatsrecht II, Die Grundrechte, 4. Aufl. 1997, § 15 Rn. 21–28; *Bleckmann* JZ 1988, 57 (58); wohl auch: *Krüger* Allgemeine Staatslehre, 2. Aufl. 1964, S. 789; *Dürig* AöR 81 (1956), S. 117 (152); *Schwabe* Probleme der Grundrechtsdogmatik, 1977, S. 92 ff.; ähnlich: *Höfling* Offene Grundrechtsinterpretation, 1987, S. 125–127; *Hufen* § 6 Rn. 42; *Kloepfer* § 49 Rn. 77.

1. Argument (gegen das 1. Argument der Unzulässigkeitstheorie)
Mit der Wendung »unveräußerlich« in Art. 1 II GG ist nicht gesagt, dass ein Grundrechtsverzicht unzulässig ist. Art. 1 II GG ist vielmehr in Übernahme einer uralten Tradition der Menschenrechtserklärungen formuliert und meint vornehmlich, dass die den Menschen zustehenden Grundrechte für den Staat unveräußerlich sind.

2. Argument
Grundrechte haben die vorrangige Funktion, die sozialen Interessen der Individuen zu befriedigen; sie sind also primär »privatnützig« und nicht, wie die Unzulässigkeitstheorie annimmt, überwiegend oder zumindest gleichrangig objektiv-rechtlich bzw. allgemeinwohlbezogen. Diese (Haupt-)Funktion der Grundrechte lässt sich grundlegend an dem Schutz der freien Entfaltung der Persönlichkeit (Art. 2 I GG [i.V.m. Art. 1 I GG]) festmachen und entspricht insgesamt einem liberalen Grundrechtsverständnis, wonach die Effektivität der Grundrechte maximiert wird, wenn das Individuum selbst über den Inhalt und das gegenseitige Gewicht seiner Interessen befinden kann. Dies bedeutet dann aber auch zugleich, dass ein Verzicht auf Grundrechte grundsätzlich zulässig sein muss.

III. (hier sog.) **Differenzierende Theorie**

Es lässt sich nicht generell für alle Grundrechte einheitlich beurteilen, ob ein Grundrechtsverzicht möglich ist. Dies ist vielmehr, soweit nicht bereits der Wortlaut Aufschluss gibt, anhand jeder einzelnen Grundrechtsverbürgung und ihrer Schutzfunktion gesondert zu beurteilen.

Vertreten von:
Sachs Kap. A 8, Rn. 37; *Sachs* VerwArch 76 (1985), 398 (419 f.); *Epping* Rn. 106 f.; *Pietzcker* Der Staat 17 (1978), 527 (542–551); *Pieroth/Schlink* Rn. 150 ff.; *Robbers* JuS 1985, 925 (926–928); *v. Münch* Rn. 287; v. Münch/Kunig/*Kunig* Vorb. Art. 1–19 GG

Rn. 62 f.; *Stern* Bd. III/2, S. 887 ff.; Schmidt-Bleibtreu/Hofmann/Hopfauf/*Hofmann* Art. 19 GG Rn. 81; *Spieß* Der Grundrechtsverzicht, 1997, S. 165 ff.; Dreier/*Dreier* Vorb. vor Art. 1 GG Rn. 132 f.; *Amelung* Die Einwilligung in die Beeinträchtigung eines Grundrechtsgutes, 1981, S. 25 f.; *Singer* GS Jeand'Heur 1999, S. 171 ff.; *Quaritsch* FS Martens, 1987, S. 407 (410–412); wohl auch: *Manssen* Rn. 128 f.; Jarass/Pieroth/*Jarass* Vorb. Art. 1 GG Rn. 36; Hömig/*Antoni* vor Art. 1 Rn. 13; *Fischinger* JuS 2007, 808 (810 f.); *Sodan/Ziekow* § 23 Rn. 19; Stern/Becker/*Stern* Einleitung Rn. 156 f.; Epping/Hillgruber/*Hillgruber* Art. 1 GG Rn. 73; *Michael/Morlok* Rn. 535; ähnlich: *Hillgruber* Der Schutz des Menschen vor sich selbst, 1992, S. 134 ff.; *Malacrida* Der Grundrechtsverzicht, 1992, S. 80 ff.; *Seifert* Jura 2007, 99 (102 ff.); *Katz* Rn. 655.

1. Argument
Bei manchen Grundrechten gibt bereits der Wortlaut Aufschluss, ob ein Grundrechtsverzicht zulässig ist. Art. 6 II GG spricht etwa davon, dass die Pflege und Erziehung der Kinder nicht nur das natürliche Recht der Eltern, sondern auch eine ihnen obliegende Pflicht ist. Ein Verzicht auf das Erziehungs- und Pflegerecht, der zur Verwahrlosung der Kinder führen würde, ist danach nicht zulässig. Nach Art. 9 III 2 GG sind Abreden, die das Recht einschränken oder zu behindern suchen, die dort umschriebenen Vereinigungen zu bilden, nichtig und hierauf gerichtete Maßnahmen rechtswidrig. Auch hier ist mithin der Grundrechtsverzicht unzulässig. Bereits der Wortlaut bei den einzelnen grundrechtlichen Verbürgungen spricht somit dafür, dass ein Grundrechtsverzicht bei bestimmten Grundrechten, aber eben nicht generell unzulässig ist.

2. Argument
Die Unzulässigkeits- und die Zulässigkeitstheorie erkennen im Ausgangspunkt zutreffend, dass es beim Grundrechtsverzicht maßgeblich darauf ankommt, ob der Verzichtende dispositionsbefugt über das grundrechtlich Verbürgte ist. Ob dies der Fall ist, lässt sich aber entgegen diesen Theorien nicht allgemeingültig für alle Grundrechte beurteilen. Dispositionsbefugnis ist nicht gegeben, soweit die grundrechtliche Gewährleistung nicht den Einzelnen, sondern ein überindividuelles Gut zum Bezugspunkt hat. Wo dies nicht der Fall ist, ist die Dispositionsbefugnis grundsätzlich gegeben. Lediglich auf die Menschenwürde des Art. 1 I GG einschließlich des Menschenwürdegehalts anderer Grundrechte kann nie verzichtet werden, weil den Menschenwürdegehalt berührende Maßnahmen für die Rechtsgemeinschaft stets einen nicht hinnehmbaren Charakter und damit überindividuellen Bezug haben.

Beispiel und ergänzende Hinweise:

1. Im Ausgangsfall kann in dem Umstand, dass A sich einverstanden damit erklärt hat, dass die Daten sämtlicher über den Dienstapparat geführter Telefonate von der Hochschule erfasst werden, nicht nach der Unzulässigkeitstheorie, wohl aber nach der Zulässigkeitstheorie ein wirksamer Grundrechtsverzicht erblickt werden. Nach der differenzierenden Theorie ist entscheidend, ob Art. 10 GG ein für A disponibles Grundrecht ist. Das VG Bremen (NJW 1978, 66 [67]) hat dies – ohne sich mit der Frage nach dem Grundrechtsverzicht als solcher auseinander zu setzen – angenommen, denn das Fernmeldegeheimnis diene ausschließlich dem Schutz der Gesprächsteilnehmer; es genüge auch das Einverständnis im Hinblick auf die Datenre-

gistrierung eines der beiden Gesprächsteilnehmer, da das Fernmeldegeheimnis nicht zwischen den als Gesprächsteilnehmern beteiligten Personen gelte.

2. Die Rechtsprechung hat dem Grundrechtsverzicht als dogmatische Figur bisher keine große Aufmerksamkeit geschenkt (so *Stern* Bd. III/2, S. 897) – insofern ist der Ausgangsfall bezeichnend. Vielmehr löst sie die Fallgestaltungen, bei denen ein Grundrechtsverzicht in Frage steht, pragmatisch. Eine Zuordnung der Rechtsprechung zu den Theorien ist daher schwer möglich. Man kann jedenfalls sagen, dass die Gerichte nicht der Unzulässigkeitstheorie folgen, denn die Aussage, dass ein Verzicht grundsätzlich unzulässig sei, findet sich nirgends. Die Rechtsprechung dürfte am ehesten der differenzierenden Theorie zuzuordnen sein, indem – wie soeben beispielhaft anhand des VG Bremen gezeigt – darauf abgestellt wird, wessen Schutz das Grundrecht, dessen Verzicht in Frage steht, dient (weitere Nachweise zur insoweit spärlichen Rechtsprechung bei *Stern* Bd. III/2, S. 897–901).

3. Eine interessante Fallgestaltung lag BVerfG (Kammer) NJW 1982, 375, zugrunde. Der im Strafverfahren Angeklagte A beantragte die Anwendung eines Lügendetektors an ihm, um die Richtigkeit seiner Aussage zu beweisen. Die gegen die ablehnenden Gerichtsentscheidungen erhobene Verfassungsbeschwerde wurde mangels Erfolgsaussichten nicht angenommen. Dem BVerfG zufolge liege bei dem Einsatz eines Lügendetektors eine »Durchleuchtung« der Person vor, die die Aussage als deren ureigenste Leistung entwerte und den Untersuchten zu einem bloßen Anhängsel eines Apparates werden lasse. Dadurch werde unzulässig in das durch Art. 2 I i.V.m. 1 I GG geschützte Persönlichkeitsrecht des Betroffenen eingegriffen. An der Unzulässigkeit ändere auch die Einwilligung (das BVerfG verwendet den Begriff »[Grundrechts-]Verzicht« nicht, obwohl es der Sache nach darum geht) nichts. Dahinstehen könne, ob dem A die Dispositionsmacht über die in Frage stehenden Grundrechte zustehe, denn jedenfalls fehle es an der erforderlichen Freiheit zur Einwilligung. Der A habe keine Freiheit, denn die Untersuchung durch einen Lügendetektor müsse sich für ihn als eine günstige Gelegenheit darstellen, die er nicht ausschlagen dürfe (kritisch dazu *Schwabe* NJW 1982, 367 [367 f.]; *Hillgruber* Der Schutz des Menschen vor sich selbst, 1992, S. 138 f.).

4. Falllösungen: *Heimann/Kirchhof/Waldhoff* Fall 6; *Starck/Schmidt* Fall 186.

2. Problem: Wann sind Grundrechte gem. Art. 19 III GG ihrem Wesen nach auf juristische Personen des Privatrechts anwendbar?

Beispiel:

A ist als Arzt in einem katholischen Krankenhaus beschäftigt. Träger des Krankenhauses ist die B – eine privatrechtlich organisierte kirchliche Stiftung. A äußert sich öffentlich ablehnend zur Position der katholischen Kirche in der Frage des Schwangerschaftsabbruchs. Daraufhin kündigt B dem A dessen Arbeitsverhältnis. A erhebt Kündigungsschutzklage und obsiegt. B sieht sich durch das arbeitsgerichtliche Urteil u.a. in ihrem Grundrecht auf Freiheit der Religionsausübung (Art. 4 II GG) verletzt, da es ihr als kirchlichem Arbeitgeber möglich sein müsse, Arbeitnehmern zu kündigen, die sich nicht mit den wesentlichen Grundwerten der katholischen Kirche identifizierten; es müsse Sache der Kirche bleiben, die Anforderungen, welche sie um der Erfüllung ihres christlichen Auftrags willen an ihr Personal stellen wolle, selbst festzulegen. Ist für B nach Art. 19 III GG der Schutzbereich von Art. 4 GG eröffnet (nach BVerfGE 70, 138 ff.)?

Ausgangspunkt:

Nach Art. 19 III GG gelten die Grundrechte auch für inländische juristische Personen, soweit sie ihrem Wesen nach auf diese anwendbar sind. Einigkeit besteht darin, dass der Begriff der juristischen Person in Art. 19 III GG weit auszulegen und insbesondere nicht vom Zivilrecht abhängig ist. Nicht nur juristische Personen im Sinne des Privatrechts wie z.B. Aktiengesellschaften, GmbHs oder eingetragene Vereine, sondern auch nicht vollrechtsfähige Handelsgesellschaften oder nichtrechtsfähige Vereine sind juristische Personen i.S.v. Art. 19 III GG. Dies folgt aus dem Sinn von Art. 19 III GG. Wenn sogar juristische Personen, die von natürlichen Personen juristisch am weitesten entfernt sind, Grundrechtsträger sein können, so muss dies erst recht für nichtrechtsfähige Personengesamtheiten gelten, die natürlichen Personen juristisch näher stehen als juristische Personen (vgl. *v. Münch* Rn. 119).

Bei zahlreichen Grundrechten ist ihrem sachlichen Inhalt nach eindeutig, dass sie nicht auf juristische Personen anwendbar sein können, ohne dass es einer näheren Auseinandersetzung mit dem Begriff »Wesen« in Art. 19 III GG bedarf. Dies gilt für alle Grundrechte, die untrennbar mit der menschlichen Person als solcher verbunden sind. Solche ausschließlich menschenbezogenen Grundrechte sind z.B. das Recht auf Leben und körperliche Unversehrtheit in Art. 2 II 1 GG, das Recht auf Gleichberechtigung von Mann und Frau in Art. 3 II 1 GG, das Recht auf Kriegsdienstverweigerung in Art. 4 III 1 GG und die zahlreichen grundrechtlichen Verbürgungen in Art. 6 GG. Kann sich aber z.B. eine OHG auf die Berufsfreiheit in Art. 12 I GG oder auf die Gewährleistung des Eigentums in Art. 14 GG berufen? Nach welchen Maßstäben sich für solche nicht ausschließlich menschenbezogenen Grundrechte die wesensmäßige Anwendbarkeit i.S.v. Art. 19 III GG bemisst, ist strittig.

Einigkeit besteht insoweit noch darin, dass der Wortlaut, mit dem der persönliche Schutzbereich in den einzelnen Grundrechten umschrieben wird, keinen Aufschluss darüber gibt, ob das jeweils in Frage stehende Einzelgrundrecht nach Art. 19 III GG wesensmäßig anwendbar ist. Wenn z.B. Art. 3 I GG von »alle Menschen« spricht, so bedeutet dies nicht, dass dieses Grundrecht nicht wesensmäßig auf juristische Personen anwendbar sein kann; wenn Art. 2 II 2 GG von »Person« spricht – ohne nach natürlicher oder juristischer Person zu differenzieren –, so folgt daraus nicht, dass das Grundrecht auf jede Person und also auch auf die juristische das Grundrecht anwendbar ist.

I. (hier sog.) **Durchgriffstheorie**

Ein Grundrecht ist dann seinem Wesen nach auf eine juristische Person anwendbar, wenn die Bildung und Betätigung der juristischen Person Ausdruck freier Entfaltung der natürlichen Personen ist, besonders wenn der »Durchgriff« auf die hinter der juristischen Person stehenden Menschen dies als sinnvoll und erforderlich erscheinen lässt.

Vertreten von:
BVerfGE 21, 362 (369); 61, 82 (101); 68, 193 (205 f.); 75, 192 (196); BayVerfGH BayVBl 1996, 656 (656); BGHZ 63, 196 (198); v. Münch/Kunig/*Krebs* Art. 19 GG Rn. 37 f.; *Dürig* BayVBl 1959, 201 (202); *Storr* Der Staat als Unternehmer, 2001, S. 205 ff.; *Rupp v. Brünneck* FS Arndt, 1969, S. 349 (358 f.); *Epping* Rn. 154; *Badura* DÖV 1990, 353 (354); v. Mangoldt/Klein/Starck/*Huber* Art. 19 GG Rn. 209 ff.; tendenziell auch: *Bethge* AöR 104 (1979), 54 (71–73); Epping/Hillgruber/*Enders* Art. 19 GG Rn. 34; wohl auch: *Meessen* JZ 1970, 602 (603).

1. Argument
Art. 1 I GG gibt für die Bestimmung von Sinn und Zweck der Wesensformel in Art. 19 III GG entscheidende Anhaltspunkte. Denn aus Art. 1 I GG folgt, dass die Grundrechte um der Würde des Menschen willen gewährleistet sind. Das grundsätzliche Bekenntnis des Grundgesetzes zur Würde des Menschen legitimiert damit die grundrechtsdogmatische Prämisse, die »Sinnmitte« der Grundrechte bilde der Schutz der freien Entfaltung der natürlichen Personen. Da juristische Personen keinen unmittelbaren Anteil an der allein personalistisch zu begreifenden Menschenwürde besitzen, können sie unter grundrechtlichem Blickwinkel kein Selbstzweck, sondern nur Zweckschöpfungen sein, um den hinter ihnen stehenden natürlichen Personen die Wahrnehmung bestimmter, häufig grundrechtlich geschützter Interessen zu ermöglichen.

2. Argument
Der systematische Zusammenhang von Art. 19 III GG mit Art. 19 II GG, wonach »in keinem Fall (...) ein Grundrecht in seinem Wesensgehalt angetastet werden« darf, legt es nahe, dass das »Wesen« der Grundrechte in Art. 19 III GG und der »Wesensgehalt« in Art. 19 II GG eine einheitliche Wertorientierung aufweisen. Wie bei Art. 19 II GG müssen auch bei Art. 19 III GG die Menschenwürde des Einzelnen (vgl. bereits das 1. Argument), seine Fähigkeit zur Freiheit und zur Gleichberechtigung sowie seine staatsbürgerliche Mündigkeit der zentrale Bezugspunkt für das Verständnis sein.

II. (hier sog.) **Theorie der grundrechtstypischen Gefährdungslage**

Der Durchgriffsgedanke ist abzulehnen. Stattdessen ist ein Grundrecht nach Art. 19 III GG dem Wesen nach auf eine juristische Person anwendbar, wenn eine grundrechtstypische Gefährdungslage gegeben ist. Dies ist dann der Fall, soweit ein Grundrecht auf die Situation der juristischen Person ebenso passt wie auf die menschlichen Grundrechtsträger – soweit also für die juristische Person die jeweils grundrechtsgeschützten Interessen in entsprechender Weise wie bei Menschen berührt sind.

Vertreten von:
Dreier/*Dreier* Art. 19 III GG Rn. 33; BK/*v. Mutius* Art. 19 III GG Rn. 26–37; *Stern* Bd. III/1, S. 1077 ff. (insbesondere S. 1088 und 1123–1125); *Michael/Morlok* Rn. 458; *Frenz* VerwArch 85 (1994), 22 (39); Umbach/Clemens/*Roellecke* Art. 19 GG Rn. 107 f.; *Bettermann* NJW 1969, 1321 (1324); *Bettermann* FS Hirsch, 1968, S. 1 (11); *Dreier* FS Scupin, 1973, S. 81 (89); *Kröger* JuS 1981, 26 (29); *Erichsen/Scherzberg*

NVwZ 1990, 8 (11); *Kimminich* Der Schutz kommunaler Unternehmen gegen konfiskatorische Eingriffe, 1982, S. 13 f.; *Derksen* Zur Grundrechtsfähigkeit juristischer Personen, 1977, S. 12 (25 f.); *Mertens* JuS 1989, 857 (859 f.); *Pieroth* NWVBl 1992, 85 (86 f.); *Beyer* Zur Beschwerdebefugnis von Verbänden wegen Grundrechtsverletzungen, 1976, S. 85; *Mögele* NJW 1983, 805 (805); *Hartung* DÖV 1992, 393 (400); *v. Mutius* Jura 1983, 30 (40 f.); Sachs/*Sachs* Art. 19 GG Rn. 67; wohl auch: AK/*Ladeur* Art. 19 III GG Rn. 21 f.; die Durchgriffstheorie ebenfalls ablehnend: *Achterberg* GS Klein, 1977, S. 1 (6).

1. Argument
Art. 19 III GG macht schon dem Wortlaut nach deutlich, dass die juristische Person um ihrer selbst willen geschützt wird bzw. geschützt werden soll. Die juristische Person ist daher nicht nur – wie dies die Durchgriffstheorie annimmt – eine Art Treuhänderin der Grundrechte der sie bildenden natürlichen Einzelpersonen und auch nicht bloßes Vehikel für eine ohnehin mögliche kollektive Grundrechtsausübung.

2. Argument
Die Formel vom Wesen der Grundrechte durch die »Soweit«-Wendung in Art. 19 III GG dient der Ermittlung und Begrenzung des Kreises der potenziellen Zuordnungssubjekte der Grundrechtsnormierungen, soweit es sich gerade nicht um natürliche Einzelpersonen handelt. Es bedeutet zwangsläufig eine petitio principii (=die Verwendung eines unbewiesenen, erst noch zu beweisenden Satzes als Beweisgrund für einen anderen Satz), wenn man den Begriff des »Wesens« in Art. 19 III GG von der »eigentlichen«, allein auf den einzelnen Menschen bezogenen Grundrechtssubjektivitität her zu bestimmen versucht, wie dies die Durchgriffstheorie tut.

3. Argument
Die Durchgriffstheorie führt zu einer fast völligen Sinnentleerung von Art. 19 III GG. Denn wenn »eigentliche« Grundrechtsträger nur die Individuen sind, dann würde Art. 19 III GG nur feststellen, dass der Mensch keine Grundrechtseinbuße erleidet, wenn er seine Ziele mittels einer juristischen Person verfolgt. So verstanden wäre Art. 19 III GG sowohl materiell-rechtlich als auch prozessual überflüssig. Denn dass die Menschen ohne die Regelung in Art. 19 III GG in ihren Grundrechtspositionen nur deshalb ungeschützt bleiben, weil sie sich in einer juristischen Person zusammenschließen, lässt sich bereits durch die Schutzwirkungen einer am Sinn und Zweck orientierten Auslegung einzelner Grundrechtsnormen verhindern. Art. 19 III GG somit aber in materiell-rechtlicher Hinsicht auf eine Art »Grundrechtstreuhand« der juristischen Person zugunsten der hinter ihr stehenden Einzelmenschen und prozessual auf eine Prozessstandschaft zu reduzieren, kann Art. 19 III GG nicht gerecht werden. Denn zum einen lässt sich der Kreis der hinter der juristischen Person stehenden Individuen weder stets eindeutig definieren noch sinnvoll begrenzen; zum anderen wird die Annahme einer Grundrechtstreuhänderschaft den tatsächlichen Gegebenheiten nicht gerecht, da oft ein Gegensatz zwischen den Interessen der juristischen Person und der hinter ihr stehenden natürlichen Personen gegeben sein kann.

4. Argument (gegen das 1. Argument der Durchgriffstheorie)
Auch aus Art. 1 I GG folgt für die Auslegung von Art. 19 III GG nicht, dass juristische Personen keine eigene, sondern allenfalls eine treuhänderische Grundrechtsfä-

higkeit besitzen. Denn juristische Personen sind nicht notwendig etwas dem Einzelmenschen Entgegengesetztes, sondern eine von der Rechtsordnung vorgesehene Erscheinungsform menschlichen Handelns, die neben den Individuen dem Staat selbstständig gegenüber treten können.

5. Argument
Das hochkomplexe Wirtschafts- und Interaktionsgeschehen in der modernen Gesellschaft bedarf wegen seiner funktionalen Eigengesetzlichkeit und Gefährdung durch staatliche Eingriffe des grundrechtlichen Schutzes. Der Grundrechtsschutz für juristische Personen, die in der modernen Gesellschaft eine zentrale Rolle spielen, ist gleichsam eine gesellschaftliche Notwendigkeit und dieser Grundrechtsschutz ist unabhängig von dem Schutz der die juristische Person bildenden natürlichen Personen zu konstruieren.

6. Argument
Das rein individualistische Grundrechtsverständnis, das die Durchgriffstheorie letztlich an den Tag legt, widerspricht insoweit der Entstehungsgeschichte des Art. 19 III GG, als es die Diskussion darüber, ob Grundrechte überhaupt für juristische Personen gelten können, auf den Stand zur Zeit der Weimarer Republik zurückwirft, wo dies streitig war. Diese Diskussion wollte der Verfassungsgeber mit Art. 19 III GG aber gerade überwinden.

7. Argument
Da das Konzept der Durchgriffstheorie, das »Wesen« der Grundrechte im Sinne des Art. 19 III GG letztlich im Schutz des Individuums zu sehen, nicht überzeugt (vgl. 1.–6. Argument), bleibt als maßgebliches Differenzierungskriterium für die Anwendung der Grundrechte auf juristische Personen neben dem Inhalt des Schutzbereichs des jeweiligen einzelnen Grundrechts nur ihr vom potenziellen Inhaber unabhängiger Sinn und Zweck (d.h. die Zielsetzung und die Funktionen des Grundrechts) und somit die sog. grundrechtstypische Gefährdungslage übrig.

Beispiel und ergänzende Hinweise:

1. Im Ausgangsfall ist nach der Theorie der grundrechtypischen Gefährdungslage der Schutzbereich eröffnet. Die Lage der B als juristische Person im Hinblick darauf, ob sie durch das arbeitsgerichtliche Urteil im Schutzbereich von Art. 4 I, II GG betroffen sein kann, ist vergleichbar mit der einer natürlichen Person, die – wäre sie Arbeitgeber des gekündigten A – ihrer beruflichen Tätigkeit katholische Werte zugrunde legen würde. Dass Art. 4 I, II GG als ein auf juristische Personen anwendbares Grundrecht anzuerkennen ist, mag auf den ersten Blick vielleicht etwas überraschen, da juristische Personen weder einen Glauben haben noch Gewissensentscheidungen treffen können. Sie können aber den Glauben ihrer Mitglieder verkünden und fördern sowie religiöse Aktivitäten entfalten und Zwecke verfolgen (siehe dazu *Stern* Bd. III/1, S. 1128).

Auch das BVerfG als Anhänger der Durchgriffstheorie kam im Ausgangsfall dazu, dass die B als rechtsfähige Stiftung des Privatrechts zu den juristischen Personen i.S.v. Art. 19 III GG gehöre, die Träger von Grundrechten sein könne und dass dies auch im Hinblick auf Art. 4 GG gelte (BVerfGE 70, 138 [160 f.]). Näher begründet wurde diese Subsumtion unter Art. 19 III GG indes nicht und sie muss nach den Maßstäben der Durchgriffstheorie auch überraschen, denn bei einer Stiftung des Privatrechts handelt es sich lediglich um eine zu verwaltende Vermögensmasse und insofern kann ein Durchgriff auf die hinter der juristischen Person stehenden Menschen schwerlich als sinnvoll und erforderlich erscheinen (ähnlich Dreier/*Dreier* Art. 19 III GG Rn. 45 m.w.N. in Fn. 160). Richtigerweise muss man auf Grundlage der Durchgriffstheorie daher dazu kommen, dass nach Art. 19 III GG der Schutzbereich von Art. 4 GG für B nicht eröffnet ist.

2. Oft kommen die Durchgriffstheorie und die Theorie der grundrechtstypischen Gefährdungslage bei juristischen Personen des Privatrechts zu gleichen Ergebnissen. Abgesehen von Fällen wie dem Ausgangsfall, wo die juristische Person eine verwaltete Vermögensmasse ist, wird nach der Durchgriffstheorie ein Durchgriff auf die hinter der juristischen Person stehenden Menschen zu bejahen sein. Denn sinnvoll und erforderlich ist der Durchgriff letztlich dann, wenn für diese dahinter stehenden Menschen eine grundrechtstypische Gefährdungssituation gegeben ist, so dass auch hier der Sache nach das Merkmal der grundrechtstypischen Gefährdungslage letztlich greift, obwohl dies in der Literatur oft nicht deutlich ausgesprochen wird.

Verkürzt kann man sich daher als Faustformel einprägen: Der grundlegende dogmatische Streit in der Auslegung des »Wesensmerkmals« in Art. 19 III GG besteht darin, ob man den Grundrechtsschutz für juristische Personen »direkt« für diese gewährleistet sieht (so die Theorie der grundrechtstypischen Gefährdungslage) oder »indirekt-treuhänderisch« für die dahinter stehenden Menschen (so die Durchgriffstheorie). Kann man bei der Durchgriffstheorie diese treuhänderische Beziehung bejahen (und dies ist in aller Regel der Fall; Ausnahme: besondere Formen der juristischen Personen des Privatrechts wie im Ausgangsfall), dann gelten nach beiden Theorien letztlich vergleichbare Kriterien.

3. Ein Sonderproblem, welches aber eine seiner wesentlichen dogmatischen Grundlagen in dem hiesigen Problem hat, ist das des Grundrechtsschutzes für juristische Personen des öffentlichen Rechts. Während juristische Personen des Privatrechts durch private, autonome Entscheidungen gegründet werden und aufgrund solcher fortexistieren, beruht eine juristische Person des öffentlichen Rechts auf einem staatlichen Organisationsakt und nimmt lediglich einen staatlich zugewiesenen Funktions- und Aufgabenbereich wahr und wird eben dadurch öffentlich-rechtlich.

Auf Grundlage der Durchgriffstheorie muss daher für juristische Personen des öffentlichen Rechts die Anwendbarkeit der Grundrechte nach Art. 19 III GG abgelehnt werden, denn hinter den juristischen Personen des öffentlichen Rechts stehen eben keine natürlichen Personen, sondern stets der Staat. Das BVerfG als Anhänger der Durchgriffstheorie verfolgt diese Linie auch grundsätzlich. Es hat aber eine sog. Ausnahmetrias anerkannt: Universitäten könnten sich auf die Wissenschaftsfreiheit in Art. 5 III GG, öffentlich-rechtliche Rundfunkanstalten auf die Rundfunkfreiheit in Art. 5 I 2 GG und Kirchen zumindest auf Art. 4 I, II GG berufen (ausführliche Nachweise bei Dreier/*Dreier* Art. 19 III GG Rn. 59–92). Das BVerfG begründet die Ausnahmen auf Grundlage der Durchgriffstheorie damit, dass dies Bereiche seien, in denen staatliche Einrichtungen Grundrechte in einem Bereich verteidigen, in denen sie vom Staat unabhängig und Sachwalter des Einzelnen bei der Wahrnehmung seiner Grundrechte seien.

Auf Grundlage der Theorie der grundrechtstypischen Gefährdungslage ist die Lösung nicht so eindeutig. Zwar verfängt hier das Argument, hinter der juristischen Person stehe gleichsam der Staat und ein Durchgriff scheide daher aus, nicht, da es nach dieser Theorie darauf nicht ankommt. Dies bedeutet aber nicht, dass danach grundsätzlich jede juristische Person des öffentlichen Rechts grundrechtsberechtigt ist. Insbesondere ist hier das sog. Konfusionsargument zu berücksichtigen, dass Grundrechtsverpflichtete nicht stets ohne weiteres auch Grundrechtsberechtigte sein können (siehe zum ganzen Problemkreis und den Ansätzen im Schrifttum *Kröger* JuS 1981, 26 ff.).

Zur Frage, ob Zusatzversorgungskassen des öffentlichen und kirchlichen Dienstes Grundrechtsschutz genießen, siehe jüngst *Glaser* NVwZ 2006, 1366 ff.

4. Falllösungen: *Höfling* Fälle zu den Grundrechten, Fall 4; *Degenhart* Klausurenkurs I, Fall 19; *Degenhart* Klausurenkurs II, Fall 10; *Geis* Fall 15.

3. Problem: Gibt es eine sog. Drittwirkung der Grundrechte?

Beispiel:

A ist türkischer Staatsbürger und wohnt bei B zur Miete. Die Wohnung ist an eine Kabelanlage angeschlossen, über die A u.a. auch einen türkisch-sprachigen Sender empfängt. Da A mit diesem Senderangebot nicht zufrieden ist und insbesondere noch weitere türkisch-sprachige Sender empfangen möchte, beabsichtigt er, an der Außenwand seiner Wohnung eine Parabolantenne installieren zu lassen. Vermieterin B verweigert dazu aber ihre Zustimmung mit der Begründung, durch die Parabolantenne würde das optische Erscheinungsbild des Hauses erheblich gestört und für andere Mieter, die die B habe, könne ein Präzedenzfall geschaffen werden. A argumentiert, er habe als türkischer Staatsangehöriger ein gesteigertes und durch die Informationsfreiheit nach Art. 5 I 1 GG geschütztes Interesse daran, mehrere türkisch-sprachige Sender zu empfangen. B müsse daher ihre Zustimmung zur Installation der Parabolantenne erteilen. Kann A sich erfolgreich auf Art. 5 I 1 GG berufen und so die Zustimmung zur Installation der Parabolantenne erreichen (nach BVerfGE 90, 27 ff.)?

Ausgangspunkt:

Die klassische Bedeutung der Grundrechte besteht darin, dass durch sie der Bürger vor dem Staat in Schutz genommen wird. Können Grundrechte aber auch im Verhältnis zwischen Bürgern Wirkung entfalten? Diese Frage wird seit langem mit dem gebräuchlichen, wenngleich bisweilen kritisierten Begriff der Drittwirkung der Grundrechte erfasst. Manche sprechen insoweit auch von einer »Ausstrahlungswirkung« oder »horizontalen Wirkung« der Grundrechte. Mit der Frage nach der Geltung der Grundrechte im Verhältnis zwischen den Bürgern ist die Frage nach der Geltung der Grundrechte im Privatrecht angesprochen, denn dieses gestaltet die Rechtsbeziehungen zwischen Bürgern aus. Die Frage der Drittwirkung war insbesondere in den 1950er und 1960er Jahren eine sehr ausgiebig diskutierte Problematik, die damals und bis in die Gegenwart hinein zu einer kaum überschaubaren Flut an Schrifttum geführt hat. Die Rechtsprechung sowohl des BVerfG als auch des BGH und des BAG war in ihren Formulierungen schwankend und auch der Sache nach nicht immer ganz eindeutig.

In neuerer Zeit sind im Schrifttum Ansätze hinzugetreten, die die Frage der Drittwirkung letztlich als eine der Grundrechte als Schutzpflichten (muss der Staat mittels der Grundrechte Schutz im Privatrechtsverhältnis gewähren?) auffassen, wobei noch nicht ganz geklärt ist, inwiefern diese Sichtweise die Drittwirkungsdebatte lediglich begrifflich oder auch sachlich neu begreift (zum Ganzen siehe etwa *Oldiges* FS Friauf, 1996, S. 281 ff.; *Dolderer* Objektive Grundrechtsgehalte, 2000, S. 201 ff.; *Krings* Grund und Grenzen grundrechtlicher Schutzansprüche, 2003, S. 326 ff.; z.B. nach *v. Münch* Rn. 182, hat die Drittwirkungsproblematik nichts mit der Frage der Grundrechte als Schutzpflichten zu tun). Im Folgenden wird auf die Darstellung dieser noch sehr im Fluss befindlichen Schutzpflichtdiskussion verzichtet.

I. (hier sog.) **Theorie der Drittwirkungsablehnung**

Die Grundrechte gelten im Privatrechtsverkehr der Bürger untereinander nicht.

Vertreten von:
Stree DÖV 1958, 173 (173 f.); *Loppuch* DÖV 1951, 123 (123); *Knolle* BB 1949, 451 (451); *Creifels* JR 1950, 449 (455); *Schätzel* RdA 1950, 248 (250); *Schmidt-Rimpler/ Giesecke/Friesenhahn/Knur* AöR 76 (1959/51), 165 (169 ff.); wohl auch: *Forsthoff* DÖV 1957, 97 (97).

1. Argument
Der Wortlaut des Art. 1 III GG (»Die nachfolgenden Grundrechte binden Gesetzgeber, vollziehende Gewalt und Rechtsprechung als unmittelbar geltendes Recht«) benennt die Bürger eindeutig nicht als Grundrechtsverpflichtete.

2. Argument
Art. 9 III 2 GG spricht u.a. davon, dass Abreden, die das Recht, zur Wahrung und Förderung der Arbeits- und Wirtschaftsbedingungen Vereinigungen zu bilden, einschränken nichtig und hierauf gerichtete Maßnahmen rechtswidrig sind. Dies stellt eindeutig eine spezielle Anordnung der Drittwirkung dieses Grundrechts dar. Wenn aber Grundrechte ohnehin auch im Privatrechtsverkehr gelten würden, wäre diese Vorschrift, soweit sie von Privatpersonen vereinbarte Abreden und von Privatpersonen getroffene Maßnahmen ergreift, überflüssig.

3. Argument
Der Entstehungsgeschichte nach sind Grundrechte eindeutig und allein als Abwehrrechte des Bürgers gegen den Staat entstanden.

II. (hier sog.) **Theorie der unmittelbaren Drittwirkung**

Die Grundrechte gelten im Privatrechtsverkehr wie jede andere Rechtsnorm auch.

Vertreten von:
BAGE 1, 185 (191–194); 4, 274 (276); 7, 256 (260); 13, 168 (174 f.); 24, 438 (441); *v. Münch*, Rn. 188; *Nipperdey* DVBl 1958, 445 (445 ff.); *Nipperdey* Grundrechte und Privatrecht, 1961, S. 14 f.; *Nipperdey* FS Molitor, 1962, S. 17 (17 ff.); *Müller* RdA 1964, 121 (122); *Leisner* Grundrechte und Privatrecht, 1960, durchgehend; *Hager* JZ 1994, 373 (373 ff.); *Ramm* JZ 1991, 1 (6 f.); *Steindorff* Persönlichkeitsschutz im Zivilrecht, 1983, S. 12; *Kempff* Grundrechte im Arbeitsverhältnis, 1988, S. 21 ff.; *Laufke* FS Lehmann, Bd. 1, 1956, S. 145 (154); *Hamel* Die Bedeutung der Grundrechte im sozialen Rechtsstaat, 1957, S. 21 f.; *Schwabe* Die sogenannte Drittwirkung der Grundrechte, 1971, durchgehend; *Bleckmann* DVBl 1988, 938 (942); *Böckenförde* Der Staat 29 (1990), 1 (11 f.); *Rupp* AöR 101 (1976), 161 (170–172); *Rüfner* GS Martens, 1987, S. 215 (225 f.); wohl auch: BGHZ 13, 334 (338); 24, 72 (76 f.); im Ergebnis ebenso, indes mit völlig eigenem Begründungsansatz: *Lücke* JZ 1999, 377 (377 ff.); ähnlich: *Singer* JZ 1995, 1133 (1133 ff.).

1. Argument
Es mag zwar so sein, dass Grundrechte historisch allein als subjektive Abwehrrechte gegenüber dem Staat entstanden sind und sie in dieser Funktion auf den Privatrechtsverkehr nicht einwirken können. Damit wird man aber den Grundrechtsnormen nur unvollkommen gerecht. Es ist ein Zentralanliegen des Grundgesetzes, dem Einzelnen einen möglichst wirkungsvollen und umfassenden Grundrechtsschutz zu gewährleisten. Grundrechte stellen insgesamt Grundsatznormen für die gesamte Rechtsordnung auf und sind damit Ausdruck einer allgemeinen Wertordnung.

2. Argument
Die Grundrechte haben im Laufe der Zeit einen Bedeutungswandel erfahren. Heutzutage besitzen sie eine umfassende Schutzfunktion dahingehend, gegenüber allen Gefährdungen des Einzelnen Schutz zu bieten.

3. Argument
Grundrechte sollen dem Einzelnen persönliche Freiräume sichern. Die Freiheitsbedrohung für diese Freiräume kann aber nicht nur durch den Staat, sondern ebenso durch Privatpersonen, z.B. durch wirtschaftliche oder soziale Machtgruppen, und auch durch jeden einzelnen erfolgen.

4. Argument
Das Bekenntnis des Grundgesetzes zum sozialen Rechtsstaat in Art. 20, 28 GG spricht für die unmittelbare privatrechtliche Wirkung der Grundrechte. Denn in der modernen Welt ist der einzelne Mensch als Mitglied einer sozialen Gemeinschaft auf den rechtsgeschäftlichen Verkehr mit anderen Menschen – und damit eben auch auf die Privatrechtsnormen insgesamt, die diesen Verkehr ordnen – angewiesen.

5. Argument
Wenn die Grundrechte objektiv-rechtliche Gehalte der Rechtsordnung mit Verfassungsrang verbürgen, dann kann deren Effekturierung nicht von einer zureichenden einfachrechtlichen Gestaltung der Privatrechtsordnung abhängig sein. Wenn es daher an einer einfachgesetzlichen Generalklausel fehlt, über die die Grundrechte entfaltet werden können, so hört die Grundrechtseinwirkung nicht auf, sondern verschafft

sich unmittelbar Geltung. Das Grundrecht selbst wird zum Anknüpfungspunkt für Handlungs- oder Unterlassungspflichten Dritter bzw. für eigene Rechte in der Privatrechtsordnung.

6. Argument (gegen die Theorie der mittelbaren Drittwirkung)
Art. 1 III GG ordnet die Grundrechtsbindung u.a. der Gerichte – und damit auch die der Zivilgerichte – an. Wenn die Beteiligten eines Zivilrechtsstreits diesen vor dem Zivilgericht ausfechten, dann ist über Art. 1 III GG ohnehin eine Grundrechtsbindung gegeben und jede Konstruktion in Richtung einer lediglich mittelbaren Drittwirkung der Grundrechte sinnwidrig und überflüssig.

III. (hier sog.) **Theorie der mittelbaren Drittwirkung**

Die Grundrechte gelten im Privatrechtsverkehr nicht unmittelbar, aber mittelbar – und zwar dergestalt, dass sie eine objektive Wertordnung bilden, die im Privatrecht vor allem mittels der wertausfüllungsfähigen und -bedürftigen Begriffe und Generalklauseln als »Einbruchstellen« (»Medium«) für die Grundrechte in das Privatrecht realisiert werden kann.

Vertreten von:
BVerfGE 7, 198 (206 ff.); 24, 278 (282); 25, 256 (263); 34, 269 (280); 35, 202 (219); 42, 163 (168); 49, 89 (142); 52, 131 (165 f.); 73, 261 (269); 81, 242 (256); 89, 214 (229); 90, 27 (33); 96, 375 (398); 103, 89 (100); BAGE 48, 122 (138 f.); 52, 88 (97 ff.); BGH NJW 1986, 2944 (2944); *Epping* Rn. 329 ff.; *Sachs* Kap. A 5 Rn. 38 ff.; Umbach/Clemens/*Clemens* vor Art. 2 ff. GG Rn. 18–23; Jarass/Pieroth/*Jarass* Art. 1 GG Rn. 54 ff.; *Ipsen* II, Rn. 68–70; *Pieroth/Schlink* Rn. 189 ff.; *Hesse* in: HdBVerfR, § 5 Rn. 58 f.; *Hesse* Rn. 354–357; *Hesse* Verfassungsrecht und Privatrecht, 1988, S. 23 ff.; Friauf/Höfling/*Enders* vor Art. 1 GG Rn. 68–70; Dreier/*Dreier* Vorb. vor Art. 1 GG Rn. 96–100; *Maurer* § 9 Rn. 36–41; *Berg* Rn. 439–443; Hömig/*Antoni* vor Art. 1 GG Rn. 6; *Badura* Kap. C, Rn. 23; *Stein/Frank* § 27 V; *Canaris* JuS 1989, 161 (162); *Erichsen* Jura 1996, 527 (529 f.); *Dreier* Jura 1994, 505 (510); *Dürig* FS Nawiasky, 1956, S. 157 (176 f.); *Oldiges* FS Friauf, 1996, S. 281 (281 ff.); *Pietzcker* FS Dürig, 1990, S. 345 (345 ff.); *Scholz* Koalitionsfreiheit als Verfassungsproblem, 1971, S. 4 f.; *Hufen* § 7 Rn. 9; *Sodan/Ziekow* § 22 Rn. 16–18; Epping/Hillgruber/*Kischel* Art. 3 GG Rn. 85; *Michael/Morlok* Rn. 481 ff.; *Wilms* II, Rn. 160; *Katz* Rn. 616–618; *Kloepfer* § 50 Rn. 42 ff.; ähnlich: *Zippelius/Würtenberger* § 18 Rn. 17 ff.

1. Argument
Grundrechte sind zwar leitende Prinzipien der Gesamtrechtsordnung und können als solche für die Gestaltung privater Rechtsverhältnisse maßgeblich sein. Sie verleihen damit aber noch keine subjektiven Rechte von Beteiligten an jenen Rechtsverhältnissen auf ein grundrechtsgemäßes Verhalten des anderen Teils wie dies der Fall wäre, wenn man eine unmittelbare Drittwirkung annähme. Nähme man dies an, so bedeutete dies eine beträchtliche, nicht hinnehmbare Einschränkung der Privatautonomie und würde damit zu einer nicht unerheblichen Einengung selbstverantwortlicher Freiheit führen. Der grundrechtlich anerkannte Freiheitsraum gewährt also gerade auch die Freiheit, sich unter Privaten über Grundrechtssätze hinwegsetzen zu dürfen.

2. Argument
Zwischen Grundrechtseinschränkungen durch staatliche Gewalt und solchen, die von Privaten ausgehen, besteht ein grundlegender Unterschied. Während erstere mit hoheitlichem Zwang ausgestattet sind, kann der Einzelne im Privatrechtsverkehr nicht ohne sein Einverständnis verpflichtet werden. Mit der Anerkennung der vertraglichen Abreden und der darauf anzuwendenden privatrechtlichen Normen hat es daher sein Bewenden. Allenfalls wenn wertausfüllungsfähige Privatrechtsnormen zur Anwendung kommen, können auch die Grundrechte eine Berücksichtigung erlangen.

3. Argument (gegen das 6. Argument der Theorie der unmittelbaren Drittwirkung)
Der Hinweis auf Art. 1 III GG verkennt die Reichweite der in dieser Norm normierten Grundrechtsbindung der Gerichte. Die Aussage des Art. 1 III GG erschöpft sich insoweit darin, dass das Gericht dafür Sorge tragen muss, dass die Grundrechte, soweit ein Bürger aus ihnen Rechte gegen die andere Partei ableiten kann, gewahrt werden. Im Prozess wird also die lediglich mittelbare (vgl. Argumente zuvor) zwischen den Beteiligten bestehende Grundrechtsgestaltung umgesetzt.

Beispiel und ergänzende Hinweise:

1. Im Ausgangsfall kann A sich nach der Theorie der Drittwirkungsablehnung nicht auf Art. 5 I 1 GG berufen, da dieser im Verhältnis zu B als Privatperson gar nicht gilt.

Nach der Theorie der unmittelbaren Drittwirkung kann A sich auf Art. 5 I 1 GG berufen, da die Grundrechte ohne weiteres auch im Verhältnis zwischen Privaten Anwendung finden. Der Schutzbereich der Informationsfreiheit ist für A eröffnet, der Eingriff ist in der verweigerten Zustimmung der B zu sehen. Der Eingriff müsste von der Schrankenbestimmung der allgemeinen Gesetze in Art. 5 II GG gedeckt sein. Für die Zustimmungsverweigerung könnte B sich auf §§ 535, 536, 242 BGB als allgemeine Gesetze berufen, denn angesichts des Verunstaltungsrisikos wird davon ausgegangen, dass es sich bei der Installation von Parabolantennen nicht um einen erlaubnisfreien vertragsgemäßen Gebrauch des Mieters, sondern um eine besondere, nur mit Zustimmung des Vermieters statthafte Nutzungsform handelt (siehe dazu näher BVerfGE 90, 27 [33 ff.]). Im Weiteren wäre hier eine Abwägung dahingehend vorzunehmen, ob die Interessen der B den Eingriff in die Informationsfreiheit des A rechtfertigen. Je nachdem, wie diese Abwägung ausfällt (hier dürfte beides vertretbar sein), dringt A mit Erfolg mit seinem Begehren durch und kann die Zustimmung erreichen.

Nach der Theorie der mittelbaren Drittwirkung ist gegenüber der Theorie der unmittelbaren Drittwirkung insofern anders anzusetzen, als danach zu fragen ist, ob eine wertausfüllungsfähige Norm existiert, die den Grundrechten mittelbare Drittwirkung verleihen kann. Dies ist hier mit § 242 BGB der Fall. Im weiteren Fortgang der Prüfung und auch im Ergebnis ergeben sich im Ausgangsfall dann keine Unterschiede gegenüber der Theorie der unmittelbaren Drittwirkung.

2. Wesentlich für das Verständnis der Theorie der mittelbaren Drittwirkung der Grundrechte und ihre Anwendung in der Falllösung ist somit, dass zwar von den Grundrechten als objektive Wertordnung Richtlinien, Impulse und Ausstrahlungswirkungen auf das Privatrecht ausgehen und das Privatrecht also im Lichte der

Grundrechte auszulegen ist, dass aber die Grundrechte immer eine Norm des Privatrechts als Schlüssel benötigen, um in ein privatrechtliches Rechtsverhältnis Einlass zu finden (so die schöne Umschreibung von *v. Münch* Rn. 191). Gibt es im Ergebnis einen solchen Schlüssel, so kommen beide Theorien – wie soeben unter 1. gezeigt – zu gleichen Ergebnissen, unterscheiden sich aber im dogmatischen und prüfungstechnischen Ansatz.

Gibt es einen solchen Schlüssel nicht, weil keine wertausfüllungsfähige Privatrechtsnorm auf den zu lösenden Fall Anwendung findet, so finden nach der Theorie der mittelbaren Drittwirkung die Grundrechte keinen Eingang in die Falllösung. Dies wäre im Ausgangsfall etwa dann der Fall, wenn es eine mietrechtliche Vorschrift folgenden Inhalts gäbe: »Ist in einer Mietwohnung ein Kabelanschluss vorhanden, dann ist der Mieter nicht berechtigt, entgegen dem Willen des Vermieters eine Parabolantenne zu installieren, die geeignet ist, das äußere Erscheinungsbild der Wohnung zu beeinträchtigen.« B wäre dann berechtigt, die Installation der Parabolantenne zu verweigern. Lediglich nach der Theorie der unmittelbaren Drittwirkung der Grundrechte könnte sich A dann auf die Informationsfreiheit in Art. 5 I 1 GG berufen; wie unter 1. bereits beschrieben, wäre auch dann noch eine Abwägung der beiderseitigen Belange vorzunehmen.

3. Die üblicherweise und auch hier verwandte Formulierung, ob und inwieweit Grundrechte im Privatrechtsverkehr »gelten«, besagt noch nicht eindeutig, auf welcher Prüfungsstufe in der Grundrechtsprüfung diese Frage anzusprechen ist. Man könnte dies entweder bei der Eröffnung des Schutzbereichs oder auch im Eingriff prüfen. Am elegantesten dürfte es aber sein, diese Frage in einem eigenständigen und vor die Schutzbereichseröffnung gezogenen Prüfungspunkt »Drittwirkung« o.ä. abzuhandeln (so z.B. auch *Stock/Achelpöhler* JuS 1998, 245 [246], die die dem Ausgangsfall zugrunde liegende BVerfG-Entscheidung klausurmäßig lösen).

4. Falllösungen: *Starck/Schmidt* Fall 184; *Geis* Fall 16; *Schöbener/Jahn* Fälle zum Öffentlichen Wirtschaftsrecht, 2. Aufl. 2009, Fall 2; *Stock/Achelpöhler* JuS 1998, 245 ff.

4. Problem: Ist der Staat an Grundrechte gebunden, wenn er privatrechtlich handelt?

Beispiel:

Die Allgemeine Ortskrankenkasse (AOK; sie ist eine Körperschaft des öffentlichen Rechts, vgl. § 4 I SGB V) schließt ein Fachgeschäft für Fußpflegemittel ohne sachlichen Grund von der Liste der Lieferanten aus, von denen sie Gummistrümpfe zur Weitergabe an die Patienten bezieht. Der Bezug erfolgt mittels Abschlusses privatrechtlicher (Kauf-)Verträge. A, Inhaber des Fachgeschäfts, sieht darin eine willkürliche und gegen Art. 3 I GG und Art. 12 I GG verstoßende Maßnahme. Die AOK ist der Ansicht, ihr Handeln sei an den Grundrechten nicht zu messen, da insoweit keine Grundrechtsbindung gegeben sei. Hat die AOK mit ihrer Auffassung Recht (nach BGHZ 36, 91 ff.)?

Ausgangspunkt:

Die Verwaltung handelt zumeist mit anderen juristischen Handlungsformen als der Bürger. Die klassische hoheitsspezifische Handlungsform stellt der Verwaltungsakt nach § 35 VwVfG dar. Handelt die Verwaltung solchermaßen öffentlich-rechtlich, so ist unbestritten, dass sie gem. Art. 1 III GG an die Grundrechte gebunden ist. Die Verwaltung kann aber anerkanntermaßen auch privatrechtliche Rechtshandlungen vornehmen. Diese sind in der Praxis sehr vielfältig und verschiedenartig. Obwohl dies aus keinen zwingenden Vorgaben folgt, werden die privatrechtlichen Rechtshandlungen der Verwaltung in drei verschiedene Bereiche unterteilt:

(1) Die Verwaltung kann sog. fiskalische Hilfsgeschäfte tätigen, mit denen sie ihren Eigenbedarf deckt, um überhaupt ihre Verwaltungsaufgaben erfüllen zu können. Das regelmäßig angeführte Schulbeispiel ist das des Kaufs von Büromaterial; die Verwaltung schließt hier Kaufverträge nach § 433 BGB ab.

(2) Die Verwaltung kann erwerbswirtschaftlich tätig werden. Hier tritt die Verwaltung als Wettbewerber am Markt auf. Dies kann dadurch geschehen, dass die Verwaltung entweder ein eigenes Unternehmen betreibt (Bsp.: Staatsbrauerei) oder Beteiligungen (Bsp.: Aktien) an privaten Unternehmen hält.

(3) Die Verwaltung kann öffentliche Aufgaben in privatrechtlicher Form erfüllen (Bsp.: Strom- und/oder Wasserversorgung durch Stadtwerke-GmbH); hierfür hat sich der Begriff des Verwaltungsprivatrechts eingebürgert.

Lediglich für den Bereich des Verwaltungsprivatrechts ist heute unumstritten, dass dort die Grundrechte gelten. Denn beim Verwaltungsprivatrecht werden öffentliche Aufgaben erfüllt und nicht allein dadurch, dass der Staat eine private Handlungs-/Organisationsform wählt, entfällt die Grundrechtsbindung nach Art. 1 III GG. Schlagwortartig wird dies auch damit umschrieben, dass der Staat sich durch eine »Flucht in das Privatrecht« den Grundrechtsbindungen nicht entziehen kann.

Für die Bereiche (1) und (2) hingegen ist umstritten, ob auch dort der Staat an die Grundrechte gebunden ist. Dies wird oft mit der Frage nach der sog. Fiskalgeltung der Grundrechte (Fiskus = der Staat, soweit er nicht hoheitlich handelt) umschrieben.

I. (hier sog.) **Ablehnende Theorie**

Der Staat ist bei fiskalischen Hilfsgeschäften und bei erwerbswirtschaftlicher Betätigung nicht an die Grundrechte gebunden.

Vertreten von:
BGHZ 29, 76 (80 f.); 33, 230 (233); 36, 91 (96); 37, 1 (27); 52, 325 (327–329); *Wertenbruch* JuS 1961, 105 (108–110); *Ossenbühl* DÖV 1971, 513 (520 f.); *Emmerich* JuS 1970, 332 (334 ff.); *Emmerich* Das Wirtschaftsrecht der öffentlichen Unternehmen, 1969, S. 132 ff.; *Klein* Die Teilnahme des Staates am wirtschaftlichen Wettbewerb, 1968, S. 165 ff.; *Bettermann* FS Hirsch, 1968, S. 1 (19); *Dürig* FS Nawiasky, 1956, S. 157 (186 f.); *Bullinger* Vertrag und Verwaltungsakt, 1962, S. 102; *Schricker* Wirtschaftliche Tätigkeit der öffentlichen Hand und unlauterer Wettbewerb, 2. Aufl. 1987, S. 11 f.; tendenziell auch: *Püttner* Die öffentlichen Unternehmen, 2. Aufl. 1985, S. 93; *Rüfner* Formen öffentlicher Verwaltung im Bereich der Wirtschaft, 1967, S. 393 ff.

1. Argument
Wenn der Staat außerhalb des Verwaltungsprivatrechts privatrechtlich handelt, so nimmt er keine öffentlichen (hoheitlichen) Aufgaben wahr, wird daher nicht als vollziehende Gewalt tätig, sondern macht lediglich von der ihm zustehenden Privatautonomie Gebrauch. Eine Grundrechtsbindung ist daher nicht angezeigt.

2. Argument
Art. 1 III GG spricht von der Grundrechtsbindung der »vollziehende(n) Gewalt«. Der Begriff »Gewalt« deutet auf die Notwendigkeit herrschaftlichen und mithin formal hoheitlichen Auftretens hin. Der Staat wird aber, wenn er keine hoheitlichen Aufgaben wahrnimmt und noch dazu privatrechtlich handelt, nicht als vollziehende »Gewalt« tätig.

3. Argument
Die Grundrechtsgeltung ist entbehrlich, weil schon das Privatrecht in der Lage ist, die den Grundrechten üblicherweise zugedachten Aufgaben und Schutzfunktionen auszuüben. Denn für zahlreiche Handlungsweisen treffen ebenso zahlreiche privatrechtliche Regelungswerke (wie z.B. das GWB und UWG) Normierungen, die für das staatliche Handeln erhebliche regulierende Wirkung haben.

4. Argument
Es ist unangemessen, den Staat auch außerhalb des Verwaltungsprivatrechts bei privatrechtlichem Handeln an die Grundrechte zu binden, denn wenn man ihm schon die Befugnis einräumt, am Markt als Mitbewerber aufzutreten, dann ist es unbillig, ihn strengeren Bindungen zu unterwerfen als seine Konkurrenten.

II. (hier sog.) **Bejahende Theorie**

Der Staat ist bei jeglicher privatrechtlicher Tätigkeit an die Grundrechte gebunden.

Vertreten von:
BVerfGE 98, 365 (395); *Stern* Bd. III/1, S. 1413 ff.; *Manssen* Rn. 94 f.; *Pieroth/Schlink* Rn. 181 f.; *Hesse* Rn. 347 f.; *Mallmann* VVDStRL 19 (1961), S. 165 (201 f.); *Schnapp* JuS 1989, 1 (6); *Zeidler* VVDStRL 19 (1961), S. 208 (220 f.); v. Mangoldt/Klein/Starck/*Starck* Art. 1 GG Rn. 228 f.; *Evers* NJW 1960, 2073 (2075); Dreier/*Dreier* Art. 1 III GG Rn. 66 f.; Jarass/Pieroth/*Jarass* Art. 1 GG Rn. 38; *Röhl* VerwArch 86 (1995), 531 (577); *Röhl* JuS 2002, 1053 (1053); *Puhl* VVDStRL 60 (2001), 456 (477 f.); *Berg* JuS 1993, L 65 (67); *Berg* Rn. 426 f.; AK/*Denninger* Art. 1 II, III GG Rn. 30; Sachs/*Höfling* Art. 1 GG Rn. 103; *Höfling* JA 1995, 431 (435 f.); *Krüger* Allgemeine Staatslehre, 2. Aufl. 1966, S. 327; *Pietzcker* AöR 107 (1982), 61 (71 f.); *v. Münch* Rn. 202 f.; *Erichsen/Ebber* Jura 1999, 373 (375); *Löw* DÖV 1957, 879 (880 f.); *Hermes* JZ 1997, 909 (912 f.); *v. Zezschwitz* NJW 1983, 1873 (1878); *Erichsen* DVBl 1983, 289 (294); *Wallerath* Öffentliche Bedarfsdeckung und Verfassungsrecht, 1988, S. 309 ff.; *Ehlers* DVBl 1983, 422 (424 f.); *Ehlers* Verwaltung in Privatrechtsform, 1984, S. 214 ff.; *Möstl* Grundrechtsbindung öffentlicher Wirtschaftstätigkeit 1999, S. 77–82; Umbach/Clemens/*Robbers* Art. 1 GG Rn. 86; *Huber* Konkurrenzschutz im Verwaltungsrecht, 1991, S. 442; *Isensee* DB 1979, 145 (148); *Pietzcker* Der Staatsauftrag als Instrument des Verwaltungshandelns, 1978, S. 370; *Jestaedt* Demokratieprinzip und

Kondominialverwaltung, 1993, S. 238–245; *Gusy* DÖV 1984, 872 (878); *Gusy* JA 1995, 166 (171); *v. Arnauld* DÖV 1998, 437 (439 f.); *Badura* FS Odersky, 1996, S. 159 (169 f.); *Badura* Kap. C, Rn. 18; *Hufen* § 8 Rn. 14; *Sodan/Ziekow* § 23 Rn. 1; *Kloepfer* § 50 Rn. 20 ff.; *Michael/Morlok* Rn. 469–471.

1. Argument
Art. 1 III GG unterstellt die Grundrechte u.a. der vollziehenden Gewalt, ohne nach unterschiedlichen Handlungsformen zu differenzieren und damit bestimmte Handlungsformen wie das privatrechtliche Handeln von der Grundrechtsgeltung auszunehmen.

2. Argument
Das Grundgesetz kennt nur konstituierte Staatlichkeit. Der vom Grundgesetz konstituierte Staat hat nirgends wie ein Privater das Recht zur Beliebigkeit. Maßgeblich die Grundrechte gestalten den sachlichen Rahmen des zulässigen staatlichen Wirkens aus. Es verbietet sich daher die Annahme eines Reservats staatlichen Wirkens, das, weil es sich in den Formen des Privatrechts vollzieht, dem Geltungsanspruch des Grundgesetzes nicht untersteht.

3. Argument
Angesichts von Art. 1 III GG könnte man von einer partiellen Nichtgeltung der Grundrechte bei staatlichem Handeln in Privatrechtsform lediglich dann ausgehen, wenn mit dem staatlichen Handeln keinerlei Ausübung von Staatsgewalt verbunden wäre. Denn dass Art. 1 III GG letztlich eine begrenzende Funktion für die Ausübung vom Staatsgewalt hat, ergibt sich aus Art. 20 II GG, der mit Art. 1 III GG im Zusammenhang zu lesen ist. Dort ist geregelt, dass alle Staatsgewalt vom Volke ausgeht und von den drei Gewalten ausgeübt wird. Auch bei privatrechtlichem Handeln wird aber stets Staatsgewalt ausgeübt, nämlich schon allein dadurch, dass der Staat im Wirtschaftsverkehr als Teilnehmer auftritt, als solcher eine Nachfrager- oder Anbieterstellung inne hat und damit Marktmacht ausübt.

4. Argument
Wenn die Verwaltung bei ihrem Handeln privatrechtliche Formen verwendet, so kann diese Form des Handelns gerade auch im Interesse einer sachgemäßen und effektiven Aufgabenerfüllung sehr sinnvoll sein, um sie von der Bindung an die allgemeinen Normen des Verwaltungshandelns ganz oder teilweise freizustellen (Bsp.: In vielen Fällen ist es sinnvoll oder aus der Natur der Sache heraus sogar geradezu zwingend, nicht in Form eines Verwaltungsaktes zu handeln, sondern in Form eines privatrechtlichen Vertrages). Es ist also insoweit häufig eine Formfreiheit des Verwaltungshandelns gegeben. Dies besagt aber noch gar nichts darüber, ob damit auch eine Freistellung von der Grundrechtsgeltung einhergeht, denn die Grundrechte enthalten vorrangig materiell-rechtliche Verbürgungen.

5. Argument
Da die ablehnende Theorie die Grundrechtsgeltung im Bereich des sog. Verwaltungsprivatrechts anerkennt, sie für den übrigen Bereich des privatrechtlichen Handelns der Verwaltung aber ablehnt, setzt sie zwingend voraus, dass sich das sog. Verwaltungsprivatrecht stets trennscharf vom Rest scheiden lässt. Diese Scheidung

müsste daran ansetzen, ob im Einzelfall die Aufgabe, die die Verwaltung ausübt, noch eine hoheitliche ist oder nicht mehr. Genau dies lässt sich aber nicht immer genau bestimmen. Die Ansichten darüber, welche einzelnen Aufgaben hoheitliche sind, sind unterschiedlich und unterliegen zudem stets einem zeitlichen Wandel. Wurde z.B. einst die Postbeförderung als staatliche Aufgabe angesehen, so ist dies heute nicht mehr der Fall.

6. Argument (gegen das 3. Argument der ablehnenden Theorie)
Es mag zwar so sein, dass das Privatrecht auch für die privatrechtliche Tätigkeit des Staates Regelungen enthält, die dem Staat Begrenzungen auferlegen. Dies ist aber lediglich für Teilbereiche der Fall und selbst dort, wo dies so ist, ist nicht gesagt, dass diese Regelungen die Grundrechtsgeltung entbehrlich machen würden. Denn zu vielgestaltig sind die Fallkonstellationen, in denen sich die privatrechtliche Tätigkeit des Staates entfaltet, so dass eine umfassende Kontrolle des staatlichen Handelns auch durch die Grundrechte geboten ist.

7. Argument (gegen das 4. Argument der ablehnenden Theorie)
Der Verweis auf die unbillige Schlechterstellung des Staates gegenüber privaten Konkurrenten im Falle einer Grundrechtsbindung geht jedenfalls insoweit fehl, als auch Private über die mittelbare bzw. sogar unmittelbare Drittwirkung der Grundrechte (siehe dazu das 3. Problem) Grundrechtsbindungen unterliegen können. Im Übrigen ist das Argument der unbilligen Schlechterstellung eher ein rechtspolitisches denn ein rechtliches.

Beispiel und ergänzende Hinweise:

1. Im Ausgangsfall ist nach der bejahenden Theorie das Vorgehen der AOK an den Grundrechten zu messen, nicht jedoch nach der verneinenden Theorie. Der Ausgangsfall ist insofern typisch, als es bei privatrechtlichem Handeln des Staates regelmäßig um die Geltung des Gleichheitssatzes des Art. 3 I GG geht. Denn bei privatrechtlichem Handeln fehlt es aus der Natur der Sache heraus dem Staat regelmäßig an Instrumentarien, einseitig verbindliche Maßnahmen gegenüber Grundrechtsträgern ergreifen zu können. Bei fiskalischen Hilfsgeschäften etwa könnten Freiheitsrechte lediglich dann betroffen sein, wenn der Staat in einem Marktsegment als großer Nachfrager/Auftraggeber auftritt und die Nichtberücksichtigung eines privaten Anbieters für diesen an eine Betroffenheit in seinen Rechten aus Art. 12, 14 GG denken lässt.

2. Stets ist der Anwendungsvorrang des einfachen Rechts zu beachten. Für zahlreiche Fallgestaltungen enthält das einfachgesetzliche Recht detaillierte Vorgaben (z.B. bei der staatlichen Ausschreibung von Großaufträgen das Vergaberecht). Soweit gegen diese verstoßen worden sein könnte, ist zunächst dies zu prüfen, statt sich sogleich auf die Ebene der Grundrechte zu begeben. Da das insoweit möglicherweise einschlägige einfache Recht aber sehr umfangreich und verstreut ist und dessen Kenntnis in Klausuren regelmäßig nicht erwartet werden dürfte, werden diesbezüglich Hinweise im Sachverhalt oder der Aufgabenstellung vorhanden sein.

3. Ein besonderes Problem ergibt sich, wenn der Staat erwerbswirtschaftlich in Form der Beteiligung an einem privaten Unternehmen tätig wird (vgl. insoweit nochmals Ausgangspunkt unter [2]). Nach der bejahenden Theorie ist eine Grundrechtsbin-

dung hier gegeben. Fraglich ist aber, wen genau diese Bindung trifft und wie sie in der Praxis umzusetzen ist. Ganz überwiegend wird davon ausgegangen, dass bei einer staatlichen Beteiligung an einem privaten Unternehmen das dann gemischtwirtschaftliche Unternehmen nicht als solches grundrechtsverpflichtet ist, sondern allein der öffentliche Anteilseigner. Begründet wird dies damit, dass dessen Grundrechtsbindung nicht dazu führen kann, dass die ihrerseits grundrechtlich geschützte Tätigkeit der privaten Anteilseigner unterlaufen wird. Die Grundrechtsbindung des öffentlichen Anteilseigners wirkt sich dahin aus, dass er verpflichtet ist, seine Beteiligungsrechte unternehmensintern grundrechtskonform zur Geltung zu bringen, damit dadurch letztlich auch im Außenverhältnis das Unternehmen grundrechtskonform handelt (siehe zum Ganzen *Erichsen/Ebber* Jura 1999, 373 [376 f.]; *Höfling* JA 1995, 431 [436]).

4. Falllösung: *Erichsen/Ebber* Jura 1999, 373 ff.

5. Problem: Unter welchen Voraussetzungen liegt ein rechtfertigungsbedürftiger Grundrechtseingriff vor?

Beispiel:

Die Bundesregierung bezeichnet durch den Bundesminister für Jugend, Familie und Gesundheit in einer Presseverlautbarung die »Transzendentale Meditation« (TM) u.a. als Jugendsekte, deren Inhalte von nicht ausreichend qualifizierten Lehrern vermittelt würden und die zu psychischen Schäden führen könnten. Die TM ist der Ansicht, die Bundesregierung greife durch diese Äußerung in ihr Grundrecht aus Art. 4 I, II GG ein und verletze sie letztlich auch darin. Hat die TM Recht (nach BVerwGE 82, 76 ff.; BVerfG [Kammer] NJW 1989, 3269 ff.; vgl. auch 27. Problem – auch dort Ausgangsfall)?

Ausgangspunkt:
Die heute ganz herrschende und maßgeblich von dem Grundrechtslehrbuch von *Pieroth/Schlink* mitgeprägte Grundrechtsdogmatik geht im Bereich der Freiheitsgrundrechte von einer Dreischrittprüfung der Grundrechte aus, die den Schutzbereich, den Eingriff und die verfassungsrechtliche Rechtfertigung des Eingriffs umfasst. Der Eingriffsstufe kommt dabei die Funktion zu, die grundrechtsrelevanten und somit rechtfertigungsbedürftigen von den grundrechtsirrelevanten, nicht rechtfertigungsbedürftigen Grundrechtsbeeinträchtigungen zu unterscheiden. Ist letzteres gegeben, gelangt man nicht zur dritten Prüfungsstufe und ein grundrechtsverletzendes Verhalten des Staates liegt nicht vor.

Ein Eingriff liegt nach einhelliger Ansicht vor, wenn die Voraussetzungen des *klassischen Eingriffsbegriffs* erfüllt sind. Dies ist der Fall, wenn das staatliche Handeln (1) final und nicht bloß als unbeabsichtigte Nebenfolge, (2) unmittelbar, (3) rechtsaktsförmig (insbesondere durch Verwaltungsakt) auf die Grundrechtspositionen einwirkt und (4) mit Befehl und Zwang angeordnet bzw. durchgesetzt wird (vgl. *Pieroth/Schlink* Rn. 238). Es gibt aber zunehmend staatliche Handlungsformen, bei denen diese klassischen Eingriffsvoraussetzungen nicht erfüllt sind, es aber fraglich ist, ob nicht gleichwohl das Staatshandeln im Hinblick auf eine Grundrechtsbetroffenheit rechtfertigungsbedürftig ist. Einigkeit herrscht zunächst noch darin, dass nicht alle Merkmale des klassischen Eingriffsbegriffs erfüllt sein müssen, damit Staatshandeln rechtfertigungsbedürftig ist. Darüber, inwieweit Ausweitungen/Lockerungen der herkömmlichen Kriterien vorzunehmen sind, herrscht keine Einigkeit. In der Rechtsprechung sind die Formulierungen und zugrunde gelegten Sachkriterien uneinheitlich, in der Literatur gibt es unzählige Ansätze; selbst eine sehr umfangreiche Monographie, die sich (maßgeblich) der Frage nach der Konturierung des Grundrechtseingriffs widmet, muss eingestehen, dass es unmöglich ist, eine vollständige Übersicht über die verwandten Kriterien und vertretenen Ansichten zu geben (so *Roth* Faktische Eingriffe in Freiheit und Eigentum, 1994, S. 34). Angesichts dieser unübersichtlichen Lage ist es hier kaum möglich und sinnvoll, einige eindeutig benennbare und im Detail sachlich unterscheidbare »Theorien« samt ihrer Vertreter vorzustellen. Daher wird im Folgenden vom üblichen Schema dieses Buches abgewichen: Das Problem und der Meinungsstand wird in einem weitgehend durchgängigen Fließtext mit Fokus auf die Hauptgesichtspunkte des Problems vorgestellt.

Der Streit dreht sich nicht nur um sachlich-inhaltiche Gesichtpunkte, sondern auch um Begrifflichkeiten; auch in dieser Hinsicht ist die Lage unübersichtlich. Insbesondere besteht keine Einigkeit darüber, ob rechtfertigungsbedürftige Grundrechtsbeeinträchtigungen, die nicht alle Kriterien des klassischen Eingriffs erfüllen, als »Eingriff« (nämlich moderner, offener bzw. erweiterter Eingriffsbegriff) oder nicht anders (*Ipsen* II, Rn. 147, etwa bevorzugt den Begriff »Einwirkungen«) zu bezeichnen sein sollen. Hier wird im Folgenden wie im gesamten Buch unter »Eingriff« stets jegliches rechtfertigungsbedürftige Einwirken auf den Schutzbereich eines Grundrechts verstanden.

I. Irrelevanz der Rechtsaktsförmigkeit und Imperativität

Versucht man, den sehr unübersichtlichen Meinungsstand zu überschauen, so wird man die Aussage wagen können, dass es mittlerweile nahezu unbestritten ist, dass die im Ausgangspunkt genannten Merkmale (3) und (4) keine notwendigen, wohl aber hinreichenden Bedingungen für das Vorliegen eines Grundrechtseingriffs sind (so etwa auch die Einschätzung von *Roth* Faktische Eingriffe in Freiheit und Eigentum, 1994, S. 33 mit zahlreichen Nachweisen in Fn. 1). Als Argumente dafür lassen sich anführen, dass erstens Art. 1 III GG keine Einschränkung im Hinblick auf die Grundrechtsbindung auf lediglich rechtsaktsförmige, imperative Handlungsweisen zu entnehmen ist und dass zweitens auch die Funktion der Grundrechte, Freiheitsräume vor dem Staat zu sichern, unabhängig davon greift, ob er rechtsaktsförmig und/oder imperativ handelt.

II. Der Kern des Problems: Die Zurechnung und die Zurechnungskriterien

Diese beiden Argumente ließen sich wohl auch gegen die beiden übrigen Merkmale (1) und (2) anführen. Sie aber auch noch aufzugeben, noch dazu ersatzlos, würde jedoch dazu führen, dass in sehr weitem Umfang staatliches Handeln grundrechtseingreifend würde. Man würde letztlich den Grundrechtseingriff auf eine Kausalitätsprüfung reduzieren: Schon dann, wenn staatliches Handeln kausal im Sinne der conditio-sine-qua-non-Formel für eine Betroffenheit des Schutzbereichs eines

Grundrechts wäre, wäre auch ein rechtfertigungsbedürftiger Eingriff gegeben. Dem steht die Befürchtung gegenüber, dass eine solche Ausuferung der Grundrechtsbindung staatliches Handeln oft unkalkulierbar machen und es einengen oder gar lähmen würde. Daher wird entweder für das Festhalten an dem Finalitäts- und/oder Unmittelbarkeitskriterium oder für anderweitige einschränkende Ersatzkriterien plädiert. Letztlich geht es eigentlich somit um nichts anderes als ein Zurechnungsproblem vergleichbar dem Straf- und Zivilrecht (Deliktsrecht); auch dort dienen Zurechnungsformeln dem Ziel, die Weite der Kausalitätsformel einzuengen.

Aus dem Ausgeführten erklären sich folgende vertretene Ansätze:

1. Das Festhalten am Erfordernis des Unmittelbarkeitskriteriums,
2. Das Festhalten am Erfordernis des Finalitätskriteriums,
3. Die Übertragung der straf- und zivilrechtlichen Zurechungskriterien auf die Grundrechtslehren.

Weitere diskutierte einschränkende Zurechungskriterien sind:

4. Die Schwere der Grundrechtsbetroffenheit (je größer, desto eher ein Grundrechtseingriff),
5. Die Voraussehbarkeit der Grundrechtsbetroffenheit für den Staat im Zeitpunkt seines Handelns (ist sie gegeben, dann liegt auch ein Grundrechtseingriff vor),
6. Der Schutzzweck des jeweils in Frage stehenden Grundrechts (danach soll aus dem Schutzzweck des betroffenen Grundrechts entnommen werden, ob die Beeinträchtigung Ausdruck der Gefahr ist, gegen die das Grundrecht Schutz bieten soll).

Diese Ansätze werden teils alternativ, teils kumulativ vertreten.

Zu II. mit weiteren Nachweisen siehe etwa:
Sachs JuS 1995, 303 (303 ff.); *Maurer* § 9 Rn. 47; *Roth* Faktische Eingriff in Freiheit und Eigentum, 1994, S. 35–47; *Eckhoff* Der Grundrechtseingriff, 1992, S. 236 ff.; *Discher* JuS 1993, 463 (464–467); Jarass/Pieroth/*Jarass* Vorb. vor Art. 1 GG Rn. 29; *Philipp* Arzneimittellisten und Grundrechte, 1995, S. 93 ff.; *Gusy* NJW 2000, 977 (982–984); *Michael/Morlok* Rn. 493 ff.; sehr ausführlich: Stern/*Sachs* Bd. III/2, S. 149 ff.

III. Der Bagatellvorbehalt

Weit verbreitet ist die Ansicht, dass der Grundrechtseingriff unter einem Bagatellvorbehalt steht. Danach setzt der Grundrechtseingriff erst ein, wenn die Schwelle von der bloßen Belästigung zur Beeinträchtigung überschritten wird (Beispiel für eine bloße Belästigung: Man gerät in einen Verkehrsstau, der dadurch entsteht, dass wegen anderer, bestimmter Verkehrsteilnehmer eine Polizeikontrolle errichtet worden ist.). Begründet wird dieser Bagatellvorbehalt damit, dass der Einzelne stets sozial in Staat und Gesellschaft eingebunden ist und daher die grundrechtlich garantierte Freiheit nicht vor jedweder Art von Beeinträchtigungen, die auf hoheitliches Handeln zurückzuführen sind, geschützt werden kann. Bagatellbelästigungen werden daher gleichsam als grundrechtsneutral angesehen. Eingestanden von Befürwortern und als Argument der Ablehung gegen dieses Merkmal wird vorgebracht, dass die Schwelle, bis zu der noch eine bloße nicht rechtfertigungsbedürftige Belästigung besteht, schwer auszumachen ist.

Zu III. mit weiteren Nachweisen siehe etwa:

Schmidt Staatliches Informationshandeln und Grundrechtseingriff, 2004, S. 65 f.

IV. Insbesondere: Die Rechtsprechung

Wie im Ausgangspunkt bereits angedeutet, ist die Rechtsprechung insgesamt schwankend und nicht eindeutig. Weder das BVerfG noch das BVerwG verwenden durchgängig eindeutig benannte Kriterien, sondern variieren von Fall zu Fall. Andere als die unter II. aufgeführten Kriterien führen sie nicht an. Eine besondere Position, die die Rechtsprechung einnimmt und die es sich einzuprägen gilt, ist nicht erkennbar.

V. Die Handhabung in der Fallbearbeitung

Für die Fallbearbeitung folgt aus alledem, dass man jedenfalls um die Kriterien des klassischen Eingriffsbegriffs wissen sollte. Sind diese erfüllt – und in den weitaus meisten Fällen ist dies nach wie vor der Fall –, kann man sich auf der Prüfungsstufe des Eingriffs knapp fassen und braucht zu den Problemen um die Erweiterung des Eingriffsbegriffs keine Ausführungen machen. Ist der klassische Eingriffsbegriff nicht erfüllt, weil es an der Unmittelbarkeit und/oder der Finalität fehlt, kann man wie unter II. kurz darlegen, dass fraglich ist, nach welchen Kriterien sich nunmehr die Eingriffsqualität des staatlichen Handelns bemisst. Wenig hilfreich dürfte es sein, zu versuchen, die unter II. aufgeführten Merkmale losgelöst vom Einzelfall zunächst auf ihre Berechtigung/Richtigkeit hin zu prüfen. Man kann hier kurz darauf verweisen, dass es keine anerkannte »schneidige Formel« zur Lösung der Frage nach den zugrundezulegenden Eingriffsmerkmalen gibt und zahlreiche Ansätze diskutiert werden. Man sollte sich hier sodann darauf konzentrieren, den Sachverhalt unter die diskutierten Merkmale sauber zu subsumieren; sind davon mehrere erfüllt, spricht vieles dafür, einen Eingriff ohne weitere ausgiebige theoretische Diskussion anzunehmen.

Beispiel und ergänzende Hinweise:

1. Der Ausgangsfall stellt einen Schulfall für die Frage nach dem Vorliegen eines Grundrechtseingriffs dar. Das BVerwG geht ähnlich wie unter V. beschrieben vor und führt zum Eingriff aus (BVerwGE 92, 76 [79]): »Es bedarf keiner näheren Darlegung, dass derartige öffentliche Äußerungen des Staates nicht zuletzt wegen der mit ihnen in Anspruch genommenen Staatsautorität für die Ausbreitung der angesprochenen Religions- und Weltanschauungsfreiheit und ihre Rolle in der religiösweltanschaulichen Auseinandersetzung (...) schwerwiegende Folgen haben können. Diese Folgen sind, soweit sie das Verhalten der gewarnten Öffentlichkeit betreffen, beabsichtigt und im Übrigen vorhergesehen und in Kauf genommen. Sie müssen daher mit vollem Gewicht dem Staat zugerechnet und wegen ihrer freiheitsmindernden Bedeutung als Grundrechtseingriffe behandelt werden.« Das BVerwG wendet damit, ohne zuvor herausgearbeitet zu haben, welches abstrakt die maßgeblichen Kriterien für einen Grundrechtseingriff sind, das Kriterium der Schwere der Grundrechtsbetroffenheit (siehe II. 4.) und das der Finalität (siehe II. 2.) auf den Einzelfall an und lässt dies ohne weitere theoretische Auseinandersetzung genügen, einen Grundrechtseingriff anzunehmen.

Indes sollte man in der Klausur nicht ganz so knapp und vor allem nicht so apodiktisch wie das BVerwG vorgehen. Man sollte erkennen und herausarbeiten, dass es bei solchen Fällen, wo staatliche Warnungen, Empfehlungen o.ä. in Frage stehen, an der Rechtsaktsförmlichkeit (kein Verwaltungsakt, sondern sog. schlichtes Verwaltungshandeln) und damit auch an der Imperativität und Vollziehbarkeit fehlt und es um indirekte Verhaltenssteuerung geht, die an Dritte gerichtet ist. Nicht die TM ist »Adressat« der Äußerung, da nicht sie zu irgendeinem Handeln oder Unterlassen aufgefordert wird, sondern der Bürger; erst dann, wenn dieser auf die Äußerung reagiert und sein Verhalten danach ausrichtet, erreicht die Äußerung in ihren praktischen Auswirkungen die TM (näher zu diesem typischen Mechanismus der indirekten Verhaltenssteuerung und der damit verbundenen Mittelbarkeit des Eingriffs etwa *Murswiek* DVBl 1997, 1021 [1022 f.]). Wenn man im Ausgangsfall einen Grundrechtseingriff bejaht, stellt sich das 27. Problem als Anschlussproblem.

2. Weitere Rechtsprechungsfälle – insbesondere auch aus neuerer Zeit – finden sich mit kurzen Zusammenfassungen bei *Schmidt* Staatliches Informationshandeln und Grundrechtseingriff, 2004, S. 68 ff.

3. Falllösungen: *Volkmann* Fall 2; *Starck/Schmidt* Fälle 184 f.; *Geis* Fälle 15, 19; *Jeand'Heur/Cremer* JuS 2000, 991 ff.

II. Gleichheitsrechte

6. Problem: Welche Rechtfertigungsanforderungen stellt Art. 3 I GG?

Beispiel:

§ 622 I, II BGB a.F. bestimmte für Arbeiter deutlich kürzere Kündigungsfristen als für Angestellte (zwei bis vier Wochen zum Monatsende gegenüber sechs Wochen zum Quartalsende). War dies mit Art. 3 I GG vereinbar (nach BVerfGE 82, 126 ff.)?

Ausgangspunkt:

Nach Art. 3 I GG sind alle Menschen *vor* dem Gesetz gleich. An sich ist damit lediglich die Rechtsanwendungsgleichheit angesprochen. Es herrscht aber Einigkeit, dass – nicht zuletzt wegen Art. 1 III GG – auch der Gesetzgeber in Form der Rechtssetzungsgleichheit durch Art. 3 I GG gebunden ist und somit eine sog. Gleichheit *im* Gesetz besteht. Liegen vergleichbare Personen, Personengruppen oder Sachverhalte vor, so verbietet der Gleichheitssatz nicht nur wesentlich Gleiches ungleich, sondern auch wesentlich Ungleiches gleich zu behandeln. Rechtfertigungsbedürftig können daher sowohl Gleich- als auch Ungleichbehandlungen sein.

Liegen unter einen gemeinsamen Oberbegriff zu fassende und somit nach Art. 3 I GG vergleichbare Personen, Personengruppen oder Sachverhalte vor, so fragt sich, welche Rechtfertigungsanforderungen an die Gleich- bzw. Ungleichbehandlung zu stellen sind. Unstrittig ist hier, dass zumindest eine Willkürprüfung vorzunehmen ist.

Umstritten ist aber, ob, und wenn ja, in welchen Fällen, dabei stehen zu bleiben ist oder ob nicht andere, weiterreichende Rechtfertigungsanforderungen zu stellen sind.

Das Schrifttum dazu ist unüberschaubar und die Formulierungen des BVerfG sind wechselhaft (Näheres dazu im Folgenden). Im Schrifttum gibt es zahlreiche interessante, nuancenreiche und komplexe Konstrukte, die die Rechtfertigungsprüfung näher zu konturieren versuchen (vgl. aus neuerer Zeit etwa *Möckel* DVBl 2003, 488 [491 ff.]; *Michael* JuS 2001, 148 [153 f.]). Solche für den besonders Interessierten lesenswerten Überlegungen werden im Folgenden der Übersichtlichkeit wegen und um den Rahmen der Darstellung nicht zu sprengen nicht aufgeführt; unter III. ist jedoch ein von *Huster* entwickelter Ansatz in seinen Grundzügen dargestellt, da dieser in der Auseinandersetzung mit Art. 3 I GG breite Beachtung gefunden hat.

I. (hier sog.) **Theorie des Willkürverbots**

Der Gleichheitssatz des Art. 3 I GG ist verletzt, wenn wesentlich Gleiches ungleich und wesentlich Ungleiches gleich behandelt wird, ohne dass sich ein vernünftiger, aus der Natur der Sache ergebender oder sonst wie sachlicher Grund finden lässt – kurzum die Bestimmung willkürlich ist.

Vertreten von:
BVerfGE 1, 14 (52); 4, 144 (155); 9, 334 (337); 10, 234 (246); 11, 283 (287); 17, 319 (330); 21, 12 (26 f.); 27, 364 (371 f.); 33, 367 (384); 36, 174 (187); 41, 121 (125); 46, 55 (62); 47, 109 (124); 49, 148 (165); 49, 260 (271); 50, 142 (162); 61, 138 (147); 65, 141 (148); 68, 237 (250); 74, 182 (200); 78, 104 (121); 89, 132 (141); BVerwGE 39, 1 (4); 64, 248 (260 f.); *Leibholz* Die Gleichheit vor dem Gesetz, 2. Aufl. 1959, S. 72 ff.; Maunz/Dürig/*Dürig* Art. 3 I GG Rn. 282; *Hesse* AöR 109 (1984), 174 (191); *Hesse* Rn. 438 f.; *v. Münch* Rn. 575; *Lübbe-Wolff* Die Grundrechte als Eingriffsabwehrrechte, 1988, S. 258 ff.; *Wilms* II, Rn. 1032; *Sodan* Art. 3 GG Rn. 3; Epping/Hillgruber/*Kischel* Art. 3 GG Rn. 15.

1. Argument

Der allgemeine Gleichheitssatz stellt eine Norm dar, die auch auf weite und überpositive Maßstäbe und Gerechtigkeitsvorstellungen verweist. Man läuft daher schnell Gefahr, die verfassungsrechtliche Prüfung mit diesen schwer greifbaren Gerechtigkeitsvorstellungen zu be- und überfrachten. Über die Willkürgrenze hinausgehende Rechtfertigungsanforderungen zu stellen, würde bedeuten, die Gesetzgebung in ihrer politischen Gestaltungsaufgabe zu sehr einzuengen und die eigenen Gerechtigkeitsvorstellungen an die Stelle derjenigen des Gesetzgebers zu stellen. Die Kontrolle gesetzgeberischen Handelns am Maßstab des Art. 3 I GG darf aber nicht in politische Gestaltung umschlagen und hat sich daher darauf zu beschränken, eine Ungleichbehandlung auf ihre Willkürlichkeit hin zu überprüfen.

2. Argument

Das Konstrukt eines Eingriffs in einen Schutzbereich und die damit verbundene Verhältnismäßigkeitsprüfung passt beim Gleichheitssatz nicht. Man kann hier nicht die Verhältnismäßigkeit einer Belastung prüfen, weil der Bezugspunkt in Form eines bestimmten Lebensbereichs fehlt, der bei einer Ungleichbehandlung berührt wird.

II. (hier sog.) **Differenzierende Theorie (oft auch sog. »neue Formel« des BVerfG)**

Einer strengen Verhältnismäßigkeitsprüfung und nicht bloß einer Willkürprüfung unterliegen solche Ungleichbehandlungen, die den Betroffenen intensiv betreffen. Dies ist der Fall, wenn entweder das Kriterium der Ungleichbehandlung personenbezogen ist (d.h. eine Ungleichbehandlung von Personengruppen und nicht lediglich von Sachverhalten vorliegt, weil sie nicht an ein bestimmtes Verhalten anknüpft, das der Betroffene mehr oder weniger frei steuern kann), oder wenn die Ungleichbehandlung sich auch auf die Ausübung grundrechtlich geschützter Freiheiten auswirkt. Die Verhältnismäßigkeitsprüfung besteht darin, dass erstens das Differenzierungsziel als solches verfassungsrechtlich zulässig sein muss; zweitens, dass das Differenzierungskriterium als solches verfassungsrechtlich zulässig sein muss (d.h. insbesondere, dass es konkreten Differenzierungsverboten, -geboten oder -erlaubnissen der Verfassung entsprechen muss); drittens, dass das Differenzierungskriterium im Hinblick auf das Differenzierungsziel geeignet, notwendig und angemessen sein muss.

Vertreten von:
BVerfGE 82, 126 (146); 88, 87 (96 f.); 89, 15 (22 f.); 89, 365 (375); 90, 46 (56); 91, 346 (363); 91, 389 (401); 95, 267 (316 f.); 99, 367 (388); 101, 54 (101); 103, 172 (193); 103, 310 (319); 105, 73 (110 f.); ähnlich bereits: BVerfGE 55, 72 (88 ff.); 60, 123 (134), 74, 9 (24); 81, 108 (118).

Anmerkung:
Die Formulierungen des BVerfG schwanken in den Urteilen, ohne dass völlig klar erkennbar ist, ob damit der Sache nach stets etwas anderes gesagt werden soll. So gibt es zahlreiche Urteile mit der Wendung, dass der Gleichheitssatz verletzt sei, wenn eine Gruppe von Normadressaten im Vergleich zu anderen Normadressaten anders behandelt werde, obwohl zwischen beiden Gruppen keine Unterschiede von solcher Art und solchem Gewicht bestünden, dass sie die ungleiche Behandlung rechtfertigen könnten (so etwa BVerfGE 70, 230 [239 f.]; 81, 1, [8]; 81, 156 [205]; 81, 228 [236]; 82, 60 [86]; 83, 395 [401]; 84, 348 [359]; 87, 1 [36]; 98, 1 [12]; 99, 129 [139]; 100, 104 [127]; 102, 41 [54]). Dies deutet auf eine *generell* über die Willkürprüfung hinausgehende Verhältnismäßigkeitsprüfung hin. Da aber zahlreiche Urteile, die hier der differenzierenden Theorie zugeordnet sind, sich auf Urteile, die die soeben genannte generelle Wendung beinhalten, beziehen, wird man die differenzierende Formulierung als die für das BVerfG im Zweifel maßgebliche anzusehen haben.

In der Literatur stimmen trotz auch hier unterschiedlicher Formulierungen der differenzierenden Theorie des BVerfG im Wesentlichen zu:

Maaß NVwZ 1988, 14 (20 f.); Umbach/Clemens/*Paehlke-Gärtner* Art. 3 GG Rn. 130 ff.; v. Münch/Kunig/*Gubelt* Art. 3 GG Rn. 16a ff.; *Schoch* DVBl 1988, 863 (875 ff.); *Wendt* NVwZ 1988, 778 (784 ff.); *Jarass* AöR 120 (1995), 345 (362 f., 375 ff.); *Jarass* NJW 1997, 2545 (2548 f.); Jarass/Pieroth/*Jarass* Art. 3 GG Rn. 14 ff.; Sachs/*Osterloh* Art. 3 GG Rn. 13 ff.; *Pieroth/Schlink* Rn. 468 ff.; *Krugmann* JuS 1998, 7 (11 f.); *Gusy* JuS 1982, 32 (33 f.); *Stein/Frank* § 48 II, III; *Badura* Kap. C, Rn. 47; *Maurer* § 9 Rn. 12; BK/*Rüfner* Art. 3 I GG Rn. 27 f.; *Epping* Rn. 784 ff.; *Kloepfer* Gleichheit als Verfassungsfrage, 1980, S. 56 ff.; *Robbers* DÖV 1988, 749 (751 f.); *Brüning* JZ 2001, 669 (669 ff.); *Koenig* JuS 1995, 313 (316 f.); *Hufen* § 39 Rn. 15 f.; Schmidt-Bleibtreu/Hofmann/Hopfauf/*Kannengießer* Art. 3 GG Rn. 16 f.; *Kloepfer* § 59

Rn. 83 ff.; *Katz* Rn. 709–711; Stern/Becker/*Englisch* Art. 3 GG Rn. 11; ähnlich: *Bryde/Kleindiek* Jura 1999, 36 (38 ff.); *Michael/Morlok* Rn. 796 ff.; wohl auch: *Odendahl* JA 2000, 170 (173 f.); ausdrücklich eine ausnahmslose Anwendung des Verhältnismäßigkeitsprinzips befürworten: Maunz/Dürig/*Herzog* Anhang zu Art. 3 GG Rn. 10; *Martini* Art. 3 I GG als Prinzip absoluter Rechtsgleichheit, 1997, S. 115 ff.

1. Argument (gegen die Theorie des Willkürverbots)
Bei einer bloßen Willkürprüfung wird in Wahrheit gar keine Gleichheitsprüfung vorgenommen, weil es letztlich an der logischen Voraussetzung des Gleichheitsurteils – nämlich der Mehrheit von zu bildenden Vergleichsgruppen – fehlt.

2. Argument (gegen die Theorie des Willkürverbots)
Wenn man eine bloße Willkürprüfung durch die Gerichte zulässt, dann können diese aufgrund der Offenheit dieses Prüfungsmaßstabs eigene Wertungen an die Stelle des Gesetzgebers setzen, was nicht sein kann.

3. Argument (gegen das 2. Argument der Theorie des Willkürverbots)
Es trifft nicht zu, dass schon wegen der Struktur des Gleichheitssatzes zwingend eine Verhältnismäßigkeitsprüfung ausscheidet. Die Verhältnismäßigkeitsbetrachtung ist hier zu modifizieren: Es ist nicht danach zu fragen, ob eine Belastung verhältnismäßig ist, sondern die Ungleichbehandlung. Am Zweck der fraglichen Maßnahme ist also nicht das Ausmaß der Belastung für den Betroffenen zu messen, sondern das Ausmaß der unterschiedlichen Behandlung der jeweiligen Gruppen.

4. Argument
Die Differenzierung zwischen intensiv und weniger intensiv treffenden Fällen ist darin begründet, dass gesetzgeberische Regelungen und Gestaltungen mehr noch als ohne Freiheitsbeschränkungen ohne Ungleichbehandlungen schlechterdings nicht möglich sind und dass der Gesetzgeber bei Ungleichbehandlungen daher grundsätzlich einen weiten Ermessensspielraum braucht. Würde man stets eine strenge Verhältnismäßigkeitsprüfung verlangen, so könnte dies leicht darauf hinauslaufen, dass der Gesetzgeber die jeweils gerechteste und zweckmäßigste Regelung zu treffen hat. Die Rücknahme des Gleichheitsgebots auf ein Willkürverbot bei Ungleichbehandlungen geringer Intensität respektiert daher angemessen den Ermessensspielraum des Gesetzgebers.

III. (hier sog.) **Theorie der internen und externen Zwecke**

Die Anforderungen an die Rechtfertigung einer Ungleichbehandlung richten sich danach, ob mit der Ungleichbehandlung sog. interne oder externe Zwecke verfolgt werden. Interne Zwecke sind solche, die an Gleich- oder Ungleichheiten der Vergleichspersonen anknüpfen und bei denen eine Gleich- oder Ungleichbehandlung erfolgt, um Gleich- oder Ungleichheiten zu berücksichtigen oder auszugleichen; hier greift das Verhältnismäßigkeitsprinzip nicht, sondern es ist lediglich eine Willkürprüfung vorzunehmen. Bei den externen Zwecken handelt es sich um außenstehende Interessen der Allgemeinheit und Dritter, die Gleich- oder Ungleichbehandlungen erfordern, die sich nicht auf relevante Unterschiede der Vergleichpersonen zurückführen lassen; hier greift das Verhältnismäßigkeitsprinzip.

Vertreten von:
Huster Rechte und Ziele, 1993, S. 164 ff.; *Huster* JZ 1994, 541 (543 ff.); Friauf/Höfling/*Huster* Art. 3 GG Rn. 78 ff.; *Neumann* DVBl 1997, 92 (95); *Morlok/Heinig* NVwZ 1999, 697 (703 f.); *Sachs* JuS 1997, 124 (129); ähnlich: *Becker* Transfergerechtigkeit und Verfassung, 2001, S. 51 ff.; *Schaden* Die Steuervergünstigung als staatliche Leistung – Finanzverfassung und Gleichheitssatz, 1998, S. 115 ff.; *Siehr* Die Deutschenrechte des Grundgesetzes, 2001, S. 442 ff.; tendenziell auch: *Heinz* NZS 1995, 436 (437 ff.); *Burgi* JZ 1999, 873 (879).

Argument
Die Unterscheidung zwischen internen und externen Zwecken trägt dem Umstand Rechnung, dass das Verhältnismäßigkeitsprinzip dort Platz greift, wo es der Sache nach möglich und geboten ist: Das Verhältnismäßigkeitsprinzip mit seinen Prüfungsstufen der Geeignetheit, Erforderlichkeit und Angemessenheit passt bei den internen Zwecken nicht, da es dort um die Ausgestaltung normativer Gleichheit geht und es daher an einem kollidierenden Rechtsgut fehlt, das bei der Verhältnismäßigkeitsprüfung ins Verhältnis zu setzen und mit dem abzuwägen wäre.

Beispiel:

A verdient monatlich doppelt soviel wie B und muss höhere Einkommenssteuern bezahlen. Diese Ungleichbehandlung ist unstrittig gerechtfertigt, weil sich die Besteuerung nach der Leistungsfähigkeit richtet und A leistungsfähiger als B ist. Eine Verhältnismäßigkeitsprüfung ist hier kaum möglich, denn das Verhältnis von Leistungsfähigkeit und Steuerhöhe ist kein Verhältnis kollidierender Rechtsgüter, sondern die Leistungsfähigkeit ist der Maßstab, an dem sich die steuerliche Belastung orientieren muss. Tut sie dies, so macht es keinen Sinn, darüber hinaus zu fragen, ob die ungleiche Steuerlast geeignet und erforderlich ist, um der unterschiedlichen Leistungsfähigkeit zu entsprechen und schon gar nicht kann im Sinne eines Ausgleichs kollidierender Güter zwischen Steuerverteilung und Leistungsfähigkeit abgewogen werden.

Bei den externen Zwecken passen der Sache nach die Kriterien der Verhältnismäßigkeitsprüfung und ihre Anwendung ist auch geboten.

Beispiel:

C und D sind gleich leistungsfähig, trotzdem muss D erheblich weniger Steuern bezahlen, da er die Kosten für den Bau eines Eigenheims absetzen kann; der Gesetzgeber hatte diese Möglichkeit geschaffen, um die Baukonjunktur anzukurbeln. Hier ist die Ungleichbehandlung von C und D nicht auf relevante Unterschiede zwischen beiden zurückführbar und es sind auch nicht mit der Gleichheit womöglich in Verbindung zu bringende Gerechtigkeitserwägungen, die zur Begründung angeführt werden, sondern wirtschaftspolitische Erwägungen. Eine derartig begründete Differenzierung muss gegen die »eigentlich« geforderte Gleichbehandlung abgewogen werden. Die wirtschaftspolitische Zielsetzung steht in einem echten Rechtsgüterkonflikt mit der Gleichbehandlung. Man kann und muss daher fragen, ob die Ungleichbehandlung geeignet und erforderlich ist, um dieses Gestaltungsziel zu erreichen und genauso kann und muss man fragen, ob dieses Gestaltungsziel schwerer wiegt als die in Kauf genommene Ungleichbehandlung.

Bei den externen Zwecken gibt es daher der Sache nach einen den Freiheitsrechten vergleichbaren Schutzbereich, in den zur Verfolgung externer Zwecke »eingegriffen« wird. Die gesamt Prüfungsabfolge entspricht hier daher im Wesentlichen der bei den Freiheitsrechten.

Beispiel und ergänzende Hinweise:

1. Im Ausgangsfall unterscheidet § 622 I, II BGB a.F. Arbeitnehmer (=gemeinsamer Oberbegriff) nach den Merkmalen Arbeiter und Angestellte, so dass nach allen Theorien eine rechtfertigungsbedürftige Ungleichbehandlung vorliegt.

Nach der Theorie des Willkürverbots genügt zur Rechtfertigung ein sachlicher Grund. Im Ausgangsfall wurden zahlreiche Argumente für eine Differenzierung vorgebracht, von denen manche den Anforderungen an einen sachlichen Grund noch genügen dürften (andere Auffassung aber wohl vertretbar). So wurde argumentiert, statistisch seien Angestellte durchschnittlich länger arbeitslos als Arbeiter und für Unternehmer bestünde im produktiven Bereich (in dem ganz vorwiegend Arbeiter tätig seien) ein Bedürfnis nach erhöhter personalwirtschaftlicher Flexibilität, um z.B. auf Konjunktur- und betriebsspezifische Absatzeinbrüche reagieren zu können. Andere vorgebrachte Argumente wird man hingegen schon als nicht sachlich anzusehen haben: So etwa der Hinweis darauf, dass Angestellte überwiegend geistige, Arbeiter überwiegend körperliche Arbeit verrichten; aus der Art der Tätigkeit allein ergibt sich aber kein erhöhtes Schutzbedürfnis, so dass Kopf- und Handarbeiter denselben Schutz bei Arbeitsplatzverlust verdienen. Ferner wurde geltend gemacht, Angestellte benötigten regelmäßig eine längere vorberufliche Ausbildung und träten später ins Erwerbsleben ein. Dieser Gesichtspunkt ist aber unsachlich, da Kündigungsfristen den Übergang zu einer neuen Stelle erleichtern, nicht aber die aktive Lebensarbeitszeit insgesamt verlangern sollen.

Die differenzierende Theorie (und mit ihr auch BVerfGE 82, 126 ff.) kommt dazu, dass eine personenbezogene Differenzierung vorliegt; denn die Differenzierung wird nach den Personengruppen Arbeiter und Angestellte vorgenommen und nicht lediglich nach unterschiedlichen Sachverhalten. Dies bedeutet, dass nach dieser Ansicht eine Verhältnismäßigkeitsprüfung vorzunehmen ist. Die Rechtfertigung gelingt nicht: Der Hinweis auf die durchschnittlich längere Arbeitslosigkeit der Angestellten verfängt nicht, weil die längere Dauer nur marginal ist und zudem nur für einen Teil der Angestellten – nämlich die höher Qualifizierten – zutrifft. Man müsste insoweit als Gesetzgeber ausdifferenzierter unterscheiden und noch dazu dürfte man nicht in solch erheblichem Ausmaß wie in § 622 I, II BGB a.F. unterschiedliche Fristen normieren. Ähnliches trifft für das Argument des erhöhten personalwirtschaftlichen Flexibilitätserfordernisses zu: Es tritt so unterschiedlich und pauschal bei Arbeitern und Angestellten nicht (mehr) auf, denn nicht nur Arbeiter stehen im Produktionsprozess. Ferner trägt die Begründung im Wesentlichen nur unterschiedliche Fristen bei betriebsbedingten Kündigungen, nicht aber bei ordentlichen, die § 622 I, II BGB a.F. regelte. Es liegen damit im Tatsächlichen keine Unterschiede vor, die eine Ungleichbehandlung im gegebenen Umfang rechtfertigen können.

Nicht einfach ist im Ausgangsfall die Handhabung der Theorie der internen und externen Zwecke. Denn die bereits angeführten Rechtfertigungszwecke sind z.T. externe (der Arbeitgeber, auf dessen personalwirtschaftliches Flexibilisierungsinteresse

Rücksicht genommen werden soll, ist ein außerstehender Dritter, »zu dessen Gunsten« die Ungleichbehandlung vorgenommen wird), z.T. interne (soweit mit der unterschiedlichen Schutzbedürftigkeit von Arbeitern und Angestellten argumentiert wird). Die für die internen Zwecke vorzunehmende Willkürprüfung kann (wohl) noch gelingen (siehe dazu soeben die Ausführungen zur Theorie vom Willkürverbot), die für die externen Zwecke vorzunehmende Verhältnismäßigkeitsprüfung an sich nicht (siehe dazu soeben die Ausführungen zur differenzierenden Theorie). Es fragt sich aber, ob nach der Theorie der internen und externen Zwecke die Rechtfertigung scheitert, weil neben einer an sich für die internen Zwecke gegebenen Rechtfertigung auch externe Zwecke verfolgt werden, für die die Rechtfertigung nicht gelingt. Hier wird man wohl dazu kommen müssen, dass die für die internen Zwecke mögliche Rechtfertigung insgesamt trägt (Friauf/Höfling/*Huster* Art. 3 GG Rn. 82–84, gesteht zwar das hier auftretende Problem der bisweilen schweren Unterscheidung von internen und externen Zwecken ein, bietet aber keine eindeutige Lösung an; dazu auch Dreier/*Heun* Art. 3 GG Rn. 29).

2. Falllösungen: *Volkmann* Fall 10; *Höfling* Fälle zu den Grundrechten, Fall 13; *Starck/Schmidt* Fälle 239, 243, 245; *Geis* Fall 14.

7. Problem: Gibt es eine Gleichheit im Unrecht?

Beispiel:

A und B sind Bauunternehmer und konkurrieren oft miteinander um Bauaufträge. Zur Förderung der Wiedereingliederung Langzeitarbeitloser in den Arbeitsmarkt können Arbeitgeber aufgrund eines Gesetzes für sich finanzielle Mittel beantragen, wenn sie Langzeitarbeitlose einstellen und weitere gesetzlich umschriebene Voraussetzungen erfüllen. A beantragt für zahlreiche Arbeitslose, die er einzustellen gedenkt, diese Mittel, die ihm auch gewährt werden, obwohl die gesetzlichen Voraussetzungen dafür insgesamt nicht erfüllt sind. Durch die gewährten Mittel kann A günstigere Angebote für ausgeschriebene Bauaufträge machen als B und B kommt bei der Auftragsvergabe kaum noch zum Zug. Als auch B unter gleichen Umständen wie A die finanziellen Mittel beantragt, verwehrt ihm dies die zuständige Behörde mit dem Argument, sie habe bisher zwar bei A und auch bei weiteren Antragstellern finanzielle Mittel gewährt, dabei aber aus Versehen nicht alle gesetzlichen Voraussetzungen beachtet. Nachdem man dies nunmehr bemerkt habe, gehe man zu einer gesetzeskonformen Mittelgewährung über. Als dem B entgegnet, ihm müssten jedenfalls auf Grundlage des Gleichbehandlungsgrundsatzes auch die Mittel gewährt werden, hält die Behörde dem entgegen, es gebe keine Gleichheit im Unrecht. Hat die Behörde damit Recht?

Ausgangspunkt:

Das Problem der Gleichheit im Unrecht ist das Problem voneinander abweichender Verwaltungsentscheidungen in vergleichbar gelagerten Fällen. Nachdem Personen,

Personengruppen oder Sachverhalte in einer bestimmten Weise rechtlich fehlerhaft behandelt worden sind, werden andere Personen, Personengruppen oder Sachverhalte, die mit ersteren Personen oder Situationen einem gemeinsamen Oberbegriff unterfallen, rechtlich fehlerfrei und damit verschieden behandelt. Hat die Verwaltung bislang entgegen dem Gesetz Begünstigungen gewährt oder von Belastungen verschont, so wird nun im vergleichbar gelagerten Fall die unrechtmäßige Begünstigung versagt bzw. die rechtlich geforderte Belastung auferlegt. Kann in einer solchen Situation, gestützt auf den allgemeinen Gleichheitssatz des Art. 3 I GG, derjenige, dem nunmehr die unrechtmäßige Begünstigung versagt bzw. die rechtlich geforderte Belastung auferlegt wird, die unrechtmäßige Begünstigung erstreiten bzw. die rechtlich geforderte Belastung anfechten? Besteht mit anderen Worten ein Anspruch auf Fehlerwiederholung aus Art. 3 I GG?

I. (hier sog.) **Ablehnende Theorie**

Es gibt keine Gleichheit im Unrecht, d.h. keinen Anspruch gegen die Verwaltung auf Fehlerwiederholung.

Vertreten von:
BVerfGE 50, 142 (166); BVerfG (Kammer) NVwZ 1994, 475 (476); BVerwGE 5, 1 (8); 18, 242 (246 f.); 34, 278 (283 f.); 45, 197 (199); 92, 153 (157); BVerwG DÖV 1977, 830 (831 f.); OVG Münster OVGE 11, 196 (201); OVG Lüneburg OVGE 12, 454 (461); VG Berlin NJW 1974, 330 (332); BSGE 7, 75 (78); 15, 137 (141); BGHZ 19, 348 (354 f.); *v. Münch* Rn. 578; *Katz* Rn. 714; Jarass/Pieroth/*Jarass* Art. 3 GG Rn. 36; Friauf/Höfling/*Huster* Art. 3 GG Rn. 114–116; Umbach/Clemens/*Paehlke-Gärtner* Art. 3 GG Rn. 156; v. Münch/Kunig/*Gubelt* Art. 3 GG Rn. 42; Maunz/Dürig/*Dürig* Art. 3 I GG Rn. 437; *Ossenbühl* DÖV 1970, 264 (265 ff.); *Epping* Rn. 702; *Wernsmann* Das gleichheitswidrige Steuergesetz, 2000, S. 299; *Rechenbach* NVwZ 1986, 383 (385 f.); *Bachof* JZ 1962, 399 (402); *Sachs* Kap. B 3, Rn. 62; *Mertens* Die Selbstbindung der Verwaltung auf Grund des Gleichheitssatzes, 1963, S. 26; *Wallerath* Die Selbstbindung der Verwaltung, 1968, S. 15; *Kölbel* Gleichheit im Unrecht, 1998, durchgehend; *Sodan/Ziekow* § 30 Rn. 6; ähnlich: Dreier/*Heun* Art. 3 GG Rn. 60 (er erwägt indes für Ausnahmefälle aus dem rechtsstaatlichen Vertrauensschutz – nicht aber aus Art. 3 I GG – für eine Übergangsfrist die Beibehaltung einer rechtswidrigen Verwaltungspraxis).

1. Argument
Das Prinzip der Gesetzmäßigkeit der Verwaltung (Art. 20 III GG) spricht gegen einen Anspruch auf Gleichheit im Unrecht. Es verdrängt in jedem Fall den Gleichbehandlungsanspruch. Gäbe es einen Anspruch auf Gleichheit im Unrecht, dann hätte eine rechtswidrige Verwaltungspraxis gesetzesderogierende Kraft und der Grundsatz des Vorrangs des Gesetzes wäre verletzt. Die Verwaltung wäre gehalten, den Weg der in der Vergangenheit beschrittenen Gesetzeswidrigkeit fortzusetzen und eine Rückkehr zur Gesetzes- und Rechtmäßigkeit wäre ausgeschlossen oder zumindest erschwert.

2. Argument
Art. 3 I GG spricht von einer Gleichheit »vor dem Gesetz«. Bei einer Gleichheit im Unrecht würde man aber eine Gleichheit »entgegen dem Gesetz« befürworten.

3. Argument
Soweit die Verwaltung, insbesondere die eingreifende Verwaltung, nicht ohne gesetzliche Ermächtigung tätig werden darf, könnte sie sich durch eine diesen Gesetzesvorbehalt missachtende Verwaltungspraxis eine Handlungs- und insbesondere eine Eingriffskompetenz schaffen und damit die Funktionenteilung zwischen Gesetzgebung und Verwaltung unterlaufen.

4. Argument
Das Grundübel in den Fällen der Gleichheit im Unrecht ist nicht die Ungleichbehandlung, sondern die mangelnde Beachtung der rechtlichen Vorgaben, deren Folge die Ungleichbehandlung lediglich darstellt. Es handelt sich eigentlich um ein Problem des Vollzugsdefizits des Rechts und damit nicht um eines, das primär individuelle, sondern öffentliche Belange berührt – nämlich das Interesse der Allgemeinheit an der Rechtstreue der Verwaltung. Dieses kann aber grundsätzlich nicht über Grundrechte geltend gemacht werden.

5. Argument
Bei einer Gleichheit im Unrecht wäre der Richter nicht mehr an das Gesetz, sondern an das tatsächliche Handeln der Verwaltung gebunden. Dies stellt aber einen Verstoß gegen Art. 97 I GG dar.

II. (hier sog.) **Differenzierende Theorie**

Es gibt zwar keinen allgemeinen Anspruch auf Gleichbehandlung im Unrecht; im Einzelfall kann aber ein solcher Anspruch aufgrund besonderer Umstände bestehen – nämlich insbesondere wenn:

a) Umstände gegeben sind, die ein überwiegend schutzwürdiges Vertrauen begründen, entsprechend der gegebenen rechtswidrigen Verwaltungspraxis gleichbehandelt zu werden,

b) die Versagung einer Gleichbehandlung unerträgliche Wettbewerbsnachteile nach sich zöge.

Anmerkung:
Die Formulierungen schwanken hier; gemeinsam ist allen Vertretern dieser Theorie, dass für sie der Satz »keine Gleichheit im Unrecht« nicht ausnahmslos gilt; die unter a) und b) angeführten Merkmale sind die am häufigsten genannten.

Vertreten von:
BK/*Rüfner* Art. 3 I GG Rn. 181 f.; Sachs/*Osterloh* Art. 3 GG Rn. 51 f.; *Berg* JuS 1980, 418 (420–422); *Borowski* Grundrechte als Prinzipien, 1998, S. 399–401; v. Mangoldt/Klein/Starck/*Starck* Art. 3 GG Rn. 274–278; *Götz* NJW 1979, 1478 (1479 ff.); *Götz* FS BVerwG, 1978, S. 245 (245 ff.); *Götz* DVBl 1968, 93 (94 ff.); *Götz* DVBl 1972, 188 (189); *Sachs* FS Friauf 1996, S. 309 (321 ff.); *Ulrich* Das Verfassungsphänomen der Gleichheit contra legem, 2000, S. 81 ff.; ähnlich: VGH Mannheim DVBl 1972, 186 (187); tendenziell auch: *Wolny* UPR 1987, 121 (124); *Pauly* JZ 1997, 647 (649 ff.); *Hufen* § 39 Rn. 27; *Randelzhofer* JZ 1973, 536 (541 ff. – nach ihm kann dogmatisch ein Anspruch auf Beibehaltung einer fehlerhaften Verwaltungspraxis allenfalls auf den Grundsatz des Vertrauensschutzes gestützt werden, er hat aber nie

[auch] im Gleichheitssatz seine Verwurzelung); nach VGH Kassel NVwZ 1986, 683 (684 f.) gilt der Satz »keine Gleichheit im Unrecht« im Bereich der Leistungsverwaltung, nicht aber im Bereich der gleichheitswidrigen Eingriffsverwaltung; sehr differenzierend: *Raff* Besteht ein Anspruch auf sog. Gleichbehandlung im Unrecht?, 1988, durchgehend, zusammenfassend S. 235 ff.

1. Argument
Die ablehnende Theorie erkennt zwar zutreffend, dass ein Anspruch auf Gleichbehandlung im Unrecht in einem Spannungsverhältnis zur Gesetzesbindung der Verwaltung steht. Bei einer Gleichheit im Unrecht hat aber die Gesetzesbindung der Verwaltung, die auch einen Garant der Rechtsanwendungsgleichheit darstellt, versagt. Es kann sich diese fehlerhafte Rechtsanwendungsgleichheit nicht von vornherein immer und ohne Ausnahme zulasten dessen auswirken, bei dem diese Rechtsanwendungsgleichheit in Richtung einer nun rechtmäßigen Rechtsanwendung korrigiert wird. Wenn Gesichtspunkte vorliegen, die die Gesetzesbindung der Verwaltung überwiegen, dann muss die Gesetzesbindung der Verwaltung überwunden werden und ein Anspruch auf Gleichheit im Unrecht gewährt werden.

2. Argument (zu a)
Der Vertrauensschutz kann die Gesetzesbindung der Verwaltung im Einzelfall gewissermaßen überwinden, da er ebenso wie die Gesetzesbindung ein dem Rechtsstaatsprinzip innewohnendes Verfassungsprinzip ist. Es müssen im Einzelfall aber deutliche Umstände vorliegen, die einen Vertrauenstatbestand begründen. Ein Vertrauenstatbestand liegt z.B. nicht vor, wenn der Nachbar ebenso gesetzeswidrig bauen will wie es ein Dritter aufgrund einer behördlichen Genehmigung getan hat.

3. Argument (zu b)
Im Subventionsrecht, wo ein Konkurrent Subventionen zu Unrecht gewährt bekommen hat, sie einem anderen Konkurrenten nun aber verwehrt werden, liegt eine Wettbewerbssituation vor, die die Situation des rechtswidrig Subventionierten seinem Konkurrenten gegenüber verbessert. Davor darf die Rechtsordnung nicht einfach die Augen verschließen. Selbst wenn hier die Verwaltung für die Zukunft allgemein zu einer rechtmäßigen Verwaltungspraxis übergehen will, muss die Behandlung der Altfälle in Rechnung stellen, dass durch die gesetzeswidrige Verwaltungspraxis Tatsachen geschaffen worden sind, soweit Subventionen dem Begünstigten verbleiben. Hier ist die Zahlung der Subvention an denjenigen, dem an sich aufgrund der nunmehr umgestellten rechtmäßigen Verwaltungspraxis keine Subvention mehr gewährt werden sollte, regelmäßig die einzige Möglichkeit, einen unerträglichen Wettbewerbsvorteil und damit eine Ungleichbehandlung auszugleichen.

Beispiel und ergänzende Hinweise:

Im Ausgangsfall hat nach der ablehnenden Theorie die Behörde Recht. Nach der differenzierenden Theorie hat sie nicht Recht, da ein Konkurrent des B durch zu Unrecht gewährte Finanzmittel einen erheblichen Wettbewerbsvorteil erlangt hat. Ob dies bedeutet, dass B daher auch die Mittel zu bekommen hat, ist nicht ohne weiteres gesagt; denn grundsätzlich kann eine Ungleichbehandlung bei der Leistungsverwaltung nicht nur dadurch ausgeglichen werden, dass derjenige, dem bisher die Leistung verwehrt wurde, diese nun auch gewährt wird, sondern auch dadurch, dass sie den anderen wieder entzogen wird, denn auch dies stellt eine Gleichbehandlung wieder her. Häufig scheitert aber dieser letztere Weg daran, dass zugunsten derjenigen, die die Leistung bereits erhalten haben, gesetzliche Vertrauensschutzregelungen greifen (hier im Ausgangsfall: § 48 II VwVfG bzw. – wenn die Finanzmittel solche nach dem SGB darstellen sollten – § 45 SGB X). Dann verbleibt nach der differenzierenden Theorie nur noch der Weg, dem B ebenfalls die Mittel zu gewähren.

8. Problem: Sind Quotenregelungen zugunsten von Frauen bei Stellenbesetzungen im öffentlichen Dienst verfassungsrechtlich zulässig?

Beispiel:

§ 25 Landesbeamtengesetz bestimmt, dass Frauen bei gleicher Eignung, Befähigung und fachlicher Leistung bevorzugt zu befördern sind, soweit im Bereich der für die Beförderung zuständigen Behörde im jeweiligen Beförderungsamt der Laufbahn weniger Frauen als Männer beschäftigt sind und sofern nicht in der Person eines Mitbewerbers liegende Gründe überwiegen. Ist diese Vorschrift mit dem Grundgesetz vereinbar (nach OVG Münster NVwZ 1991, 501 ff.; OVG Münster NVwZ 1996, 495 ff.)?

Ausgangspunkt:

Die Frage nach der Verfassungsmäßigkeit von Frauenquoten berührt mehrere Grundgesetzvorschriften – nämlich Art. 3 II, III, 33 II GG. In diesen Vorschriften sind mehrere spezielle Gleichheitsgebote und Diskriminierungsverbote enthalten. Die Gerichte (so auch im Ausgangsfall das OVG Münster) prüfen oft die genannten Vorschriften in Verbindung miteinander.

Es gibt zahlreiche Arten von Frauenquoten, die sich nach diversen Unterscheidungsmerkmalen kategorisieren lassen. Die wesentlichen Grundtypen sind: Mit sog. Ergebnisquoten werden Dienststellen verpflichtet, innerhalb eines vorgegebenen Zeitraums einen bestimmten Prozentsatz freiwerdender Stellen mit Frauen zu besetzen. Eine sog. Entscheidungsquote zielt hingegen auf die Entscheidung im Einzelfall. Sie verpflichtet die Dienststellen, solange Frauen einzustellen, bis ein gesetzlich vorgeschriebener Prozentsatz der Stellen in dem fraglichen Bereich mit Frauen besetzt ist. Diese Regelung kann ohne Ausnahme gelten oder Öffnungs-/Härteklauseln vorsehen, denen zufolge die Frau ausnahmsweise dann nicht zu berücksichtigen ist, wenn in der Person des männlichen Bewerbers liegende Gründe überwiegen. Im Ausgangsfall handelt es sich um eine Entscheidungsquote mit Öffnungsklausel, wobei die angestrebte Frauenquote 50% beträgt. Ferner ist noch zwischen leistungsunabhängigen und leistungsabhängigen Quotenregelungen zu unterscheiden. Leistungsunabhängige Quoten bevorzugen Frauen selbst dann, wenn sie nicht gleich geeignet i.S.v. Art. 33 II GG wie männliche Stellenbewerber sind. Bei leistungsunabhängigen Quoten herrscht weitgehend Einigkeit, dass sie wegen Verstoßes gegen Art. 33 II GG verfassungswidrig sind. Davon soll auch im Folgenden ausgegangen werden, so dass sich dort auf leistungsabhängige Quotenregelungen konzentriert wird. Auch die Quotenregelung im Ausgangsfall stellt eine leistungsabhängige Quote dar (»bei gleicher Eignung, Befähigung und fachlicher Leistung«).

Frauenquoten werfen auch europarechtliche Fragestellungen auf, insbesondere durch die Richtlinie 76/207 EWG; dazu gibt es zahlreiche EuGH-Rechtsprechung (etwa EuGH NJW 1995, 3109 f.; EuGH NJW 1997, 3429 f.). Diese bleibt aber ohne Auswirkung auf die hier allein interessierende verfassungsrechtliche Beurteilung.

I. (hier sog.) **Theorie der Zulässigkeit von Quoten**

Leistungsabhängige Frauenquoten bei Stellenbesetzungen im öffentlichen Dienst sind jedenfalls dann zulässig, wenn sie Öffnungs-/Härteklauseln enthalten, die auch andere Belange bei der Stellenbesetzungsentscheidung berücksichtigungsfähig machen.

Anmerkung:
Nicht alle der im Folgenden genannten verlangen eine Öffnungs-/Härteklausel.

Vertreten von:
BAGE 73, 269 (276 ff.); HessStGH ZBR 1997, 313 (316 ff.); OVG Lüneburg ZBR 1997, 188 (190 f.); LAG Bremen RiA 1993, 82 (82 ff.); ArbG Dortmund PersR 1993, 282 (282 f.); LAG Hamm PersR 1994, 142 (142 ff.); *Sacksofsky* Das Grundrecht auf Gleichberechtigung, 2. Aufl. 1996, S. 305 ff., 411 ff.; Umbach/Clemens/*Sacksofsky* Art. 3 GG Rn. 365–369; *Vogel* FS Benda, 1995, S. 395 (416 f.); *Slupik* Die Entscheidung des Grundgesetzes für die Parität im Geschlechterverhältnis, 1988, S. 129 f.; *Slupik* JR 1990, 317 (321 f.); *Zuck* MDR 1988, 459 (460 f.); *Pfarr* Quoten und Grundgesetz, 1988, S. 73 ff.; *Maidowski* Umgekehrte Diskriminierung, 1989, S. 101 ff.; Jarass/Pieroth/*Jarass* Art. 3 GG Rn. 106; AK-GG/*Eckertz-Höfer* Art. 3 II, III GG Rn. 67; *Frohn* DÖD 1990, 105 (108); *Pfarr/Bertelsmann* Diskriminierung im Erwerbsleben, 1989, S. 97 f.; *Düwell* PersR 1993, 251 (252); *Eckertz-Höfer* FS Simon, 1987, S. 447 ff.; *Robbers* DÖV 1988, 749 (756 f.); *Raasch* Frauenquote und Männerrechte, 1991, durchgehend; *Garbe-Emden* Gleichberechtigung durch Gesetz, 1984, S. 157 ff.; *Schwidden* RiA 1996, 105 (107 f.); *König* DÖV 1995, 836 (843–845); *Pfarr/Fuchsloch* NJW 1988, 2201 (2201 ff.); *Battis/Schulte-Trux/Weber* DVBl 1991, 1165 (1166 ff.); *Hofmann* JuS 1988, 249 (257 f.); *Kokott* NJW 1995, 1049 (1051 f.); *Fuchsloch* NVwZ 1991, 442 (443 ff.); *Lange* NVwZ 1990, 135 (136); *Stein/Frank* § 50 I 6; Epping/Hillgruber/*Kischel* Art. 3 GG Rn. 179; tendenziell auch: *Ebsen* Jura 1990, 515 (517 ff.); Sachs/*Osterloh* Art. 3 GG Rn. 288; Dreier/*Heun* Art. 3 GG Rn. 104; Maunz/Dürig/*Scholz* Art. 3 II GG Rn. 77; wohl auch: *Manssen* Rn. 804; *Badura* Kap. C, Rn. 49; *Epping* Rn. 837.

1. Argument
Leistungsabhängige Frauenquoten verstoßen nicht gegen *Art. 33 II GG*, denn dessen Schutzbereich wird gar nicht berührt. Art. 33 II GG verlangt, dass jeder Deutsche nach seiner Eignung, Befähigung und fachlichen Leistung gleichen Zugang zu jedem öffentlichen Amt hat. Eine leistungsabhängige Frauenquote greift erst da, wo bereits positiv geprüft wurde, dass die sich bewerbende Frau gleich geeignet wie sich eben-

falls bewerbende Männer im Sinne der in Art. 33 II GG aufgeführten Kriterien ist; es besteht daher ein sog. Qualifizierungspatt. Bei einem solchen Qualifizierungspatt müssen andere Kriterien als die in Art. 33 II GG aufgeführten als Hilfskriterien angewandt werden, um zu einer Personalauswahl zu gelangen. Dies ist unbestritten und etwa das Dienst- und Lebensalter sind anerkannte Hilfskriterien. Dazu, dass das Geschlecht nicht Hilfskriterium sein darf, äußert sich Art. 33 II GG weder direkt noch mittelbar.

2. Argument

Frauenquoten bevorzugen Frauen vor Männern und sind daher vor *Art. 3 III 1 GG* zwar rechtfertigungsbedürftig, wonach niemand u.a. wegen seines Geschlechts benachteiligt oder bevorzugt werden darf; die Rechtfertigung gelingt aber:

a) *Art. 3 II 1 GG*, wonach Männer und Frauen gleichberechtigt sind, ist so auszulegen, dass er eine Bevorzugung von Frauen gegenüber Männern ermöglicht. Art. 3 II 1 GG lässt sich insoweit auf mehrerlei Arten deuten, die letztlich alle zu diesem Ergebnis gelangen:

aa) Man kann in Art. 3 II 1 GG einen Verfassungsauftrag zur faktischen Gleichstellung von Männern und Frauen, auch und gerade im Berufsleben erblicken. Dieser Verfassungsauftrag schränkt das aus Art. 3 II 1 GG für Männer folgende Recht auf Gleichbehandlung ein und legitimiert die Einführung von Frauenquoten.

bb) Selbst wenn man Art. 3 II 1 GG nicht als Verfassungsauftrag zur Herstellung der faktischen Gleichstellung von Mann und Frau auffasst, so stellt die Norm doch ein Element objektiven Rechts und eine verfassungskräftig abgesicherte positive Bewertung der seit langem formulierten Ziele der Frauenbewegung dar. Eine Politik der umgekehrten Diskriminierung zur Frauenförderung ist daher zwar womöglich nicht geboten, aber immerhin doch möglich.

cc) Art. 3 II 1 GG schützt nicht einzelne Personen, sondern eine Gruppe – nämlich die der Frauen und ist daher ein Gruppenrecht. Dafür spricht der Wortlaut des Art. 3 II 1 GG, in dem im Gegensatz zu Art. 3 III 1 GG der Plural (»Männer und Frauen«) verwendet wird. Art. 3 II 1 GG rechtfertigt (und verlangt womöglich sogar) Maßnahmen, die die Situation der Frauen als Gruppe verbessern. Art. 3 II 1 GG stellt somit ein gruppenbezogenes Diskriminierungsverbot zum Schutz von Frauen dar. Art. 3 II 1 GG ist dabei die gegenüber Art. 3 III 1 GG speziellere Vorschrift. Regelungen, die den Schutzzweck des Gleichberechtigungssatzes zu verwirklichen suchen, unterfallen daher nicht den in Art. 3 III 1 GG aufgestellten Benachteiligungsverboten.

b) Nach *Art. 3 II 2 GG* fördert der Staat die tatsächliche Durchsetzung der Gleichberechtigung von Frauen und Männern und wirkt auf die Beseitigung bestehender Nachteile hin. Dies rechtfertigt auch Frauenquoten, denn diese versuchen faktische Nachteile, die typischerweise Frauen treffen, auszugleichen: Auch heute noch ist die Gesellschaft von strukturellen Nachteilen zu Lasten von Frauen geprägt. Statistisch lässt sich nämlich eindeutig nachweisen, dass Frauen in zahlreichen Berufsbereichen unterrepräsentiert sind. Die strukturelle Diskriminierung besteht aus einer Vielzahl verschiedener Faktoren, die sich als einzelne nur schwer isolieren lassen und gerade in ihrem Zusammenwirken Frauen benachteiligen. So werden etwa Kriterien angewendet, die Frauen wegen ihrer tatsächlichen oder antizipierten familiären Doppelbelastung negativ betreffen. Die Sanktionierung jedes einzelnen Falles ist nicht möglich, denn meist bleibt die Diskriminierung verdeckt und sie ist von der Betroffenen im Einzelfall nicht beweisbar. Will man angesichts dieser Situation die Opfer der Diskriminierung nicht schutzlos lassen, so bleibt keine andere Wahl als auf einen kompensatorischen, gewissermaßen auf abstrakter Ebene ansetzenden Ausgleich in Form einer Quote zu setzen.

c) Aus der *Sozialstaatsklausel (Art. 20 I, 28 I 1 GG)* folgt die Berechtigung zu gezielten Maßnahmen zugunsten der Frauen.

3. Argument
Eine Öffnungsklausel ist zu fordern, da es sein kann, dass bei männlichen, gleichgeeigneten Mitbewerbern Belange vorliegen, die mit denjenigen, die mit Art. 3 II, III GG verfolgt werden, im Einzelfall gleiches oder gar schwereres Gewicht haben können, so dass dann auch ein Zurückstellen eines weiblichen Stellenbewerbers möglich sein muss.

II. (hier sog.) **Theorie der Unzulässigkeit von Quoten**

Leistungsabhängige Frauenquoten bei Stellenbesetzungen im öffentlichen Dienst sind verfassungsrechtlich unzulässig.

Vertreten von:
OVG Münster NVwZ 1991, 501 (502); OVG Münster NWVBl 1992, 401 (401); OVG Münster NVwZ 1996, 494 (494); OVG Münster NVwZ 1996, 495 (496); OVG Lüneburg NVwZ 1996, 497 (498 f.); VG Schleswig NVwZ 1995, 724 (724 f.); VG Arnsberg NVwZ 1995, 725 (726); *Becker* RiA 1991, 292 (294 f.); *Becker* RiA 1991, 178 (182); *Loritz* EuZW 1995, 763 (764 f.); *Kempen* ZRP 1989, 367 (370); *Stober* ZBR 1989, 289 (290 ff.); *Feindt* DÖD 1983, 75 (79 f.); *Ladeur* ZBR 1992, 39 (43 f.); *Burmeister* PersV 1996, 145 (155 ff.); *Kruse* DÖV 1991, 1002 (1006 ff.); *Schmitt Glaeser* DÖV 1982, 381 (385 ff.); *Döring* Frauenquoten und Verfassungsrecht, 1996, S. 183 ff.; *Laubinger* VerwArch 87 (1996), 473 (504 ff.); *Rüfner* FS Stern 1997, S. 1011 (1011 ff.); BK/*Rüfner* Art. 3 II, III GG Rn. 763 ff.; *Sachs* NJW 1989, 553 (553 ff.); *Sachs* NVwZ 1991, 437 (440 ff.); *Sachs* ZBR 1994, 133 (139–141); *Sachs* Kap. B 3, Rn. 120; *v. Münch* Rn. 597; v. Mangoldt/Klein/Starck/*Jachmann* Art. 33 GG Rn. 20; *Starck* JZ 1996, 197 (198 f.); v. Mangoldt/Klein/Starck/*Starck* Art. 3 GG Rn. 312–314; *Brohm* JZ 1994, 213 (219 f.); *Hofmann* NVwZ 1995, 662 (662 f.); *Hesse* Rn. 436; BK/*Höfling* Art. 33 I-III GG Rn. 253–261; *Wilms* II, Rn. 1059; Maunz/Dürig/*Scholz* Art. 3 II GG Rn. 65 ff.; *Sodan/Ziekow* § 30 Rn. 22.

1. Argument (gegen das 1. Argument der Theorie der Zulässigkeit von Quoten)
Frauenquoten – auch leistungsabhängige – verstoßen gegen *Art. 33 II GG*, denn die Vorschrift gehört zu den besonderen Gleichheitssätzen. Sie gewährt »jedem« nicht nur schlicht den Zugang, sondern den »gleichen Zugang« zu den öffentlichen Ämtern. Art. 33 II GG gebietet also die Gleichbehandlung von Männern und Frauen bei der Personalauswahl. Daher stellt das Geschlecht ein unzulässiges Differenzierungskriterium und damit ein unstatthaftes Hilfskriterium bei der Personalauslese dar.

2. Argument (gegen das 2. Argument der Theorie der Zulässigkeit von Quoten)
Frauenquoten verstoßen gegen *Art. 3 III 1 GG*:

a) *Art. 3 II 1 GG* kann die Ungleichbehandlung nach Art. 3 III 1 GG nicht rechtfertigen:

aa) Die Vorschrift ist eindeutig so formuliert, dass sie nicht nur Frauen, sondern auch Männer vor rechtlicher Diskriminierung schützt. Wollte man über Art. 3 II 1 GG eine Ungleichbehandlung rechtfertigen, so würde man aber diese Vorschrift unzulässig als Exklusivrecht für Frauen reklamieren.

bb) Der Ansatz, Art. 3 II 1 GG als eine Art Gruppenrecht der Frauen anzusehen, ist verfehlt. Gruppengrundrechte stellen grundrechtsdogmatisch einen Fremdkörper dar und auch der Wortlaut durch die Verwendung des Plural besagt insoweit nichts. Viele Grundrechtsverbürgungen verwenden den Plural, etwa durch die Wendung »alle Deutschen« (z.B. in Art. 8, 9, 11 GG), ohne dass damit Gruppengrundrechte verbunden wären. Ferner zielt auch der Sache nach das Grundgesetz nicht darauf, die Gruppe der Frauen der Gruppe der Männer gleichzustellen, sondern individuelle Chancengleichheit zu gewähren.

b) *Art. 3 II 2 GG* kann die Ungleichbehandlung nach Art. 3 III 1 GG nicht rechtfertigen:

aa) Der erste Satzteil von Art. 3 II 2 GG verpflichtet den Staat, die tatsächliche Durchsetzung der Gleichberechtigung zu fördern. Es ist dabei bewusst von »Gleichberechtigung« und nicht von »Gleichstellung« die Rede; ausweislich der Entstehungsgeschichte von Art. 3 II 2 GG sind Bestrebungen mancher, ein Gleichstellungsgebot in das Grundgesetz aufzunehmen, gescheitert. »Gleichberechtigung« meint, dass für Männer und Frauen dieselben Rechtsregeln gelten sollen. Die Wendung in Art. 3 II 2 GG, dass die Gleichberechtigung auch tatsächlich durchgesetzt werden soll, bringt zum Ausdruck, dass Männer und Frauen auch tatsächlich entsprechend diesen Rechtsregeln gleich behandelt werden. Dies bedeutet, dass Art. 3 II 2 GG an Art. 3 II 1 G insoweit anknüpft und diesen ergänzt, als für Männer und Frauen nicht nur dieselben Vorschriften gelten (Art. 3 II 1 GG), sondern dass diese Vorschriften auch tatsächlich ohne Rücksicht auf das Geschlecht angewendet werden.

bb) Der zweite Satzteil von Art. 3 II 2 GG verpflichtet den Staat, auf die Beseitigung bestehender Nachteile hinzuwirken. Mit »Nachteilen« sind tatsächliche und nicht rechtliche Nachteile gemeint, denn letztere sind schon über den ersten Satzteil erfasst und der zweite Satzteil wäre insoweit überflüssig. Der zweite Satzteil von Art. 3 II 2 GG verpflichtet somit den Staat, gleiche Wettbewerbschancen dort zu schaffen, wo sie noch nicht bestehen. Darin liegt und erschöpft sich der Inhalt dieser Vorschrift. Sie rechtfertigt es hingegen nicht, Frauen zu Lasten von Männern zu bevorzugen.

c) Der Verweis auf das Sozialstaatsprinzip zur Rechtfertigung der Bevorzugung von Frauen ist viel zu pauschal und unzureichend begründet. Dieser Argumentationsansatz mag darin seinen Ursprung haben, dass die Bevorzugung bestimmter Bevölkerungsgruppen wie etwa Schwerbehinderter mit dem Sozialstaatsgebot begründet wird. Dahinstehen kann, ob dies zutreffend geschieht; jedenfalls lässt sich die Frauenförderung im Allgemeinen und die Frauenquote im Besonderen damit nicht vergleichen. Denn etwa die Bevorzugung Schwerbehinderter gründet und zielt darauf, die Nachteile auszugleichen, die sich aus einem individuellen Lebensschicksal ergeben.

Auf ein konkretes Einzelschicksal von Frauen stellt eine Frauenquote aber gerade nicht ab, denn sie fragt nicht danach, ob die Frau, die durch die Quotierung begünstigt wird, tatsächlich Nachteile wegen des Geschlechts erlitten hat.

3. Argument

Frauenquoten, die eine bewerberunabhängige Parität und Quotierung anstreben, sind aus einem weiteren Gesichtspunkt heraus unzulässig: Wenn eine Frauenquote bewerberunabhängig ausgestaltet ist, bedeutet dies, dass in einem bestimmten (näher inhaltlich umrissenen) Behörden-/Tätigkeitsbereich ein bestimmter Anteil von Frauen angestrebt wird, egal, ob für diesen Bereich überhaupt dementsprechend viele weibliche (geeignete) Bewerber vorhanden sind. Im Extremfall kann dies bedeuten, dass für einen bestimmten Bereich 50% Frauenanteil angestrebt wird, obwohl nahezu gar keine weiblichen (geeigneten) Interessenten vorhanden sind. Hier ist dann gar nicht die über Art. 3 II 2 GG angestrebte Chancengleichheit der Grund der Regelung, sondern eine Idee von Gruppenmacht und Gruppeneinfluss, die in Art. 3 II, III GG keine Grundlage findet. Solche Quoten lassen sich sogar so begreifen, dass sie entgegen den in der geringen Bewerberzahl in bestimmten Bereichen zum Ausdruck kommenden Neigungen der Frauen eine geschlechtliche Parität erzwingen wollen, die nicht nur Art. 3 II, III GG, sondern auch den Grundgedanken einer freiheitlichen Verfassung insgesamt widersprechen.

Beispiel und ergänzende Hinweise:

1. Im Ausgangsfall ist nach der Theorie der Zulässigkeit von Quoten § 25 Landesbeamtengesetz verfassungsgemäß, da er eine leistungsabhängige Quote aufstellt, die zudem noch eine Öffnungsklausel enthält. Nach der Theorie der Unzulässigkeit von Quoten ist § 25 Landesbeamtengesetz verfassungswidrig. Dazu kam auch das OVG Münster in der dem Ausgangsfall zugrundeliegenden Entscheidung. Die Kernaussage, die noch näher begründet wurde, lautete: »Der Senat hält es (...) mit (...) Art. 3 II, III GG sowie (...) Art. 33 II GG für unvereinbar, bei einer Wettbewerbssituation zwischen Mann und Frau grundsätzlich die Frau zu bevorzugen und den Mann zu benachteiligen, weil er nicht der Gruppe der – nach der pauschalen Annahme des Gesetzes – benachteiligten Frauen angehört. Der Senat sieht für eine derartige Benachteiligung des Mannes wegen seines Geschlechts keine verfassungsrechtlich tragbare Begründung« (OVG Münster NVwZ 1991, 501 [502]).

2. Das BVerfG hat sich zur Verfassungsmäßigkeit von Frauenquoten bisher noch nicht geäußert.

III. Freiheitsrechte

9. Problem: Schützt Art. 2 I GG eine allgemeine Handlungsfreiheit, die jegliches menschliche Verhalten umfasst?

Beispiel:

Ein Gesetz erlaubt das Reiten im Walde grundsätzlich nur auf Wegen, die als Reitwege gekennzeichnet sind. Reiter A sieht sich dadurch in Art. 2 I GG berührt. Zu Recht (nach BVerfGE 80, 137 ff.)?

Ausgangspunkt:

Mit diesem Problem ist die Fragestellung angesprochen, welche Stellung Art. 2 I GG im System der Freiheitsgrundrechte zukommt: Nach einer Ansicht (I.) erfüllt Art. 2 I GG auch die Funktion eines umfassenden Auffanggrundrechts; nach anderer Ansicht (II.) ist der Gewährleistungsbereich von Art. 2 I GG enger zu verstehen.

I. (hier sog.) **Theorie des umfassenden Grundrechtsschutzes**

Art. 2 I GG schützt als Auffanggrundrecht die allgemeine Handlungsfreiheit. Unter sie fällt jegliches menschliche Verhalten im umfassenden Sinne.

Vertreten von:
BVerfGE 6, 32 (36); 8, 274 (328); 9, 83 (88), 10, 89 (99); 12, 341 (347); 20, 150 (154); 54, 143 (146); 55, 159 (165); 59, 275 (278); 63, 88 (108); 65, 196 (210); 70, 1 (25); 73, 261 (270); 74, 129 (151 f.); 75, 108 (154 f.); 80, 137 (152 f.); 90, 145 (171); 91, 335 (338); 95, 267 (303); 96, 10 (21); 97, 332 (340); Dreier/*Dreier* Art. 2 I GG Rn. 27–30; *Pieroth/Schlink* Rn. 386 ff.; Jarass/Pieroth/*Jarass* Art. 2 GG Rn. 3; *Pieroth* AöR 115 (1990), 33 (36 ff.); *Degenhart* JuS 1990, 161 (162 f.); Sachs/*Murswiek* Art. 2 GG Rn. 43–51; *Merten* JuS 1976, 345 (345 f.); *Schnapp* NJW 1998, 960 (960); *Lindner* NJW 1998, 1208 (1208 ff.); *Bethge* VVDStRL 57 (1998), S. 7 (20–22); *Manssen* Rn. 205; *Ipsen* II, Rn. 765–776; *Badura* Kap. C, Rn. 108; *Berg* Rn. 623; Hömig/*Antoni* Art. 2 GG Rn. 2 f.; *Zippelius/Würtenberger* § 22 Rn. 2; *Epping* Rn. 528 ff.; *Sachs* Kap. B 2, Rn. 3–12; *v. Münch* Rn. 307–309; Friauf/Höfling/*Höfling* Art. 2 GG Rn. 26–33; v. Münch/Kunig/*Kunig* Art. 2 GG Rn. 12–15; *Kunig* Jura 1990, 523 (526); Umbach/Clemens/*Hillgruber* Art. 2 GG Rn. 28–35; v. Mangoldt/Klein/Starck/*Starck* Art. 2 GG Rn. 8–13; *Sodan* Art. 2 GG Rn. 3; Epping/Hillgruber/*Lang* Art. 2 GG Rn. 3; Stern/Becker/*Horn* Art. 2 GG Rn. 20; *Horn* in: HdBStR, § 149 Rn. 25; *Cornils* in: HdBStR, § 168 Rn. 1 ff.; *Michael/Morlok* Rn. 435 ff.; *Kloepfer* § 56 Rn. 1 ff.; *Germann* Jura 2010, 734 (735); *Wilms* II, Rn. 387; *Katz* Rn. 684; *Erichsen* Jura 1987, 367 (368); *Scholz* AöR 100 (1975), 80 (86 ff.); *Evers* AöR 90 (1965), 88 (88 ff.); Maunz/Dürig/*Di Fabio* Art. 2 I GG Rn. 12–15; *Stein/Frank* § 31 II 2d aa; *Kube* JuS 2003, 111 (111 f.); *Burgi* ZG 1994, 341 (357–359); *Burgi* Erholung in freier Natur, 1993, S. 236; *Kahl* Die Schutzbereichsergänzungsfunktion von Art. 2 I GG, 2000, S. 16 ff.; *Kukk* Verfassungsgeschichtliche Aspekte zum Grundrecht der allgemeinen

Handlungsfreiheit, 2000, S. 207 ff.; *Alexy* Theorie der Grundrechte, 1985, S. 309 ff.; *Maurer* § 9 Rn. 8 f.; *Hufen* § 14 Rn. 5 f.; *Sodan/Ziekow* § 27 Rn. 2; *Stern* Bd. IV/1, S. 889 f.

1. Argument
Durch die weite Auslegung des Schutzbereichs von Art. 2 I GG (auch) als ein Auffanggrundrecht wird die Lückenlosigkeit des grundrechtlichen Freiheitsschutzes sichergestellt.

2. Argument (gegen das 1. Argument der Theorie des besonderen Persönlichkeitsbezugs)
Es mag zwar so sein, dass die in spezielleren Freiheitsgrundrechten benannten Handlungsfreiheiten typischerweise eine erhöhte Relevanz für die Persönlichkeitsentfaltung besitzen; dies bedeutet aber nicht, dass davon stets der Grundrechtsschutz abhängig sein muss. Es gibt kein systematisches Argument, das zur Annahme zwingt, Art. 2 I GG könne nicht den sachbereichsspezifischen Freiheitsschutz, den die Spezialgrundrechte bieten, durch eine Generalklausel ergänzen, die die Freiheit schlechthin schützt. Denn im Tatbestand der Freiheitsgrundrechte erfolgt keine Ausgrenzung weniger wertvoller, für die Persönlichkeitsentfaltung unerheblicher Betätigungsformen, sondern es können auch durchaus »banale« Aspekte menschlicher Freiheit sein, die den Schutz der Grundrechte genießen.

3. Argument (gegen die Theorie des besonderen Persönlichkeitsbezugs)
Die Theorie des besonderen Persönlichkeitsbezugs mit ihren einengenden Kriterien wirft nur schwer lösbare Abgrenzungsprobleme auf. Die Frage nämlich, ob eine Betätigung zum engeren Persönlichkeitsbereich zu zählen ist, lässt sich nicht allein objektiv bestimmen, sondern einzubeziehen wären auch das Selbstverständnis des Grundrechtsträgers und die subjektive Bedeutung der Tätigkeit für diesen.

4. Argument (gegen das 2. Argument der Theorie des besonderen Persönlichkeitsbezugs)
Der Vorwurf der »Banalisierung« des Grundrechts ließe sich oft auch bei speziellen Freiheitsrechten erheben. Beispielsweise mögen viele Presseprodukte und Fernsehsendungen oder Vereinsbildungen »banal« oder weitgehend »gehaltlos« erscheinen, dennoch wird auch diesen Verhaltensweisen zu Recht nicht der Schutz der speziellen Freiheitsrechte (Art. 5 I 1, 9 I GG) versagt.

5. Argument (gegen das 5. Argument der Theorie des besonderen Persönlichkeitsbezugs)
Es ist zutreffend, dass die weite Schutzbereichsauslegung bei Art. 2 I GG dazu führt, dass in ebenso weitem Umfang die Verfassungsbeschwerde statthafter Rechtsbehelf ist. Es kann dahinstehen, ob dies mit der Einfügung der Verfassungsbeschwerde in das Grundgesetz intendiert war. Jedenfalls kann der tatbestandliche Geltungsbereich eines Grundrechts nicht nach verfassungsprozessualen Gesichtspunkten eingegrenzt werden.

6. Argument
Bei den Beratungen des Parlamentarischen Rates wurden im Hinblick auf Art. 2 I GG mehrere sprachliche Formulierungen diskutiert. Lange Zeit stand dabei die Wen-

dung »Freiheit zu tun und zu lassen, was die Rechte anderer nicht verletzt und nicht gegen die verfassungsmäßige Ordnung oder das Sittengesetz verstößt« im Zentrum. Diese Formulierung war aber als »zu vulgär« empfunden und wegen des »Würdevollem im Klang« zugunsten der jetzigen Formulierung aufgegeben worden. Es war also nicht das Telos, sondern das Pathos für die Endfassung bestimmend. Daher besteht kein Anlass, abweichend von der ursprünglich angedachten Formulierung Art. 2 I GG einengend im Sinne der Theorie des besonderen Persönlichkeitsbezugs zu verstehen.

II. (hier sog.) **Theorie des besonderen Persönlichkeitsbezugs**

Art. 2 I GG schützt nur eine engere persönliche Lebenssphäre, d.h. lediglich Verhaltensweisen, die für die Persönlichkeitsentfaltung des Einzelnen wenigstens von einer gewissen Relevanz sind.

Anmerkung:
Die Formulierungen und inhaltlichen Begrenzungen des Schutzbereichs schwanken hier. Manche formulieren den ihrer Ansicht nach einzufordernden Persönlichkeitsbezug noch enger als hier – nämlich in dem Sinne, dass nur der Kernbereich der Persönlichkeit durch Art. 2 I GG geschützt sei (sog. Persönlichkeitskernthese).

Vertreten von:
BVerfGE (Sondervotum) 80, 137 (164 ff.); *Hesse* Rn. 427 f.; *Duttge* NJW 1997, 3353 (3353 ff.); *Scheuner* DÖV 1971, 505 (508 f.); *Scheuner* VVDStRL 22 (1965), S. 2 (38 f. in Fn. 111); *Erbel* Das Sittengesetz als Schranke der Grundrechte, 1971, S. 167 ff.; *Peters* FS Laun, 1953, S. 669 (673 f.); *Ehmke* Wirtschaft und Verfassung, 1961, S. 34; ähnlich: *Schneider* NJW 1999, 1497 (1499 f.); *Ehmke* VVDStRL 20 (1963), 53 (82 ff.); *Peters* Das Recht auf freie Entfaltung der Persönlichkeit in der höchstrichterlichen Rechtsprechung, 1963, S. 49; *Schulz-Schäfer* Der Freiheitssatz des Art. 2 I GG, 1971, S. 31 ff.; kritisch zur Theorie des umfassenden Grundrechtsschutzes auch: *Schmidt* AöR 91 (1966), 42 (71 ff.).

1. Argument
Die Grundrechte unterscheiden sich von der Vielzahl sonstiger Rechte dadurch, dass sie Integrität, Autonomie und Kommunikation des Einzelnen in ihren grundlegenden Bezügen schützen. Eben wegen dieser fundamentalen Bedeutung für eine auf die Menschenwürde gegründete Ordnung werden sie aus der Menge der Rechte hervorgehoben und verfassungsrechtlich mit erhöhten Garantien gegenüber der öffentlichen Gewalt ausgestattet. Es ist funktional nicht der Sinn der Grundrechte, jedes erdenkliche menschliche Verhalten unter den besonderen Schutz der Grundrechte zu stellen. Daher schützt auch Art. 2 I GG nicht die Freiheit des Einzelnen, zu tun und zu lassen, was er will, sondern die freie Entfaltung der Persönlichkeit. Das Verhalten, das den Schutz von Art. 2 I GG beanspruchen will, muss daher eine gesteigerte, dem Schutzgut der übrigen Grundrechte vergleichbare Relevanz für die Persönlichkeitsentfaltung besitzen.

2. Argument
Eine uferlos weite Schutzbereichsauslegung von Art. 2 I GG, die auch banale Inhalte in den Schutzbereich von Art. 2 I GG einbezieht, lässt Art. 2 I GG zu einem Grundrecht zweiter Klasse werden.

3. Argument
Wenn jedes Verhalten Grundrechtsschutz durch Art. 2 I GG genießt, ohne deswegen gleich schrankenlos erlaubt sein zu können, so verwandelt sich die allgemeine Freiheitsgarantie in das Recht, vom Staat nicht rechtswidrig an der Betätigung des eigenen Willens gehindert zu werden. In dieser Eigenschaft subjektiviert Art. 2 I GG aber das vom Grundgesetz nur objektiv gewährleistete Rechtsstaatsprinzip und wird in Wahrheit zur allgemeinen Eingriffsfreiheit.

4. Argument
Die extrem weite Auslegung der Theorie des umfassenden Grundrechtsschutzes birgt letztlich die Gefahr einer verringerten Geltungskraft von Art. 2 I GG. Denn gerade in Ansehung der Weite des Schutzbereichs sehen sich die Anhänger der Theorie des umfassenden Grundrechtsschutzes genötigt, die Schranken der »verfassungsmäßigen Ordnung« weit auszulegen, um die verfassungsrechtlichen Hürden für Eingriffe nicht zu hoch anzusetzen. Dadurch besteht aber die Gefahr, Art. 2 I GG insgesamt – d.h. auch für Fälle, in denen der Schutz von Lebensbereichen mit einem erhöhten Persönlichkeitsbezug in Frage steht – leer laufen zu lassen und entgegen Art. 1 III GG zur weitgehend freien Disposition des Gesetzgebers zu stellen.

5. Argument
Die Theorie des umfassenden Grundrechtsschutzes hat zur Folge, dass gegen jeden belastenden rechtswidrigen Akt der öffentlichen Gewalt die Verfassungsbeschwerde statthaft ist und dass auch jeder Verstoß gegen objektives Verfassungsrecht – wie z.B. gegen Kompetenzvorschriften – zu einer Grundrechtsverletzung führen kann und dies, obwohl Art. 93 I Nr. 4a GG die Befugnis zu ihrer Erhebung auf die Verletzung enumerativ aufgeführter Rechte beschränkt und daher kein unbegrenztes Recht zur Verfassungsbeschwerde begründet.

Beispiel und ergänzende Hinweise:

1. Im Ausgangsfall ist nach der Theorie des umfassenden Grundrechtsschutzes A in seinem Schutzbereich aus Art. 2 I GG berührt. Nach der Theorie des besonderen Persönlichkeitsbezugs ist dies nicht der Fall; dies hat das Sondervotum in der dem Ausgangsfall zugrunde liegenden Entscheidung ausführlich begründet (siehe BVerfGE 80, 137 [164 ff.]). Maßgeblich dieses Sondervotum hat dazu geführt, dass die Frage nach dem Umfang des Schutzbereichs von Art. 2 I GG neuerlich und bis in die Gegenwart hinein im Schrifttum diskutiert wird.

2. Nach der Theorie des umfassenden Grundrechtsschutzes stellt die allgemeine Handlungsfreiheit ein Auffanggrundrecht gegenüber den speziellen Grundrechten dar und tritt hinter diese als subsidiär zurück, soweit deren Schutzbereiche reichen. Für die Falllösung bedeutet dies, dass man nach dieser Ansicht einen Eingriff in die allgemeine Handlungsfreiheit erst dann prüfen darf, wenn kein spezielles Grundrecht dem sachlichen Schutzbereich nach einschlägig ist (vgl. *Pieroth/Schlink* Rn. 387, 389). Zu beachten ist, dass dies nur dann gilt, wenn Art. 2 I GG in seiner Ausprägung als allgemeine Handlungsfreiheit betroffen ist, nicht aber, wenn das allgemeine Persönlichkeitsrecht, das aus Art. 2 I i.V.m. Art. 1 I GG hergeleitet wird, in Frage steht.

3. Nicht geklärt ist innerhalb der Anhänger der Theorie des umfassenden Grundrechtsschutzes, ob Art. 2 I GG als Auffanggrundrecht dann zur Anwendung kommt

(d.h. dessen Schutzbereich eröffnet ist), wenn Grenzen des Schutzbereichs spezielle Freiheitsrechte nicht zum Tragen kommen lassen. Beispiel: Können sich die Veranstalter einer unfriedlichen Versammlung, die nicht von Art. 8 I GG geschützt wird, auf Art. 2 I GG berufen? Überwiegend wird dies bejaht (etwa Jarass/Pieroth/*Jarass* Art. 2 GG Rn. 2), bisweilen aber auch verneint (etwa *Erichsen* Jura 1987, 367 [369 f.]).

4. Wie die Rechtsprechungsnachweise oben bei I. bereits erahnen lassen, ist Judikatur zu einer Vielzahl von Fallgestaltungen ergangen, die alle unter die allgemeine Handlungsfreiheit subsumiert wurden. Markante Fälle (und zugleich »Schulfälle«) sind etwa: Das Füttern von Tauben (BVerfGE 54, 143 [146]), die Schutzhelmpflicht bei Motorradfahrern (BVerfGE 59, 275 [278]) sowie der Erwerb und der Konsum von Cannabis (BVerfGE 90, 145 [171]).

5. Falllösungen: *Volkmann* Fall 2; *Brinktrine/Sarcevic* Fall 1; *Geis* Fall 3.

10. Problem: Gibt es beim allgemeinen Persönlichkeitsrecht nach Art. 2 I i.V.m. Art. 1 I GG einen dem staatlichen Zugriff entzogenen Lebensbereich?

Beispiel:

Das Landgericht verurteilt den A wegen Mordes zu einer lebenslangen Freiheitsstrafe. Nach Überzeugung des Gerichts hat er eine Frau erschlagen. Die Beweiswürdigung stützt sich im Wesentlichen auf die Verwertung von sichergestellten schriftlichen, tagebuchmäßigen Aufzeichnungen des A, die er auf Anraten eines Psychologen angefertigt hatte, um seine gestörte Beziehung zum weiblichen Geschlecht im schriftlichen Selbstgespräch zu bewältigen. In diesen Aufzeichnungen, die von dem A nicht zur Einsicht für Dritte bestimmt waren, bekundete er eine pathologische und wachsende Neigung zu Gewalt gegenüber Frauen und plante die Durchführung entsprechender Straftaten. Verletzt die Verwertung der Aufzeichnungen im Strafprozess den A in seinen Grundrechten (nach BVerfGE 80, 367 ff.)?

Ausgangspunkt:

Das allgemeine Persönlichkeitsrecht ist im Grundgesetz nicht ausdrücklich geregelt, es ist aber anerkannt, dass es grundrechtlichen Schutz genießt. Das BVerfG und ihm folgend die Lehre verorten es in Art. 2 I GG i.V.m. Art. 1 I GG. Das allgemeine Persönlichkeitsrecht entzieht sich einer eindeutigen tatbestandlichen Festlegung und auch das BVerfG betont, dass seine Ausprägungen jeweils anhand des zu entscheidenden Falles herauszuarbeiten sind (so etwa BVerfGE 54, 148 [153 f.]). Trotz dieser Unsicherheiten lässt sich das allgemeine Persönlichkeitsrecht dahingehend näher konturieren, dass dessen sachlicher Schutzbereich auf die Abwehr von Beeinträchtigungen der engeren persönlichen Lebenssphäre (z.B. Recht auf Vertraulichkeit persönlicher Aufzeichnungen, Recht auf Vertraulichkeit des Patient-Arzt-Verhältnisses), der Selbstbestimmung (z.B. Recht auf Kenntnis bzw. Nichtkenntnis der eigenen Abstammung, Recht auf Bestimmung der eigenen Fortpflanzung) und der Grundbedingungen der Persönlichkeitsentfaltung (z.B. Recht auf Schutz der persönlichen Ehre, Recht am eigenen Bild) zielt. Die genannten Beispiele sind vom BVerfG als vom allgemeinen Persönlichkeitsrecht geschützt anerkannt worden.

Streit besteht darüber, ob es für den Bereich der Abwehr von Beeinträchtigungen der engeren persönlichen Lebenssphäre besondere Eingriffsschranken gibt – nämlich dahingehend, dass Eingriffe in bestimmte Lebensbereiche nicht gerechtfertigt werden können.

I. (hier sog.) **Sphärentheorie**

Das allgemeine Persönlichkeitsrecht nach Art. 2 I GG i.V.m. Art. 1 I GG ist dahingehend abzuschichten, dass es dem einzelnen Bürger auch eine unantastbare Sphäre (die sog. »Intimsphäre«) privater Lebensgestaltung gewährt. Diese Sphäre ist der Einwirkung öffentlicher Gewalt entzogen und Eingriffe in sie können auch nicht im Wege der Abwägung durch überwiegende Allgemeininteressen gerechtfertigt werden. Nur außerhalb dieser Sphäre können Eingriffe gerechtfertigt werden.

Vertreten von:
BVerfGE 6, 32 (41); 6, 389 (433); 27, 1 (6); 27, 344 (350 f.); 32, 373 (378 f.); 33, 367 (376); 34, 238 (245); 35, 35 (39); 35, 202 (220); 38, 312 (320); 44, 353 (372); 54, 143 (146); 80, 367 (373 f.); 89, 69 (82 f.); 103, 21 (31 f.); BGHZ 73, 120 (124); BGH NJW 1981, 1366 (1366); Jarass/Pieroth/*Jarass* Art. 2 GG Rn. 62; *Badura* Kap. C, Rn. 35; *Sachs* Kap. B 2, Rn. 54; *v. Münch* Rn. 322; *Maurer* § 9, Rn. 57; *Epping* Rn. 620; *Geis* JZ 1991, 112 (112 ff.); *Dürig* AöR 81 (1956), 117 (129); *Scholz/Konrad* AöR 123 (1998), 60 (64); Maunz/Dürig/*di Fabio* Art. 2 I GG Rn. 157 f.; *Wintrich* BayVBl 1957, 137 (138 f.); *Krause* DB 1983, Beilage 23, 1 (8 f.); *Wolfslast* NStZ 1987, 103 (105); *Küpper* JZ 1990, 416 (418); *Vogelgesang* Grundrecht auf informationelle Selbstbestimmung?, 1987, S. 42 ff.; *Sodan/Ziekow* § 27 Rn. 18; *Stern* Bd. IV/1, S. 265; *Kloepfer* § 56 Rn. 65.

1. Argument
Das Recht auf freie Entfaltung der Persönlichkeit und die Menschenwürde sichern jedem Einzelnen einen autonomen Bereich privater Lebensgestaltung, in dem er seine Individualität entwickeln und wahren kann. Es besteht ein absoluter Schutz eines »Innenraums«, in dem der Einzelne »sich selbst besitzt« und in den er sich zurückziehen kann. Zu ihm hat die Umwelt keinen Zutritt, in ihm wird man in Ruhe gelassen und genießt ein Recht auf Einsamkeit. Eine Abwägung mit anderen (Allgemein-) Interessen kann daher nicht stattfinden.

2. Argument
Die Sphärentheorie stellt den ersten brauchbaren Versuch dar, vom Stadium einer reinen Fallgruppenbildung, wie sie ansonsten bei der Konturierung des allgemeinen Persönlichkeitsrechts vorgenommen wurde und noch immer wird, zu übergreifenden Strukturen zu finden.

II. (hier sog.) **Ablehnende Theorie**

Es gibt bei Art. 2 I GG i.V.m. Art. 1 I GG keinen von vornherein dem staatlichen Zugriff entzogenen Bereich. Es ist im Einzelfall im Rahmen der verfassungsrechtlichen Rechtfertigung eines Eingriffs in den Schutzbereich stets eine Abwägung der einander gegenüberstehenden Belange möglich und geboten.

Vertreten von:
Bleckmann Staatsrecht II, Die Grundrechte, 4. Aufl. 1997, § 12 Rn. 2; v. Münch/Kunig/*Kunig* Art. 2 GG Rn. 41; *Michael/Morlok* Rn. 422; *Germann* Jura 2010, 734 (742 f.); Dreier/*Dreier* Art. 2 I GG Rn. 88; *Degenhart* JuS 1992, 361 (364); Umbach/Clemens/*Hillgruber* Art. 2 GG Rn. 87 und 91; v. Mangoldt/Klein/Starck/*Starck* Art. 2 GG Rn. 16; *Ehmann* JuS 1997, 193 (197); *Schlink* Der Staat 25 (1986), 233 (241 f.); *Krauß* FS Gallas, 1973, S. 365 ff.; *Alexy* Theorie der Grundrechte, 1985, S. 327 f.; *Lorenz* GA 1992, 254 (258 ff.); *Lorenz* JZ 1992, 1000 (1004); *Benda* FS Geiger, 1974, S. 23 ff.; *Steinmüller* u.a. Grundfragen des Datenschutzes, BT-Drucks. 6/3826, S. 48 ff.; *Seidel* Datenbanken und Datenschutzrecht, 1972, S. 66 f.; tendenziell dieser Theorie auch zuneigend: Sachs/*Murswiek* Art. 2 GG Rn. 105 f.; *Hufen* § 11 Rn. 25; kritisch zur Sphärentheorie auch: AK-GG/Podlech Art. 2 I GG Rn. 37–40; *Simitis* NJW 1971, 673 (680); *Scholz/Pitschas* Informationelle Selbstbestimmung und staatliche Informationsverantwortung, 1984, S. 67.

1. Argument
Die Sphärentheorie legt die Intimsphäre ohne Rücksicht darauf fest, ob in diesem Bereich Drittinteressen beeinträchtigt werden. In dieser Form ist die Theorie aber nur haltbar, wenn es sich um einen Bereich handelt, in dem die Privatinteressen der Grundrechtsträger schon a priori stärker als jedes entgegenstehende Drittinteresse wiegen. Dies lässt sich aber nicht hinreichend begründen, sondern eine Abwägung muss stets möglich sein.

2. Argument
Die Sphärentheorie setzt logisch voraus und suggeriert damit zugleich die Möglichkeit, dass sich Lebenssachverhalte, die in den Schutzbereich des allgemeinen Persönlichkeitsrechts fallen, eindeutig einzelnen Sphären zuordnen lassen. Dies ist aber kaum möglich und durch den Anschein der Trennschärfe wird die Rechtslage eher verdunkelt denn erhellt.

3. Argument
Es lässt sich weder sprachlich noch systematisch oder teleologisch eine Grundlage für die Annahme finden, das allgemeine Persönlichkeitsrecht schütze Lebensbereiche, die keiner gesetzlichen Einschränkung unterliegen.

4. Argument
Bezeichnend ist, dass in der Rechtsprechung, die die Sphärentheorie maßgeblich entwickelt hat, noch keine Entscheidungen ergangen sind, die eine Betroffenheit der Intimsphäre angenommen haben. Dies zeigt, dass trotz des dogmatischen Aufwandes im Einzelfall doch der absolut geschützte Intimbereich dann nicht als berührt angesehen wird, wenn seine Einschränkung für notwendig erachtet wird; somit findet doch eine ergebnisorientierte bzw. pragmatische Sichtweise Anwendung.

5. Argument
Die Konstruktion unterschiedlicher Sphären ist notwendigerweise generalisierend in dem Sinne, dass sie bei der Zuordnung eines Lebenssachverhaltes zu einer Sphäre den einzelnen Menschen, dessen Grundrechtsschutz in Frage steht, nicht berücksichtigen kann. Für verschiedene Menschen können die Sphären aber von unterschiedlichem Inhalt sein.

Beispiel und ergänzende Hinweise:

1. Im Ausgangsfall kommt die ablehnende Theorie zu dem Ergebnis, dass ein Eingriff in das allgemeine Persönlichkeitsrecht des A vorliegt, der auf der Stufe der verfassungsrechtlichen Rechtfertigung prinzipiell zu rechtfertigen ist. Ob das Allgemeininteresse, mit dem hier abzuwägen ist – nämlich insbesondere das Interesse an einer wirksamen Strafrechtspflege – den Eingriff rechtfertigt, ist nicht einfach zu beantworten, sondern bedarf einer eingehenden Auseinandersetzung.

Auch das BVerfG als Anhänger der Sphärentheorie kam dazu, dass die Verwertung der Aufzeichnungen nicht in den Intimbereich fällt und damit der Eingriff prinzipiell zu rechtfertigen ist, was es hier letztlich auch annahm. Begründet wurde das Nichthineinfallen in den Intimbereich damit, dass erstens schon durch die schriftliche Niederlegung der Gedanken und Empfindungen des A die Zuordnung zum Intimbereich in Frage stehe; jedenfalls sei aber dadurch, dass die Aufzeichnungen die konkrete Planung oder Durchführung von Straftaten zum Inhalt hätten, der Intimbereich verlassen, weil dieser Aufzeichnungsinhalt gewissermaßen außengerichtet sei.

2. Diese sog. Tagebuchentscheidung ist auch von solchen Stimmen in der Literatur kritisiert worden, die ebenso wie das BVerfG die Sphärentheorie befürworten (so z.B. *Geis* JZ 1991, 112 [116 f.]). Die vom BVerfG angeführte Begründung dafür, dass der Intimbereich nicht betroffen sei, halten sie für nicht plausibel oder jedenfalls nicht hinreichend. Daran wird deutlich, dass bei ein- und demselben Sachverhalt oft das Ergebnis des zu entscheidenden Falles noch nicht dadurch vorgezeichnet ist, ob man der Sphärentheorie folgt oder nicht. Wenn man ihr folgt, so bietet dies lediglich eine besondere dogmatische Ausgangsposition für die Falllösung. Entscheidend ist im Weiteren dann, ob man einen Lebenssachverhalt zum Intimbereich zugehörig erachtet. Für die Beurteilung, wonach sich dies richtet, sind bisher keine sichereren Kriterien entwickelt worden als diejenigen, die sich aus den im 1. Argument der Sphärentheorie angeführten Gesichtspunkten ergeben. Von diesen ausgehend ist eine an den Einzelfallumständen orientierte Argumentation nötig.

3. Aufbautechnisch ergeben sich bei der ablehnenden Theorie keine Besonderheiten gegenüber der normalen Grundrechtsprüfung. Möchte man der Sphärentheorie folgen, so fragt sich, wo und wie man diese in der Falllösung anbringt. An sich wirkt sie sich nur auf die Prüfungsstufe der verfassungsrechtlichen Rechtfertigung aus – nämlich dahingehend, dass eine Rechtfertigung nicht möglich ist. Von daher müsste man auch dort erstmals auf die Theorien zu sprechen kommen. Bisweilen (z.B. *Geis* JZ 1991, 112 [117]) wird indes vorgeschlagen, bei der Prüfung der Eröffnung des Schutzbereichs nicht nur festzustellen, dass das Persönlichkeitsrecht tangiert ist, sondern auch, welche Sphäre betroffen ist (bzw. hier dann auch: ob der Sphärentheorie überhaupt zu folgen ist). Beide Vorgehensweisen dürften vertretbar sein.

4. Die Sphärentheorie wird von ihren Vertretern – insbesondere auch vom BVerfG – überwiegend noch weiter ausdifferenziert, indem nicht nur zwischen einer Intimsphäre und einer sonstigen Sphäre unterschieden, sondern außerhalb der Intimsphäre auch noch zwischen einer Privat-/Geheimsphäre und einer Sozialsphäre, die außerhalb der Privatsphäre liegt, differenziert wird. Eindeutige Anhaltspunkte dafür, wie sich diese beiden Sphären voneinander unterscheiden, werden nicht gegeben – hier ist die Abgrenzung genauso schwierig wie die zur Intimsphäre. Für diese Sphären soll es ebenfalls unterschiedliche Eingriffsvoraussetzungen geben. In die Privat-/Geheimsphäre soll nur unter strenger Wahrung des Verhältnismäßigkeitsgrundsatzes eingegriffen werden können (siehe dazu BVerfGE 27, 344 [350]; 34, 238 [245]), in die Sozialsphäre hingegen soll ein Eingriff anhand der normalen Kriterien für Eingriffe in die Handlungsfreiheit gerechtfertigt werden können (etwa BVerfGE 35, 202 [220]). Wer der Sphärentheorie folgen sollte, muss somit auch dann, wenn keine Fallgestaltung vorliegt, bei der die Intimsphäre betroffen ist, eine Sphärenzuordnung vornehmen und danach den Prüfungsmaßstab in der verfassungsrechtlichen Rechtfertigung ausrichten.

5. Falllösung: *Volkmann* Fall 4.

11. Problem: Gewährt Art. 4 I, II GG ein einheitliches, vorbehaltlos gewährleistetes Grundrecht der Religionsfreiheit?

Beispiel:

A betreibt in einer Moschee eine Kantine und fühlt sich im Rahmen seines Geschäftsbetriebs streng an die Regeln des Koran gebunden. Aus diesem ergebe sich das Gebot, Schlachttiere zu schächten; eine Betäubung vor dem Schlachten sei nicht erlaubt. § 4a I TierSchG untersagt ein betäubungsloses Schlachten von warmblütigen Tieren. A beantragt eine Ausnahmegenehmigung zum betäubungslosen Schlachten nach § 4a II Nr. 2 TierSchG. Danach kann eine Ausnahmegenehmigung erteilt werden, wenn sie erforderlich ist, um den Bedürfnissen von Angehörigen bestimmter Religionsgemeinschaften zu entsprechen, denen zwingende Vorschriften ihrer Religion den Genuss von Fleisch nicht geschächteter Tiere untersagen. Die zuständige Behörde verweigert die Ausnahmegenehmigung. A sieht sich in Art. 4 I, II GG verletzt. Zu Recht (nach BVerwGE 99, 1 ff.; vgl. auch BVerwGE 112, 227 ff.)?

Ausgangspunkt:

Art. 4 GG enthält dem Wortlaut nach zahlreiche grundrechtliche Einzelverbürgungen. In Art. 4 III GG ist das Recht zur Kriegsdienstverweigerung aus Gewissensgründen normiert. Dieses Recht ist von den Gewährleistungen in Art. 4 I, II GG eindeutig abzuschichten und wirft insofern keine größeren Auslegungsschwierigkeiten auf. Nach Art. 4 I GG sind die Freiheit des Glaubens, des Gewissens und die Freiheit des religiösen und weltanschaulichen Bekenntnisses unverletzlich. Nach Art. 4 II GG wird die ungestörte Religionsausübung gewährleistet. Fraglich ist, inwiefern Art. 4 I

GG und Art. 4 II GG exakt voneinander zu unterscheidende Grundrechtsgewährleistungen enthalten oder ob darin ein einheitlich zu verstehendes Grundrecht zu erblicken ist und wieweit dieser Schutz reicht. Ferner ist fraglich, welchen Eingriffsschranken die Grundrechtsgewährleistung(en) unterliegt/en. Letzteres ist nicht aufgrund von Art. 4 I, II GG problematisch, weil danach das dort Geschützte – egal ob man darin nun mehrere Einzelverbürgungen erblickt oder nicht – vorhaltlos gewährleistet ist. Die Frage stellt sich aber aufgrund von Art. 140 GG, demzufolge die Art. 136 ff. WRV Bestandteil des Grundgesetzes sind. Wichtig ist davon insbesondere Art. 136 I WRV; danach werden die bürgerlichen und staatsbürgerlichen Rechte und Pflichten durch die Ausübung der Religionsfreiheit weder bedingt noch beschränkt. Inwiefern diese Bestimmung der/den Verbürgung(en) des Art. 4 I, II GG Schranken setzt/en, ist fraglich.

Es stellt sich damit sowohl die Frage nach der Bestimmung des Schutzbereichs als auch nach den Beschränkungsmöglichkeiten. Nach überwiegender Ansicht nimmt die Schutzbereichsbestimmung die Weichenstellung für die Bestimmung der Beschränkungsmöglichkeiten vor: Diejenigen, die in Art. 4 I, II GG eine einheitliche Grundrechtsgewährleistung erblicken, lehnen überwiegend die Geltung des Art. 136 I WRV ab. Diejenigen, die in Art. 4 I, II GG mehrere Einzelverbürgungen erblicken, erkennen überwiegend die Geltung des Art. 136 I WRV an. Vgl. zu diesem Ineinandergreifen der Schutzbereichs- und Schrankenfrage insbesondere das 6. Argument der Theorie des einheitlichen Grundrechts. Im Folgenden wird nur nach diesen beiden Hauptansichten unterschieden, auf Differenzierungen aber bei den Vertretern hingewiesen.

I. (hier sog.) **Theorie des einheitlichen, vorbehaltlosen Grundrechts**

Art. 4 I, II GG gewährleistet ein einheitliches Grundrecht der Religionsfreiheit, das nicht nur die in Art. 4 I, II GG ausdrücklich genannten Betätigungsformen des Glaubens, Bekennens und Religionsausübens schützt, sondern es handelt sich um ein Recht des einzelnen, sein gesamtes Verhalten an seinem Glauben auszurichten und seiner Glaubensüberzeugung gemäß zu handeln. Dieses einheitliche Grundrecht ist vorbehaltlos gewährleistet und kann lediglich durch kollidierendes Verfassungsrecht beschränkt werden.

Anmerkung: Bisweilen wird das einheitliche Grundrecht nicht als das der Religionsfreiheit, sondern z.T. als das der Glaubensfreiheit und/oder der Bekenntnisfreiheit bezeichnet, ohne dass damit etwas inhaltlich etwas anderes gemeint ist.

Vertreten von:
BVerfGE 24, 236 (245 f.); 32, 98 (106–108); 33, 23 (30 f.); 41, 29 (49 f.); 41, 88 (107); 44, 37 (49 f.); 52, 223 (246 f.); 83, 341 (354); 93, 1 (15, 21); 108, 282 (297); BVerfG (Kammer) NJW 1989, 3269 (3270); BVerfG (Kammer) NJW 1994, 2346 (2346); BVerfG (Kammer) NJW 2002, 206 (207); BVerwGE 99, 1 (7); 116, 359 (360); VGH Mannheim DVBl 2001, 1534 (1537); Umbach/Clemens/*Wenckstern* Art. 4 GG Rn. 23, 50, 76 ff.; Dreier/*Morlok* Art. 4 GG Rn. 54, 112; *Heinig/Morlok* JZ 2003, 777 (779–781); *Brenner* VVDStRL 59 (2000), S. 264 (290 f.); *Hesse* Rn. 379–383; *Stein/Frank* § 32 II, III 1; *Sodan* Art. 4 GG Rn. 4, 18; *Michael/Morlok* Rn. 183 f.; *Wilms* II, Rn. 487; *Katz* Rn. 716; *Kloepfer* § 57 Rn. 6–10, 57; Badura Kap. C, Rn. 58; *v. Münch* Rn. 344; *Steiner* JuS 1982, 157 (158, 162); *Heintschel von Heinegg/Schäfer* DVBl 1991, 1341 (1342, 1347); *Mikat* in: HdBVerfR, § 29 Rn. 7, 20; *Müller-Volbehr*

JuS 1997, 223 (223 ff.); *Müller-Volbehr* DÖV 1995, 301 (302, 306); Hömig/*Bergmann* Art. 4 GG Rn. 3, 14; *Kluth* Jura 1993, 137 (139, 141 f.); *Kluth* FS Listl, 1999, S. 215 (226 f., 229 f.); *Badura* Der Schutz von Religion und Weltanschauung durch das Grundgesetz, 1989, S. 24 ff.; *Trute* Jura 1996, 462 (464, 466); *Hassemer/Hömig* EuGRZ 1999, 525 (526–528); *Kuhl/Unruh* DÖV 1991, 94 (99); einen einheitlichen Schutzbereich befürwortend, aber skeptisch bzw. ablehnend, dass Art. 136 I WRV nicht gelten soll: *Manssen* Rn. 288, 305; Jarass/Pieroth/*Jarass* Art. 4 GG Rn. 1, 28; *v. Campenhausen* in: HdBStR, § 157 Rn. 51, 111; *Heckel* FS BVerfG, 2001, Bd. II, S. 379 (393, 407 f.); zumindest die Vorbehaltlosigkeit von Art. 4 I, II GG befürwortend: *Janz/Rademacher* NVwZ 1999, 706 (709); *Hufen* § 22 Rn. 4; *Sodan/Ziekow* § 31 Rn. 4; zumindest einen einheitlichen Schutzbereich bejahend: *Lücke* EuGRZ 1995, 651 ff.; *Classen* Religionsfreiheit und Staatskirchenrecht in der Grundrechtsordnung, 2003, S. 49 ff.

1. Argument
Das Grundrecht der ungestörten Religionsausübung nach Art. 4 II GG ist an sich im Begriff der Glaubens- und Bekenntnisfreiheit nach Art. 4 I GG enthalten. Die Glaubens- und Bekenntnisfreiheit umfasst nämlich – egal ob es sich um ein religiöses Bekenntnis oder eine religionsfremde oder religionsfreie Weltanschauung handelt – nicht nur die innere Freiheit, zu glauben oder nicht zu glauben, sondern auch die Freiheit des kultischen Handelns, des Werbens, der Propaganda und damit insgesamt der Ausübung. Die in Art. 4 II GG angesprochene Religionsausübungsfreiheit ist daher nur ein Bestandteil der dem Einzelnen und der religiösen oder weltanschaulichen Vereinigung zustehenden Glaubens- und Bekenntnisfreiheit.

2. Argument
Dass die Religionsausübungsfreiheit in Art. 4 II GG eigenständig erwähnt ist, sagt nichts darüber aus, dass damit etwas Eigenständiges geschützt werden soll. Die eigenständige Erwähnung ist vielmehr historisch zu erklären. Vor dem Hintergrund des Dritten Reiches sollte damit besonders – aber letztlich lediglich deklaratorisch – betont werden, dass Träger der Religionsfreiheit auch eine Gemeinschaft sein kann, da sich Religionsausübung häufig kollektiv vollzieht.

3. Argument
Das Grundgesetz setzt an mehreren Stellen (Art. 4 I GG, 33 III 2 GG und Art. 140 GG i.V.m. 137 II, VII WRV) Religion und Weltanschauung gleich. Dann passt es nicht, die Religion hervorzuheben, indem man insofern Art. 4 II GG einen eigenständigen Schutzgehalt zubilligt. Hinzu kommt, dass man dann die Religionsausübungsfreiheit gegenüber der Weltanschauungsausübungsfreiheit ohne sachlichen Grund privilegieren würde.

4. Argument
Versucht man, gewissermaßen drei verschiedene Stufen der Religionspraktizierung zu unterscheiden (nämlich das Haben, das Bekennen und das Ausüben), so begibt man sich in kaum aufzulösende Abgrenzungsschwierigkeiten.

5. Argument
Die Vorbehaltlosigkeit der Gewährleistung folgt daraus, dass Art. 4 I, II GG selbst keine Grundrechtsschranken enthält und auch der in Art. 140 GG i.V.m. Art. 136 I

WRV enthaltene Gesetzesvorbehalt nicht greift. Letzteres folgt daraus, dass der Grundgesetzgeber die Glaubens- und Gewissensfreiheit aus dem Zusammenhang der Art. 136 ff. WRV gelöst und ohne jeden Gesetzesvorbehalt in den an der Spitze der Verfassung stehenden Katalog unmittelbar verbindlicher Grundrechte aufgenommen hat. Art. 136 I WRV ist daher im Lichte der Tragweite von Art. 4 I, II GG auszulegen und wird nach Bedeutung und innerem Gewicht im Zusammenhang der grundgesetzlichen Ordnung von Art. 4 I, II GG überlagert.

6. Argument
Dass Art. 136 I WRV als Gesetzesvorbehalt nicht greift, folgt auch aus der einheitlichen Schutzbereichsauslegung des Art. 4 I, II GG: Von Art. 136 I WRV wird lediglich die Religionsausübungsfreiheit erfasst und somit ein Ausschnitt des einheitlichen Grundrechts aus Art. 4 I, II GG. Art. 136 I WRV passt somit gar nicht auf Art. 4 I, II GG. Insoweit könnte man Art. 136 I WRV mit Art. 4 I, II GG nur dann harmonisieren, wenn man Art. 136 I WRV dahingehend erweiternd auslegen würde, dass er das gesamte einheitlich zu verstehende Grundrecht aus Art. 4 I, II GG erfasst. Dies würde aber eine unzulässige erweiternde Grundrechtsbeschränkungsmöglichkeit entgegen dem Wortlaut des Art. 136 I WRV darstellen.

II. (hier sog.) **Theorie des differenzierten Grundrechtsschutzes**

Art. 4 I, II GG gewährt kein einheitliches, umfassendes Grundrecht im Sinne einer allgemeinen religiösen Handlungsfreiheit, sondern nur die dort aufgezählten einzelnen Verbürgungen. Der Schutzbereich ist stringent zu bestimmen. Nicht jede Verhaltensweise, die lediglich religiös motiviert ist, wird durch Art. 4 GG geschützt, sondern nur die, die sich als Ausfluss der Religion im engeren Sinn darstellt. Der Gesetzesvorbehalt des Art. 140 GG i.V.m. Art. 136 I WRV hat Geltung.

Vertreten von:
Friauf/Höfling/*Muckel* Art. 4 GG Rn. 3–5, 47; *Muckel* Religiöse Freiheit und staatliche Letztentscheidung, 1997, S. 125 ff., 224 ff.; *Muckel* NWVBl 1998, 1 (3 f.); *Goerlich* NVwZ 1991, 751 (752); *Fehlau* JuS 1993, 441 (442 f., 446); Sachs/*Kokott* Art. 4 GG Rn. 12 f., 109–121; v. Münch/Kunig/*Mager* Art. 4 GG Rn. 33, 48, 55; *Kästner* JZ 1998, 974 (977 ff.); *Hillgruber* JZ 1999, 538 (541–543); *Epping* Rn. 295, 302; *Schoch* FS Hollerbach, 2001, S. 149 (155 ff., 163 ff.); ähnlich: Maunz/Dürig/*Herzog* Art. 4 GG Rn. 64, 99; *Hellermann* Die sogenannte negative Seite der Freiheitsrechte, 1993, S. 138–143; *Mückl* Der Staat 40 (2001), 96 (102 ff.); zwar einer einheitlichen Schutzbereichsauslegung zuneigend, aber eine Anwendung der Art. 140 GG i.V.m. Art. 136 I WRV als Gesetzesvorbehalt bejahend: BVerwGE 112, 227 (231 f.); v. Mangoldt/Klein/Starck/*Starck* Art. 4 GG Rn. 10–13, 84 ff.; AK-GG/*Preuß* Art. 4 I, II GG Rn. 12a, 30; *Sachs* Kap. B 4, Rn. 3, 22; *Bock* AöR 123 (1997), 444 (469 ff.); ähnlich: BK/*Zippelius* Art. 4 GG Rn. 89; zumindest die Anwendung der Art. 140 GG i.V.m. Art. 136 I WRV als Gesetzesvorbehalt bejahend: Sachs/*Ehlers* Art. 140 GG Rn. 4; *Mayer* NVwZ 1997, 561 (562 f.); *Anger* Islam in der Schule, 2003, S. 131 ff.; für ein differenziertes Schutzbereichsverständnis auch: *Huster* Die ethische Neutralität des Staates, 2002, S. 376 ff.

1. Argument
Art. 4 I, II GG enthält nach Wortlaut und Systematik eindeutig unterschiedliche Einzelverbürgungen, die nicht überspielt werden dürfen: Art. 4 I GG spricht von der

Freiheit des Glaubens und Gewissens und meint damit das nach innen gerichtete Denken. Mit der Freiheit des religiösen und weltanschaulichen Bekenntnisses ist das Äußern religiöser und weltanschaulicher Sinngebungen und -deutungen gemeint. Art. 4 II GG schützt demgegenüber mit der ungestörten Religionsausübung das nach außen gerichtete Handeln.

2. Argument
Es ist der Sache nach möglich, das Innehaben und Bekennen eines Glaubens (Art. 4 I GG) von dessen Ausübung (Art. 4 II GG), die durch die Durchführung religiöser Riten und sonstiger glaubensbestimmter Verhaltensweisen erfolgt, zu unterscheiden. Dies gelingt insbesondere dann, wenn man die Bekenntnisfreiheit sinnvoll von der Ausübungsfreiheit abstuft: Bekenntnisfreiheit meint nicht, dass sämtliche Formen der Religionsausübung zugleich als Bekenntnis i.S.d. Art. 4 I GG zu verstehen sind, sondern die Freiheit des Bekenntnisses ist auf die bloße Kundgabe religiöser Überzeugungen zu beschränken.

3. Argument
In der extensiven Interpretation des Schutzbereichs liegt die Gefahr, dass Art. 4 I, II GG zu einem uferlosen Grundrecht gerät, das jegliches religiös motivierte Verhalten umfassend und kaum einschränkbar unter Schutz stellt. Die Frage nach der religiösen Motivation eines Verhaltens kann in der Regel nicht (allein) anhand objektiver Kriterien beurteilt werden. Religiöses Handeln stellt nämlich nicht nur solches Handeln dar, das in Folge und Ausübung der Glaubenslehren weitverbreiteter und »alteingesessener« Religionsgemeinschaften erfolgt, sondern religiöses Handeln wird in der modernen Gesellschaft zunehmend individuell bestimmt. Folge davon ist, dass sich religiöses Handeln oft nur subjektiv nach dem Selbstverständnis des Handelnden bestimmen lässt und der Schutzbereich daher sehr schwer eingrenzbar ist.

4. Argument
Kaum sachgerecht handhabbar wird die uferlose Weite der Schutzverbürgung von Art. 4 I, II GG nach der Theorie des einheitlichen, vorbehaltlosen Grundrechts auch deshalb, weil das einheitliche Grundrecht aus Art. 4 I, II GG nicht unter einem grundrechtlichen Gesetzesvorbehalt stehen soll, sondern dessen Schranken sich allein aus kollidierendem Verfassungsrecht ergeben sollen; insbesondere soll die Vorbehaltlosigkeit auch den Gesetzesvorbehalt aus Art. 140 GG i.V.m. Art. 136 I WRV überlagern. Nach Art. 136 I WRV werden die bürgerlichen und staatsbürgerlichen Rechte und Pflichten durch die Ausübung der Religionsfreiheit weder bedingt noch beschränkt. Damit ist in erster Linie angesprochen, dass Religionsausübungsfreiheit nicht von einer Gesetzesbefolgungspflicht befreit. Dies wird durch die Theorie des einheitlichen Grundrechts letztlich unzulässig überspielt. Art. 140 GG i.V.m. Art. 136 I WRV stellt vollgültiges und gegenüber Art. 4 GG kein nachrangiges Verfassungsrecht dar.

Beispiel und ergänzende Hinweise:

1. Im Ausgangsfall spricht vieles dafür, dass nach der Theorie des einheitlichen, vorbehaltlosen Grundrechts der Schutzbereich von Art. 4 I, II GG betroffen ist. Das BVerwG sah als Anhänger dieser Theorie (vgl. BVerwGE 99, 1 [7]) gleichwohl keinen Eingriff in Art. 4 I, II GG gegeben: »Gegenüber dem aus der religiösen Überzeugung

abgeleiteten Verbot, das Fleisch nicht geschächteter Tiere zu verzehren, enthält das Schächtungsverbot keinen Eingriff in die Möglichkeit der aktiven Verwirklichung religiöser Gebote. Der Genuß von Fleisch geschächteter Tiere stellt (...) (insoweit) keinen Akt religiöser Betätigung dar. Der Verzicht auf diesen Genuss bedeutet daher keine Verletzung irgendwelcher religiös bedingter Pflichten. Verbietet die Religion lediglich den Genuss von Fleisch nicht geschächteter Tiere, so hindert das Verbot betäubungslosen Schlachtens die Anhänger dieser Religion nicht an einer ihrer Religion entsprechenden Lebensgestaltung. Sie sind weder rechtlich noch tatsächlich gezwungen, entgegen ihrer religiösen Überzeugung Fleisch nicht geschächteter Tiere zu verzehren. Mit dem Schächtungsverbot wird nicht der Verzehr des Fleisches geschächteter Tiere verboten. Sie können sowohl auf Nahrungsmittel pflanzlichen Ursprungs und auf Fisch ausweichen als auch auf Fleischimporte zurückgreifen, die aus Ländern ohne Schächtungsverbot stammen« (BVerwGE 99, 1 [7 f.]).

Für dieses Argument wird das BVerwG von anderen Änhängern der Theorie des einheitlichen, vorbehaltlosen Grundrechts kritisiert: »Das BVerwG verkennt (...) den weiten Gewährleistungstatbestand des Grundrechts der Religionsfreiheit und den engen Zusammenhang, in dem das Schächten und der Verzehr geschächteten Fleisches mit der religiös motivierten Lebensführung stehen. Die zentrale Bedeutung des religiösen Glaubens für das Gesamtverhalten einer Person erstreckt sich sehr wohl auf die konsequente Beachtung eines von der Religion vorgeschriebenen Nahrungsmittelverbotes. Das Schächten ist insofern mehr als die Gewinnung eines hygienisch und kultisch einwandfreien Nahrungsmittels, auf das verzichtet werden kann, ohne gegen religiöse Gebote zu verstoßen« (*Müller-Volbehr* JuS 1997, 223 [224]).

Nimmt man mit dieser Argumentation einen Eingriff in den Schutzbereich von Art. 4 I, II GG an, so stellt sich die Frage nach der verfassungsrechtlichen Rechtfertigung. Da nur kollidierendes Verfassungsrecht in Betracht kommt und insofern mit dem Schächten kollidierende Grundrechte Dritter nicht ersichtlich sind, müsste dem mit dem Schächtverbot in § 4a TierSchG verfolgten Tierschutz Verfassungsrang zukommen. Dies ist mittlerweile (seit 2002) durch die Neufassung des Art. 20a GG der Fall, so dass ein für die verfassungsrechtliche Rechtfertigung abwägungsfähiges Rechtsgut zur Verfügung steht.

Nach der Theorie des differenzierten Grundrechtsschutzes könnte das Schächten allenfalls durch Art. 4 II GG geschützt sein. Das Schächten wird man – insofern kann man hier an die oben wiedergegenebenen Ausführungen des BVerwG anknüpfen – allenfalls als eine religiös motivierte Verhaltensweise, die sich nicht als Ausfluss der Religion im engeren Sinn erweist, ansehen können. Der Schutzbereich ist danach nicht betroffen. Wenn man gleichwohl eine Schutzbereichseröffnung und einen Eingriff in Art. 4 II GG bejahen sollte, dann wäre im Rahmen der verfassungsrechtlichen Rechtfertigung nicht entscheidend darauf abzustellen, dass dem Tierschutz Verfassungsrang zukommt, da der Gesetzesvorbehalt nach Art. 140 GG i.V.m. Art. 136 I WRV greift.

Zu neueren Gerichtsentscheidungen, die sich mit dem Schächten befassen, siehe *Kluge* NVwZ 2006, 650 ff.; *Dietz* DÖV 2007, 489 ff.

2. Weitere vieldiskutierte Fallgestaltungen sind etwa die nach dem Verbot des Tragens eines Kopftuchs einer Lehrerin in einer öffentlichen Schule (siehe dazu etwa BVerwGE 116, 359 ff.; BVerfGE 108, 282 ff.) oder die Befreiung vom koedukativ erteilten

Schulsport aufgrund religiöser Bekleidungsvorschriften (dazu BVerwGE 84, 82 ff.). In diesen Fallgestaltungen stellen sich zudem komplizierte Probleme im Hinblick auf Art. 7 GG und (bei dem Kopftuch) Art. 33 GG. Zu diesen und weiteren prüfungsrelevanten Fällen im Spannungsfeld von Religionsfreiheit und Schulwesen vgl. die Übersicht von v. Münch/Kunig/*Mager* Art. 4 GG Rn. 65, Stichwort: Schulwesen, m.w.N.

3. Falllösungen: *Höfling* Fälle zu den Grundrechten, Fall 2; *Geis* Fall 18.

12. Problem: Schützt die Meinungsäußerungsfreiheit unwahre Tatsachenbehauptungen?

Beispiel:

Auf einer Parteitagsveranstaltung der Nationaldemokratischen Partei Deutschlands (NPD) sagt der von der Partei als »revisionistischer Historiker« angekündigte A in einer Rede, eine Judenverfolgung und den Holocaust habe es während des Drittens Reiches nicht gegeben, so wie dies die herrschende Geschichtsschreibung behaupte. Ist das Verhalten des A von Art. 5 I 1, 1. Alt. GG geschützt (nach BVerfGE 90, 241 ff.)?

Ausgangspunkt:

Die Frage, ob die Meinungsäußerungsfreiheit *unwahre* Tatsachenbehauptungen schützt, setzt die Klärung der Vorfrage voraus, ob die Meinungsäußerungsfreiheit überhaupt Tatsachenbehauptungen schützt bzw. schützen kann. Auch dies wurde und wird noch diskutiert, es herrscht insoweit indes zumindest im Ergebnis weitgehend Einigkeit.

Ausgangspunkt dieser Überlegungen ist, dass sich Tatsachenbehauptungen und Meinungsäußerungen an sich voneinander unterscheiden lassen, da eine Tatsache dem Beweis zugänglich ist und sich daher als objektiv wahr oder unwahr erweisen kann. Bei einer Meinung ist dies nicht der Fall, sondern diese ist gerade durch das subjektive Dafürhalten und eigene Wertungen gekennzeichnet. Dadurch, dass diese logische Trennung von Meinung und Tatsache auch von der Rechtsordnung nachvollzogen wird – indem beispielsweise in den §§ 186 ff. StGB unterschiedliche Strafbarkeiten normiert sind, je nachdem, ob man Meinungsäußerungen oder Tatsachenbehauptungen tätigt –, spricht vieles dafür, dass auch in Art. 5 I 1, 1. Alt. GG nur Meinungsäußerungen, nicht aber Tatsachenbehauptungen geschützt sind.

Diese Überlegungen greifen aber zu kurz. Zum einen kann eine Meinung oft nicht sinnvoll und mit Überzeugungskraft kundgetan und begründet werden, ohne dass sie auf Tatsachenmaterial aufbaut, an dieses anknüpft und dieses somit in die Meinungsäußerung mit einbezieht (ähnlich etwa BVerfGE 85, 1 [15]). Insofern erweist es sich oft als gekünstelt, häufig sogar als unmöglich, Meinung und Tatsache exakt trennen zu wollen (für unmöglich erachten die Trennung etwa Maunz/Dürig/*Herzog* Art. 5 I, II

GG Rn. 51–54; v. Mangoldt/Klein/Starck/*Starck* Art. 5 GG Rn. 26 m.w.N.). Zum anderen liegt schon in der Auswahl einer Tatsache als im Rahmen einer Argumentation berücksichtigungsfähig ein wertendes und somit ein Meinungselement.

Aus alledem folgt, dass grundsätzlich ein weiter Schutzbereich eröffnet ist. Ob man dabei bereits den Meinungsbegriff selbst weit auslegt oder wie das BVerfG (vgl. BVerfGE 61, 1 [8]; 90, 1 [15 ff.]) zwar von einem engen Meinungsbegriff ausgeht, aber Tatsachenmitteilungen in den Schutzbereich mit einbezieht, weil und soweit sie Voraussetzung der Bildung von Meinungen sind, ist letztlich einer begriffliche Frage, ändert aber der Sache nach nichts.

Trotz dieser weiten Schutzbereichsauslegung ist umstritten, ob auch unwahre Tatsachenbehauptungen in den Schutzbereich fallen.

I. (hier sog.) **Weite Schutzbereichstheorie**

Jede unwahre Tatsachenbehauptung fällt in den Schutzbereich.

Vertreten von:
v. Münch/Kunig/*Wendt* Art. 5 GG Rn. 10; *Köhler* NJW 1985, 2389 (2390); Dreier/*Schulze-Fielitz* Art. 5 I, II GG Rn. 64 f.; *Schmidt-Jortizg* in: HdBStR, § 162 Rn. 22; *Kloepfer* § 61 Rn. 8 f.; *Thieme* DÖV 1980, 149 (150); in der Tendenz auch: *Ipsen* II, Rn. 418; *Schmitt Glaeser* AöR 113 (1998), 52 (76–78); *Dietz* KJ 1995, 210 (213 ff.); *Wandres* Die Strafbarkeit der Auschwitzlüge, 2000, S. 276 ff.

1. Argument (gegen die einengende Schutzbereichstheorie)
In jeglicher Herausnahme von Tatsachenbehauptungen, weil sie unwahr, bewusst oder erwiesenermaßen unwahr sind, kommt eine überzogen objektivistisch-institutionelle Sicht der Meinungsäußerungsfreiheit derart zum Ausdruck, dass verfassungsrechtlich bei der Meinungsbildung eine Wahrheitspflicht postuliert wird, die sich dem Grundrecht in Art. 5 I 1 GG nicht entnehmen lässt.

2. Argument
Bezieht man auch unwahre Tatsachenbehauptungen in den Schutzbereich ein, so bedeutet dies nicht, dass dieser grundrechtliche Schutz letztlich auch durchgreift, sondern wenn kollidierende Rechte Dritter oder sonstige verfassungsrechtlich geschützte Güter gegeben sind, so können sich diese im Rahmen der Abwägung bei der verfassungsrechtlichen Rechtfertigung des Eingriffs hinreichend durchsetzen.

3. Argument
Auch derjenige, der bewusst lügt, nimmt letztlich das Recht auf Meinungsfreiheit wahr.

4. Argument (gegen die einengende Schutzbereichstheorie)
Die Herausnahme unwahrer Tatsachenbehauptungen aus dem Schutzbereich widerspricht der sonstigen Argumentation der einengenden Schutzbereichstheorie insofern, als diese auch abwegige und abstruse Meinungen in den Schutzbereich einbezieht, diese aber ihrerseits untrennbar auf unrichtigen Tatsachenannahmen fußen.

II. (hier sog.) **Einengende Schutzbereichstheorie**

Erwiesen oder bewusst unwahre Tatsachenbehauptungen fallen nicht in den Schutzbereich der Meinungsäußerungsfreiheit.

Vertreten von:
BVerfGE 12, 113 (130); 54, 208 (219 f.); 61, 1 (8); 85, 1 (15); 90, 1 (15); 90, 241 (247); 99, 185 (197); BVerfG (Kammer) NJW 2003, 1855 (1855); BGHZ 139, 95 (101); Sachs/*Bethge* Art. 5 GG Rn. 28; AK-GG/*Hoffmann-Riem* Art. 5 I, II GG Rn. 30; *Hoffmann-Riem* in: HdBVerfR, § 7 Rn. 22; *Grimm* NJW 1995, 1696 (1699); Jarass/Pieroth/*Jarass* Art. 5 GG Rn. 4; BK/*Degenhart* Art. 5 I, II GG Rn. 108 f.; *Hesse* Rn. 391; *Manssen* Rn. 329; *Pieroth/Schlink* Rn. 599; *Berg* Rn. 532; *Michael/Morlok* Rn. 210; *Wilms* II, Rn. 576; *Katz* Rn. 728; Epping/Hillgruber/*Schlemmer* Art. 5 GG Rn. 6; *Sodan* Art. 5 GG Rn. 4; Stern/Becker/*Fechner* Art. 5 GG Rn. 90; Hömig/*Antoni* Art. 5 GG Rn. 5; Schmidt-Bleibtreu/Hofmann/Hopfauf/*Kannengießer* Art. 5 GG Rn. 3; *Badura* Kap. C, Rn. 62; *Huster* NJW 1996, 487 (490 f.); *Stein/Frank* § 38 III 1; *Sodan/Ziekow* § 32 Rn. 4; *Stern* Bd. IV/1, S. 1393 f.; allein auf das Kriterium »bewusst« stellen ab: *v. Münch* Rn. 363; *Sachs* Kap. B 5, Rn. 8; *Zacker* DÖV 1997, 238 (243 f.).

Ergänzender Hinweis: Nicht immer wird deutlich ausgesprochen, dass das Kriterium »erwiesen« oder »bewusst« gefordert wird – so insbesondere in älteren BVerfG-Entscheidungen (etwa BVerfGE 12, 113 [130]; 54, 208 [219 f.]); wenn man die dortigen Ausführungen näher betrachtet, so werden der Sache nach aber stets lediglich »bewusst« oder »erwiesen« unwahre Tatsachenbehauptungen aus dem Schutzbereich ausgenommen.

1. Argument
Meinungsfreiheit beinhaltet auch die Freiheit zum Irrtum, so dass eine bloße Unrichtigkeit der Tatsachenbehauptung nicht ausreicht, um den Schutzbereich zu verschließen; hinzukommen muss daher, dass die Tatsachenbehauptung erwiesen oder bewusst unwahr ist.

2. Argument
Erwiesen oder bewusst unwahre Tatsachenbehauptungen fallen nicht in den Schutzbereich, weil demjenigen, der sie verbreitet, abzusprechen ist, dass er sich in schutzwürdiger Weise am Prozess freier Meinungsbildung beteiligt.

3. Argument
Die Meinungsäußerungsfreiheit schützt nur das Recht des Einzelnen zur Äußerung seiner eigenen, wirklichen Meinung und seiner ehrlichen Überzeugung, so dass bewusst oder erwiesen unwahre Tatsachenbehauptungen nicht geschützt sind.

Beispiel und ergänzende Hinweise:

1. Im Ausgangsfall fällt das Verhalten des A nach der weiten Schutzbereichstheorie in den Schutzbereich des Art. 5 I 1, 1. Alt. GG. Dies bedeutet freilich nicht, dass sich danach der A im Ergebnis gegen einen Grundrechtseingriff – etwa durch eine strafgerichtliche Verurteilung nach § 130 III StGB (Leugnung einer unter der Herrschaft des Nationalsozialismus begangenen Handlung) – erfolgreich zur Wehr setzen kann,

sondern auf der Stufe der verfassungsrechtlichen Rechtfertigung könnte die Meinungsäußerungsfreiheit in den Vorschriften der allgemeinen Gesetze nach Art. 5 II 1. Alt. GG ihre Grenzen finden. Nach der einengenden Schutzbereichstheorie ist bereits der Schutzbereich von Art. 5 I 1, 1. Alt. GG nicht eröffnet, da die Judenverfolgung und der Holocaust erwiesene Tatsachen sind.

2. Es stellt sich – jedenfalls nach der einengenden Schutzbereichstheorie – ein Anschlussproblem: Was ist, wenn eine erwiesen oder bewusst unwahre Tatsachenbehauptung mit einem weiteren Werturteil verknüpft wird? Beispiel: A leugnet im Ausgangsbeispiel nicht nur die Judenverfolgung und den Holocaust, sondern er führt insgesamt »in einem Atemzug« aus, man dürfe nicht zulassen, dass die durch die herrschende Geschichtsschreibung vorgenommene fälschliche Leugnung der Judenverfolgung und des Holocausts zu einem politischen Erpressungsinstrument gegenüber Deutschland verwandt werde.

Dem BVerfG zufolge soll in diesem Fall die gesamte Aussage durch die Meinungsäußerungsfreiheit geschützt sein, da sich der unwahre Tatsachenteil nicht von dem übrigen Teil – nämlich dem »Erpressungsargument« – abtrennen lasse und sich somit bei einer im Interesse eines wirksamen Grundrechtsschutzes gebotenen Gesamtbetrachtung die Aussage als eine Meinung darstelle (vgl. BVerfGE 90, 241, [248 und 250]; ebenso BVerfGE 61, 1 [9]; 85, 1, [15 f.]). Mithin kommt das BVerfG für diese Fälle zum gleichen Ergebnis wie die weite Schutzbereichstheorie, weil beide den Schutzbereich als eröffnet ansehen.

3. Von der herrschenden Meinung (z.B. *Pieroth/Schlink* Rn. 598; BK/*Degenhart* Art. 5 I, II GG Rn. 99; v. Mangoldt/Klein/Starck/*Starck* Art. 5 GG Rn. 26; Umbach/Clemens/*Clemens* Art. 5 GG Rn. 64; BVerfGE 65, 1 [41]) wird ausgehend von den Gesichtspunkten, wie sie beim Ausgangspunkt aufgeführt wurden, eine (weitere) spezielle Art von Tatsachenbehauptung nicht in den Schutzbereich einbezogen; nämlich Tatsachenbehauptungen, die weder mit Werturteilen verbunden noch für die Bildung von Meinungen relevant sind – insbesondere rein statistische Angaben. Sie werden als nicht schutzwürdig angesehen, weil für sie die angeführten Gesichtspunkte, die überhaupt erst dazu führen, Tatsachenbehauptungen in den Schutzbereich der Meinungsäußerungsfreiheit mit einzubeziehen, nicht greifen würden. Nach einer Mindermeinung (z.B. Dreier/*Schulze-Fielitz* Art. 5 I, II GG Rn. 65) sollen indes auch diese Tatsachenbehauptungen in den Schutzbereich fallen.

13. Problem: Erstreckt sich der personelle Schutzbereich der Rundfunkfreiheit gem. Art. 5 I 2, 2. Alt. GG auch auf sog. potenzielle private Rundfunkveranstalter?

Beispiel:

A möchte im Bundesland B einen UKW-Sporthörfunkkanal betreiben. Er beantragt bei der zuständigen Landesmedienanstalt die nach dem Landesrundfunkgesetz erforderliche Rundfunklizenz. Diese verweigert die Lizenzerteilung mit dem zutreffenden

Hinweis, dass das Landesrundfunkgesetz in B normiert, dass die Landesmedienanstalt die Lizenz nach »pflichtgemäßem Ermessen« verteilt. Hier übe sie ihr Ermessen dahingehend aus, dass derzeit in B kein weiterer Bedarf an einer Sporthörfunkberichterstattung bestehe, da diese schon ausreichend durch ein Programm des öffentlich-rechtlichen Hörfunks in B sichergestellt werde. Unstrittig ist, dass in B noch zahlreiche UKW-Frequenzen unbelegt sind und auch in absehbarer Zeit nicht von anderen begehrt werden dürften. A sieht sich durch die Entscheidung der Landesmedienanstalt in Art. 5 I 2, 2. Alt. GG verletzt. Die Landesmedienanstalt ist der Ansicht, A könne sich gar nicht auf Art. 5 I 2, 2. Alt. GG berufen. Hat sie damit Recht?

Ausgangspunkt:

Das Problem erscheint zwar eher speziell, ist aber dennoch ausbildungs- und prüfungsrelevant, da es zugleich exemplarisch aufzeigt, dass bestimmte Freiheitsgrundrechte über ihren abwehrrechtlichen Charakter hinaus weitere Stoßrichtungen bzw. Funktionen besitzen können, die praktisch bedeutsame Fragen nach sich ziehen.

Die Meinungsäußerungs-, Presse- und Rundfunkfreiheit in Art. 5 I 1, I 2 GG werden oft als Kommunikationsgrundrechte bezeichnet. Sinn und Zweck sowie Schutzgut dieser Verbürgungen ist die freie individuelle und öffentliche Meinungsbildung; der Einzelne soll sich kommunikativ entfalten können und zwar u.a. auch deshalb, weil dies letztlich unentbehrliche Voraussetzung für die Funktionsfähigkeit der Demokratie ist (vgl. dazu und zum Folgenden etwa ausführlich und instruktiv *Ladeur/Gostomzyk*, JuS 2002, 1145 [1145–1147]). Daraus erklärt sich, dass man der Meinungsäußerungs-, Presse- und Rundfunkfreiheit dem Grunde nach sowohl eine subjektiv-abwehrrechtliche als auch objektiv-rechtlich-dienende (funktionale) Komponente beizumessen hat. Freilich sind diese Komponenten bei diesen drei Grundrechten unterschiedlich zu gewichten. Bei der Meinungsäußerungsfreiheit steht der abwehrrechtliche Grundrechtscharakter ganz im Vordergrund; sie kann sich nämlich schon dann entfalten, wenn staatliche Einwirkungen abgewehrt werden. Stärker ist die funktionale Komponente bei der Pressefreiheit. Sie umfasst den gesamten Prozess der Presseproduktion und nicht nur die eigentliche Veröffentlichung einer Meinung im Medium Presse, um wirksam die Verbreitung von Meinungen zu sichern, (auch) weil diese ihrerseits wiederum Grundlage für Meinungsbildungen anderer und somit auch für das Funktionieren einer Demokratie sind. Nochmals stärker ist die objektiv-rechtliche Komponente bei der Rundfunkfreiheit. Das BVerfG hat ihr gar eine »primär (...) dienende« Funktion zugeschrieben: Rundfunkfreiheit bildet unter den Bedingungen der modernen Massenkommunikation eine notwendige Ergänzung und Verstärkung der Meinungsbildungsfreiheit und sie dient der Aufgabe, freie und umfassende Meinung durch den Rundfunk zu bilden (BVerfGE 57, 295 [320]). Hintergrund dieser Grundrechtsdeutung ist die Annahme, dass gleichgewichtige Vielfalt als Voraussetzung umfassender Meinungsbildung beim Rundfunk nicht aus sich heraus entsteht. Dies hat vor allem technische und finanzielle Hintergründe (die folgenden Überlegungen haben sich durch die technische Entwicklung der letzten Jahre relativiert, bilden aber nach wie vor den Hintergrund der rundfunkrechtlichen BVerfG-Rechtsprechung bis in die Gegenwart hinein): Rundfunk zu betreiben ist aufwändig und es steht keine unbeschränkte Frequenzvielfalt zur Übermittlung der Programme zur Verfügung. Von daher bildet sich ein hinreichend pluralistisches Meinungsbild nicht von allein, sondern es bedarf der Vorgabe von Zielen, Organisation und Verfahren durch den Gesetzgeber.

Eine solche maßgeblich objektiv-rechtliche Interpretation hat weitreichende Folgen für den Grundrechtsgehalt und dessen konforme Ausgestaltung auf einfachgesetzlicher Ebene. In verfahrensrechtlicher Hinsicht geht es z.B. darum, auf welchem Wege bei nur vergleichsweise wenigen Rundfunkbetreibern die Vermittlung eines insgesamt pluralistischen Meinungsbildes gesichert wird. In sachlich-inhaltlicher Sicht ist Kern der Rundfunkfreiheit die Programmfreiheit; sie gewährleistet, dass die Programmgestaltung – trotz der auch objektiv-rechtlichen Komponente der Rundfunkfreiheit – Sache des Rundfunks bleibt und Rundfunk grundsätzlich frei von staatlicher Lenkung veranstaltet werden soll (BVerfGE 95, 220 [234]).

In personeller Hinsicht geht es darum, wer überhaupt Grundrechtsträger der Rundfunkfreiheit sein kann. Bei einem rein abwehrrechtlichen Gehalt würde man wohl unstrittig dazu kommen, dass für jeden, der Rundfunk betreibt und für jeden, der Rundfunk betreiben möchte, der personelle Schutzbereich von Art. 5 I 2, 2. Alt. GG eröffnet ist. Angesichts des nicht rein abwehrrechtlichen Gehalts der Rundfunkfreiheit ist die Reichweite des personellen Schutzbereichs jedoch umstritten. Anerkannt ist noch, dass Rundfunkbetreiber, die über die nach den einschlägigen Gesetzen nötige Rundfunklizenz (so beim Privatrundfunk) verfügen oder die per Gesetz als solche errichtet sind (so beim öffentlich-rechtlichen Rundfunk), grundrechtsberechtigt sind. Da es lange Zeit nur öffentlich-rechtlichen Rundfunk gab, hat dies das BVerfG zuerst für die öffentlich-rechtlichen Rundfunkanstalten anerkannt (st. Rspr., vgl. etwa BVerfGE 83, 238 [322]). Da im Zuge der Entwicklung des Rundfunkwesens zum sog. dualen Modell zum öffentlich-rechtlichen Rundfunk der privatrechtliche Rundfunk hinzugetreten ist, hat dies das BVerfG später auch für diesen anerkannt und zwar maßgeblich mit der Erwägung, dass private wie öffentlich-rechtliche Rundfunkveranstalter gleichermaßen den Gefahren im Hinblick auf eine Einwirkung auf die Programmfreiheit ausgesetzt sind (BVerfGE 95, 220 [234]). Strittig ist aber, ob auch diejenigen, die noch nicht Rundfunkveranstalter sind, aber Rundfunkprogramme anbieten wollen und somit die dazu nötige Rundfunklizenz noch benötigen (sog. potenzielle Rundfunkveranstalter), sich auf die Rundfunkfreiheit berufen können.

I. (hier sog.) **Ablehnende Theorie**

Die Rundfunkfreiheit schützt nicht potenzielle Rundfunkveranstalter.

Vertreten von:
BVerwGE 39, 159 (162 ff.); OVG Berlin DVBl 1969, 878 (880); *Hoffmann-Riem* in: HdBVerfR, § 7 Rn. 39; *Böckenförde/Wieland* AfP 1982, 77 (77 ff.); *Wieland* Die Freiheit des Rundfunks, 1984, S. 71–140; *Stock* Medienfreiheit als Funktionsgrundrecht, 1985, passim; *Schmidt* Die Rundfunkgewährleistung, 1980, S. 92 f.; *Bethge* Die verfassungsrechtliche Problematik der Zulassung von Rundfunkveranstaltern des Privatrechts, 1981, S. 67 ff.; *Badura* Verfassungsrechtliche Bindungen der Rundfunkgesetzgebung, 1980, S. 31; *Seelmann-Eggebert* ZUM 1992, 79 (86); *Kübler* Medienverflechtung, 1982, S. 84 f.; *Lerche* Rundfunkmonopol, 1970, S. 48; *Stettner* ZUM 1998, 312 (314); tendenziell auch: *Buchholtz* AfP 1998, 200 (201).

1. Argument

In Art. 5 I 2, 2. Alt. GG ist von »Pressefreiheit« und der »Freiheit der Berichterstattung durch Rundfunk und Film« die Rede. Es ist also nicht, wie dies nahezu durchweg verkürzt gesagt wird, die »Rundfunkfreiheit« gewährleistet. Es ist damit nicht von Freiheit *zur* Berichterstattung die Rede, die jedermann gewährleistet ist, sondern von Freiheit *der* Berichterstattung. Daher kann Art. 5 I 2, 2. Alt. GG nur demjenigen Schutz gewähren, der bereits Rundfunk betreibt.

2. Argument
Bei der Rundfunkfreiheit herrscht die objektiv-rechtlich-dienende Komponente vor. Aus ihr folgt, dass dem Gesetzgeber in diesem Bereich eine besondere Ausgestaltungskompetenz zukommt. Er muss nämlich, um die objektiv-rechtlich-dienende Komponente der Rundfunkfreiheit überhaupt erst zum Tragen zu bringen, das Rundfunkwesen ausgestalten. Eine Ausgestaltung davon ist, dass einfachgesetzlich ein Zulassungserfordernis zum Rundfunkbetreiben in Form der Erteilung einer Rundfunklizenz normiert ist. Man kann somit ein Recht auf Zulassung als Rundfunkbetreiber aus der Rundfunkfreiheit nicht herleiten, weil es das Recht auf Zulassung nur nach Maßgabe einfachgesetzlicher Ausgestaltungsnormen gibt.

3. Argument
Würde man für alle potenziellen Rundfunkveranstalter den Schutzbereich der Rundfunkfreiheit als eröffnet ansehen, so würde dies die Gefahr heraufbeschwören, einen verfassungsunmittelbaren Anspruch auf Rundfunkzulassung und einen damit verbundenen Anspruch auf Zuteilung einer Rundfunkfrequenz zu postulieren. Dem kann aber angesichts der teilweise nach wie vor gegebenen Frequenzknappheit nicht nachgekommen werden.

II. (hier sog.) Theorie des Grundrechtsschutzes

Die Rundfunkfreiheit schützt auch potenzielle Rundfunkveranstalter. Sofern hinreichende Frequenzen zur Verfügung stehen, gewährt ihnen die Rundfunkfreiheit einen – einfachgesetzlich noch näher auszugestaltenden – Anspruch auf Zulassung zum Rundfunk bzw. Fernsehen und zugleich einen Anspruch auf Zuteilung einer entsprechenden Übertragungskapazität.

Vertreten von:
BVerfGE 97, 298 (312 f. – dort wird die Rundfunkfreiheit als subjektives Recht anerkannt, allerdings wird die sachliche Reichweite zurückhaltender formuliert); BK/*Degenhart* Art. 5 I, II GG Rn. 709; Dreier/*Schulze-Fielitz* Art. 5 I, II GG Rn. 118; *Bethge* DÖV 2002, 673 (674); Sachs/*Bethge* Art. 5 GG Rn. 112; *Bethge* NVwZ 1997, 1 (4 f.); *Ipsen* II, Rn. 453; Epping/Hillgruber/*Schlemmer* Art. 5 GG Rn. 72; *Pieroth/Schlink* Rn. 621; *v. Münch* Rn. 385; *Fechner* Medienrecht, 11. Aufl. 2010, Kap. 10 Rn. 31–33; v. Münch/Kunig/*Wendt* Art. 5 GG Rn. 50; Maunz/Dürig/*Herzog* Art. 5 I, II GG Rn. 236; *Klein* Der Staat 20 (1981), 177 (197 f.); *Westphal* MMR 1998, 198 (200); *Huber* FS BVerfG, Bd. II, 2001, S. 609 (618); *Herrmann* Fernsehen und Hörfunk in der Verfassung der Bundesrepublik Deutschland, 1975, S. 117–136; *Rudolf* Über die Zulässigkeit privaten Rundfunks, 1971, S. 21 f.; *Schmitt Glaeser* Kabelkommunikation und Verfassung, 1979, S. 140–149; *Pestalozza* NJW 1981, 2158 (2160 f.); *Hermann* ZUM 1998, 311 (311 f.); *Renck-Laufke* ZUM 1998, 390 (402); *Scheuner* Das Grundrecht der Rundfunkfreiheit, 1982, S. 22 ff.; *Klein* Die Rundfunkfreiheit, 1978, S. 37 ff.; *Bullinger* Kommunikationsfreiheit im Strukturwandel der Telekommunikation, 1980, S. 63 ff.; *v. Wallenberg* MMR 2007, 79 (80 ff.); *Hufen* § 28

Rn. 14; *Stern* Bd. IV/1, S. 1695; tendenziell auch: *Jarass* 56. DJT 1986, G 28 f.; *Ricker/Schiwy* Rundfunkverfassungsrecht, 1997, S. 110–112; *Ladeur* AfP 1998, 141 (145 f.).

1. Argument
Aus dem Wortlaut der Rundfunkfreiheit in Art. 5 I 2, 2. Alt. GG lässt sich kein Argument für eine einschränkende Auslegung auf bestimmte, eng zu begrenzende Personenkreise im Hinblick auf die individualrechtliche Komponente der Grundrechtsverbürgung entnehmen.

2. Argument
Wenn man potenzielle Rundfunkveranstalter in den Schutzbereich der Rundfunkfreiheit einbezieht, so bedeutet dies nicht, dass man ihnen damit zugleich einen verfassungsunmittelbaren Anspruch auf Rundfunkzulassung und Frequenzzuteilung gewährt. Die Zuteilungsvoraussetzungen und somit auch der Anspruch sind in der Tat nur einfachgesetzlich geregelt. Dennoch können sich auch potenzielle Veranstalter auf die Rundfunkfreiheit berufen. Denn durch die einfachgesetzliche Ausgestaltung und Regelung der Rundfunkzulassung wird die zunächst durch ihre objektive Dimension überlagerte subjektiv-abwehrrechtliche Dimension des Grundrechts aktualisiert. Auch wenn man nach wie vor von der vorrangig dienenden Funktion der Rundfunkfreiheit ausgehen sollte, so nehmen die potenziellen Rundfunkveranstalter, die in den Anwendungsbereich der einfachgesetzlichen Regelung fallen, hierdurch vermittelt an dieser grundrechtlichen Funktion der Rundfunkfreiheit teil.

3. Argument
Bei der Anerkennung des Grundrechtsschutzes auch für private Rundfunkveranstalter, die über die nötige Rundfunklizenz bereits verfügen, hat man mit Recht darauf abgestellt, dass ihnen für die Programmfreiheit ebenso Gefahren drohen wie öffentlich-rechtlichen Rundfunkanstalten, bei denen dies schon zuvor anerkannt war, und man hat diese gleichgroße Gefahr für das grundrechtliche Schutzgut entscheidend für die Eröffnung des personellen Schutzbereichs sein lassen. Die Gefahr der Einflussnahme auf die im Zentrum der Grundrechtsgarantie der Rundfunkfreiheit stehende Programmfreiheit ist aber auch und gerade bei der Auswahl der Bewerber besonders groß und spricht für die Einbeziehung potenzieller Rundfunkanbieter in den Schutzbereich. Denn wenn die Bewerberzahl die Frequenzkapazitäten übersteigt, dann lässt sich nicht ausschließen, dass die Einstellung zu dem angebotenen Programm in die Auswahlentscheidung einfließt oder dass Bewerber schon im Vorfeld inhaltliche Anpassungen vornehmen, von denen sie sich eine Erhöhung ihrer Zulassungschancen versprechen. Daher spricht sowohl die grundrechtstypische Gefährdungslage der potenziellen Rundfunkanbieter als auch die objektiv-rechtlich-dienende Funktion der Rundfunkfreiheit dafür, dass auch potenzielle Rundfunkanbieter Einwirkungen auf die Rundfunkfreiheit geltend machen können und in den personellen Schutzbereich einbezogen werden.

4. Argument
Die Rundfunkfreiheit in ihrer staatsgerichteten Abwehrposition ist nicht auf die natürliche oder juristische Person des Veranstalters, also des Rundfunkunternehmers selbst, fixiert. Gleiches gilt z.B. bei der Pressefreiheit. Auch sie darf nicht auf die Verlegerfreiheit reduziert werden, sondern wird auf andere Personenkreise wie Heraus-

geber, Redakteur, Journalist und dergleichen erstreckt und wird somit zu Recht im Hinblick auf den personellen Schutzbereich offen verstanden.

5. Argument
Die ablehnende Theorie fußt mehr oder weniger deutlich ausgesprochen maßgeblich auf der mittlerweile technisch weitgehend überholten Prämisse, dass Rundfunk teuer und aufwändig sei, es nur wenige Frequenzen gebe, daher nur wenige in der Lage seien, Rundfunk zu veranstalten, es somit nur wenige Rundfunkanbieter geben könne, es folglich geboten sei, bei diesen wenigen Anbietern Meinungspluralität sicherzustellen und dies nur gelingen könne, wenn man zumindest potenziellen Rundfunkanbietern jeglichen Grundrechtsschutz aus der Rundfunkfreiheit verweigere. Da in Folge der technischen Entwicklung nach und nach immer mehr Programme sendbar geworden sind (außer den herkömmlichen terrestrischen Frequenzen können Programme nun auch über Kabel, Satellit und jüngst auch noch mittels Digitaltechnik übermittelt werden), greift das Argument der Frequenzknappheit und die sich daran anschließende Gedankenkette kaum noch. Daher ist es zulässig und letztlich auch geboten, potenziellen Rundfunkanbietern den Schutzbereich der Rundfunkfreiheit zumindest soweit zu eröffnen, dass sie geltend machen können, dass die einfachgesetzlichen Voraussetzungen, eine Rundfunklizenz zu erhalten, nicht strenger sein dürfen als unter dem Gesichtspunkt der Frequenzknappheit unbedingt erforderlich.

Beispiel und ergänzende Hinweise:

1. Im Ausgangsfall hat die Landesmedienanstalt nach der ablehnenden Theorie Recht. Nach der Theorie des Grundrechtsschutzes kann A sich als potenzieller Rundfunkveranstalter auf die Rundfunkfreiheit berufen; da einer Zulassung des A keine Frequenzknappheit entgegensteht, kann A gestützt auf Art. 5 I 2, 2. Alt. GG einen Anspruch auf Zulassung geltend machen. Hierbei ist zu beachten: Die sehr offen gehaltene und von der Landesmedienanstalt bei ihrer Entscheidung zugrunde gelegte Norm des Landesrundfunkgesetzes, dass die Entscheidung nach pflichtgemäßem Ermessen zu treffen ist, macht die Norm noch nicht verfassungswidrig, weil sie genügend Spielraum zu einer verfassungskonformen Auslegung und Anwendung im Einzelfall bietet. Vielmehr hat die Landesmedienanstalt die Norm hier nicht verfassungskonform ausgefüllt und angewandt, so dass im Ergebnis nicht die der Entscheidung zugrundeliegende Norm, sondern nur die Entscheidung selbst gegen Art. 5 I 2, 2. Alt. GG verstößt.

2. Weiterhin ist umstritten, ob sich auch Landesmedienanstalten auf die Rundfunkfreiheit berufen können (dazu etwa *Bethge* NJW 1995, 557 ff. m.w.N.).

3. Unstrittig nicht in den personellen Schutzbereich der Rundfunkfreiheit einbezogen sind die Hörer und Seher; als Konsumenten bzw. Rezipienten machen sie lediglich von ihrem Recht auf Information aus der allgemein zugänglichen Quelle Rundfunk Gebrauch (vgl. *Bethge* DÖV 2002, 673 [674]) und können sich daher lediglich auf die Informationsfreiheit aus Art. 5 I 1, 2. Hs. GG berufen.

14. Problem: Was ist »Kunst« i.S.v. Art. 5 III 1, 1. Alt. GG?

Beispiel:

A tritt seit geraumer Zeit entweder gänzlich nackt oder lediglich mit vereinzelten, wechselnden Kleidungsstücken wie Mütze oder einem Strumpf bekleidet in der Öffentlichkeit auf und zwar auch bei alltäglichen Verrichtungen wie Einkaufen, Fahrradfahren etc. Er bezeichnet sein Verhalten als »Interaktionskunst«. Das zuständige Ordnungsamt der Stadt B untersagt ihm das Zurschaustellen des nackten Körpers auf allen öffentlichen Straßen und Wegen sowie in allen öffentlichen Anlagen in B. Es stützt diese Untersagung auf das Landespolizeigesetz, wonach u.a. die Ordnungsbehörden die erforderlichen Maßnahmen treffen können, um eine Gefahr für die öffentliche Ordnung abzuwehren. A ist der Ansicht, sein Verhalten sei durch die Kunstfreiheit in Art. 5 III 1 GG geschützt und die Verfügung des Ordnungsamtes deshalb rechtswidrig. Hat A Recht (nach OVG Münster, NJW 1997, 1180 f.)?

Ausgangspunkt:

Allgemein wird ein Dilemma der Definierbarkeit (oder besser: Nichtdefinierbarkeit) von Kunst i.S.v. Art. 5 III 1 GG beklagt (vgl. etwa Dreier/*Pernice* Art. 5 III GG [Kunst] Rn. 17; *Zöbeley* NJW 1998, 1372 [1372 f.]). Viele Literaturstimmen haben sich insbesondere in den 1950er und 1960er Jahren darum bemüht, eindeutige, umfassende und zugleich abschließende Merkmale des verfassungsrechtlichen Kunstbegriffs zu entwickeln. Man wird mittlerweile die Einschätzung wagen können, dass diese Versuche gescheitert sind und auch allgemein anerkannt ist, dass eine einzige Definition nicht in der Lage ist, allen denkbaren Einzelfallgestaltungen Rechnung tragen zu können. Andererseits ist ebenso anerkannt, dass auf eine Begriffsbestimmung und somit auch Schutzbereichsbestimmung von Art. 5 III 1, 1. Alt. GG nicht verzichtet werden kann, denn letztlich kann nur etwas grundrechtlich geschützt werden, das auch bestimmbar ist (*Ipsen* II, Rn. 502; v. Münch/Kunig/*Wendt* Art. 5 GG Rn. 89 m.w.N.). Wenn insoweit teilweise schlagwortartig dennoch von einem »Definitionsverbot« der Kunst die Rede ist (vgl. dazu etwa *Knies* Schranken der Kunstfreiheit als verfassungsrechtliches Problem, 1967, S. 214 ff.; *Hoffmann* NJW 1985, 237 [237 f. m.w.N. in Fn. 6]) – maßgeblich mit dem Argument, jede Eingrenzung des Kunstbegriffs führe sogleich zu einem Widerspruch mit dem Sinn der Freiheitsgewährleistung der Kunstfreiheit –, so ist dies zumindest insoweit missverständlich, als auch solche Stimmen nicht umhinkommen, den Schutzbereich von Art. 5 III 1, 1. Alt. GG mit Inhalt auszufüllen. Letztlich wird damit nur zum Ausdruck gebracht, dass der Kunstbegriff nicht zu sehr einengend und unter Vorgabe eines vermeintlich abschließenden Definitionsansatzes ausgefüllt werden darf.

Aus alledem folgt, dass zahlreiche Ansätze für die Definition des Kunstbegriffs existieren und jeder sich dem Vorwurf ausgesetzt sieht, allein keine abschließende Ausfüllung des Kunstbegriffs liefern zu können und es daher weiterer Kriterien bedarf, um auch andere Fallgestaltungen adäquat lösen zu können (ähnlich *Kobor* JuS 2006, 593 [594]). Für die folgende Darstellung ergibt sich daraus, dass keine sich einander entgegenstehenden Theorien, sondern sich einander ergänzende Kriterien aufgeführt werden; dabei werden lediglich die gängigsten herausgegriffen (zu weiteren Kriterien vergleiche etwa *Vlachopoulos* Kunstfreiheit und Jugendschutz, 1996, S. 86–112). Manche Kriterien (I.-III.) sind für sich betrachtet weitgehend anerkannt und aus sich heraus verständlich, so dass dort keine sie tragenden Argumente aufgeführt werden. Andere Kriterien (IV.-V.) werden (in der Regel als ergänzende Hilfskriterien) diskutiert, sind aber als solche umstritten, so dass dort auch Argumente aufgeführt sind.

I. (hier sog.) **Materialer Kunstbegriff**

Wesentlich für eine künstlerische Betätigung ist die freie schöpferische Gestaltung, in der Eindrücke, Erfahrungen, Erlebnisse des Künstlers durch das Medium einer bestimmten Formensprache zu unmittelbarer Anschauung gebracht werden. Das künstlerische Schaffen ist insoweit nicht primär Mitteilung, sondern Ausdruck der individuellen Persönlichkeit des Künstlers.

Dieser Begriff geht zurück auf:
BVerfGE 30, 173 (188 f.).

II. (hier sog.) **Formaler Kunstbegriff**

Das Wesentliche von Kunst ist, dass das Produkt ein Kunst*werk* ist, d.h. einem bestimmten Werktyp (Bildhauen, Malen etc.) zugeordnet werden kann.

Dieser Begriff geht zurück auf:
Müller Freiheit der Kunst als Problem der Grundrechtsdogmatik, 1969, S. 41 f.; *Knies* Schranken der Kunstfreiheit als verfassungsrechtliches Problem, 1967, S. 219.

Haupteinwand dafür, dass dieses Kriterium allein zu kurz greift:
Bei einer formalen Betrachtungsweise ist es nahezu unmöglich, neue avantgardistische Werktypen zu erfassen.

III. (hier sog.) **Offener (zeichentheoretischer) Kunstbegriff**

Das kennzeichnende Merkmal einer künstlerischen Äußerung besteht darin, dass es wegen der Mannigfaltigkeit ihres Aussagegehalts möglich ist, der Darstellung im Wege einer fortgesetzten Interpretation immer weiterreichende Bedeutung zu entnehmen, so dass sich eine praktisch unerschöpfliche, vielstufige Informationsvermittlung ergibt.

Dieser Begriff geht zurück auf:
v. Noorden Die Freiheit der Kunst nach dem Grundgesetz (Art. 5 III 1 GG) und die Strafbarkeit der Verbreitung unzüchtiger Darstellungen (§ 184 I Nr. 1 StGB), 1969, S. 82 ff.

Haupteinwand dafür, dass dieses Kriterium allein zu kurz greift:
Bei strenger Betrachtung dieses Kunstbegriffs erfasst er keine vordergründige oder triviale Unterhaltung, die – formal betrachtet – als Kunst einzustufen ist.

Die Kunstbegriffe I.-III. als nebeneinanderstehend erkennen im Wesentlichen an:
BVerfGE 67, 213 (226 ff.); 75, 369 (377); 83, 130 (138); BVerwGE 91, 211 (214); *Henschel* NJW 1990, 1937 (1939); *Henschel* Kunstfreiheit als Grundrecht, 1993, S. 10 f.;

Henschel FS Wassermann, 1985, S. 251 (357 f.); *Epping* Rn. 262; *Pieroth/Schlink* Rn. 660–662; *Manssen* Rn. 399–401; *Sachs* Kap. B 5, Rn. 73–76; Dreier/*Pernice* Art. 5 III (Kunst) Rn. 18–22; *Zöbeley* NJW 1998, 1372 (1373); *Zöbeley* NJW 1985, 254 (257 f.); *Zöbeley* FS Zeidler, 1987, S. 1525 (1532 ff.); *Voßkuhle* BayVBl 1995, 613 (615); v. Mangoldt/Klein/Starck/*Starck* Art. 5 GG Rn. 303; Umbach/Clemens/*Clemens* Art. 5 GG Rn. 233 f.; AK-GG/*Ladeur* Art. 5 III (Kunst) GG Rn. 9 f.; Jarass/Pieroth/*Jarass* Art. 5 GG Rn. 106; v. Münch/Kunig/*Wendt* Art. 5 GG Rn. 90; *Würkner* Das BVerfG und die Freiheit der Kunst, 1994, S. 176; *Kobor* JuS 2006, 593 (594); *Sodan* Art. 5 GG Rn. 37; *Kloepfer* § 62 Rn. 3 ff.; *Michael/Morlok* Rn. 234 ff.; Stern/Becker/*Fechner* Art. 5 GG Rn. 171; *v. Arnauld* in: HdBStR, § 167 Rn. 13 ff.; *Hufen* § 33 Rn. 7 ff.; *Sodan/Ziekow* § 33 Rn. 2; im Ergebnis ähnlich, wenngleich begrifflich etwas anders: *Mahrenholz* in: HdBVerfR, § 26 Rn. 36 ff.; Maunz/Dürig/*Scholz* Art. 5 III GG Rn. 29.

IV. (hier sog.) **Kriterium des Selbstverständnisses des (potenziellen) Künstlers**

In Zweifelsfällen kann man als zusätzliches Indiz auch heranziehen, ob der (potenzielle) Künstler nach seinem Selbstverständnis, d.h. nach seiner Behauptung, Kunst geschaffen hat.

Vertreten von:
OVG Münster JZ 1959, 716 (719); *Häberle* AöR 110 (1985), 577 (598 f.); Sachs/*Bethge* Art. 5 GG Rn. 184; Jarass/Pieroth/*Jarass* Art. 5 GG Rn. 106; v. Münch/Kunig/*Wendt* Art. 5 GG Rn. 91; Dreier/*Pernice* Art. 5 III (Kunst) GG Rn. 23; *Höfling* Offene Grundrechtsinterpretation, 1987, S. 140–142; *Sachs* Kap. B 5, Rn. 77; *Würkner* Das BVerfG und die Freiheit der Kunst, 1994, S. 124 f.; *Isensee* Wer definiert die Freiheitsrechte?, 1980, S. 59; gänzlich ablehnend hingegen: Maunz/Dürig/*Scholz* Art. 5 III GG Rn. 26; *Schick* JZ 1970, 645 (646); *Mahrenholz* in: HdBVerfR, § 26 Rn. 47.

1. Argument
Dass das Selbstverständnis zumindest als Hilfskriterium indizielle Bedeutung erlangen kann, folgt daraus, dass Kunst stets etwas Subjektiv-Schöpferisches hat.

2. Argument
Allein entscheidend auf das Selbstverständnis des (potenziellen) Künstlers abzustellen, würde bedeuten, ihm das Definitionsmonopol darüber zu geben, was Kunst ist. Solche privaten Definitionsmonopole über den Schutzbereich eines Grundrechts kann es aber nicht geben. Bei der Kunstfreiheit kommt insoweit noch hinzu, dass es – zu Recht – keine vorgeschriebenen Qualifikationsmerkmale für den Beruf des »Künstlers« gibt und damit die Anerkennung eines subjektiven Definitionsmonopols die Auflösung des Begriffs Kunst und damit seine Unbrauchbarkeit herbeiführen würde.

3. Argument
Dass auf das Selbstverständnis nicht allein abzustellen ist, ergibt sich bereits daraus, dass zu Recht niemand auf die Idee käme, einem Werk, das nach sämtlichen objektiven Kriterien Kunst darstellt, seine Kunsteigenschaft nur deshalb abzusprechen, weil der Hersteller es selbst nicht als Kunst betrachtet.

V. (hier sog.) **Kriterium der Dritt- (Fremd-)Anerkennung**

In Zweifelsfällen kann man als zusätzliches Indiz auch heranziehen, ob das Werk von in Kunstdingen kompetenten Dritten als Kunst anerkannt wird.

Vertreten von:
Häberle AöR 110 (1985), 577 (599); *Wilms* II, Rn. 670; Epping/Hillgruber/*Kempen* Art. 5 GG Rn. 164; Sachs/*Bethge* Art. 5 GG Rn. 184; Jarass/Pieroth/*Jarass* Art. 5 GG Rn. 106; v. Münch/Kunig/*Wendt* Art. 5 GG Rn. 92; Dreier/*Pernice* Art. 5 III (Kunst) GG Rn. 23; als im Rahmen der Abwägung bedeutsamen Belang erkennt auch BVerfGE 83, 130 (148) die Drittanerkennung an; sogar ganz maßgeblich auf dieses Kriterium stellt ab: *Schick* JZ 1970, 645 (646).

1. Argument
Die Definitionsprobleme des Kunstbegriffs liegen zum Großteil darin begründet, dass die Begriffsbeschreibungen maßgeblich am Werk selbst (welches als Kunst in Frage steht) ansetzen und dieses als Kunst/Nichtkunst nicht richtig zu erfassen vermögen. Daher ist es sinnvoll, sich von einer ausschließlich werkorientierten Betrachtung zu lösen und zusätzlich auch auf das Urteil Dritter abzustellen.

2. Argument
Kunst ist auch auf die Wirkung bei und die Einwirkung auf Rezipienten der Kunst ausgerichtet (vgl. III.), so dass auch der Standpunkt dieser Rezipienten Anhaltspunkte dafür liefern kann, ob das Werk Kunst oder Nichtkunst ist.

Beispiel und ergänzende Hinweise:

1. Im Ausgangsfall begründete das OVG zunächst, dass das Verhalten des A gegen die öffentliche Ordnung verstoße, daher den Tatbestand der Ermächtigungsgrundlage für die Verfügung erfülle und diese insgesamt rechtmäßig sei. Daran ändere auch Art. 5 III 1 GG nichts, denn dessen Schutzbereich sei für A nicht eröffnet. Dabei prüft das OVG die Kriterien I.-III. alternativ:

Den Anforderungen des materialen Kunstbegriffs genüge das Auftreten des A nicht: »Auch bei großzügigem Verständnis der begrifflichen Anforderungen ist nicht erkennbar, dass das Verhalten (...) dem Bereich des künstlerischen Schaffens zugeordnet werden könnte. Dem bloßen Nacktsein (...) ist keinerlei schöpferische Ausstrahlungskraft eigen. Zwar ist nicht ausgeschlossen, dass ein Nacktauftritt im Einzelfall als Kunst oder jedenfalls als Teil einer künstlerischen Aktion aufzufassen sein kann (...). (A) hat jedoch weder darlegen können noch sind hinreichende Anhaltspunkte dafür ersichtlich, dass sein bloßes Nacktsein nicht als Nichtkunst-Normalfall, sondern ausnahmsweise als künstlerische Äußerung verstanden werden könnte (...). Auch die aufgrund der aufgedrängten Konfrontation mit dem nackten Körper des (...) (A) provozierten Reaktionen von Betroffenen machen den Regelverstoß nicht bereits deshalb zum Kunstwerk. Die banale Zurschaustellung des eigenen Körpers mit vereinzelten – wechselnden – Kleidungsstücken (...) weist schließlich ebenso wenig die Merkmale des Schöpferischen, des Ausdrucks persönlichen Erlebnisses oder der kommunikativen Sinnvermittlung auf wie das wechselnde Bekleidungsverhalten der übrigen Bevölkerung. Allein die Präsentation des eigenen nackten Körpers ist noch nicht künstlerische Betätigung im Sinne freier schöpferischer Gestaltung, in der

Eindrücke, Erfahrungen, Erlebnisse des Künstlers durch das Medium der Formensprache zur unmittelbaren Anschauung gebracht werden« (OVG Münster NJW 1997, 1180 [1180 f.]).

Auch nach dem formalen Kunstbegriff liege keine Kunst vor: »Das bloße Präsentieren des nackten Körpers ist weder eine klassische Form des Straßentheaters noch eine avantgardistische Form künstlerischer Installation oder Aktion« (OVG Münster NJW 1997, 1180 [1181]).

Schließlich liege auch nach dem offenen (zeichentheoretischen) Kunstbegriff keine Kunst vor: »Der Nacktauftritt des (...) (A) reicht weder über seine alltägliche Aussagefunktion hinaus noch führt er zu einer unerschöpflichen, vielstufigen Informationsvermittlung« (OVG Münster NJW 1997, 1180 [1181]).

2. Falllösungen: *Höfling* Fälle zu den Grundrechten, Fall 10; *Heimann/Kirchhof/Waldhoff* Fall 16; *Brauner/Stollmann/Weiß* Fall E; *Starck/Schmidt* Fall 295; *Geis* Fall 17; *Betzinger* JA 2009, 125 ff.

15. Problem: Welche sog. »innere Verbindung« zwischen Menschen ist nötig, damit eine Versammlung i.S.v. Art. 8 GG vorliegt?

Beispiel:

A beabsichtigt – wie schon in den letzten Jahren zuvor – die sog. »Love-Parade« in der Stadt X zu veranstalten. Zu ihr werden zehntausende von Teilnehmern erwartet, die auch mit Speisen und Getränken versorgt werden sollen. Es soll ein Umzug durch X stattfinden, den zahlreiche Lastwagen begleiten, die lautstark Technomusik abspielen. Redebeiträge während des Verlaufs der Veranstaltung sind nicht geplant. A bekundet, mit dem Umzug werde ein »Fest des Lebens und der Verständigung« gefeiert und von ihm solle »die Botschaft von Frieden, Liebe und mitmenschlicher Toleranz« ausgehen. Als A die »Love-Parade« bei der zuständigen Behörde als Versammlung nach § 14 VersG anmelden möchte, hält diese ihm entgegen, A könne dies nicht, da es sich um keine Versammlung – und zwar weder im Sinne des VersG, noch i.S.v. Art. 8 GG – handele. Hat sie mit dieser Einschätzung – zumindest in Bezug auf Art. 8 I GG – Recht (nach BVerfG NJW 2001, 2459 ff.)?

Ausgangspunkt:

Art. 8 I GG spricht vom Recht, »sich (...) zu versammeln«, ohne dass dieser Begriff näher definiert wird. Man ist sich darüber einig, dass nicht jedes Zusammenkommen von mehreren Menschen an einem Ort stets eine Versammlung darstellt. Wenn etwa Menschen in einer Warteschlange an einer Supermarktkasse hintereinander stehen oder in einer Fahrt in einem Bus im Nahverkehr nebeneinander sitzen, so stellt dies keine Versammlung dar. Hier fehlt es nämlich an jeglicher sog. »innerer Verbindung« der Menschen zueinander, die an einem Ort zusammenkommen. Solche Zusammenkommen stellen lediglich eine Ansammlung, nicht aber eine Versammlung dar. Streit besteht darüber, wie die innere Verbindung beschaffen sein muss, damit eine Ansammlung zu einer Versammlung wird.

I. (hier sog.) **Theorie des weiten Versammlungsbegriffs**

Eine Versammlung liegt vor, wenn mehrere Personen in Verfolgung irgendeines gemeinsamen, ansonsten aber beliebigen Zwecks zusammenkommen und sei dieser Zweck auch nur geselliger Art.

Vertreten von:
Pieroth/Schlink Rn. 749; *Ipsen* II, Rn. 562; *Berg* Rn. 543; *Sachs* Kap. B 8, Rn. 3 f.; *Geck/Moselle* JuS 1980, 744 (744 f.); *Gallwas* JA 1986, 484 (486); *v. Mutius* Jura 1988, 30 (36 f.); *v.* Mangoldt/Klein/Starck/*Gusy* Art. 8 GG Rn. 16–18; Dreier/*Schulze-Fielitz* Art. 8 GG Rn. 23–27; *Wiefelspütz* NJW 2002, 274 (275); *Wiefelspütz* DÖV 2001, 21, (21 f.); *Kniesel* NJW 2000, 2857 (2857 f.); *Sodan* Art. 8 GG Rn. 3; Stern/Becker/*Blanke* Art. 8 GG Rn. 21; *Michael/Morlok* Rn. 269; *Wilms* II, Rn. 767; *Geck* DVBl 1980, 797 (798 ff.); *Hermanns* JA 2001, 79 (80); *Drosdzol* JuS 1983, 408 (408); *Mohl* VR 1991, 245 (251 f.); *Förster* Die Friedlichkeit als Voraussetzung der Demonstrationsfreiheit, 1985, S. 2–12; *Hufen* § 30 Rn. 5–7; *Stern* Bd. IV/1, S. 1209 f.; Maunz/Dürig/*Depenheuer* Art. 8 GG Rn. 46 ff.; wohl auch: *Tschentscher* NVwZ 2001, 1243 (1246); ähnlich, aber noch weiter: Sachs/*Höfling* Art. 8 GG Rn. 10: es müsse nicht einmal ein »Versammlungszweck« vorliegen muss, sondern lediglich ein »gemeinsamer Wille, der die Anwesenden verbindet«.

1. Argument
Art. 8 GG dient auch der freien Entfaltung der Persönlichkeit und soll die drohende Isolierung des Einzelnen verhindern und die Persönlichkeitsentfaltung in Gruppenform gewährleisten. Daher ist es für das Vorliegen einer Versammlung bereits ausreichend, wenn mehrere Personen in Verfolgung eines gemeinsamen Zwecks zusammenkommen.

2. Argument
Das Erfordernis einer gemeinsamen Meinungsbildung oder -äußerung geht fehl, da der Schutz speziell der meinungsbildenden und -äußernden Versammlung durch Art. 8 i.V.m. Art. 5 GG gewährleistet wird und daher nicht begrifflicher Bestandteil von Art. 8 GG selbst sein kann.

3. Argument
Wenn man für das Vorliegen einer Versammlung i.S.v. Art. 8 GG eine Meinungsbildung oder -äußerung verlangt, so sieht man in Art. 8 GG letztlich allein ein demokratisch-funktionales Grundrechtskonzept verankert. Dies ist jedoch nicht der Fall, sondern Grundrechtszweck von Art. 8 GG ist zumindest auch ein menschlich-liberaler, der ein von einem gemeinsamen Zweck getragenes Zusammenkommen ohne eine Ausrichtung auf eine Meinungsbildung oder -äußerung schützt. Art. 8 GG ist also nicht bloß ein Komplementärgrundrecht zu Art. 5 I 1 GG, sondern schützt als Querschnittsgrundrecht die kollektive Freiheitsausübung. Der Versammlungsbegriff ist also von der Meinungsfreiheit zu lösen.

4. Argument
Weder Entstehungsgeschichte noch Wortlaut noch die systematische Stellung des Art. 8 GG rechtfertigen es, Art. 8 GG auf eine kollektiv-politische Kundgabefunktion zu reduzieren. Die Bürger entscheiden autonom und souverän, aus welchen Gründen und zu welchen Zwecken sie sich zusammenfinden.

II. (hier sog.) **Theorie des erweiterten Versammlungsbegriffs**

Eine Versammlung liegt vor, wenn der die Teilnehmer innerlich verbindende Zweck der Zusammenkunft gerade darin besteht, eine Meinung zu bilden oder zu äußern.

Vertreten von:
BVerfGE 84, 203 (209); BVerwGE 56, 63 (69); 82, 34 (38 f.); OVG Münster NVwZ-RR 1992, 360 (360 f.); VGH München BayVBl 1994, 600 (601); OVG Weimar NVwZ-RR 1998, 497 (498); VGH Kassel NJW 1994, 1750 (1750); VG Düsseldorf NVwZ-RR 1992, 185 (186); *Hesse* Rn. 404 f.; v. Münch/Kunig/*Kunig* Art. 8 GG Rn. 14; *Kloepfer* in: HdBStR, § 164 Rn. 25–32; *Kloepfer* § 63 Rn. 8–11; *v. Münch* Rn. 459–462; Friauf/Höfling/*Geis* Art. 8 GG Rn. 19; *Frowein* NJW 1969, 1081 (1081 f.); *Frowein* NJW 1985, 2376 (2376); *Schwäble* Das Grundrecht der Versammlungsfreiheit (Art. 8 GG), S. 97–101; *Anschütz* WRV, 14. Aufl. 1933, Art. 123 WRV, Anm. 1; *Deger* NJW 1997, 923 (923 f.); Schmidt-Bleibtreu/Hofmann/Hopfauf/*Kannengießer* Art. 8 GG Rn. 3; *Badura* Kap. C, Rn. 64; *Stein/Frank* § 39 II 1; *Seidel* DÖV 2002, 283 (284 f.); *Ehrentraut* Versammlungsfreiheit im amerikanischen und deutschen Verfassungsrecht, 1990, S. 103 ff.; wohl auch: BVerfGE 69, 315 (344–347); *Hoffmann* JuS 1967, 393 (396 f.); *Deutelmoser* NVwZ 1999, 240 (240 ff.); BK/*Benda* Art. 8 GG Rn. 22–30.

1. Argument
Das Grundrecht der Versammlungsfreiheit steht in engem sachlichem Zusammenhang mit dem Grundrecht auf Meinungsfreiheit. Art. 8 GG erfüllt eine Komplementärfunktion: Meinungsbildung setzt eine Kommunikation voraus, die sich zu einem wesentlichen Teil in Versammlungen vollzieht und Versammlungen ermöglichen es, die Wirkung einfacher Meinungsäußerung durch Zusammenwirken zu potenzieren. Vor dem Hintergrund dieser Funktion ist eine Versammlung i.S.v. Art. 8 GG nur eine Zusammenkunft von Menschen, die der Meinungsbildung i.S.v. Art. 5 I GG dient.

2. Argument (gegen die Theorie des engen Versammlungsbegriffs)
Es mag zwar so sein, dass Versammlungen, die öffentliche Angelegenheiten erörtern, in höherem Maße durch staatliche Eingriffe bedroht sind und deshalb besonders grundrechtlich schutzbedürftig erscheinen. Daraus folgt aber noch nicht, dass typischerweise weniger gefährdete Versammlungen aus dem Schutzbereich von Art. 8 GG herausfallen.

3. Argument (gegen die Theorie des engen Versammlungsbegriffs)
Der Begriff der »öffentlichen« oder »politischen« Angelegenheiten ist vieldeutig und von den sonstigen Angelegenheiten nicht klar abgrenzbar. So kann man den Bereich der öffentlichen Angelegenheiten vom nationalen über den regionalen bis hin zum lokalen Bereich und womöglich noch weiter runterbrechen, so dass er letztlich mit

bloß privaten Angelegenheiten als (vermeintlicher) Gegensatzbegriff nahezu untrennbar verschwimmt.

4. Argument (gegen die Theorie des engen Versammlungsbegriffs)
Die Beschränkung des Versammlungsbegriffs auf Menschenansammlungen, die sich mit öffentlichen Angelegenheiten befassen, ist nicht gerechtfertigt, da damit die Versammlungsfreiheit auf eine demokratisch-funktionale Bedeutung reduziert würde, was so durch den Wortlaut von Art. 8 GG nicht gedeckt ist.

5. Argument (gegen die Theorie des engen Versammlungsbegriffs)
Die Beschränkung der Versammlungsfreiheit auf Versammlungen, die auf Teilhabe an der öffentlichen Meinungsbildung gerichtet sind, verkennt die konstitutive Rolle privater Versammlungen für die Meinungsbildung im Vorfeld öffentlicher Meinungsbildung.

III. (hier sog.) **Theorie des engen Versammlungsbegriffs**

Eine Versammlung liegt vor, wenn der die Teilnehmer innerlich verbindende Zweck der Zusammenkunft darin besteht, eine Meinung zu bilden und zu äußern, die gerade im Zusammenhang mit dem öffentlichen, politischen Meinungsbildungsprozess steht.

Vertreten von:
BVerfGE 104, 92 (104); BVerfG (Kammer) NJW 2001, 2459 (2460); BVerfG (Kammer) DVBl 2001, 901 (901 f.); BVerwGE 26, 135 (137); BVerwG DVBl 1969, 587 (588); VGH München NVwZ 1988, 1055 (1056); OVG Münster NVwZ 2001, 1316 (1316); OVG Münster DVBl 2001, 839 (839); VGH Mannheim DVBl 1995, 361 (361); VGH München BayVBl 1979, 629 (630); VG Hamburg NVwZ 1987, 829 (830); VG Mainz NVwZ-RR 1991, 242 (243 f.); *Epping* Rn. 32; Jarass/Pieroth/*Jarass* Art. 8 GG Rn. 3; Hömig/*Bergmann* Art. 8 GG Rn. 4; *Manssen* Rn. 467, 469; *Katz* Rn. 765; AK-GG/*Hoffmann-Riem* Art. 8 GG Rn. 15 f.; *Hoffmann-Riem* NVwZ 2002, 257 (258); *Laubinger/Repkewitz* VerwArch 92 (2001), 585 (625); *Krüger* Versammlungsrecht, 1994, S. 20 f.; *Hofmann* BayVBl 1987, 97 (104 f.); *Guldi* VR 1999, 178 (180); *Ladeur* in: Ridder/Breitbach/Rühl/Steinmeier (Hrsg.), Versammlungsrecht, 1992, Art. 8 GG Rn. 17; *Bertuleit/Steinmeier* in: Ridder/Breitbach/Rühl/Steinmeier (Hrsg.), Versammlungsrecht, 1992, § 1 VersG Rn. 12; *Zitzmann* Öffentliche Versammlungen unter freiem Himmel und Aufzüge, 1984, S. 79 f.; *Guradze* ZRP 1969, 6 (6); Umbach/Clemens/*Kohl* Art. 8 GG Rn. 27; *Lembke* JuS 2005, 984 (984 f.); ähnlich: *Tetzlaff* VR 2003, 195 (196); wohl auch *Sodan/Ziekow* § 36 Rn. 2.

1. Argument
In der historischen Entwicklung des Grundrechts der Versammlungsfreiheit ging es ausschließlich um den Schutz vor staatlichen Eingriffen in Veranstaltungen, die der öffentlichen Meinungsbildung dienten und Zusammenkünfte geselliger, religiöser, wissenschaftlicher oder wirtschaftlicher Art wurden nicht erfasst. Diese Entwicklung prägt den Versammlungsbegriff noch bis heute.

2. Argument
Das Grundrecht der Versammlungsfreiheit erhält seine besondere verfassungsrechtliche Bedeutung durch die freiheitliche demokratische Grundordnung des Grundge-

setzes wegen des Bezugs zu dem Prozess der öffentlichen Meinungsbildung. Gerade in Demokratien mit parlamentarischem Repräsentativsystem und geringen plebiszitären Mitwirkungsrechten wie der Bundesrepublik hat die Freiheit kollektiver Meinungskundgabe die Bedeutung eines grundlegenden Funktionselements. Das Grundrecht der Versammlungsfreiheit gewährleistet dabei insbesondere Minderheitenschutz und verschafft auch denen Möglichkeiten zur Äußerung in einer größeren Öffentlichkeit, denen der direkte Zugang zu den Medien versperrt ist. Dementsprechend sind Versammlungen im Sinne des Art. 8 GG örtliche Zusammenkünfte mehrerer Personen zwecks gemeinschaftlicher Erörterung und Kundgebung mit dem Ziel der Teilhabe an der öffentlichen Meinungsbildung.

3. Argument

Die gemeinschaftliche Kommunikation ohne Bezug auf die öffentliche Meinungsbildung ist durch Art. 5 I GG, die entsprechende Persönlichkeitsentfaltung in Gruppenform durch Art. 2 I GG hinreichend geschützt.

Beispiel und ergänzende Hinweise:

1. Im Ausgangsfall liegt nach der Theorie des weiten Versammlungsbegriffs eine Versammlung vor. Denn nach ihr genügt es, dass die Teilnehmer an der »Love-Parade« zu einem geselligen Zweck, den diese Veranstaltung sicherlich hat, zusammenkommen. Nach der Theorie des erweiterten Versammlungsbegriffs könnte man erwägen, das Vorliegen einer Versammlung zu bejahen, da die Veranstaltung (zumindest auch) dazu dienen soll, ein Mensch- und Lebensbild des Friedens, der Liebe und der Toleranz und damit eine dahingehende Meinung zu äußern. Dies dürfte aber zu weitgehend sein; letztlich ist die Veranstaltung ganz wesentlich durch einen Vergnügungscharakter und dem Wunsch nach einem angenehmen geselligen Beisammensein geprägt. Dies ist für die Theorie des erweiterten Versammlungsbegriffs nicht ausreichend. Erst recht gilt dies für die Theorie des engen Versammlungsbegriffs, die eine Meinungsbildung oder -äußerung verlangt, die im Zusammenhang mit dem öffentlichen, politischen Meinungsbildungsprozess steht (so im Ergebnis auch BVerfG [Kammer] NJW 2001, 2459 [2459 ff.]).

2. Die Theorien des erweiterten und des engen Versammlungsbegriffs sind hinsichtlich der Art der kommunikativen Mittel, mit denen eine Meinung gebildet oder geäußert werden soll, offen. Es wird nicht etwa verlangt, dass verbal diskutiert oder skandiert wird, sondern auch Mahnwachen, Schweigemärsche, Sitzdemonstrationen o.ä. sind Versammlungen.

3. Falllösungen: *Volkmann* Fall 7; *Höfling* Fälle zu den Grundrechten, Fall 1; *Brinktrine/Sarcevic* Fall 5; *Degenhart* Klausurenkurs I, Fall 18; *Geis* Fall 15.

16. Problem:
Umfasst die negative Vereinigungsfreiheit nach Art. 9 I GG auch das Recht, öffentlich-rechtlichen Zwangsvereinigungen fernzubleiben?

Beispiel:

A ist gewerbsmäßige Versicherungsmaklerin. Die zuständige Industrie- und Handelskammer B zieht A zu Beiträgen für die Mitgliedschaft in der Industrie- und Handelskammer heran. B beruft sich zutreffend darauf, dass A nach §§ 2 I, 3 II, III IHKG der Pflichtmitgliedschaft in der Industrie- und Handelskammer unterworfen ist und durch Beiträge an der Deckung der Kosten der Kammertätigkeit mitzuwirken hat. A sieht nicht ein, wieso sie gegen ihren Willen in der Industrie- und Handelskammer Mitglied sein und dafür auch noch Beiträge entrichten soll. Sie erachtet den Beitragsbescheid als rechtswidrig, da die ihm zugrunde liegenden IHKG-Normen mit Art. 9 I GG unvereinbar seien. B ist der Ansicht, die Frage der Verfassungsmäßigkeit der Pflichtmitgliedschaft und der daraus resultierenden Beitragspflicht sei überhaupt nicht an Art. 9 I GG zu messen. Hat B Recht (nach BVerfG [Kammer] NVwZ 2002, 335 ff.)?

Ausgangspunkt:

Bei Grundrechten, die ihrem Wortlaut nach lediglich ein bestimmtes positives Tun schützen (auch sog. Handlungsrechte), stellt sich die Frage, ob vom entsprechenden Grundrecht auch geschützt ist, das umschriebene Tun zu unterlassen. Dies wird üblicherweise als die negative Ausprägung oder negative Seite des Grundrechts bezeichnet (vgl. bereits Ausgangspunkt 1. Problem). Ein Anwendungsfall ist z.B. die Religions- und Bekenntnisfreiheit in Art. 4 I, II GG; sie ist »aktiv« (positiv) formuliert, es ist aber anerkannt, dass auch die Freiheit geschützt ist, nicht zu glauben. Ebenso verhält es sich grundsätzlich bei Art. 9 I GG: Danach haben alle Deutschen das Recht, Vereine und Gesellschaften zu bilden. Es ist für privatrechtliche Vereinigungen nahezu (anders aber *Friauf* FS Reinhardt, 1972, S. 389 [389 ff.]) unbestritten, dass auch die negative Seite, nämlich Vereine und Gesellschaften nicht zu bilden und ihnen fernzubleiben, geschützt ist. Ob Art. 9 I GG aber auch davor schützt, öffentlich-rechtlichen (d.h. vom Staat in der Regel durch Parlamentsgesetz und zur Erfüllung einer öffentlichen Aufgabe gegründeten) Zwangsvereinigungen fernzubleiben, ist umstritten.

I. (hier sog.) **Ablehnende Theorie**

Die Zwangsmitgliedschaft in einer öffentlich-rechtlichen Vereinigung ist nicht an Art. 9 I GG, sondern an der allgemeinen Handlungsfreiheit gem. Art. 2 I GG zu messen.

Vertreten von:
BVerfGE 10, 89 (102); 10, 354 (361 f.); 12, 319 (323); 15, 235 (239); 32, 54 (64); 38, 281 (297 f.); 78, 320 (329); 89, 365 (376); 92, 53 (69); BVerfG (Kammer) NJW 1986, 1095 (1095 f.); BVerfG (Kammer) NVwZ 2002, 335 (336); BVerwGE 27, 228 (230); 32, 308 (311 f.); 39, 100 (102 f.); 59, 231 (236); 64, 115 (117); 64, 298 (301); 80, 334 (336 f.);

107, 169 (172 f.); 108, 169 (171 f.); BVerwG NJW 1962, 1311 (1312); BVerwG GewArch 1999, 193 (193); VG Arnsberg NVwZ-RR 1998, 557 (558); VG Gießen GewArch 2006, 213 (213 f.); BSGE 25, 170 (176); 26, 255 (261); 31, 136 (138 f.); *Kluth* NVwZ 2002, 298 (299); *Hebeler* Generationengerechtigkeit als verfassungsrechtliches Gebot in der sozialen Rentenversicherung, 2001, S. 92; Hömig/*Bergmann* Art. 9 GG Rn. 3; *Zippelius/Würtenberger* § 27 Rn. 24; *Badura* Kap. C, Rn. 65; *Epping* Rn. 804–806; *Hase* Versicherungsprinzip und sozialer Ausgleich, 2000, S. 48; v. Münch/Kunig/*Löwer* Art. 9 GG Rn. 20; *Merten* in: HdBStR, § 165 Rn. 62–66; Jarass/Pieroth/*Jarass* Art. 9 GG Rn. 7; Maunz/Dürig/*Di Fabio* Art. 2 I GG Rn. 22; *Manssen* Rn. 505; *v. Münch* Rn. 484; BK/*v. Münch* Art. 9 GG Rn. 52; Umbach/Clemens/*Steinmeyer* Art. 9 GG Rn. 46; v. Mangoldt/Klein/Starck/*Kemper* Art. 9 GG Rn. 58 f.; *Löwer* GewArch 2000, 89 (94–96); *Brohm* FS Unruh, 1983, S. 777 (790 f.); *Kettler* DÖV 1997, 674 (675); *Jahn* GewArch 1998, 453 (454); *Jahn* JuS 2000, 129 (130); *Thieme* Subsidiarität und Zwangsmitgliedschaft, 1962, S. 24; *Sodan* Art. 9 GG Rn. 7; *Wilms* II, Rn. 806; *Kloepfer* § 64 Rn. 19–21; *Hatje/Terhechte* NJW 2002, 1849 (1850 f.); *Frotscher/Kramer* Wirtschaftsverfassungs- und Wirtschaftsverwaltungsrecht, 5. Aufl. 2008, Rn. 606; *Sodan* Berufsständische Zwangvereinigungen auf dem Prüfstand des Grundgesetzes, 1991, S. 23 ff.; *Sodan/Ziekow* § 37 Rn. 6; wohl auch: *Ipsen* II, Rn. 595.

1. Argument
Da die Vereinigungsfreiheit dem Einzelnen nur ein Recht zur Bildung von privatrechtlichen Vereinigungen, unstrittig aber nicht zur Bildung einer öffentlichrechtlichen Vereinigung vermittelt, kann sie auch kein entsprechendes Fernbleiberecht vermitteln. Wäre es anders, würde die negative Vereinigungsfreiheit weiter reichen als die positive, was aber nicht sein kann.

2. Argument
Der Schutz der Vereinigungsfreiheit greift ein, wenn es um einen privatrechtlichen Zusammenschluss natürlicher oder juristischer Personen geht, der auf Dauer angelegt ist, auf der Basis der Freiwilligkeit erfolgt, zur Verfolgung eines gemeinsamen Zwecks konstituiert ist und eine gemeinsame Willensbildung aufweist. Damit ist das Element der Freiwilligkeit für den in Art. 9 I GG verwandten Vereinsbegriff konstituierend. Vereinigungen, die ihre Entstehung und ihren Bestand nicht grundrechtsinitiierter Freiwilligkeit verdanken, unterfallen daher von vornherein nicht dem Vereinsbegriff des Art. 9 I GG.

3. Argument
Die Frage, ob Art. 9 I GG auch den Prüfungsmaßstab für Fälle des Zwangszusammenschlusses in öffentlich-rechtlichen Körperschaften bildet, ist bereits im Ansatz verfehlt gestellt. Denn die Zwangsmitgliedschaft ist lediglich das rechtliche Mittel, mit dem der Staat einer nach sachlichen Kriterien abgegrenzten Gruppe aufgibt, eine bestimmte Verwaltungsaufgabe selbstverwaltend wahrzunehmen. Die für die Wahrnehmung dieser Aufgabe berufenen selbstverwaltungsberechtigten und -verpflichteten Bürger werden mit dem Mittel der Zwangsmitgliedschaft von den nichtmitwirkungsberechtigten und -verpflichteten Bürgern unterschieden. Die Zwangsmitgliedschaft konturiert lediglich den Verband, auf den die Verwaltungsaufgabe aufgebürdet wird. Daran muss sich dann auch die grundrechtliche Prüfung orientieren, denn die Aufgabenüberbürdung ist der eigentliche Grundrechtseingriff. Dies ist aber keine

Frage des Art. 9 I GG und zwar auch dann nicht, wenn eine Personenmehrheit in die Pflicht genommen wird. Maßstab ist vielmehr Art. 2 I GG.

4. Argument

Die Systematik spricht gegen die Einschlägigkeit des Art. 9 I GG bei öffentlich-rechtlichen Zusammenschlüssen. Denn die Schrankenregelung in Art. 9 II GG ist allein auf privatrechtliche Vereinigungen, nicht aber auch auf öffentlich-rechtliche bezogen.

5. Argument

Nach der bejahenden Theorie wäre der Staat an Art. 9 I GG gebunden, wenn er die öffentliche Aufgabe, die die Zwangsvereinigung zu erfüllen hat, nicht selbst übernimmt, sondern zu deren Wahrnehmung eben diese Zwangsvereinigung ins Leben ruft. Der Staat könnte bei dieser Sicht der Dinge versucht sein, öffentliche Aufgaben stets selbst wahrzunehmen, um den Bindungen des Art. 9 I GG zu entgehen. Es ist aber weitgehend eine Frage der gesetzgeberischen Gestaltungsfreiheit, ob solche Aufgaben durch Zwangsverbände oder durch staatliche Behörden wahrgenommen werden, ohne dass sich dadurch etwas an dem grundrechtlichen Prüfungsmaßstab ändern kann.

6. Argument

Die Entstehungsgeschichte spricht gegen eine Unterschutzstellung unter Art. 9 I GG. Denn schon im Verfassungskonvent von Herrenchiemsee wurde der Vorschlag der Ergänzung der Vereinigungsfreiheit um eine Regelung abgelehnt, dass niemand solle gezwungen werden dürfen, sich einer Vereinigung anzuschließen. Die Ablehnung gründete sich auf die möglicherweise bestehende Notwendigkeit, auch künftig bestimmte Personengruppen in öffentlich-rechtlichen Organisationen verpflichtend zusammenzufassen. Darauf bauten die Beratungen im Parlamentarischen Rat auf und dessen Mitgliedern war die Existenz öffentlich-rechtlicher Zwangszusammenschlüsse bewusst. Die Fassung des Art. 9 I GG sollte an der Zulässigkeit solcher Zusammenschlüsse nichts ändern, andernfalls hätte dies deutlich zum Ausdruck gebracht werden müssen.

II. (hier sog.) **Bejahende Theorie**

Die Zwangsmitgliedschaft in einer öffentlich-rechtlichen Vereinigung ist an Art. 9 I GG zu messen.

Vertreten von:

Quidde DÖV 1958, 521 (523); Sachs/*Höfling* Art. 9 GG Rn. 22; *Pieroth/Schlink* Rn. 784; *Murswiek* JuS 1992, 116 (118f.); Maunz/Dürig/*Scholz* Art. 9 GG Rn. 90; Dreier/*Bauer* Art. 9 GG, Rn. 47; *Hesse* Rn. 413 f.; *Pieroth* AöR 115 (1990), 33 (40); *v. Mutius* VerwArch 64 (1973), 81 (82 f.); *Scholz* AöR 100 (1975), 80 (124 f.); AK-GG/*Rinken* Art. 9 I GG Rn. 58; *Sachs* Kap. B 9, Rn. 8 f.; *Hellermann* Die sogenannte negative Seite der Freiheitsrechte, 1993, S. 63–70; *Schöbener* VerwArch 91 (2000), 374 (396 ff.); *Stober* Handbuch des Wirtschaftsverwaltungs- und Umweltrechts, 1989, S. 447–449; *Pietzcker* JuS 1985, 27 (29); *Stober* Grundrechtsschutz der Wirtschaftstätigkeit, 1989, S. 49–51; *Kleine-Cosack* Berufsständische Autonomie und Grundgesetz, 1986, S. 143 ff.; *Bethge* JA 1979, 281 (284 f.); *v. Mutius* Jura 1984, 193 (196 f.); *Mronz*

Körperschaften und Zwangsmitgliedschaften, 1973, S. 208 ff.; *Rode* DÖV 1976, 841 (844 f.); *Scholz* Die Koalitionsfreiheit als Verfassungsproblem, 1971, S. 272 f.; *Etzrodt* Der Grundrechtsschutz der negativen Vereinigungsfreiheit, 1990, S. 90–100; *Jung* JA 1984, 467 (467 f.); *Hamacher* Die Bedeutung der Vereinigungsfreiheit für Zwangszusammenschlüsse unter der Herrschaft des Grundgesetzes, 1972, S. 155; *Bullinger* Öffentliches Recht und Privatrecht, 1968, S. 91; *Hufen* § 31 Rn. 7; wohl auch: *Michael/Morlok* Rn. 298 f.

1. Argument (gegen das 1. Argument der ablehnenden Theorie)
Das Fernbleiben von einem öffentlich-rechtlichen Verband ist keine für den Bürger unmögliche Inanspruchnahme öffentlich-rechtlicher Gestaltungsformen, sondern Realisierung der klassischen grundrechtlichen Abwehrfunktion.

2. Argument
Vom Schutzzweck der negativen Vereinigungsfreiheit her ist es entscheidend zu verhindern, dass der Grundrechtsträger in einen von ihm nicht gewollten Personenverband zwangsweise einbezogen wird, nicht aber die Rechtsform einer Zwangsvereinigung. Denn das Interesse des Bürgers, sich nur aufgrund eigener Entschließung zu sozialen Gruppierungen zusammenzuschließen, einem Vereinigungszwang also nicht zu unterliegen, richtet sich gegen privatrechtlich und öffentlich-rechtlich organisierte Vereinigungen gleichermaßen.

3. Argument
Auch die ablehnende Theorie erkennt grundsätzlich an, dass Art. 9 I GG vor Vereinigungszwang – nämlich bei privatrechtlichen Zwangszusammenschlüssen – schützt. Wenn aber Art. 9 I GG grundsätzlich vor Vereinigungszwang schützt, so kann es keinen Unterschied machen, ob sich ein Privater gegen die Pflichtmitgliedschaft in privatrechtlichen oder in öffentlich-rechtlichen Vereinigungen wehrt.

4. Argument
In der historischen Entwicklung richtete sich die Vereinigungsfreiheit gerade auch gegen hoheitliche Zwangszusammenschlüsse, wie beispielsweise Zünfte. Man würde daher Art. 9 I GG einen historisch gewachsenen Gehalt absprechen, wenn man die Zwangsmitgliedschaft in einem öffentlich-rechtlichen Zusammenschluss nicht an Art. 9 I GG misst.

5. Argument
In der Regel steht dem Gesetzgeber Organisationsfreiheit insoweit zu, als er Zusammenschlüsse privatrechtlich oder öffentlich-rechtlich organisieren kann. Da privatrechtliche Zusammenschlüsse nach der ablehnenden Theorie an Art. 9 I GG zu messen sind, nicht aber öffentlich-rechtliche, hätte der Gesetzgeber es in der Hand zu bestimmen, ob die Zusammenschlüsse an Art. 9 I GG zu messen sind. Die ablehnende Theorie birgt daher die Gefahr in sich, dass der Gesetzgeber durch die Errichtung öffentlich-rechtlicher Zwangskorporationen den ihm durch Art. 9 I GG gezogenen Grenzen ausweicht.

Beispiel und ergänzende Hinweise:

1. Im Ausgangsfall hat nach der ablehnenden Theorie B Recht; danach ist die Pflichtmitgliedschaft lediglich an Art. 2 I GG zu messen. Nach der bejahenden Theorie ist der Schutzbereich von Art. 9 I GG betroffen.

2. Der Streit hat wichtige Folgen für die verfassungsrechtliche Rechtfertigung, denn insoweit gelten andere Grundrechtsschranken.

Sieht man (lediglich) den Schutzbereich von Art. 2 I GG als betroffen an, so kommt von der Schrankentrias in Art. 2 I GG die verfassungsmäßige Ordnung als einschlägige Grundrechtsschranke in Betracht. Verfassungsmäßige Ordnung i.S.v. Art. 2 I GG ist der Inbegriff aller formell und materiell verfassungsmäßigen Rechtssätze (st. Rspr. des BVerfG – vgl. etwa BVerfGE 74, 129 [152]; 80, 137 [153] – und auch in der Literatur anerkannt). Die Schranke der verfassungsmäßigen Ordnung ist daher ein einfacher Gesetzesvorbehalt bzw. kommt diesem der Sache nach jedenfalls gleich (vgl. etwa Sachs/*Murswiek* Art. 2 GG Rn. 90). Die somit nötige gesetzliche Grundlage für die Begründung der Pflichtmitgliedschaft ist im Ausgangsfall durch die genannten IHKG-Normen gegeben. Voraussetzung für die Errichtung eines öffentlich-rechtlichen Verbandes mit Zwangsmitgliedschaft ist, dass der Verband legitime öffentliche Aufgaben erfüllt. Dies sind Aufgaben, an deren Erfüllung ein gesteigertes Interesse der Gemeinschaft besteht, die aber weder allein im Wege privater Initiative wirksam wahrgenommen werden können, noch zu den im engeren Sinn staatlichen Aufgaben zählen, die der Staat selbst durch seine Behörden wahrnehmen muss (so BVerfG [Kammer] NVwZ 2002, 335 [336] m.w.N.). Speziell die Aufgabe der Wirtschaftsförderung, die den IHKs zugewiesen ist (vgl. § 1 IHKG), sieht das BVerfG als eine solche legitime Aufgabe an und erachtet auch die damit verbundene Pflichtmitgliedschaft als letztlich geeignet, erforderlich und angemessen im engeren Sinn (vgl. im Einzelnen BVerfG [Kammer] NVwZ 2002, 335 [336 f.]).

Sieht man den Schutzbereich von Art. 9 I GG als betroffen an, so fragt sich, welche Grundrechtsschranken dann eingreifen. Nach Art. 9 II GG sind Vereinigungen, deren Zweck oder deren Tätigkeit den Strafgesetzen zuwiderlaufen oder die sich gegen die verfassungsmäßige Ordnung oder gegen den Gedanken der Völkerverständigung richten, verboten. Dem Wortlaut nach ist somit lediglich ein Verbot für bestimmte Vereinigungen statuiert. Trotzdem besteht weitgehend Einigkeit darüber, dass dies nicht als Schutzbereichsbegrenzung, sondern als Schrankenklausel zu deuten ist, die die Voraussetzungen für einen verfassungsrechtlich gerechtfertigten Eingriff umschreibt (vgl. Sachs/*Höfling* Art. 9 GG Rn. 38). Diese Schranke greift bei Fällen, in denen die Rechtfertigung von Zwangsmitgliedschaften in öffentlich-rechtlichen Vereinigungen in Frage steht, nicht ein. Da weitere Schranken in Art. 9 I, II GG nicht normiert sind, kommt im Übrigen als Rechtfertigungsgrund nur kollidierendes Verfassungsrecht in Betracht (ausführlich dazu *Schöbener* VerwArch 91 [2000], 374 [403–406]). Ob sich solches bei Fallgestaltungen wie im Ausgangsbeispiel finden lässt, ist außerordentlich fraglich (skeptisch insoweit und tendenziell für die Verfassungswidrigkeit zahlreicher öffentlich-rechtlicher Zwangsvereinigungen *Pietzcker* JuS 1985, 27 [29]; Sachs/*Höfling* Art. 9 GG Rn. 23; das Sozialstaatsprinzip zu aktivieren versucht *Schöbener* VerwArch 91 [2000], 374 [406 f.]).

Beide Theorien dürften daher für zahlreiche Fallgestaltungen, in denen die Verfassungsmäßigkeit von Zwangsmitgliedschaften in öffentlich-rechtlichen Vereinigungen in Frage steht, nicht nur auf der Schutzbereichsebene unterschiedliche Grundrechte als einschlägig ansehen (Art. 2 I GG einerseits, Art. 9 I GG andererseits), sondern auch auf der Stufe der verfassungsrechtlichen Rechtfertigung zu unterschiedlichen Ergebnissen kommen.

3. Es gibt in Deutschland zahlreiche öffentlich-rechtliche Zwangszusammenschlüsse. Neben den angesprochenen IHKs gibt es zahlreiche weitere berufsständische Kammern – etwa von Ärzten und Rechtsanwälten –, bei denen ebenfalls Pflichtmitgliedschaft besteht. Der Anwendungsfall, der die weitaus meisten Bürger betrifft, stellt aber die Sozialversicherung dar. Der ganz überwiegende Bevölkerungsteil ist dort zwangsweise versichert (vgl. § 24 I SGB III [Arbeitsförderung], § 5 SGB V [Krankenversicherung], §§ 1–3 SGB VI [Rentenversicherung], § 2 SGB VII [Unfallversicherung]; § 1 SGB XI [Pflegeversicherung]); lediglich bestimmte Personengruppen können sich freiwillig versichern, so dass bei ihnen mangels Eingriffs insoweit keine grundrechtlichen Probleme entstehen.

Da nach Ansicht vieler Versicherten (insbesondere in der Rentenversicherung) die Leistungen immer weniger in einem von ihnen als »angemessen« erachteten Verhältnis zu den zwangsweise zu entrichtenden Beiträgen stehen und viele daher die Zwangsmitgliedschaft zunehmend als Belastung ansehen, besteht hier für die Zukunft noch ein erhebliches Konfliktpotenzial. Aber auch wenn man der bejahenden Theorie folgt und die Zwangsmitgliedschaft an Art. 9 I GG misst, dürften für die verfassungsrechtliche Rechtfertigung über kollidierendes Verfassungsrecht mittels des Sozialstaatsprinzips leichter Ansatzpunkte zu finden sein als bei wirtschafts- und berufsständischen Zwangszusammenschlüssen. Ausgangspunkt kann hier die Überlegung sein, dass es aufgrund des Sozialstaatsprinzips legitim ist, viele Bürger in einer Gefahr- und Solidargemeinschaft zu vereinigen und sie so gegen die sog. Wechselfälle des Lebens (sprich: die Versicherungsfälle wie z.B. Krankheit, Pflege oder Alter) zu schützen.

4. Falllösung: *Schöbener/Jahn* Fälle zum Öffentlichen Wirtschaftsrecht, 2. Aufl. 2009, Fall 1.

17. Problem: Was ist ein »Beruf« i.S.v. Art. 12 I GG?

Beispiel:

A will ein Sportwettenunternehmen eröffnen. Nach dem einschlägigen Landessportwettengesetz bedarf er dazu einer Genehmigung, für deren Erteilung der zuständigen Behörde ein Ermessen eingeräumt wird. Diese versagt dem A die Genehmigung. A ist damit nicht einverstanden. Er ist der Meinung, die Behörde müsse ihre Entscheidung zumindest an Art. 12 GG ausrichten, da dessen Schutzbereich bei A berührt sei. Hat er damit Recht (nach BVerwGE 96, 293 ff.)?

Ausgangspunkt:

Weder Art. 12 I 1 GG selbst noch das Grundgesetz im Übrigen definieren, was »Beruf« ist. Einigkeit besteht darüber, dass eine Tätigkeit, um »Beruf« i.S.v. Art. 12 I 1

GG zu sein, jedenfalls auf eine gewisse Dauer angelegt sein und der Schaffung und Erhaltung einer Lebensgrundlage dienen bzw. dazu beitragen muss. Gleichgültig ist, ob die Tätigkeit selbstständig oder unselbstständig ausgeübt wird. Hinsichtlich der Dauer sind nur geringe Anforderungen zu stellen, so dass beispielsweise auch Ferienjobs über nur wenige Wochen oder gar wenige Tage »Beruf« i.S.v. Art. 12 I 1 GG sein können.

Ob noch weitere Anforderungen an die Schutzbereichseröffnung von Art. 12 I GG zu stellen sind, ist strittig.

I. (hier sog.) **Erlaubtheitstheorie**

Ein Beruf i.S.v. Art. 12 I 1 GG liegt dann nicht vor, wenn die einzelnen Handlungen, die der Bürger zum Inhalt seines Berufes macht, nicht erlaubt sind, d.h. allgemein verboten oder allgemein strafbar sind.

Vertreten von:
BVerfGE 7, 377 (397); 13, 97 (106); 14, 19 (22); 32, 311 (316); 48, 376 (388); 68, 272 (281); 78, 179 (193); 81, 70 (85); BVerwGE 2, 110 (111); 4, 294 (295 f.); OVG Münster NJW 1986, 2783 (2783); Maunz/Dürig/*Scholz* Art. 12 GG Rn. 28 ff.; Hömig/*Hömig* Art. 12 GG Rn. 4; Schmidt-Bleibtreu/Hofmann/Hopfauf/*Hofmann* Art. 12 GG Rn. 26; *Badura* Kap. C., Rn. 80; *Pieroth/Schlink* Rn. 879 f.; *Gusy* JA 1992, 257 (258 f.); *Meessen* JuS 1982, 397 (401); *Uber* Freiheit des Berufs, 1952, S. 99–101; unklar BVerfGE 115, 276 (300 f.), wo die Rede davon ist, dass einschränkende Merkmale wie die Erlaubtheit »allenfalls« für bestimmte Tätigkeiten »in Betracht« zu ziehen seien (siehe zu dieser Entscheidung noch bei den ergänzenden Hinweisen, dort 5.)

1. Argument
Der Gesetzgeber kann zwar nicht durch ein Verbot bestimmte Berufe vom Anwendungsbereich des Art. 12 I GG ausschließen, aber verbotene Tätigkeiten zum Gegenstand eines Berufs zu machen, schützt Art. 12 I GG nicht. Denn wenn z.B. Diebstahl und Hehlerei allgemein verboten sind, so sind sie dies auch aus der Sicht des Art. 12 I GG, soweit sie »beruflich« oder »gewerbsmäßig« betrieben werden. Was allgemein verboten oder strafbar ist, kann nicht rechtmäßig oder straffrei im Lichte der Berufsfreiheit sein.

2. Argument
Mit dem Erfordernis, dass die Handlungen nicht allgemein verboten oder strafbar sein dürfen, wird der Berufsbegriff sachgerecht und nicht übermäßig eingeschränkt. Denn ob die einzelnen Handlungen für sich betrachtet verboten werden dürfen, richtet sich zwar nach den jeweils für diese Handlungen einschlägigen Grundrechten; »Beruf« nach Art. 12 I GG stellt sich aber als Bündelung vieler Handlungen dar und ob die spezifische Bündelung verboten oder beschränkt werden darf, richtet sich nach Art. 12 I GG.

3. Argument
Das Erlaubtheitskriterium stellt den Berufsbegriff nicht unzulässig zur Disposition des einfachen Gesetzgebers, denn es bezieht sich auf einzelne Handlungen unabhängig von ihrer beruflichen Vornahme.

II. (hier sog.) **Gemeinschaftsschädlichkeitstheorie**

Eine Tätigkeit ist dann nicht Beruf i.S.v. Art. 12 I GG, wenn sie gemeinschaftsschädlich ist. Ob sie gesetzlich verboten oder unter Strafe gestellt ist, ist unerheblich.

Vertreten von:
BVerwGE 22, 286 (288 f.); 115, 276 (300 f.); 117, 126 (137); VG Düsseldorf GewArch 1990, 207 (208); v. Münch/Kunig/*Gubelt* Art. 12 GG Rn. 9; AK-GG/*Rittstieg* Art. 12 GG Rn. 63; *Wilms* II, Rn. 904–906; *Katz* Rn. 791; *Sodan* Art. 12 GG Rn. 9; *Sodan/Ziekow* § 40 Rn. 9; Epping/Hillgruber/*Ruffert* Art. 12 GG Rn. 42; *Erichsen* Jura 1980, 551 (552); *Bachof* in: Bettermann/Nipperdey/Scheuner (Hrsg.), Die Grundrechte, Bd. III/1, 1958, S. 155 (190); wohl auch: v. *Münch* Rn. 647 f.; ähnlich: *Kloepfer* § 70 Rn. 31; ähnlich: *Ipsen* II, Rn. 635 ff., der aber die Gemeinschaftsschädlichkeit an der Unterstrafestellung festmachen will.

Anmerkung: Die Formulierungen zu dieser Theorie variieren; teilweise wird der Zusatz gemacht, die Tätigkeit müsse »absolut« oder »schlechthin« gemeinschaftsschädlich sein; teilweise wird formuliert, sie müsse »sozial unwertig« sein. Die Position in BVerwGE 22, 286 ff. ist nicht ganz eindeutig, da sich dort (S. 288) auch die Wendung findet, »allein dem Grundgesetz« sei der Berufsbegriff zu entnehmen (vgl. dazu sogleich unter III.).

1. Argument (gegen die Erlaubtheitstheorie)
Durch das Abstellen auf das gesetzliche Erlaubtsein hat es der einfache Gesetzgeber in der Hand, den Schutzumfang des Grundrechts zu bestimmen. Der Gesetzgeber ist aber nach Art. 1 III GG gerade an die Wahrung von Art. 12 I GG gebunden und kann insofern keine Definitionsmacht haben.

2. Argument
Man darf insgesamt die Schutzbereiche von Grundrechten nicht zu eng auslegen. Dies führt u.a. dazu, dass grundrechtlich geschützte Tätigkeiten auch zu Beeinträchtigungen fremder Rechtsgüter führen können. Zu weit geht es aber, von Art. 12 I GG auch solche Tätigkeiten als geschützt anzusehen, die gemeinschaftsschädlich sind.

3. Argument
»Beruf« ist ein wertbezogener Begriff. Er schließt daher Tätigkeiten, deren Gemeinschaftsschädlichkeit unstrittig ist, aus dem Anwendungsbereich des Grundrechts aus.

III. (hier sog.) **Theorie der verfassungsimmanenten Begrenzung**

Allein dem Grundgesetz ist zu entnehmen, welche Betätigungen außerhalb des Grundrechtsschutzes eines Berufs stehen. Dies ist insbesondere dann der Fall, wenn eine dem Menschenbild des Grundgesetzes widersprechende Tätigkeit gegeben ist.

Vertreten von:
BVerwGE 96, 293 (296); 96, 302 (308); v. Mangoldt/Klein/Starck/*Manssen* Art. 12 GG Rn. 42; *Tettinger* AöR 108 (1983), 92 (98); Sachs/*Tettinger/Mann* Art. 12 GG Rn. 38; *Langer* JuS 1993, 203 (206); *Ehlers* Ziele der Wirtschaftsaufsicht, 1997, S. 31 f.; *Papier* FS Stern, 1997, S. 543 (553); ähnlich: *Lerche* FS Fikentscher, 1998, S. 541 (548 ff.); *Zippelius/Würtenberger* § 30 Rn. 6 f.

Anmerkung:
In den hier angeführten Urteilen lässt das BVerwG es zwar ausdrücklich dahinstehen, ob an dem Gemeinschädlichkeitskriterium festzuhalten ist (siehe oben bei der Gemeinschädlichkeitstheorie BVerwGE 22, 286 ff.); dies ist aber mit der eindeutigen Aussage, allein aus dem Grundgesetz sei zu entnehmen, welche Betätigungen außerhalb des Grundrechtsschutzes von Art. 12 I GG stehen, nicht vereinbar, so dass von der Aufgabe dieses Kriteriums auszugehen ist.

Argument
Es kann keine grundgesetzwidrigen Grundrechtsschutzbereiche geben. Es ist in der Grundrechtsdogmatik anerkannt, dass letztlich bei Verhaltensweisen, die gegen das Menschenbild des Grundgesetzes verstoßen, keine Grundrechtsverletzung durch Eingriffe in diese Verhaltensweisen vorliegen kann. So ist insbesondere bei vorbehaltlos gewährleisteten Grundrechten anerkannt, dass Eingriffe in diese durch kollidierendes Verfassungsrecht gerechtfertigt werden können. Diese Erwägungen lassen sich bei Art. 12 I GG auf die Schutzbereichsbestimmung übertragen.

IV. (hier sog.) **Weite Schutzbereichstheorie**

Es gibt keine weiteren, den Umfang des Schutzbereichs begrenzenden Merkmale.

Vertreten von:
Suerbaum DVBl 1999, 1690 (1690 ff.); Jarass/Pieroth/*Jarass* Art. 12 GG Rn. 7; *Voßkuhle* VerwArch 87 (1996), 395 (407–409); *Höfling* Offene Grundrechtsinterpretation, 1987, S. 150 ff.; *Gassner* NVwZ 1995, 449 (449); *Sachs* Kap. B 12, Rn. 9; *Michael/Morlok* Rn. 350; Stern/Becker/*Nolte* Art. 12 GG Rn. 25; Umbach/Clemens/*Umbach* Art. 12 GG Rn. 42; *Berg* GewArch 1977, 249 (252–254); *Sieber* Die Berufsfreiheit, 1958, S. 65–67; wohl auch: Dreier/*Wieland* Art. 12 GG Rn. 57; *Kluth* Jura 2001, 371 (372); ähnlich: *Friauf* JA 1984, 537 (538 f.).

1. Argument (gegen die Gemeinschaftsschädlichkeitstheorie)
Das Kriterium der Gemeinschaftsschädlichkeit ist gänzlich unbestimmt und unbestimmbar. Selbst wenn dies bedingt möglich wäre, kann in einem offenen und pluralistisch ausgerichteten Rechtsstaat eine Orientierung an einer vermeintlichen Mehrheitsmoral bei der Schutzbereichsbestimmung nicht stattfinden.

2. Argument (gegen die Gemeinschaftsschädlichkeitstheorie)
Aufgrund der Unbestimmtheit (vgl. 1. Argument) eröffnet auch das Kriterium der Gemeinschaftsschädlichkeit die Gefahr eines definitorischen Missbrauchs und damit einer unzulässigen Schutzbereichsverkürzung von Art. 12 I 1 GG.

3. Argument (gegen die Gemeinschaftsschädlichkeitstheorie)
Kollektive Werturteile über die Sozialschädlichkeit eines Verhaltens vermögen allenfalls über die Schrankentrias des in Art. 2 I GG enthaltenen Elements »Sittengesetz« grundrechtsbeschränkende Wirkung entfalten; im Geltungsbereich von Art. 12 I GG ist aber die Anwendung der Schrankentrias aus Art. 2 I GG ausgeschlossen.

4. Argument
Den Belangen, mit denen ein gesetzliches Verbot oder die Unterstrafestellung einer bestimmten Tätigkeit verbunden ist, sowie dem gemeinschaftsschädlichen Charakter

einer Tätigkeit kann grundrechtlich auf der Stufe der verfassungsrechtlichen Rechtfertigung hinreichend Rechnung getragen werden.

5. Argument (gegen die Theorie der verfassungsimmanenten Begrenzung)
Wenn Tätigkeiten im Hinblick auf ihren Widerstreit zu anderen Verfassungsrechtsgütern aus dem Berufsbegriff ausgenommen werden, so bedeutet dies die Anerkennung einer Schutzbereichsbegrenzung kraft kollidierenden Verfassungsrechts. Zu Recht werden aber von der herrschenden Grundrechtsdogmatik verfassungsimmanente Grenzen des Schutzbereichs, die im Wortlaut des Grundgesetzes – so wie in Art. 12 I GG – keinen Niederschlag gefunden haben, abgelehnt. Andernfalls wird die Reichweite des Grundrechtsschutzbereichs vom Ergebnis eines Abwägungsvorgangs abhängig gemacht; dadurch geht aber die einzufordernde Bestimmtheit von Grundrechtsschutzbereichen verloren. Statt dessen ist kollidierendes Verfassungsrecht allenfalls als Eingriffsrechtfertigung in Betracht zu ziehen.

Beispiel und ergänzende Hinweise:

1. Im Ausgangsfall kommt die Erlaubtheitstheorie dazu, dass der Schutzbereich von Art. 12 GG nicht eröffnet ist, da das Veranstalten von Sportwetten vom Gesetzgeber erlaubnispflichtig ausgestaltet ist, A diese Erlaubnis aber (noch) nicht besitzt. Nach der Gemeinschaftsschädlichkeitstheorie ist der Schutzbereich eröffnet, da man nicht davon ausgehen kann, dass Sportwetten gemeinschaftsschädlich sind; das BVerwG leitet dies allein schon daraus ab, dass das Grundgesetz in Art. 106 II Nr. 6 Spielbanken und damit Glücksspiele voraussetzt und für Sportwetten insoweit nichts anderes gelten kann (BVerwGE 96, 293 [297]). Auch nach der Theorie der verfassungsimmanenten Begrenzung ist der Schutzbereich eröffnet, da das Veranstalten von Sportwetten nicht mit grundgesetzlichen Normen konfligiert. Nach der weiten Schutzbereichstheorie ist der Schutzbereich ohne weiteres eröffnet.

2. Hinsichtlich der Erlaubtheitstheorie ist zu beachten, dass die Handlungen als solche – d.h. unabhängig von ihrer beruflichen Ausrichtung – nicht erlaubt sein dürfen, damit sie nicht in den Schutzbereich von Art. 12 I GG fallen. Im Ausgangsfall ist etwa das Durchführen von Sportwetten als solches verboten, unabhängig davon, ob damit z.B. eine Gewinnerzielungsabsicht verbunden ist. Bei Schwarzarbeit verhält sich dies anders. Sie muss nach dieser Theorie durch Art. 12 I GG geschützt sein; denn nicht die Schwarzarbeitstätigkeit – wie z.B. das Renovieren von Wohnungen – als solche ist verboten, sondern Normen des Sozialversicherungs- und Steuerrechts machen die so durchgeführte Tätigkeit lediglich formal inkorrekt (anders aber im Ergebnis *Gusy* JA 1992, 257 [259]).

3. Fallgestaltungen, in denen die Theorien der Gemeinschaftsschädlichkeit und der verfassungsimmanenten Begrenzung zu eindeutig unterschiedlichen Ergebnissen kommen, lassen sich kaum benennen. Denn immer dann, wenn man die Gemeinschaftsschädlichkeit einer Tätigkeit begründet hat, dürfte es zumindest nicht von vornherein ausgeschlossen sein, diese auch auf die Ebene der Verfassung – weil gegen das Menschenbild des Grundgesetzes verstoßend – zu heben.

4. Oft diskutierte Fälle sind die, ob einem gewohnheitsmäßigen Dieb, einem Profikiller o.ä. der Schutzbereich von Art. 12 I GG eröffnet ist. Dies bejaht nur die weite Schutzbereichstheorie.

5. Der Ausgangsfall ist im Sportwettenrecht angesiedelt. Dieser Rechtsbereich wird im Zuge des sog. Sportwettenurteils des BVerfG aus dem Jahr 2006 (BVerfGE 115, 276 ff.) äußerst kontrovers diskutiert. In der Entscheidung hatte das BVerfG darüber zu befinden, ob ein staatliches Monopol für Sportwetten mit Art. 12 I GG vereinbar ist. Da diese Frage hauptsächlich die Rechtfertigungsebene eines Eingriffs in Art. 12 I GG betrifft, ist sie hier nicht näher darzustellen; es ist aber zu empfehlen, sich mit diesem sehr prüfungsrelevanten Fragenkreis vertraut zu machen (siehe dazu aus dem sehr zahlreichen Schrifttum nur die vergleichweise knappen Aufarbeitungen des Urteils von *Horn* JZ 2006, 789 ff.; *Pestalozza* NJW 2006, 1711 ff.).

6. Falllösungen: *Höfling* Fälle zu den Grundrechten, Fall 13; *Heimann/Kirchhof/Waldhoff* Fall 15; *Starck/Schmidt* Fälle 344–347; *Degenhart* Klausurenkurs I, Fall 19; *Geis* Fall 19.

18. Problem: Bemisst sich die Prüfung der Verhältnismäßigkeit eines Eingriffs in Art. 12 I GG nach der sog. Stufentheorie?

Beispiel:

§ 14 Nr. 2 Kakao-VO normierte für Lebensmittel, die mit Schokolade verwechselt werden können, ein absolutes Verkehrsverbot. A ist Hersteller von Süßwaren-Saisonartikeln wie Weihnachtsmännern und Osterhasen, die im Wesentlichen aus Puffreis und einer Fettglasur und Bindemasse aus Soja, Zucker und Kakaopulver bestehen und daher von § 14 Nr. 2 betroffen. Er sieht sich durch die Vorschrift in Art. 12 I GG verletzt und wendet sich an Rechtsanwalt B mit der Bitte um Rechtsrat. B beauftragt seinen ihm zugewiesenen Rechtsreferendar C zu prüfen, wie der Fall im Hinblick auf die vom BVerfG bei Art. 12 I GG verwandte Stufentheorie einzuordnen sei. Was wird C antworten (nach BVerfGE 53, 135 ff.)?

Ausgangspunkt:

In keiner Lehrbuchdarstellung von Art. 12 GG fehlt die sog. (Drei-)Stufentheorie, die auf das sog. Apothekenurteil des BVerfG (BVerfGE 7, 377 ff.) zurückgeht. »Aus dem akademischen Unterricht ist die Stufentheorie nicht fortzudenken. In kaum einer Anfängerübung wird darauf verzichtet, jedenfalls eine Aufgabe aus dem Anwendungsbereich des Art. 12 GG zu stellen. Daran knüpft sich die fast selbstverständliche Erwartung, dass der Bearbeiter die im Apothekenurteil entwickelten Grundsätze anwendet« (so *Ipsen* JuS 1990, 634 [634]). Die große Bekanntheit und Verbreitung der Stufentheorie bedeutet indes nicht, dass sie ohne Kritik geblieben ist. Im Gegenteil gab und gibt es Stimmen, die entweder einzelnen Aspekten der Stufentheorie kritisch gegenüber stehen oder diese gar gänzlich ablehnen. Im Kern ist die Stufentheorie dogmatisch als Ausdruck und strikte Anwendung des Verhältnismäßigkeitsgrundssatzes anzusehen (BVerfGE 13, 97 [104]; 25, 1 [12]; 46, 120 [138]; im Schrifttum schwanken die Auffassungen hierzu im Detail; zumeist wird die Stufentheorie als mit dem Verhältnismäßigkeitsgrundsatz verschränkt angesehen [vgl. etwa Dreier/*Wieland* Art. 12 GG Rn. 110]). Diejenigen, die der Stufentheorie umfassend die

Anerkennung versagen, lehnen somit eine besondere, auf Art. 12 I GG speziell zugeschnittene Verhältnismäßigkeitsdogmatik ab und wenden dementsprechend – wie bei jedem anderen Freiheitsgrundrecht – die allgemeine Verhältnismäßigkeitsdogmatik an. Dies wiederum bedeutet, dass sich die unterschiedlichen Ansichten nicht im praktischen Einzelfallergebnis unterscheiden müssen, sondern in der Regel lediglich in der Methodik.

Bereits hier ist darauf hinzuweisen, dass es allein schon angesichts der eingangs beschriebenen Erwartungshaltung in der universitären Ausbildung nicht anzuraten ist, die Stufentheorie ohne nähere Begründung außer Acht zu lassen und die Prüfung der verfassungsrechtlichen Rechtfertigung eines Eingriffs in Art. 12 I GG anhand der allgemeinen Verhältnismäßigkeitsdogmatik vorzunehmen, da man damit suggeriert, man kenne die Stufentheorie nicht. Da aber andererseits bei der Stufentheorie, wie beschrieben, nur eine Dogmatik und damit verbunden maßgeblich Aufbaufragen in Rede stehen, man aber den Aufbau in einer Falllösung nicht erklären darf, sondern dieser sich gewissermaßen aus sich heraus ergeben muss, gibt es kaum eine adäquate Möglichkeit, innerhalb einer Falllösung die Berechtigung bzw. Richtigkeit der Stufentheorie zu diskutieren.

Die folgende Darstellung der der Stufentheorie gegenüber geäußerten Kritik dient daher hauptsächlich dazu, die Stufentheorie selbst und ihre möglichen Schwächen verständlich und deutlich zu machen und einen kritischen und nicht lediglich unreflektierten Umgang mit ihr zu erleichtern. Wichtig und insoweit auch unmittelbar in der Falllösung umsetzbar ist, dass man vielen Kritikpunkten an der Stufentheorie schon dadurch begegnen kann, dass man sie – was auch das BVerfG und die Befürworter im Schrifttum anerkannt haben – nicht völlig starr, sondern den Einzelfallumständen entsprechend flexibel handhabt. Beherzigt man dies, so kann man viele Kritikpunkte an der Stufentheorie in diese integrieren und so zu einer adäquaten Lösung »innerhalb« der Stufentheorie gelangen.

Eigentlich unmittelbar nicht mit der Stufentheorie zusammenhängend, aber doch in sie hineinwirkend ist (vgl. dazu insbesondere das 4. Argument der ablehnenden Theorie), dass das BVerfG bereits im Apothekenurteil Art. 12 I GG entgegen dessen Wortlaut einen einheitlichen Schutzbereich entnommen hat. An sich spricht der Wortlaut von Art. 12 I 1 GG dafür, verschiedene Schutzbereiche (Freiheit der Wahl des Berufs, Freiheit der Wahl des Arbeitsplatzes und Freiheit der Wahl der Ausbildungsstätte) anzunehmen und in Art. 12 I 2 GG nur für die Berufsausübung einen Regelungsvorbehalt zu sehen. Das BVerfG hat demgegenüber betont, dass Berufswahl und Berufsausübung letztlich untrennbar miteinander zusammenhängen und Art. 12 I GG als einheitliches Grundrecht unter einem einheitlichen Gesetzesvorbehalt steht (vgl. dazu näher *Pieroth/Schlink* Rn. 875, 877).

I. (hier sog.) **Stufentheorie**

1. Die Stufentheorie besagt in ihrer Grundform:

a) In die Berufsfreiheit kann auf *drei verschiedenen Stufen* eingegriffen werden:

aa) *1. Stufe*: Den mildesten Eingriff stellt ein Eingriff auf Ebene der Berufsausübung dar. Hier werden lediglich die Modalitäten – das »Wie« –, in denen sich berufliche Tätigkeit vollzieht, geregelt.

bb) Gravierender ist ein Eingriff auf Ebene der Berufswahl. Hier geht es um Zulassungsschranken zu einem Beruf – also um das »Ob« des Ergreifenkönnens eines Berufs. Berufswahlregelungen lassen sich in subjektive und objektive Zulassungsvoraussetzungen unterteilen.

aaa) *2. Stufe*: Subjektive Zulassungsvoraussetzungen knüpfen an persönliche Eigenschaften und Fähigkeiten an und stellen daher die mildere Form des Eingriffs in Form einer Berufswahlregelung dar.

bbb) *3. Stufe*: Objektive Zulassungsvoraussetzungen koppeln die Freiheit der Berufswahl an objektive, von der Qualifikation des Berufswilligen unabhängige Kriterien und erweisen sich als schwerwiegendster Eingriff in die Berufsfreiheit.

b) Für jede Eingriffsstufe gelten unterschiedliche verfassungsrechtliche Rechtfertigungsvoraussetzungen:

aa) Berufsausübungsregelungen *(1. Stufe)* sind zulässig, soweit vernünftige Erwägungen des Allgemeinwohls sie zweckmäßig erscheinen lassen.

bb) Subjektive Zulassungsvoraussetzungen *(2. Stufe)* sind zulässig, soweit der Schutz besonders wichtiger Gemeinschaftsgüter sie zwingend erfordert.

cc) Objektive Zulassungsvoraussetzungen *(3. Stufe)* sind zulässig, wenn sie zur Abwehr nachweisbarer oder höchstwahrscheinlicher schwerer Gefahren für ein überragend wichtiges Gemeinschaftsgut zwingend erforderlich sind.

c) Eingriffe müssen immer auf der Stufe erfolgen, die die geringste Eingriffsintensität aufweist.

Diese Kriterien wurden im Wesentlichen entwickelt in BVerfGE 7, 377 (404 ff.).

2. Die Stufentheorie ist, soweit nötig, flexibel und differenziert anzuwenden. Es kann z.B. Eingriffe auf einer niedrigeren Stufe geben, die im Einzelfall von ihrer Wirkung her einem Eingriff auf einer höheren Stufe gleichkommen; ist dies der Fall, dann sind auch die Rechtfertigungsmaßstäbe der höheren Stufe anzuwenden. Insgesamt gilt, dass die Besonderheiten des Einzelfalls, insbesondere die tatsächlichen Auswirkungen eines Eingriffs, mit zu berücksichtigen sind.

Diese Erweiterung bzw. Flexibilisierung der Stufentheorie wurde nach und nach in der BVerfG-Judikatur und unter Begleitung zahlreicher Literaturstimmen vollzogen. Die Stufentheorie wird so (trotz z.T. geübter Kritik) im Ergebnis vertreten von:

BVerfGE 9, 338 (344 f.); 11, 168 (183); 13, 97 (104 f.); 17, 269 (274 ff.); 19, 330 (336 f.); 21, 245 (251); 25, 1, (11 f.); 25, 88 (101); 30, 292 (315); 41, 251 (264); 44, 105 (117); 46, 120 (138 f.); 59, 302 (315 f.); 64, 72 (82); 75, 246 (264 ff.); 75, 284 (296); 77, 84 (105 ff.); 80, 1 (23 ff.); 81, 70 (84); 85, 360 (372 ff.); 86, 28 (39); 94, 372 (389 ff.); 101, 331 (347); 103, 172 (184); 104, 357 (364 ff.); Dreier/*Wieland* Art. 12 GG Rn. 116; *Brandt* JA 1998, 82 (87); *Hesse* Rn. 423; Umbach/Clemens/*Umbach* Art. 12 GG Rn. 119–123; Maunz/Dürig/*Scholz* Art. 12 GG Rn. 335 ff.; *Friauf* JA 1984, 537 (543 f.); *Grabitz* AöR 98 (1973), 568 (592 ff.); *Cybulka* NVwZ 1991, 145 (145 ff.); *Papier* DVBl 1984, 801 (804 f.); *Sachs* Kap. B 12, Rn. 48; *v. Münch* Rn. 652–655; *Erichsen* Jura 1980, 551 (555 ff.); v. Mangoldt/Klein/Starck/*Manssen* Art. 12 GG Rn. 139 ff.; Jarass/Pieroth/*Jarass* Art. 12 GG Rn. 24 ff.; *Kluth* Jura 2001, 371 (375 f.); Sachs/*Tettinger*/*Mann* Art. 12 GG Rn. 100 ff., insbesondere 100 und 122; *Tettinger* NJW 1987, 294 (298);

Tettinger AöR 108 (1983), 92 (117 ff.); *Pietzcker* NVwZ 1984, 550 (552); AK-GG/*Rittstieg* Art. 12 GG Rn. 53; Hömig/*Hömig* Art. 12 GG Rn. 12 ff.; *Berg* Rn. 599–604; *Zippelius/Würtenberger* § 30 Rn. 25 ff.; Schmidt-Bleibtreu/Hofmann/Hopfauf/*Hofmann* Art. 12 GG Rn. 50 ff.; *Wilms* II, Rn. 927 ff.; *Michael/Morlok* Rn. 681 ff.; *Hebeler* JA 2008, 413 (416); *Katz* Rn. 797 ff.; *Sodan* Art. 12 GG Rn. 29; Epping/Hillgruber/*Ruffert* Art. 12 GG Rn. 104; *Epping* Rn. 383–393; letztlich wohl auch: *Pieroth/Schlink* Rn. 894 ff.; v. Münch/Kunig/*Gubelt* Art. 12 GG Rn. 46 f.; *Hufen* § 35 Rn. 29 ff.; *Sodan/Ziekow* § 40 Rn. 28 ff.; einschränkend (der Stufentheorie nur eine bedingte Eignung zusprechend): *Erichsen* Jura 1985, 66 (74).

1. Argument
Durch die Stufentheorie wird der allgemeine Verhältnismäßigkeitsgrundsatz für Art. 12 I GG näher konturiert und daher besser handhabbar gemacht. Die Stufenlehre bringt anschaulich und prägnant zum Ausdruck, dass der Freiheitsanspruch des Einzelnen umso stärker wirkt und umso höhere Rechtfertigungsanforderungen nach sich zieht, je schwerwiegender in die Berufsfreiheit eingegriffen wird.

2. Argument
Es mag zwar so sein, dass die Stufentheorie in ihrer ursprünglichen Form, so wie sie im Apothekenurteil entwickelt wurde, recht starr war und nicht allen Fallgestaltungen gerecht werden konnte. Mittlerweile wird sie aber so flexibel gehandhabt, dass sie den Einzelfallumständen hinreichend gerecht werden kann.

II. (hier sog.) Theorie der normalen Verhältnismäßigkeitsprüfung

Die Stufentheorie kann als in sich stimmiges dogmatisches Modell nicht überzeugen und ist daher abzulehnen.

Vertreten von:
Rupp AöR 92 (1967), 212 (232 ff.); *Schwabe* JA 1981, 318 (321); *Schwabe* DÖV 1969, 734 (736–738); *Langer* JuS 1993, 203 (209 f.); *Gusy* JA 1992, 257 (263 f.); *Hufen* NJW 1994, 2913 (2917); *Lücke* Die Berufsfreiheit, 1994, passim; *Schlink* Abwägung im Verfassungsrecht, 1976, S. 68 ff.; Stern/Becker/*Nolte* Art. 12 GG Rn. 88; *Ridder* Soziale Ordnung des Grundgesetzes, 1975, S. 120 ff.; ähnlich: *Ipsen* JuS 1990, 634 (636 ff.); *Ipsen* Rn. 672 ff.; *Lecheler* VVDStRL 43 (1985), S. 48 (55 ff.); *Hesse* AöR 95 (1970), 449 (459 ff.).

1. Argument
Die Stufentheorie suggeriert eine eindeutige Abgrenzbarkeit zwischen den einzelnen Eingriffsstufen, die so oft nicht zutrifft. Insbesondere die Grenze zwischen Berufsausübungs- und Berufswahlregelungen lässt sich oft kaum erkennen. Ausschlaggebend für die Zuordnung zu einer Stufe ist nämlich stets das zugrunde gelegte Berufsbild, was sich seinerseits kaum befriedigend bestimmen lässt. Beispiele aus der Rechtsprechung belegen dies: Bei der Frage nach der verfassungsrechtlichen Zulässigkeit von Zulassungsbeschränkungen von ehemals sog. Kassenärzten (heute: Vertragsärzten; dies sind solche, die berechtigt sind, Versicherte in der gesetzlichen Krankenversicherung zu behandeln) war das BVerfG der Auffassung, es gebe kein eigenständiges Berufsbild und somit auch keinen eigenständigen Beruf des Kassenarztes. Dies hatte zur Folge, dass die Zulassungsbeschränkungen zur Kassenarztpraxis als reine Berufsaus-

übungsregelung zu qualifizieren waren, da die von den Regelungen Betroffenen weiterhin als Arzt die Nicht-Kassenpatienten behandeln durften (vgl. BVerfGE 11, 30 [41]). Bei der Frage nach der verfassungsrechtlichen Zulässigkeit des Verbots der gewerbsmäßigen leihweisen Arbeitnehmerüberlassung in Betriebe des Baugewerbes für Tätigkeiten, die üblicherweise von Arbeitern verrichtet werden, hat das BVerfG den Beruf des Arbeitnehmerverleihers und nicht den des Bauarbeiterverleihers angenommen, mit der Folge, dass das in Frage stehende Verbot lediglich eine Berufsausübungsregelung darstellte (BVerfGE 77, 84 [105]).

2. Argument
Aus der mit der Orientierung an Berufsbildern resultierenden Unsicherheit (vgl. 1. Argument) ergibt sich zugleich auch eine gesetzgeberische Manipulationsmöglichkeit. Denn der Gesetzgeber kann durch seine Regelungen Berufsbilder fixieren und so die Stufenzuordnung bei Art. 12 I GG unzulässig präjudizieren.

3. Argument
Der Stufentheorie ist zwar zuzugestehen, dass sie durch ihre mittlerweile flexible Handhabung und der damit verbundenen Berücksichtigung von Einzelfallumständen nicht mehr notwendigerweise zu starr ist. Durch diese Flexibilisierung wird aber zugleich ihre eigene Schwäche, für die Lösung von praktischen Fällen hinreichende dogmatische Kriterien liefern zu können, eingestanden. Es ist daher konsequenter, die Stufentheorie ganz aufzugeben.

4. Argument
Das BVerfG als Anhänger der Stufentheorie hat einerseits Art. 12 I GG entgegen dem Wortlaut der Norm als ein einheitliches Grundrecht der Berufsfreiheit angesehen. Andererseits kehrt es dogmatisch inkonsequent und beliebig durch die Stufentheorie bei der Überprüfung von Eingriffen dann doch wieder zu der offensichtlich vom Verfassungsgeber intendierten Unterscheidung zwischen Berufswahl und Berufsausübung zurück und legt an beide Kategorien von Beeinträchtigungen unterschiedliche Maßstäbe an.

5. Argument
Die Stufentheorie leidet daran, dass die von ihr verwandten Begriffe der zur Eingriffsrechtfertigung nötigen »vernünftigen Erwägungen des Gemeinwohls«, der »besonders wichtigen« und der »überragend wichtigen« Gemeinschaftsgüter sich kaum bestimmen lassen. Der Abstand zwischen »besonders wichtigen« und »überragend wichtigen« Gemeinschaftsgütern lässt sich kaum darstellen und der Graben zwischen »vernünftigen Erwägungen des Gemeinwohls« und »besonders wichtigen Gemeinschaftsgütern« wird sehr breit gezogen (gibt es nicht auch schlicht »wichtige Gemeinschaftsgüter«?).

Beispiel und ergänzende Hinweise:

1. Im Ausgangsfall stellt sich – wenn man die Stufentheorie zunächst in ihrer Grundform zugrundelegt – die Frage, was im Hinblick auf die Stufenbestimmung als Beruf, in den eingegriffen wird, in Frage steht. Gäbe es den Beruf des Puffreisschokoladenherstellers, dann läge eine objektive Zulassungsregelung vor, die die Ausübung dieses Berufs verbietet. Gäbe es hingegen (nur) den Beruf des Schokoladenherstellers oder

des Süßwarenherstellers, dann erwiese sich das Verkehrsverbot als eine Berufsausübungsregelung, denn der Schokoladenherstellung/Süßwarenherstellung kann A grundsätzlich nach wie vor weiter nachgehen. Je nachdem, wie diese Einordnung ausfällt, würde dies unterschiedliche Rechtfertigungsanforderungen nach sich ziehen. Das BVerfG hat im Ausgangsfall ohne nähere Begründung eine Berufsausübungsregelung angenommen (BVerfGE 53, 135 [143]), so dass die Regelung grundsätzlich gerechtfertigt ist, wenn vernünftige Erwägungen des Allgemeinwohls sie zweckmäßig erscheinen lassen. Da die Stufenregelung aber flexibel und auch an den Wirkungen im Einzelfall ausgerichtet zu handhaben ist, wäre in einem zweiten Schritt zu fragen, wie hart das Verkehrsverbot den A trifft (z.B.: Wie sehr hat er sich auf die Puffreisschokoladenherstellung konzentriert, d.h. in welchem Umfang hat er bisher schon andere Süßwarenprodukte hergestellt bzw. in welchem Umfang wäre er dazu für die Zukunft ohne weiteres in der Lage?). Dafür gibt der Sachverhalt, so knapp wie er hier geschildert ist, zu wenig Anhaltspunkte. C wird daher dem B antworten, dass er insofern bei A noch weitere Informationen einholen muss.

2. Auch wenn man die Stufentheorie kritisch verinnerlicht hat, verbleiben Anwendungs- (insbesondere Aufbau-)Probleme in der Falllösung. Diesen kann hier nicht im Einzelnen nachgegangen, sie sollen aber zumindest kurz angerissen werden (sehr instruktiv und ausführlich zum Ganzen *Brandt* JA 1998, 82 [84 f. und 87 f.]): Auch wenn das BVerfG selbst betont, dass die Stufentheorie sich als strikte Anwendung des Verhältnismäßigkeitsgrundsatzes darstellt (BVerfGE 13, 97 [104]; 25, 1 [12]; 46, 120 [138]), behandelt es die Stufentheorie als eigenständigen Prüfungspunkt und verschränkt die Verhältnismäßigkeitsprüfung recht merkwürdig mit ihr. Ein solches Vorgehen in der Klausur wird in der Literatur oft nicht angeraten. Ein Richtig oder Falsch im Hinblick auf die für die in der Klausur genau anzuratende Vorgehensweise dürfte es hier nicht geben, aber man sollte sich zumindest mit den mit der Stufentheorie zusammenhängenden Darstellungsproblemen gedanklich auseinandergesetzt haben.

3. Falllösungen: *Volkmann* Fall 8; *Höfling* Fälle zu den Grundrechten, Fälle 12, 13; *Starck/Schmidt* Fälle 353–358; *Geis* Fall 19.

19. Problem: Sind unter »Wohnung« in Art. 13 GG auch Betriebs- und Geschäftsräume zu verstehen?

Beispiel:

A betreibt ein Schnellreinigungsunternehmen für Kleidungsstücke. A nimmt die Aufträge der Kundschaft stets telefonisch entgegen, holt die Reinigungsstücke ab und liefert sie nach der Reinigung wieder aus. Einen Raum, wo Kunden die Kleidung persönlich abgeben können, enthält das Betriebsgebäude des A nicht. Das Unternehmen des A stellt handwerksrechtlich einen handwerksähnlichen Betrieb dar; für ihn gilt daher (über §§ 19, 20 HwO) § 17 II HwO. Danach ist den Beauftragten der Handwerkskammer das Recht eingeräumt, die Grundstücke und Geschäftsräume des A zu betreten, um dort Prüfungen und Besichtigungen vorzunehmen. A hält § 17 II HwO für mit Art. 13 GG unvereinbar. Zu Recht (nach BVerfGE 32, 54 ff.)?

Ausgangspunkt:

Das BVerfG und mit ihm die Literatur betonen, dass das Grundrecht der Unverletzlichkeit der Wohnung im Zusammenhang mit der Persönlichkeitsentfaltung steht und dem Einzelnen einen elementaren Lebensraum gewährleistet (siehe etwa BVerfGE 42, 212 [219]). Von dieser Schutzrichtung ausgehend ist auch der Begriff »Wohnung« auszulegen. »Wohnung« ist daher nicht etwa nur die Wohnung in einem Haus, sondern etwa auch der Campingwagen, eine Yacht und auch ein Innenhof. Ferner sind unstrittig auch Betriebs- und Geschäftsräume dann vom Schutz des Art. 13 GG erfasst, wenn und soweit sie Teil der häuslichen Wohnung und damit in die genuin private Sphäre integriert sind. Strittig ist aber, ob sie auch in den Schutzbereich von Art. 13 GG fallen, wenn diese Integration nicht gegeben ist.

I. (hier sog.) **Enge Schutzbereichstheorie**

Art. 13 GG schützt nicht Betriebs- und Geschäftsräume, soweit sie nicht in die private Sphäre integriert sind.

Vertreten von:
Hund ZRP 1995, 334 (336); *Behr* NJW 1992, 2125 (2126); *Stein/Frank* § 35 II 1; *Stein* Wirtschaftsaufsicht, 1967, S. 121 ff.; *Ridder* Die soziale Ordnung des Grundgesetzes, 1975, S. 99; ähnlich: *Kloepfer* § 66 Rn. 8; ebenfalls kritisch gegen eine weite Schutzbereichsauslegung, wenngleich nicht eindeutig ablehnend: *Battis* JuS 1973, 25 (29 f.); *Lübbe-Wolff* DVBl 1993, 762 (763–765).

1. Argument
Der Wortlaut spricht gegen die Einbeziehung von Betriebs- und Geschäftsräumen, denn in ihnen »wohnt« man nicht.

2. Argument
Im Hinblick auf die berechtigten Belange einer effektiven Bekämpfung schwerer Kriminalität geht der umfassende Schutz aller Räumlichkeiten zu weit. Die Grenze muss dort sein, wo der unantastbare Bereich privater Lebensgestaltung berührt wird. Den Strafverfolgungsbehörden muss es im Hinblick auf Art. 13 II, VII GG möglich sein, auch ohne die dort normierten erschwerten Eingriffsvoraussetzungen in Betriebs- und Geschäftsräumen der Strafverfolgung nachzugehen.

3. Argument
Die Einbeziehung von Betriebs- und Geschäftsräumen in den Schutzbereich von Art. 13 GG ist nicht mehr zeitgemäß. Dieser weite Wohnungsbegriff entspricht der deutschen Verfassungstradition und ist historisch aus den überwiegend handwerklichen Produktionsbedingungen zu erklären, die zur Zeit der ersten Normierung des verfassungsrechtlichen Wohnungsschutzes in der Paulskirchenverfassung 1849 eine strenge Trennung von Wohnräumen einerseits und Arbeits-, Betriebs- und Geschäftsräumen andererseits undurchführbar erscheinen ließen. Inzwischen ist die berufliche Tätigkeit aber weitgehend aus der Privatwohnung ausgelagert. In den Betriebs- und Geschäftsräumen verwirklichen die Arbeitnehmer vornehmlich ihr Grundrecht auf freie Berufsausübung.

4. Argument
Auch soweit Betriebs- und Geschäftsräume der Allgemeinheit nicht offen stehen, so sind sie doch nach ihrer Zweckbestimmung auf eine größere Offenheit nach außen gerichtet; sie sind zur Aufnahme allgemeiner sozialer Kontakte bestimmt, der Inhaber entlässt sie damit in gewissem Umfang aus der privaten Sphäre. Es besteht damit nur eine gelockerte Verbindung zur eigentlichen Privatsphäre.

II. (hier sog.) **Weite Schutzbereichstheorie**

Art. 13 GG schützt auch Betriebs- und Geschäftsräume.

Vertreten von:
BVerfGE 32, 54 (68 ff.); 42, 212 (219); 44, 353 (371); 76, 83 (88); 96, 44 (51); 97, 228 (265); BGH NJW 1997, 1018 (1019); *Manssen* Rn. 627; *Ipsen* II, Rn. 283; *Berg* Rn. 521; Hömig/*Hömig* Art. 13 GG Rn. 5; Schmidt-Bleibtreu/Hofmann/Hopfauf/*Hofmann* Art. 13 GG Rn. 7; *Badura* Kap. C, Rn. 41; *Epping* Rn. 656; *v. Münch* Rn. 513; *Sachs* Kap. B 13, Rn. 6 f.; v. Münch/Kunig/*Kunig* Art. 13 GG Rn. 11; *Horn* in: HdBStR, § 149 Rn. 88; Dreier/*Hermes* Art. 13 GG Rn. 23–27; Umbach/Clemens/*Cassardt* Art. 13 GG Rn. 36 f.; v. Mangoldt/Klein/Starck/*Gornig* Art. 13 GG Rn. 21–26; BK/*Herdegen* Art. 13 GG Rn. 30–35; AK-GG/*Berkemann* Art. 13 GG Rn. 43; *Rohlf* Der grundrechtliche Schutz der Privatsphäre, 1980, S. 153–156; *Kirchmann* Der Schutzbereich des Grundrechts der Unverletzlichkeit der Wohnung, 1977, S. 80 f.; *Gentz* Die Unverletzlichkeit der Wohnung, 1967, S. 24–30; *Dagtoglou* JuS 1975, 753 (753 f.); *Voßkuhle* DVBl 1994, 611 (612 f.); *Schnapp/Rawert* Jura 1983, 153 (162); *Gusy* JuS 1980, 718 (718 f.); *Schwan* DÖV 1975, 661 (666); Friauf/Höfling/*Ziekow/Guckelberger* Art. 13 GG Rn. 39 f.; *Sodan/Ziekow* § 41 Rn. 3; *Stern* Bd. IV/1, S. 214 f.; *Ennuschat* AöR 127 (2002), 252 (264); Epping/Hillgruber/*Fink* Art. 13 GG Rn. 3; *Sodan* Art. 13 GG Rn. 3; Stern/Becker/*Stern* Art. 13 GG Rn. 31.

1. Argument
Eine weite Auslegung des Wohnungsbegriffs ist erforderlich, weil zwischen einer beruflich-privaten und einer persönlich-privaten Sphäre nicht deutlich unterschieden werden kann.

2. Argument
Auch in Betriebs- und Geschäftsräumen übt der Wohnungsrechtsinhaber seine Handlungsfreiheit aus und sein Interesse, hiervon die Allgemeinheit auszuschließen, erscheint dem Grunde nach ebenso schutzwürdig wie bei Privatwohnungen.

3. Argument
Die Berufsfreiheit nach Art. 12 I GG wird als ein wesentlicher Teil der Persönlichkeitsentfaltung angesehen und ihr wird deshalb im Rahmen der individuellen Lebensgestaltung des Einzelnen ein besonders hoher Rang zuerkannt. Es ist daher folgerichtig, dem räumlichen Bereich, in dem sich die Arbeit vollzieht, einen entsprechend wirksamen rechtlichen Schutz über Art. 13 GG zukommen zu lassen.

4. Argument (gegen die differenzierende Theorie)
Es mag bei Räumen, die der Öffentlichkeit zugänglich sind, zwar auch die private Sphäre gleichsam »verdünnt« sein; dennoch bleiben diese Räume persönlicher Herr-

schaftsbereich des Inhabers mit »privaten Inseln«, wie etwa den Aufenthaltsräumen des Personals und dergleichen. Auch die allgemein zugänglichen Betriebs- und Geschäftsräume sind daher niemals unbeschränkt der Öffentlichkeit zugänglich. Die verringerte Intensität des Grundrechtsschutzes hat lediglich im Rahmen der verfassungsrechtlichen Rechtfertigung von Eingriffen ihre Bedeutung.

III. (hier sog.) **Differenzierende Theorie**

Betriebs- und Geschäftsräume fallen zwar grundsätzlich in den Schutzbereich von Art. 13 GG. Dies gilt aber nicht, wenn und solange die Räume der Öffentlichkeit umfassend zugänglich und auf den unkontrollierten Zutritt geradezu angelegt sind, wie etwa Verkaufsräume, Sportstadien und dergleichen.

Vertreten von:
BVerfG (Kammer) NJW 2003, 2669 (2669); *Pieroth/Schlink* Rn. 949 f.; *Michael/Morlok* Rn. 369; *Wilms* II, Rn. 949; *Katz* Rn. 808; Jarass/Pieroth/*Jarass* Art. 13 GG Rn. 4 f.; *Ruthig* JuS 1998, 506 (510); Maunz/Dürig/*Papier* Art. 13 GG Rn. 14; wohl auch: *Schoch* Jura 2010, 22 (23).

Argument
Die auf unkontrollierten öffentlichen Zutritt angelegten Betriebs- und Geschäftsräume verdienen während der Zeit dieser Zugänglichkeit den Schutz von Art. 13 GG nicht. Denn wenn der Inhaber des Wohnungsrechts durch die Widmung des Raumes für den Geschäftsverkehr zum Ausdruck bringt, dass er gegen ein Betreten durch Dritte nichts einzuwenden hat, kann er sich auch gegenüber dem Staat nicht auf seine – nicht in Anspruch genommene – Privatsphäre berufen.

Beispiel und ergänzende Hinweise:

1. Im Ausgangsfall ist nach der einengenden Schutzbereichstheorie Art. 13 GG schon deshalb nicht verletzt, da § 17 II HwO nur das Betreten von Geschäftsräumen regelt, diese aber nach dieser Theorie nicht von Art. 13 GG geschützt werden. Nach der weiten Schutzbereichstheorie ist der Schutzbereich eröffnet. Auch nach der differenzierenden Theorie ist der Schutzbereich von Art. 13 GG eröffnet, da die Betriebsräume des A keine Räumlichkeiten enthalten, die zum Betreten der Öffentlichkeit allgemein bestimmt sind.

Sowohl die weite Schutzbereichstheorie als auch die differenzierende Schutzbereichstheorie machen auf der Prüfungsstufe der verfassungsrechtlichen Rechtfertigung ergebnisorientierte Zugeständnisse, die als »dogmatisch etwas unscharf« (so *Ruthig* JuS 1998, 506 [510]), aber »letztlich auf einer allgemein als misslungen betrachteten Formulierung des Art. 13 GG« (so Dreier/*Hermes* Art. 13 GG Rn. 27) beruhend angesehen werden: In Art. 13 II, VII GG sind besondere Rechtfertigungsvoraussetzungen normiert. Nach Art. 13 II GG dürfen Durchsuchungen nur durch den Richter angeordnet werden. Nach Art. 13 VII GG dürfen Eingriffe und Beschränkungen im Übrigen nur zur Abwehr einer gemeinen Gefahr oder Lebensgefahr für einzelne Personen, auf Grund eines Gesetzes auch zur Verhütung dringender Gefahren für die öffentliche Sicherheit und Ordnung vorgenommen werden. Diese strengen Voraussetzungen wird man an sich bei § 17 II HwO kaum als erfüllt ansehen können. § 17 II

HwO ist eine von zahlreichen Verwaltungsrechtsnormen (weitere Beispiele sind § 22 II GaststättenG, § 54a I PBefG), die sog. behördliche Betretungs- und Nachschaurechte einräumen. Diese Rechte stehen meist im Zusammenhang mit der Verpflichtung des Betriebsinhabers, Auskünfte über den Betrieb zu erteilen (so auch in § 17 I HwO). Die Betretungs- und Nachschaurechte dienen dazu, Geschäftsbücher und Akten zu prüfen oder Waren und Einrichtungen zu besichtigen. Dies sind aber in aller Regel keine Zwecke bzw. Zielsetzungen, die den Anforderungen von Art. 13 VII GG genügen würden.

Andererseits ist allgemein anerkannt, dass die beschriebenen Betretungs- und Nachschaurechte praktisch unentbehrliche Verwaltungsbefugnisse sind. Das BVerfG hat dieses Problem dahingehend gelöst, dass es solche Kontrollmaßnahmen von den Anforderungen des Art. 13 VII GG ausnimmt. Stattdessen sei lediglich eine ausdrückliche gesetzliche Vorschrift erforderlich, die Zweck, Gegenstand und Umfang der zugelassenen Besichtigung deutlich erkennen lasse. Das Betreten sei (1.) nur zu den üblichen Geschäftszeiten statthaft, müsse (2.) einem erlaubten Zweck dienen und (3.) für dessen Erreichen erforderlich sein (BVerfGE 32, 54 [75]). An dieser Rechtsprechung ist auch von Befürwortern der weiten Schutzbereichstheorie und der differenzierenden Theorie vor allem in dogmatischer Hinsicht Kritik geübt worden (siehe etwa *Schwan* DÖV 1975, 661 [661 ff.]). Die Konsequenz, dass solche Normen, die behördliche Betretungs- und Nachschaurechte einräumen und nicht dem Wortlaut von Art. 13 VII GG genügen, verfassungswidrig sind, wird aber nicht gezogen. Statt dessen wird das Ergebnis des BVerfG als »Sieg des Pragmatismus« (so Umbach/Clemens/*Cassardt* Art. 13 GG Rn. 48) befürwortet bzw. darauf hingewiesen, dass die Geltung von Art. 13 VII GG für behördliche Besichtigungs- und Kontrollbefugnisse eklatant unpassend sei (*Lübbe-Wolff* DVBl 1993, 762 [764]). Es sei Sache des verfassungsändernden Gesetzgebers, die unbefriedigende Situation zu lösen (Dreier/*Hermes* Art. 13 GG Rn. 27).

2. Falllösung: *Brauner/Stollmann/Weiß* Fall H.

20. Problem: Schützt Art. 14 I 1 GG ein sog. »Recht am eingerichteten und ausgeübten Gewerbebetrieb«?

Beispiel:

A besorgte mit seinem Betrieb im Auftrag der Gemeinde G über mehrere Jahre die Müllabfuhr in G. G beschloss unter Berufung auf entsprechende kommunalrechtliche Normen, dass ab sofort die Müllbeseitigung in G eine Gemeindeangelegenheit ist und dass für alle Grundstücke in G ein Anschluss- und Benutzungszwang besteht. Daraufhin kam der Betrieb des A zum Erliegen. A sieht einen unzulässigen Eingriff in Art. 14 GG. Zu Recht (nach BGHZ 40, 355 ff.)?

Ausgangspunkt:

Art. 14 I 1 GG gewährleistet »das Eigentum«, aber definiert den Begriff des verfassungsrechtlichen Eigentums nicht. Einigkeit besteht einerseits zwar darüber, dass Eigentumsdefinitionen aus dem einfachen Recht nicht unbesehen für eine Definition des verfassungsrechtlichen Eigentumsbegriffs herangezogen werden können. Andererseits ist anerkannt, dass der verfassungsrechtliche Eigentumsbegriff weit zu verstehen und demzufolge Eigentum i.S.v. Art. 14 GG jedes vermögenswerte subjektive Recht – jedenfalls des Privatrechts – ist. Im Bereich des Privatrechts fallen darunter grundsätzlich alle vermögenswerten Rechte, die ihrem Inhaber von der Rechtsordnung in der Weise zugeordnet sind, dass er die damit verbundenen Befugnisse nach eigenverantwortlicher Entscheidung zu seinen Gunsten ausüben darf (vgl. etwa BVerfGE 97, 350 [371]). Davon ausgehend sind etwa als Eigentum auch i.S.v. Art. 14 GG das Sacheigentum und dingliche Rechte am Eigentum, Immaterialgüterrechte, Bergbaurechte u.ä. anerkannt.

Bei manchen Positionen (z.B. Besitzrecht des Wohnungsmieters – vgl. dazu BVerfGE 89, 1 [6]) – ist hingegen umstritten, ob sie unter den Schutzbereich von Art. 14 I 1 GG fallen. Seit langem diskutiert wird ein sog. Recht am eingerichteten und ausgeübten Gewerbebetrieb.

Auf eine Besonderheit der Position des BVerfG sei bereits hier hingewiesen: Das BVerfG ist bis in die Gegenwart hinein mit Fällen konfrontiert worden, in denen sich eine Partei auf das Recht am eingerichteten und ausgeübten Gewerbebetrieb berufen hatte; nachdem das BVerfG dieses Recht zunächst anerkannt hatte, hat es später diese Frage stets offengelassen.

I. (hier sog.) **Bejahende Theorie**

Es gibt das in den Schutzbereich von Art. 14 I 1 GG fallende sog. Recht am eingerichteten und ausgeübten Gewerbebetrieb, welches die Sach- und Rechtsgesamtheit eines wirtschaftlichen Unternehmens schützt. Geschützt sind danach nicht nur der eigentliche Bestand des Betriebes wie Betriebsgrundstücke und -räume, Warenvorräte und dergleichen, sondern auch die geschäftlichen Verbindungen und Beziehungen sowie der Kundenstamm – mithin alles das, was in seiner Gesamtheit den wirtschaftlichen Wert des konkreten Betriebes ausmacht.

Vertreten von:
BVerfGE 1, 264 (277 f.); 13, 225 (229); 45, 142 (173); in späterer BVerfG-Rechtsprechung offengelassen (BVerfGE 51, 193 [221 f.]; 66, 116 [145], 68, 193 [222 f.]; 77, 84 [118]; 84, 212 [234]; 96, 375 [397]); BVerwGE 6, 247 (266); 30, 235 (239); 36, 248 (251); 62, 224 (226); 66, 307 (309); 67, 93 (96); 81, 49 (54); BVerwG NJW 1982, 63 (64); BVerwG NJW 1983, 1810 (1811); VGH München NJW 1983, 325 (327); BGHZ 23, 157 (162 f.); 29, 65 (67 ff.); 45, 150 (155); 78, 41 (44); 92, 34 (37); 111, 349 (355 f.); BGH NJW 1962, 1862 (1816); BGH NJW 1965, 1907 (1908); BGH VersR 1980, 715 (717); BGH DVBl 2001, 1671 (1671); BSGE 5, 40 (42); *Engel* AöR 118 (1993), 169 (169 ff.); *Badura* in: HdBVerfR, § 10 Rn. 94–97; v. Mangoldt/Klein/Starck/*Depenheuer* Art. 14 GG, Rn. 132 f.; Maunz/Dürig/*Papier* Art. 14 GG Rn. 95 ff.; *Badura* AöR 98 (1973), 153 (153 ff.); *Wendt* Sachs/*Papier* Art. 14 GG Rn. 26 f.; *Wendt* Eigentum und Gesetzgebung, 1985, S. 48 ff.; Friauf/Höfling/*Siekmann* Art. 14 GG Rn. 45; *Ehlers* VVDStRL 51 (1992), S. 211 (215); Jarass/Pieroth/*Jarass* Art. 14 GG Rn. 10; v. Münch/Kunig/*Bryde* Art. 14 GG Rn. 18 ff.; *Friauf* WiVerw 1989, 121 (133 f.); *v. Brünneck* Die Eigentumsgarantie des Grundgesetzes, 1984, S. 392; *Manssen* Rn. 648; *Friauf/Wendt* Eigentum am Unternehmen, 1977, S. 29 f.; *Ossenbühl* Staats-

haftungsrecht, 5. Aufl. 1998, S. 159 ff.; *Rozek* Die Unterscheidung von Eigentumsbindung und Enteignung, 1998, S. 48; *Hagen* GewArch 2005, 412 (416 ff.); *Sodan/Ziekow* § 42 Rn. 10; Schmidt-Bleibtreu/Hofmann/Hopfauf/*Hofmann* Art. 14 GG Rn. 14; *Stern* Bd. IV/1, S. 2191; *Katz* Rn. 817; *Sodan* Art. 14 GG Rn. 12; Stern/Becker/*Becker* Art. 14 GG Rn. 67 ff.; Epping/Hillgruber/*Axer* Art. 14 GG Rn. 52.

1. Argument
Das Recht am eingerichteten und ausgeübten Gewerbebetrieb ist durch die zivilgerichtliche Rechtsprechung als sonstiges Recht im Rahmen von § 823 I BGB entwickelt, anerkannt und hinreichend konturiert worden. Es ist somit ein vermögenswertes subjektives Recht des Privatrechts, das auch durch Art. 14 GG geschützt ist.

2. Argument
Der Wert eines Betriebes besteht regelmäßig gerade in der spezifischen Zusammenfassung der zum betrieblichen Vermögen gehörenden Sachen und Rechte und dieser Mehrwert geht gerade über die Summe der ohnehin von Art. 14 GG gewährleisteten Einzelrechte hinaus.

3. Argument
In diesem spezifischen Mehrwert drückt sich der besondere unternehmerische Leistungserfolg aus, der den Wert des Unternehmens auf dem Markt bestimmt. Dieser Wert ist Ausdruck eigener Leistung und Verfügungsmacht über das Unternehmen als Ganzes und daher Eigentum.

4. Argument
Erkennt man kein verfassungsrechtlich geschütztes Recht am eingerichteten und ausgeübten Gewerbebetrieb an, sondern erachtet lediglich die Rechte der in ihm zusammengefassten Betriebsmittel als durch Art. 14 GG geschützt, so wird verfassungsrechtlich die organische Betriebseinheit in einzelne Rechtspositionen aufgelöst. Damit ist eine entscheidende und nicht hinnehmbare Schutzabschwächung verbunden.

5. Argument
Auch wenn man privatrechtliche Begriffe nicht unbesehen in das Verfassungsrecht übernehmen darf, so sollte dennoch die Diskrepanz zum Verfassungsrecht nicht zu groß werden. Was zivilrechtlich als solches veräußert werden kann, sollte im Zweifel auch Eigentumsgegenstand bleiben. Eine Reduzierung des verfassungsrechtlichen Eigentumsbegriffs auf das bürgerlich-rechtliche Eigentum widerspricht dem.

6. Argument
Die Anerkennung des verfassungsrechtlichen Schutzes eines Rechts am eingerichteten und ausgeübten Gewerbebetrieb führt nicht zu einer übermäßigen, mit nicht hinnehmbaren Rechtsunsicherheiten verbundenen Schutzbereichsausweitung. Denn bloße Erwerbschancen genießen keinen Eigentumsschutz. Diese sind vom Recht am eingerichteten und ausgeübten Gewerbebetrieb abzugrenzen. Eine solche Abgrenzung haben Zivil- und Verwaltungsrechtsprechung in der Vergangenheit zufriedenstellend vorgenommen.

II. (hier sog.) **Ablehnende Theorie**

Es gibt kein sog. Recht am eingerichteten und ausgeübten Gewerbebetrieb.

Vertreten von:
Dreier/*Wieland* Art. 14 GG Rn. 50 ff.; AK-GG/*Rittstieg* Art. 14 GG Rn. 103 ff.; Umbach/Clemens/*Berkemann* Art. 14 GG Rn. 146; *Kutschera* Bestandsschutz im öffentlichen Recht, 1990, S. 40 ff.; *Epping* Rn. 425; *Fehling/Faust/Rönnau* JuS 2006, 18 (19 f.); sehr kritisch gegen die bejahende Theorie auch: *Kloepfer* § 72 Rn. 42; *Schnug* JA 1985, 614 (614 ff.).

1. Argument
Es fehlt für die Annahme eines verfassungsrechtlichen Rechts am eingerichteten und ausgeübten Gewerbebetrieb an der nötigen Inhaltsbestimmung dieses Eigentums durch den Gesetzgeber nach Art. 14 I 2 GG. Das Recht am eingerichteten und ausgeübten Gewerbebetrieb hat nämlich keine gesetzliche, sondern ausschließlich eine richterrechtliche Grundlage.

2. Argument
Die Konturierung des Rechts am eingerichteten und ausgeübten Gewerbebetrieb ist unscharf, generalklauselartig und kaum praktisch handhabbar. Daraus folgt auch, dass dieses »Recht« durch einen legislativen Akt des Gesetzgebers gar nicht anerkennbar wäre.

3. Argument
Allein der Umstand, dass die tatsächliche Zusammenfassung von Sachen, Rechten, Chancen und faktischen Gegebenheiten zu einem Unternehmen einen größeren Wert verkörpert als seine eigenen Bestandteile, begründet noch kein Eigentum im verfassungsrechtlichen Sinn. Es handelt sich vielmehr lediglich um eine tatsächliche Beschreibung der wirtschaftlichen Wertigkeit eines Betriebes, nicht aber um die Beschreibung des Rechtsgegenstandes selbst.

4. Argument
Dass wegen der Systematik des BGB die Schließung von Lücken im deliktischen Unternehmensschutz die Konstruktion eines »sonstigen Rechts« i.S.v. § 823 I BGB nötig macht oder zumindest nötig machen soll, erhebt dieses Recht noch nicht zu Eigentum i.S.v. Art. 14 I 1 GG. Auch die Zivilrechtsdogmatik erkennt zunehmend, dass es sich nicht eigentlich um ein Recht, sondern um eine unternehmensschützende Generalklausel handelt.

Beispiel und ergänzende Hinweise:

1. Im Ausgangsfall ist nach der ablehnenden Theorie der Schutzbereich von Art. 14 GG nicht betroffen, denn das Sacheigentum des A wird nicht berührt. Nach der bejahenden Theorie ist dies wohl zu bejahen. Der BGH (BGHZ 40, 355 [364 ff.]) führt aus, dass auch der Kundenstamm ein grundsätzlich vermögenswertes Recht nach Art. 14 GG sein könne. Zu bedenken sei aber, dass mit einem Kundenstammverlust einem Betriebsinhaber grundsätzlich nichts genommen werde, worauf er einen zeitlich unbegrenzten Anspruch habe. Durch die Bildung des Kundenstammes habe sich

der Betriebsinhaber nur die Möglichkeit geschaffen, diesen Kundenstamm so lange zu bedienen und ihn so lange zur Grundlage seines Gewerbebetriebes zu machen, als G nicht von der ihr kommunalrechtlich zustehenden Möglichkeit Gebrauch mache, diese Tätigkeit als gemeindliche mit Anschlusszwang einzurichten. Vor diesem Hintergrund sieht der BGH ohne Hinzutreten weiterer Umstände durch den Kundenstammentzug keine Position i.S.v. Art. 14 I GG berührt. Darin, dass der A *im Auftrag der G* die Müllabfuhr besorgte, sieht der BGH aber einen weiteren und letztlich hinreichenden Umstand dafür, dass der A darauf vertrauen konnte und durfte, den Betrieb der Müllabfuhr in G fortdauernd ausführen zu dürfen. Daher sei eine Eigentumsposition des A betroffen.

2. Das Ausgangsbeispiel zeigt, dass man, wenn man der bejahenden Theorie folgt, im Einzelfall stets weiter sorgfältig zu prüfen hat, ob die in Frage stehende Position auch vom Recht am eingerichteten und ausgeübten Gewerbebetrieb erfasst wird. Diese Bestimmung ist oft nicht einfach (vgl. insoweit auch das 2. Argument der ablehnenden Theorie). Erfasst werden nicht bloße Erwerbschancen, Verdienstmöglichkeiten, Zukunftshoffnungen und Aussichten, es sei denn, dass sie sich bereits zu Vermögensbestandteilen verdichtet haben (vgl. etwa v. Mangoldt/Klein/Starck/*Depenheuer* Art. 14 GG Rn. 134 m.w.N.). Nicht die gewerbliche Tätigkeit als solche wird geschützt, sondern nur konkret vorhandene Werte. Daher werden von Art. 14 GG nur ins Werk gesetzte Gewerbe- und Unternehmenstätigkeiten, die auf einer vorhandenen Organisation sachlicher, persönlicher und sonstiger Mittel gründen, erfasst (ausführlich Maunz/Dürig/*Papier* Art. 14 GG Rn. 100 ff.). Nicht geschützt sind etwa tatsächliche Gegebenheiten wie der Lagevorteil eines Gewerbegebietes. Beispiel: Wenn eine Gaststätte ihre bisherige günstige Verbindung zu einer Kaserne verliert, so wird dadurch nicht Art. 14 GG berührt (BGHZ 55, 261 ff.).

3. In der Rechtsprechung des BVerfG, in der im Ergebnis die Frage nach dem verfassungsrechtlichen Schutz des Rechts am eingerichteten und ausgeübten Gewerbebetrieb offen gelassen wird, klingen – ohne dass eine ganz eindeutige Tendenz des BVerfG auszumachen wäre – kritische Töne an der Unterschutzstellung an. Als Beispiel hierzu sei BVerfGE 51, 193 (221 f.) angeführt. Das BVerfG führt hier zu der bejahenden Theorie aus: »Ob diese Auffassung einer eingehenden verfassungsrechtlichen Prüfung standhalten würde, kann zweifelhaft sein. Es ist die Frage, ob der Gewerbebetrieb als solcher die konstituierenden Merkmale des verfassungsrechtlichen Eigentumsbegriffs aufweist. Eigentumsrechtlich gesehen ist das Unternehmen die tatsächliche – nicht aber die rechtliche – Zusammenfassung der zu seinem Vermögen gehörenden Sachen und Rechte, die an sich schon vor verfassungswidrigen Eingriffen geschützt sind (...). Ob gleichwohl ein zusätzlicher verfassungsrechtlicher Schutz des Gewerbebetriebes als solcher geboten ist, bedarf jedoch im vorliegenden Fall im Hinblick auf die vorstehenden Erwägungen keiner abschließenden Entscheidung.«

4. Falllösungen: *Höfling* Fälle zu den Grundrechten, Fall 12; *Starck/Schmidt* Fall 376; *Geis* Fall 19; *Schöbener/Jahn* Fälle zum Öffentlichen Wirtschaftsrecht, 2. Aufl. 2009, Fall 12.

21. Problem: Schützt Art. 14 I 1 GG das Vermögen als solches?

Beispiel:

Der Bundesgesetzgeber novelliert das EStG und erhöht alle Einkommenssteuersätze um etwa ⅓. Ist dieses Gesetz an Art. 14 GG zu messen?

Ausgangspunkt:

Vgl. zunächst (nochmals) Ausgangspunkt 20. Problem.

Die Frage, ob auch das Vermögen unter den Schutz der Eigentumsgarantie fällt, ist von Bedeutung dafür, ob die Auferlegung öffentlich-rechtlicher Geldleistungspflichten an Art. 14 GG zu messen ist. Da die Steuer- und Abgabenlast im Laufe der Geschichte der Bundesrepublik nahezu ständig gestiegen ist, haben sich Literatur und Rechtsprechung häufig ausgiebig mit der verfassungsrechtlichen Vereinbarkeit dieser Geldleistungspflichten auch im Hinblick auf Art. 14 GG beschäftigt. Andere Geldleistungspflichten außer Steuern und Abgaben, wie etwa die, die mit der Kostenerstattungspflicht von Polizeieinsätzen (vgl. dazu etwa *Schenke* NJW 1983, 1882 [1887]) verbunden sind, fallen auch unter diese Fragestellung, spielen bei der argumentatorischen Auseinandersetzung mit ihr aber durchweg keine spezifische Rolle. Die für Steuern und Abgaben vorgebrachten Argumente gelten insoweit entsprechend.

Steuern und Abgaben begründen nur abstrakte Geldwertschulden und belasten damit das Gesamtvermögen, entziehen dem Schuldner aber keine Eigentumsrechte an einem konkreten Sacheigentum oder einem ähnlichen anderen konkreten Zugriffsobjekt. Als verfassungsrechtlicher Maßstab für den zulässigen Umfang der Auferlegung von Steuerschulden kommt Art. 14 GG daher nur dann in Betracht, wenn das Vermögen als solches (d.h. als Ganzes) von Art. 14 GG geschützt wird.

I. (hier sog.) **Ablehnende Theorie**

Art. 14 GG schützt das Vermögen als solches nicht.

Vertreten von:

BVerfGE 4, 7 (17); 10, 89 (116 f.); 11, 105 (126); BVerfGE (Sondervotum) 93, 121 (149, 162–165); Dreier/*Wieland* Art. 14 GG Rn. 56; Umbach/Clemens/*Berkemann* Art. 14 GG Rn. 195, 199, 202; *Stein/Frank* § 42 II 1; Hömig/*Antoni* Art. 14 GG Rn. 4; Schmidt-Bleibtreu/Hofmann/Hopfauf/*Hofmann* Art. 14 GG Rn. 11; *Epping* Rn. 423; AK-GG/*Rittstieg* Art. 14 GG Rn. 132; v. Münch/Kunig/*Bryde* Art. 14 GG Rn. 23; *Forsthoff* VVDStRL 12 (1953), S. 8 (31 f.); *Hettlage* VVDStRL 14 (1956), S. 2 (4 ff.); *Böckenförde* FS Arndt, 1969, S. 53 (71); *Manssen* Rn. 651; *Sachs* Kap. B 14, Rn. 9 f.; *Hösch* Eigentum und Freiheit, 2000, S. 142 f.; *Kutschera* Bestandsschutz im öffentlichen Recht, 1990, S. 44 ff.; *Schenke* FS Armbruster, 1976, S. 177 (186 f.); *Jochum/Durner* JuS 2005, 220 (221); *Kloepfer* § 72 Rn. 43; Stern/Becker/*Becker* Art. 14 GG Rn. 81; wohl auch: *Bull* NJW 1996, 281 (281 ff.); *Erdmann* DVBl 1986, 659 (659 ff.); *Fehling/Faust/Rönnau* JuS 2006, 18 (19); Jarass/Pieroth/*Jarass* Art. 14 GG Rn. 7.

1. Argument
Art. 14 GG schützt mit dem Eigentum ein Recht; das Vermögen als solches ist aber von der Rechtsordnung nicht als Recht ausgestaltet, sondern lediglich der Inbegriff aller geldwerten Güter einer Person.

2. Argument
Bei einer Geldleistungsverpflichtung besteht eine Wahlfreiheit hinsichtlich der Auswahl des aufzugebenden Vermögenswertes und es fehlt daher an einem für Art. 14 GG nötigen konkreten Zugriffsobjekt.

3. Argument
Die Steuererhebung ist unumgängliche Voraussetzung, um den modernen Sozialstaat zu finanzieren. Erst die unbeschränkte Befugnis des Staates, Steuerquellen auszuschöpfen, setzt ihn in den Stand, durch Abschöpfung und Vergabe von Geldern eine an sozialstaatlichen Zielsetzungen ausgerichtete Güterverteilung vorzunehmen. Damit unvereinbar ist es, das Vermögen als solches unter den verfassungsrechtlichen Schutz von Art. 14 GG zu stellen.

4. Argument
Der Staat als Steuerstaat verzichtet weitgehend auf eigene Wirtschaftstätigkeit und eröffnet damit den Bürgern die Freiheit zu privatnütziger Erwerbstätigkeit. Der steuerliche Zugriff auf das Vermögen des Bürgers ist zwingende Bedingung dieser Möglichkeit einer privatautonom organisierten Wirtschaftsordnung. Steuerstaat und Wirtschaftsordnung bedingen sich somit derart einander, dass die Grundlage all dessen – nämlich die Finanzierung des Staatswesens maßgeblich durch Erhebung von Steuern – nicht rechtfertigungsbedürftig vor Art. 14 GG sein kann.

5. Argument
Dass Art. 14 GG nicht das Vermögen schützt, bedeutet nicht, dass der Steuergesetzgeber gar keinen verfassungsrechtlichen Bindungen und Grenzen unterliegt bzw. der Bürger dem Steuergesetzgeber schutzlos gegenüber steht. Ansatzpunkte für Begrenzungen einer übermäßigen Besteuerung sind Art. 2 I GG, 6 I GG, 12 I GG und 3 I GG. Insbesondere über Art. 3 I GG wird eine gleichmäßige Besteuerung nach der Leistungsfähigkeit gewährleistet.

6. Argument
Die anderen Theorien, die die Unterschutzstellung des Vermögens insgesamt direkt oder indirekt oder zumindest für bestimmte Fälle befürworten, leiden daran, dass sie keine hinreichend prägnanten Kriterien für eigentumsrechtliche Besteuerungsgrenzen benennen können.

II. (hier sog.) **Erdrosselungstheorie**

Art. 14 GG schützt nicht das Vermögen. Vor der Auferlegung staatlicher Geldleistungspflichten kann Art. 14 GG aber dann Schutz gewähren, wenn sie den Betroffenen übermäßig belasten und seine Vermögensverhältnisse so grundlegend beeinträchtigen, dass sie eine erdrosselnde oder konfiskatorische Wirkung haben.

Vertreten von:
BVerfGE 14, 221 (241); 19, 119 (128 f.); 19, 253 (267 f.); 23, 288 (314 f.); 27, 111 (131); 29, 402 (413); 30, 250 (272); 63, 312 (327); 63, 343 (368); 68, 287 (310 f.); 76, 130 (141); 77, 308 (339 f.); 78, 232 (243); 81, 108 (122); 82, 159 (190); 95, 267 (300); *v. Münch* Rn. 678.

Argument
Für den Nichtschutz des Vermögens: wie 1. Argument der ablehnenden Theorie. Für die Ausnahme bei übermäßigen Belastungen: kein Argument.

III. (hier sog.) Vermögensschutztheorie

Art. 14 GG schützt das Vermögen als solches.

Vertreten von:
Friauf/Höfling/*Siekmann* Art. 14 GG Rn. 53; *v. Arnim* VVDStRL 39 (1981), S. 286 (301); *Friauf* Juristische Analysen 1970, 299 (307–309); *Friauf* DÖV 1980, 480 (488); *Schmidt-Bleibtreu/Schäfer* DÖV 1980, 489 (494); *Rüfner* DVBl 1970, 881 (881 ff.); *Hesse* Rn. 447; BK/*Kimminich* Art. 14 GG Rn. 56 ff.; *Häberle* VVDStRL 30 (1972), S. 43 (124); *Klein* DÖV 1973, 433 (435); *Martens* VVDStRL 30 (1972), S. 7 (16); *Wendt* NJW 1980, 2111 (2113 f.); *Kirchhof* VVDStRL 39 (1981), S. 213 (233 ff.); *Kirchhof* AöR 128 (2003), 1 (14 f.); Epping/Hillgruber/*Axer* Art. 14 GG Rn. 55.

1. Argument
Es ist nicht einzusehen, warum die Entziehung einer Gläubigerstellung in den Schutzbereich von Art. 14 I GG fällt, dies aber nicht auch für die Auferlegung einer Schuldnerstellung gelten soll. Entziehung einer Forderung und Auferlegung einer Schuld sind wirtschaftlich gleichwertige Vorgänge; denn der Betroffene muss zugunsten des Staates auf reale Gegenstände verzichten, die durch die Höhe der Forderung bzw. der Schuld nur ihrem Gesamtwert nach bestimmt sind und deren konkrete Auswahl ihm überlassen bleibt.

2. Argument
Angesichts der stetig steigenden Steuerlast erweist sich die Verneinung eines Schutzes des Vermögens durch Art. 14 GG als »offene Flanke der Eigentumsgarantie«, die nicht hinnehmbar und nicht begründbar ist. Ohne Unterschutzstellung des Vermögens unter Art. 14 GG steht die gesamte Eigentumsordnung zur freien Disposition des Steuergesetzgebers.

3. Argument
Art. 14 GG schützt das Eigentum als eine der Grundlagen menschlicher Existenz und Selbstentfaltung und ist im Grundrechtssystem des Grundgesetzes von zentraler Bedeutung. Daher ist es nicht verständlich, warum konkrete Eigentumsobjekte sorgfältig unter Abwägung der Interessen des Einzelnen und des Gemeinwohls vor Einwirkungen geschützt sind, das für den Betroffenen viel bedeutsamere Vermögen als solches jedoch ohne Schutz sein soll.

4. Argument
Eine wesentliche Freiheitsgarantie des Eigentums liegt darin, Sachgüter und Geld tauschen und so Vermögen erwerben zu können. Dann ist es aber nur konsequent, auch das Vermögen unter den Schutz von Art. 14 GG zu stellen.

5. Argument
Mit der Unterschutzstellung des Vermögens unter Art. 14 GG wird die Besteuerungsgewalt des Staates nicht vernichtet, sondern sie wird lediglich – wie jede öffentliche Gewalt – an das Grundgesetz gebunden.

6. Argument
Die bei einer Geldleistungsverpflichtung bestehende Wahlfreiheit hinsichtlich der Auswahl des aufzugebenden Vermögenswertes ist eine bloß theoretisch konstruierbare, die keinen Freiheitswert besitzt. Entscheidend ist, dass auf den Inbegriff der in den einzelnen Vermögensgegenständen verkörperten Vermögenswerte zugegriffen wird.

7. Argument (gegen die Erdrosselungstheorie)
Die Erdrosselungstheorie ist in sich zwingend widersprüchlich: Entweder Art. 14 GG schützt nie das Vermögen und ist daher auch bei der Auferlegung von Geldleistungspflichten nie – auch wenn sie »übermäßig«, »erdrosselnd« etc. sein sollten – berührt; oder Geldleistungspflichten berühren den Schutzbereich von Art. 14 GG – dann aber auch bereits bevor sie »übermäßig«, »erdrosselnd« etc. sind.

IV. (hier sog.) **Theorie des mittelbaren Vermögensschutzes**

Zwar schützt Art. 14 GG das Vermögen als solches nicht unmittelbar, aber letztlich mittelbar.

Vertreten von:
Sachs/*Wendt* Art. 14 GG Rn. 38; *Wendt* Eigentum und Gesetzgebung, 1985, S. 38 ff.; v. Mangoldt/Klein/Starck/*Depenheuer* Art. 14 GG Rn. 169; in diese Richtung auch: Maunz/Dürig/*Papier* Art. 14 GG Rn. 160 ff.; *Papier* Der Staat 11 (1972), 483 (489 ff.).

Argument
Zwar schützt Art. 14 GG nur konkrete Rechtspositionen und daher nicht das Vermögen als solches. Die Auferlegung von Geldleistungspflichten berührt aber deshalb den Schutzbereich von Art. 14 GG, da Geldleistungspflichten eine Verminderung des Gesamtbestandes der im Vermögen zusammengefassten Gegenstände und Werte erzwingen. Die Eigentumsgarantie enthält neben der Bestandsgarantie aber auch die Freiheit der Eigentumsnutzung in Bezug auf sämtliche vermögenswerten Rechtspositionen. Über diese Eigentumsnutzungsfreiheit wird daher das Vermögen mittelbar von Art. 14 GG geschützt.

Beispiel und ergänzende Hinweise:

1. Im Ausgangsfall ist nach der ablehnenden Theorie das Gesetz nicht an Art. 14 GG zu messen. Nach der Erdrosselungstheorie müsste man bereits auf Schutzbereichsebene ein Schwerekriterium dahingehend anwenden, dass man sich fragt, ob das Gesetz »erdrosselnde« oder »konfiskatorische« Wirkung hat. Wann dies der Fall sein soll, hat das BVerfG, welches diese Theorie entwickelt hat, indes nie genau herausgearbeitet und es hat auch nie einen Fall entschieden, bei dem einem Gesetz diese Wirkung beigemessen wurde. Wenn das EStG alle Steuersätze um etwa ⅓ erhöht und somit der Spitzensteuersatz deutlich über 50% liegen würde, so könnte man eine Er-

drosselungswirkung zumindest in Betracht ziehen. Nach der Vermögensschutztheorie und der Theorie des mittelbaren Vermögensschutzes wäre das Gesetz an Art. 14 GG zu messen; d.h. der Schutzbereich wäre eröffnet und auch ein Eingriff in den Schutzbereich läge vor. Auf der Ebene der verfassungsrechtlichen Rechtfertigung wäre dann unter Heranziehung aller Einzelfallumstände (etwa: die mit dem Gesetz verfolgten Ziele, die Haushaltslage, die genaue Steuerbelastung in den jeweiligen Steuerklassen bei den jeweiligen Jahresbruttoeinkommen etc.) eine Verhältnismäßigkeitsprüfung vorzunehmen. Hier würden dann aber auch die Anhänger der Vermögensschutztheorie und der Theorie des mittelbaren Vermögensschutzes dem Gesetzgeber einen nicht unerheblichen Gestaltungsspielraum einräumen, da insoweit der Staat eine gewisse politische Gestaltungsfreiheit und Einschätzungsprärogative hat, auf welchem (Steuer-)Weg er die zur Finanzierung der staatlichen Tätigkeit nötigen Finanzmittel beschafft.

2. Falllösung: *Geis* Fall 3.

22. Problem: Schützt Art. 14 I 1 GG öffentlich-rechtliche, insbesondere sozialrechtliche Berechtigungen?

Beispiel:

Der Bundesgesetzgeber novelliert das SGB II und kürzt dabei die Höhe des Arbeitslosengeldes II. A, der Arbeitslosengeld II bezieht, fragt sich, ob damit ein Eingriff in Art. 14 I GG verbunden ist.

Ausgangspunkt:

Vgl. zunächst (nochmals) Ausgangspunkt 20. Problem.

Mit Eigentum i.S.v. Art. 14 GG assoziieren viele vermutlich zunächst nur privatrechtliches Eigentum oder zumindest privatrechtlich begründete Positionen. Dies ist richtig und liegt nahe, da Grundrechte grundsätzlich Schutz gegen staatliches Eingreifen in als »privat« zu charakterisierende Freiheitsräume gewähren. Diese Frontenstellung zwischen Bürger und Staat scheint nicht gegeben zu sein, wenn auch öffentlich-rechtliche Berechtigungen Eigentum darstellen. Gleichwohl ist heute grundsätzlich unumstritten, dass Art. 14 GG auch öffentlich-rechtliche Berechtigungen schützen kann. Dabei handelt es sich bei der Diskussion in Literatur und Rechtsprechung nahezu ausschließlich um sozialrechtliche Berechtigungen: Schützt Art. 14 GG den Anspruch auf Sozialhilfe, auf die gesetzliche Altersrente, auf Arbeitslosengeld etc.? Daneben wird auch – allerdings in weitaus geringerem Umfang – in der Literatur die Frage diskutiert, ob und wenn ja unter welchen Voraussetzungen anderweitige subjektive öffentlichen Rechte wie z.B. öffentlich-rechtliche Zulassungen oder Erlaubnisse in den Schutzbereich von Art. 14 GG fallen (vgl. dazu etwa Dreier/*Wieland* Art. 14 GG Rn. 64; v. Mangoldt/Klein/Starck/*Depenheuer* Art. 14 GG Rn. 172, jeweils m.w.N.); um diese Fallgruppe soll es hier im Folgenden nicht gehen.

Die Fragestellung nach sozialrechtlichen Berechtigungen und Art. 14 GG hat das BVerfG seit dem ersten Band der Entscheidungssammlung beschäftigt. Nachdem es sich anfangs sehr skeptisch und ablehnend geäußert hatte (BVerfGE 1, 264 [278 f.]; 2, 380 [399 f.]; 4, 219 [240]), rückte es später davon ab und konkretisierte die Voraussetzungen, unter denen sozialrechtliche Berechtigungen unter den Schutz von Art. 14 GG fallen (siehe dazu die einengende Theorie unter I.). Das neuere Schrifttum stimmt dem BVerfG jedenfalls insoweit zu, als die von diesem aufgestellten Bedingungen hinreichende sind, um eine Unterschutzstellung anzunehmen; strittig ist aber, ob es auch notwendige Bedingungen sind. Die Ansicht, dass sozialrechtliche Rechtspositionen kein Eigentum sein können, ist – soweit ersichtlich – zuletzt vor über zwanzig Jahren (vgl. *Andersen* Probleme der Wandlung des Eigentumsbegriffs, 1984, S. 199) vertreten worden und daher als überholt anzusehen (zu älterem Schrifttum siehe auch die Nachweise bei *Krause* Eigentum an subjektiven öffentlichen Rechten, 1982, S. 17).

Für das Verständnis des Problems ist es wichtig, zumindest ganz holzschnittartig die Grundcharakteristika von sozialrechtlichen Berechtigungen zu kennen: Sozialversicherungsrechtliche Berechtigungen, wie etwa die gesetzliche Altersrente, werden (zumindest auch – neben staatlichen Zuschüssen in Form von Steuermitteln) durch Sozialversicherungsbeiträge der Sozialversicherten und der Arbeitgeber finanziert. Der Sozialhilfeanspruch nach dem SGB XII und der Anspruch auf das Arbeitslosengeld II nach dem SGB II beispielsweise vollziehen sich außerhalb der Sozialversicherung; es besteht insoweit kein Versicherungsverhältnis, man entrichtet keine Sozialversicherungsbeiträge, sondern die Leistung ist ausschließlich steuerfinanziert und die Leistungsberechtigung setzt Bedürftigkeit voraus. Erfüllt jemand indes alle gesetzlich normierten Voraussetzungen, so hat er einen einklagbaren Anspruch auf die Sozialleistung, egal ob sie nun Sozialversicherungsleistung oder eine sonstige Sozialleistung ist.

I. (hier sog.) **Einengende Theorie**

Voraussetzung für einen Eigentumsschutz ist eine vermögenswerte Rechtsposition, die nach Art eines Ausschließlichkeitsrechts dem Rechtsträger als privatnützig zugeordnet ist; diese genießt den Schutz der Eigentumsgarantie dann, wenn sie auf nicht unerheblichen Eigenleistungen beruht und zudem der Sicherung der Existenz dient.

Vertreten von:
BVerfGE 69, 272 (300); 72, 9 (18 f.); 92, 365 (405); diese Rechtsprechung wurde »vorbereitet« durch vorangegangene Entscheidungen, in der die Unterschutzstellung zuerst erwogen (BVerfGE 40, 65 [82–84]), dann grundsätzlich bejaht wurde (BVerfGE 53, 257 [289]; 58, 81 [109 f.]; 64, 87 [97]); ferner BVerfGE 18, 392 (397), 22, 241 (253); 24, 220 (225 f.); 48, 403 (412 f.), wo Grundgedanken entwickelt wurden, auf die später zurückgegriffen wurde; *Hesse* Rn. 444 f.; *v. Münch* Rn. 683–686; v. Münch/Kunig/*Bryde* Art. 14 GG Rn. 25–28; Hömig/*Antoni* Art. 14 GG Rn. 5; *Kloepfer* § 72 Rn. 47–51; *Michael/Morlok* Rn. 389; *Katz* Rn. 818; *Zippelius/Würtenberger* § 31 Rn. 23 f.; *Stein/Frank* § 42 II 1; *Badura* Kap. C, Rn. 84; Schmidt-Bleibtreu/Hofmann/Hopfauf/*Hofmann* Art. 14 GG Rn. 22 ff.; Umbach/Clemens/*Berkemann* Art. 14 GG Rn. 127–131 und 182–191; *Manssen* Rn. 649 f.; Maunz/Dürig/*Papier* Art. 14 GG Rn. 123 ff.; *Söllner* FS Geiger, 1989, S. 262 (262 ff.); *Jochum/Durner* JuS

2005, 220 (221); *Sodan/Ziekow* § 42 Rn. 11; wohl auch: *Pieroth/Schlink* Rn. 986–988; *Berg* Rn. 613; *Epping* Rn. 471 ff.; BK/*Kimminich* Art. 14 GG Rn. 65 ff.

1. Argument
In der heutigen Gesellschaft erlangt die große Mehrzahl der Bürger ihre wirtschaftliche Existenzsicherung weniger durch privates Sachvermögen als durch den Arbeitsertrag und die daran anknüpfenden getragenen Aufwendungen zur Daseinsvorsorge, wie etwa in Form von Sozialversicherungsbeitragspflichten. Da das Eigentumsgrundrecht zugleich die wirtschaftliche Existenz der Bürger absichern soll, muss somit Art. 14 I GG auch Sozialleistungsansprüche schützen können.

2. Argument
Eine »privatnützige Zuordnung« ist einzufordern, da nur dann für den Bürger ein subjektiv-öffentliches Recht auf Leistung begründet wird, das dem Einzelnen eine Rechtsposition verschafft, die derjenigen eines Eigentümers entspricht. Der Berechtigte muss mithin davon ausgehen können, dass es sich um »seine«, ihm ausschließlich zustehende Rechtsposition handelt.

3. Argument
Das Erfordernis einer nicht unerheblichen Eigenleistung ist einzufordern, da nur dann der Berechtigte davon ausgehen kann, dass es sich um seine, von ihm mitbestimmte und ihm somit ausschließlich zustehende Rechtsposition handelt.

4. Argument
Eine der Existenzsicherung dienende Funktion der Berechtigung ist einzufordern, da nur dann die im 1. Argument genannte Bedeutung von Art. 14 GG zum Tragen kommt.

5. Argument
Mit dem 1. Argument ist eine Kehrtwendung von einem kausal zu einem final gedachten Eigentumsbegriff verbunden: Der Eigentumsbegriff wird nicht mehr von der Prägung durch das bürgerliche Sacheigentum, sondern von seiner Funktion her bestimmt. Dieser Funktionsbestimmung muss das Eigentum i.S.v. Art. 14 GG somit entsprechen; zugleich darf aber der Eigentumsbegriff darüber hinaus nicht unnötig ausgedehnt werden, so dass sich insgesamt die angeführten drei einschränkenden Merkmale ergeben.

6. Argument
Das Erfordernis der nicht unerheblichen Eigenleistung trifft einen wesentlichen Kern der Garantiefunktion von Art. 14 GG. Die Garantiefunktion besteht darin, staatliche Vermögensentziehungen und -umschichtungen abzuwehren. Geht es allein um die Aufrechterhaltung einseitiger staatlicher Vermögensgewährungen, so ist die Garantiefunktion nicht betroffen, weil sie kein Gewährungs- oder Bereicherungsgebot zu Lasten des Staates beinhaltet.

7. Argument (gegen das 3. Argument der weiten Schutzbereichstheorie)
Daraus, dass Art. 14 I 1 GG neben dem Eigentum auch das Erbrecht schützt und Geerbtes auch nicht eine Eigenleistung verlangt, ergibt sich kein Argument gegen das einzufordernde Eigenleistungskriterium bei öffentlich-rechtlichen Berechtigungen;

denn das Erbrecht wird nicht primär wegen des Erben geschützt, sondern Art. 14 I 1 GG ist vor allem ein postmortaler Schutz des Eigentums des Erblassers, das durch dessen Eigenleistung erworben wurde.

II. (hier sog.) Weite Schutzbereichstheorie

Voraussetzung für einen Eigentumsschutz ist eine vermögenswerte Rechtsposition, die nach Art eines Ausschließlichkeitsrechts dem Rechtsträger als privatnützig zugeordnet ist. Nicht erforderlich ist, dass die Rechtsposition auf nicht unerheblichen Eigenleistungen beruht und auch nicht, dass sie existenzsichernde Funktion hat.

Vertreten von:
v. Mangoldt/Klein/Starck/*Depenheuer* Art. 14 GG Rn. 71 ff.; *Ipsen* II, Rn. 735; AK-GG/*Rittstieg* Art. 14/15 GG Rn. 121; *v. Ditfurth* Die Einbeziehung subjektiv-öffentlicher Berechtigungen, insbesondere sozialversicherungsrechtlicher Positionen, in den Schutz der Eigentumsgarantie, 1994, zusammenfassend S. 185; *Bull* ZSR 1988, 13 (29 f.); *Wendt* Eigentum und Gesetzgebung, 1985, S. 130 f.; *Süchting* Eigentum und Sozialhilfe, 1995, S. 64 ff.

Teilweise wird nur das Eigenleistungs-, teilweise nur das Existenzsicherungskriterium abgelehnt:

Nur gegen das Eigenleistungskriterium:
Sachs/*Wendt* Art. 14 GG Rn. 29–32; *Kutschera* Bestandsschutz im öffentlichen Recht, 1990, S. 57–62; zumindest gegen das Eigenleistungskriterium: Dreier/*Wieland* Art. 14 GG Rn. 63; *Schmidt-De Caluwe* JA 1992, 129 (133); *Wannagat* FS Peters, 1975, S. 170 (176 ff.); *Rohwer-Kahlmann* FS Bogs, 1967, S. 109 (127 f.); ähnlich bereits: BVerfGE (Sondervotum) 32, 111 (129 [142 f.]).

Nur gegen das Existenzsicherungskriterium:
Jarass/Pieroth/*Jarass* Art. 14 GG Rn. 12; *Sachs* Kap. B 14, Rn. 13; *Jarass* NZS 1997, 545 (546 f.); *Rolfs* Das Versicherungsprinzip im Sozialversicherungsrecht, 2000, S. 165–167; *Herzog* NZA 1989, 1 (3); *Stober* SGb 1989, 53 (58 f.); *Rische/Terwey* DRV 1983, 273 (282 f.); *Ossenbühl* FS Zeidler, 1987, S. 625 (632–635); in diese Richtung auch: Friauf/Höfling/*Sieckmann* Art. 14 GG Rn. 47; *Wallerath* in: Handbuch der Rentenversicherung, 1990, Kap. 11, Rn. 87; *Rüfner* Jura 1986, 473 (477).

Argumente sowohl gegen das Eigenleistungs- als auch das Existenzsicherungskriterium:

1. Argument
Wenn es entscheidend auf eine eigene Leistung ankommt, dann kann der Eigentumsschutz dieser wohlerworbenen Rechte nicht daran scheitern, dass sie nicht der Existenzsicherung dienen. Andererseits gibt es aber auch öffentlich-rechtliche Rechtspositionen, wie Erlaubnisse oder Genehmigungen, die ohne eigene Leistung gewährt werden, aber dennoch zum Eigentum i.S.v. Art. 14 GG zu rechnen sind. Dies spricht insgesamt dafür, genauso wie bei privaten Rechten auch bei öffentlich-rechtlichen Berechtigungen allein nach einer privatnützigen Zuordnung zu fragen. Diese privatnützige Zuordnung ist dann gegeben, wenn ein Anspruch oder eine Anwartschaft bereits entstanden ist und nicht nur eine bloße Aussicht auf spätere Vorteile vorliegt.

2. Argument
Es ist kein Grund dafür erkennbar, bei öffentlich-rechtlichen Berechtigungen nach Erwerbsgrund und Funktion zu differenzieren, wenn dies im Zivilrecht nicht geschieht. Es ist unstrittig, dass infolge einer zivilrechtlichen Schenkung erworbenes Eigentum auch Eigentum i.S.v. Art. 14 GG ist, obwohl damit keinerlei Eigenleistung verbunden ist. Im öffentlichen Recht wie im Zivilrecht kommt es für den Anwendungsbereich der Eigentumsgewährleistung nur darauf an, ob ein subjektives öffentliches Recht besteht. Die von der einengenden Theorie herangezogenen Gesichtspunkte des Erwerbsgrundes und der Funktion des Rechts gewinnen ihre Bedeutung im Zusammenhang mit der Verhältnismäßigkeit gesetzlicher Gestaltungen und Umgestaltungen auf der Stufe der verfassungsrechtlichen Rechtfertigung von Eingriffen in den Schutzbereich.

Argumente gegen das Eigenleistungskriterium:

3. Argument
Gegen das Kriterium der Eigenleistung spricht, dass Art. 14 I 1 GG mit dem Erbrecht einen Eigentumserwerb schützt, dem keine eigene Leistung zugrunde liegt.

4. Argument
Gegen das Kriterium der Eigenleistung spricht, dass die Sozialversicherung – für deren Leistungen das BVerfG das Eigenleistungskriterium entwickelt hat – eine allgemeine staatliche Aufgabe ist, die nicht unbedingt über Lohnnebenkosten erfüllt werden muss und damit nicht notwendig mit Eigenleistung verbunden ist.

5. Argument
Da beim zivilrechtlich erworbenen Eigentum unstrittig keine Eigenleistung nötig ist, wohl aber bei sozialrechtlichen Berechtigungen nach dem BVerfG nötig sein soll, wird das einheitliche Eigentumsgrundrecht unzulässig aufgespalten und die einheitliche Struktur des Grundrechts durchbrochen. Die Eigentumsgarantie degeneriert zum gemeinsamen Namen unterschiedlich strukturierter Gewährleistungen. »Unverdientes« Eigentum gerät, wenn man eine Eigenleistung fordert, unter einen Rechtfertigungsdruck, dem es nicht standhalten kann.

Argumente gegen das Existenzsicherungskriterium:

6. Argumente
Durch das Existenzsicherungskriterium wird der Eigentumsschutz in problematischer Weise verengt. Für den Bereich der privaten Vermögensrechte hängt der Eigentumsschutz nicht davon ab, dass bestimmten Vermögensrechten existenzsichernde Bedeutung attestiert werden kann. Wieso dies bei sozialversicherungsrechtlichen Ansprüchen anders sein soll, ist nicht ersichtlich.

7. Argument (gegen das 5. Argument der einengenden Theorie)
Die finale Sichtweise von Art. 14 I 1 GG steht mit der Dogmatik des verfassungsrechtlichen Eigentums in nicht vereinbarem Gegensatz. In seiner liberalen Lesart schützt Art. 14 GG das Eigentum, weil es dem Eigentümer zusteht; nach der finalen Sichtweise hingegen, damit er seine Existenz zu sichern in der Lage ist. Das liberale Abwehrrecht mutiert daher zu einem sozialen Teilhaberecht.

8. Argument

Das Existenzsicherungskriterium entwertet den mit der Einbeziehung sozialrechtlicher Positionen in den Schutzbereich von Art. 14 I 1 GG begründeten Schutz weitgehend; denn auf die wirklich der Existenzsicherung dienenden Leistungen – die Mindestvoraussetzungen für ein menschenwürdiges Dasein – hat der Einzelne schon aus dem Sozialstaatsprinzip und dem in Art. 1 GG verbürgten Recht auf Wahrung seiner menschlichen Würde einen Anspruch.

Beispiel und ergänzende Hinweise:

1. Im Ausgangsfall liegt nach der einengenden Theorie kein Eingriff in Art. 14 I GG vor, da der Anspruch auf das Arbeitslosengeld II nicht von Art. 14 I GG geschützt wird. Zwar hat das Arbeitslosengeld II ohne Zweifel existenzsichernden Charakter, da es Bedürftigkeit voraussetzt (vgl. §§ 7, 9 SGB II); aber es beruht auf keinen Eigenleistungen des Anspruchsberechtigten, da es nicht beitrags-, sondern rein steuerfinanziert ist (§ 46 SGB II). Nach der weiten Schutzbereichstheorie lassen diejenigen, die für den Eigentumsbegriff das Eigenleistungskriterium nicht als konstitutiv ansehen, den Anspruch auf das Arbeitslosengeld II in den Schutzbereich fallen. Mit der Kürzung wäre auch ein Eingriff in Art. 14 GG gegeben.

Auf der Prüfungsstufe der verfassungsrechtlichen Rechtfertigung würde dann aber auch nach dieser Ansicht die mangelnde Eigenleistung insoweit zum Tragen kommen, als der Gesetzgeber einen größeren Handlungsspielraum hat als er ihn bei einem Sozialleistungsanspruch hätte, der in großem Umfang kongruent zu vorherigen Eigenleistungen des Anspruchinhabers ist. Insofern muss man sich auch vergegenwärtigen, dass die unterschiedlichen Ansichten im Einzelfall nicht oft zu unterschiedlichen Ergebnissen kommen: Die einengende Theorie fasst die Schutzbereichseröffnung enger, die weite Schutzbereichstheorie fasst sie weiter, billigt dem Gesetzgeber aber bei der verfassungsrechtlichen Rechtfertigung des Eingriffs größeren Spielraum zu.

2. Wie diffizil die Frage der Schutzbereichseröffnung sein kann, zeigt die Entscheidung BVerfGE 97, 271 ff. Dort ging es um den Eigentumsschutz von Hinterbliebenenversorgungsansprüchen (d.h. Witwer- und Witwenrenten). Diese Leistungen sind zwar zumindest zu einem nicht unerheblichen Teil durch Versicherungsbeiträge finanziert, aber nicht durch Versicherungsbeiträge der anspruchsberechtigten Witwer bzw. Witwen selbst, sondern durch die des/r Verstorbenen. Weil diese Eigenleistungen den Anspruchsberechtigten nicht hinreichend zuzurechnen seien, hat das BVerfG die Unterschutzstellung unter Art. 14 GG verneint. Diese Begründung und dieses Ergebnis ist z.T. auch von denjenigen abgelehnt worden, die ebenso wie das BVerfG die einengende Schutzbereichstheorie vertreten (so etwa Maunz/Dürig/*Papier* Art. 14 GG Rn. 143; zu BVerfGE 97, 271 ff., siehe instruktiv auch *Kluth* JA 1999, 371 [371 ff.]).

IV. Grundrechtsgleiche Rechte

23. Problem: Ist Art. 33 V GG ein grundrechtsgleiches Recht?

Beispiel:

Angesichts der angespannten Haushaltslage beschließt der Bundestag ein Bundesbesoldungsneuordnungsgesetz, das vorsieht, dass die Altersversorgung der Beamten nicht mehr über Steuern, sondern vergleichbar der gesetzlichen Rentenversicherung für Arbeiter und Angestellte über Beiträge finanziert wird, die aus den Gehältern der Beamten zu entrichten sind. Der Beamte A sieht darin eine Verletzung des in Art. 33 V GG verankerten Alimentationsprinzips. A ficht den ersten Bescheid, mit dem ihm die Beiträge zur Altersversorgung abgezogen werden, erfolglos an, durchläuft erfolglos das Widerspruchsverfahren und unterliegt in allen verwaltungsgerichtlichen Instanzen. Unter Berufung auf eine Verletzung in Art. 33 V GG erhebt A schließlich Verfassungsbeschwerde. Ist A im Hinblick auf Art. 33 V GG beschwerdebefugt?

Ausgangspunkt:

Nach Art. 33 V GG ist das Recht des öffentlichen Dienstes unter Berücksichtigung der hergebrachten Grundsätze des Berufsbeamtentums zu regeln. Was unter dem unbestimmten Rechtsbegriff der hergebrachten Grundsätze des Berufsbeamtentums zu verstehen ist, ist durch eine umfangreiche Rechtsprechung des BVerfG herausgearbeitet und durch (wenngleich nicht unbedingt abschließende) Einzelverbürgungen ausgefüllt worden. Die hergebrachten Grundsätze werden danach definiert als jener Kernbestand von Strukturprinzipien, die allgemein oder doch ganz überwiegend und während eines längeren, Tradition bildenden Zeitraums, mindestens unter der Weimarer Reichsverfassung, als verbindlich anerkannt und gewahrt worden sind (vgl. etwa BVerfGE 8, 332 [343]; 70, 69 [79]; 71, 255 [268]; 83, 89 [98]). Dazu zählen u.a. die Anstellung auf Lebenszeit (BVerfGE 9, 268 [286]), der Grundsatz der Hauptberuflichkeit (BVerfGE 71, 39 [59 f.]), das Leistungsprinzip (BVerfGE 64, 367 [385]), das Laufbahnprinzip (BVerfGE 64, 323 [351]), das Streikverbot (BVerfGE 8, 13 [17]) und das hier von A im Ausgangsfall angeführte Alimentationsprinzip (etwa BVerfGE 16, 94 [116]).

Unumstritten ist, dass Art. 33 V GG entsprechend seinem Wortlaut einen Regelungsauftrag an den Gesetzgeber enthält. Es finden sich im Grundgesetz mehrere solcher Gesetzgebungsaufträge (siehe Art. 6 V, 20a, 21 III, 26 S. 2 GG). Als Regelungsauftrag hat Art. 33 V GG jedenfalls objektiv-rechtlichen Charakter. Ob er darüber hinaus auch subjektiv-rechtlichen Charakter hat und damit ein grundrechtsgleiches Rechts darstellt, ist strittig.

I. (hier sog.) Theorie des grundrechtsgleichen Rechts

Art. 33 V GG hat nicht nur objektiv-rechtlichen Charakter, sondern gewährt den Beamten auch ein subjektives, grundrechtsgleiches Recht darauf, dass der Staat nicht die durch hergebrachte Grundsätze geschaffene persönliche Grundstellung des Beamten verletzt. Die Verletzung dieses Rechts kann ein Beamter auch mit der Verfassungsbeschwerde geltend machen.

Vertreten von:
BVerfGE 8, 1 (16–18); 8, 28 (35); 12, 81 (87); 35, 79 (107 f.); 43, 154 (167); 44, 249 (262 ff.); 62, 374 (382); 64, 367 (375); 81, 363 (375); *Badura* Kap. D, Rn. 102; *Sachs* Kap. B 33, Rn. 21; *Stern* Bd. I, S. 353; Sachs/*Battis* Art. 33 GG Rn. 65; *Battis* Beamtenrecht, in: Achterberg/Püttner/Würtenberger, Besonderes Verwaltungsrecht, 2. Aufl. 2000, Bd. II, Rn. 22; Schmidt-Bleibtreu/Hofmann/Hopfauf/*Pieper* Art. 33 GG Rn. 13; v. Mangoldt/Klein/Starck/*Jachmann* Art. 33 GG Rn. 40; Maunz/Dürig/*Badura* Art. 33 GG Rn. 53; *Hesse* Rn. 542; *Niedermaier/Günther* ZBR 1977, 238 (238); *Hamann-Lenz* Grundgesetz-Kommentar, 3. Aufl. 1970, Art. 33 GG, Anm. B 7a; *Becker* ZBR 1978, 255 (256); *Günther* Die Anpassung der Beamtenbesoldung an die allgemeinen wirtschaftlichen und finanziellen Verhältnisse, 1987, S. 87; *Hufen* § 36 Rn. 15; *Sodan/Ziekow* § 47 Rn. 5; Stern/Becker/*Grigoleit* Art. 33 GG Rn. 67; Epping/Hillgruber/*Hense* Art. 33 GG Rn. 7; wohl auch: *Summer* PersV 1988, 76 (78); *Schmidt-Jortzig* Die Einrichtungsgarantien der Verfassung, 1979, S. 62; BK/*Jess* Art. 33 IV, V GG, Anm. II 6; trotz Kritik wohl auch: *Menger* VerwArch 69 (1978), 221 (226 f.); einschränkend auch: Umbach/Clemens/*Dollinger/Umbach* Art. 33 GG Rn. 88.

1. Argument
Dem einzelnen Beamten fehlt im Gegensatz zu den Arbeitnehmern die grundrechtlich durch Art. 9 III GG garantierte Arbeitskampf- und Tarifgestaltungsmöglichkeit. Damit der Beamte daher überhaupt grundrechtlichen Schutz im Hinblick auf die Ausgestaltung seines Dienstverhältnisses hat, ist insofern Art. 33 V GG ein auch subjektiver, grundrechtsgleicher Gehalt beizumessen.

2. Argument
Bei der Auslegung von Grundgesetznormen, die Rechtspositionen des Bürgers schützen, ist stets derjenigen Auslegung der Vorzug zu geben, die die juristische Wirkungskraft der betreffenden Norm am stärksten entfaltet. Dies spricht dafür, Art. 33 V GG einen auch subjektiv-rechtlichen Gehalt zuzusprechen.

3. Argument
Art. 33 GG ist in Art. 93 I Nr. 4a GG genannt, was belegt, dass Art. 33 V GG im Rahmen der Verfassungsbeschwerde rügefähig ist und ein subjektives, grundrechtsgleiches Recht gewährt.

II. (hier sog.) **Theorie des allein objektiv-rechtlichen Charakters**

Art. 33 V GG besitzt allein objektiv-rechtlichen Charakter und verleiht dem Beamten daher kein subjektives, grundrechtsgleiches Recht.

Vertreten von:
Friauf/Höfling/*Lecheler* Art. 33 GG Rn. 91–93; *Lecheler* AöR 103 (1978), 349 (361 f.); v. Münch/Kunig/*Kunig* Art. 33 GG Rn. 55 f.; *Laubinger* VerwArch 83 (1992), 246 (253); *Köpp* Öffentliches Dienstrecht, in: Steiner (Hrsg.), Besonderes Verwaltungsrecht, 7. Aufl. 2003, Rn. 17; *Ule* in: Bettermann/Nipperdey (Hrsg.), Die Grundrechte, 1962, Bd. IV/2, S. 565–567; *Rottmann* Der Beamte als Staatsbürger, 1981,

S. 254; *Thieme* Der öffentliche Dienst in der Verfassungsordnung des Grundgesetzes, 1961, S. 66–68; wohl auch: Jarass/Pieroth/*Pieroth* Art. 33 GG Rn. 44; *Pieroth/Schlink* Rn. 1126–1129; *Bender* DÖV 1977, 565 (566).

1. Argument
Art. 33 V GG ist seinem eindeutigen Wortlaut nach ein Gesetzgebungsauftrag. Dabei hat es auch sein Bewenden. Um Gesetzgebungsaufträge mit Individualrechten verquicken zu können, bedarf es zwingenderer, weiterreichenderer Gesichtspunkte als derjenigen, die die Theorie des grundrechtsgleichen Rechts anführen kann.

2. Argument
Sinn und Zielrichtung von Art. 33 V GG sprechen gegen einen subjektiv-rechtlichen Gehalt. Denn allein um der Allgemeinheit und des Staates willen, nicht aber im Interesse des einzelnen Beamten und seiner individuellen Rechtsstellung richtet das Grundgesetz das Beamtenrecht auf die hergebrachten Grundsätze aus. Daran ändert auch der oft vorgebrachte Umstand nichts, dass z.B. die amtsangemessene Alimentation des Beamten, die verfassungsrechtlich in Art. 33 V GG garantiert ist (Alimentationsprinzip), den einzelnen Beamten unmittelbar individuell betrifft; denn auch die angemessene Alimentation als Unterverbürgung von Art. 33 V GG ist von ihrer Zielsetzung her nicht im Interesse des Beamten, sondern allein im Interesse der Allgemeinheit garantiert, denn das Berufsbeamtentum kann die ihm zufallende Funktion im Staatsleben nur erfüllen, wenn es rechtlich und wirtschaftlich gesichert ist.

3. Argument
Es ist unzutreffend, wie dies die Theorie des grundrechtsgleichen Rechts mehr oder weniger unausgesprochen annimmt, dass der einzelne Beamte vollkommen ohne grundrechtlichen Schutz ist, wenn man Art. 33 V GG einen lediglich objektiv-rechtlichen Charakter beimisst. Für die Abwehr ihn konkret – d.h. als einzelnen – betreffender beamtenrechtlicher Vorschriften bzw. ihn in Konkretisierung dieser Vorschriften treffender Einzelentscheidungen steht dem Beamten die Inanspruchnahme der Grundrechte offen. Dieser »Verweis« auf die Grundrechte ist auch nicht lediglich theoretischer Natur. Wenn sich z.B. ein auf Art. 33 V GG gerichteter Regelungsversuch oder ein Unterlassen des Gesetzgebers als ein Verstoß gegen das Berücksichtigungsgebot des Art. 33 V GG erwiese, so könnte der Regelungsversuch bzw. das Unterlassen nicht der in Art. 2 I GG erwähnten »verfassungsmäßigen Ordnung« entsprechen und ein Verstoß gegen die allgemeine Handlungsfreiheit in Art. 2 I GG wäre in Betracht zu ziehen. Da Art. 33 V GG als Regelungsauftrag für den Gesetzgeber gewissermaßen eine Ermessensstruktur hat, wäre ein solcher Verstoß aber letztlich nur dann gegeben, wenn der Gesetzgeber die Existenz oder die Tragweite eines hergebrachten Grundsatzes des Berufsbeamtentums gänzlich verkennt.

4. Argument (gegen das 3. Argument der Theorie des grundrechtsgleichen Rechts)
Die pauschale Erwähnung des Art. 33 GG in Art. 93 I Nr. 4a GG besagt noch nichts über den angeblich subjektiv-rechtlichen, grundrechtsgleichen Charakter von Art. 33 V GG. Dies belegt ein Vergleich mit Art. 38 GG, der ebenfalls in Art. 93 I Nr. 4a GG aufgeführt ist. Art. 38 I 1 GG ist zwar ein grundrechtsgleiches Recht, nicht aber Art. 38 I 2 GG, der lediglich ein organschaftliches Recht der Abgeordneten enthält.

Aus 93 I Nr. 4a GG folgt daher nicht, dass die in ihm genannten Grundgesetzartikel umfassend im Rahmen der Verfassungsbeschwerde rügefähige Rechte enthalten, sondern dies ist differenziert zu betrachten. Mit dem Verweis auf Art. 33 GG sind lediglich Art. 33 I–III GG gemeint, die mehrere grundrechtsgleiche Rechte enthalten.

Beispiel und ergänzende Hinweise:

1. Im Ausgangsfall ist A nach der Theorie des grundrechtsgleichen Rechts beschwerdebefugt, da danach Art. 33 V GG auch ein grundrechtsgleiches Recht für die Beamten gewährleistet und die Möglichkeit besteht, dass A durch das Bundesbesoldungsneuordnungsgesetz in seinem Recht auf amtsangemessene Alimentation (Alimentationsprinzip) verletzt wird. Denn das Alimentationsprinzip verpflichtet den Gesetzgeber, für die Besoldung und Versorgung des Beamten und seiner Familie zu sorgen (vgl. dazu etwa BVerfGE 16, 94 ff.). Herkömmlicherweise war es so, dass die Beamtenversorgung beitragsfrei ausgestaltet war. Daher könnte dieses Prinzip möglicherweise verletzt sein. Nach der Theorie des allein objektiv-rechtlichen Charakters ist A nicht beschwerdebefugt, da Art. 33 V GG gar keine subjektiven Rechte verleiht, so dass keine Möglichkeit einer Rechtsverletzung in Art. 33 V GG besteht.

2. Unabhängig davon, welcher der beiden Theorien man folgt, wird dem Gesetzgeber allgemein bei der Ausgestaltung von Art. 33 V GG ein großer Spielraum eingestanden. Dafür spricht bereits die Wendung »berücksichtigen«, die eine weniger enge Bindung als bei einer Beachtenspflicht nahe legt. Auch wenn insoweit die Formulierungen des BVerfG nicht ganz einheitlich sind und bisweilen doch von »beachten« die Rede ist (vgl. etwa BVerfGE 64, 367 [379] einerseits, BVerfGE 62, 374 [383] andererseits), so ist doch anerkannt, dass es dem Gesetzgeber möglich ist, das Beamtenrecht an veränderte gesellschaftliche und finanzielle Umstände anzupassen (vgl. dazu *Hebeler* RiA 2003, 157 [157 ff.]). Insofern spricht viel dafür, dass im Ausgangsfall allein der Umstand, dass bei der Finanzierung der Beamtenversorgung vom herkömmlichen System abgewichen wird, noch nicht zu einem Verstoß gegen Art. 33 V GG führt.

B. Staatsorganisationsrecht

I. Rechtsstaats- und Demokratieprinzip

24. Problem: Inwieweit sind rückwirkende Gesetze verfassungsrechtlich zulässig?

Beispiel:

In den ersten Jahren nach dem zweiten Weltkrieg wurden in der Bundesrepublik sog. Sozialpfandbriefe ausgegeben, die der Finanzierung und Ankurbelung des sozialen Wohnungsbaus wegen der damaligen akuten Wohnungsknappheit dienten. Als Anreiz wurden die Zinsen der Briefe durch eine Spezialregelung von der Einkommenssteuerpflicht befreit. Die Briefe hatten eine sehr lange Laufzeit bis über das Jahr 2000 hinaus. A hatte Mitte der 1960er Jahre zahlreiche dieser Briefe erworben. 1990 strich der Bundesgesetzgeber die Steuerbefreiung der Sozialpfandbriefe, woraufhin der Kurs der Briefe erheblich zurückging. A hat Zweifel an der Verfassungsmäßigkeit dieser Streichung und zwar insbesondere im Hinblick auf die damit seiner Ansicht nach verbundene Rückwirkung. Zu Recht (nach BVerfGE 105, 17 ff.)?

Ausgangspunkt:

Ändert der Gesetzgeber das Recht dahingehend, dass er in der Vergangenheit liegende Tatbestände nachträglich neu bewertet, so kann man von einer rückwirkenden Rechtsänderung sprechen. Es leuchtet unmittelbar ein, dass am Rechtsverkehr beteiligte Personen Vertrauen in das Recht und dessen Fortbestand gesetzt haben können, welches nun durch die Rechtsänderung berührt wird. Dieses Vertrauen einerseits und das Bedürfnis des Gesetzgebers andererseits, die Rechtslage ändern zu können (etwa weil aus seiner Sicht eine Anpassung an geänderte Umstände geboten bzw. sinnvoll ist oder schlicht, weil er die politischen Präferenzen nunmehr anders setzen möchte), stehen in einem Spannungsverhältnis zueinander. Sollte das Vertrauen in den Fortbestand der Rechtsordnung verfassungsrechtlich verankerbar sein, so könnte es dem Gesetzgeber Grenzen in seiner Befugnis setzen, Gesetze rückwirkend zu ändern. Eindeutig im Grundgesetz geregelt ist lediglich, dass rückwirkende Strafgesetze verboten sind (Art. 103 II GG). Ansonsten fehlt eine ausdrückliche rückwirkungsspezifische Regelung im Grundgesetz.

In der Praxis spielt die Rückwirkung von Gesetzen eine große Rolle. Zu den verfassungsrechtlichen Maßstäben, die für rückwirkende, nicht von Art. 103 II GG erfasste Gesetze gelten, gibt es mittlerweile eine nahezu unüberschaubare Menge an Rechtsprechung und Schrifttum. Wie sogleich aufzuzeigen sein wird, unterscheiden beide Senate des BVerfG weniger in sachlicher als vielmehr in begrifflicher Hinsicht unterschiedliche Arten von Rückwirkungen. Im Schrifttum steht nahezu durchgängig die Auseinandersetzung mit der BVerfG-Rechtsprechung im Mittelpunkt; trotz am BVerfG z.T. geäußerter Kritik hat bisher kein vom BVerfG deutlich unterscheidbarer Ansatz eine größere Anerkennung und Verbreitung im Schrifttum gefunden.

Im Folgenden werden daher abweichend von der üblichen Vorgehensweise keine sich einander gegenüberstehenden Theorien dargestellt, sondern die maßgeblich vom BVerfG geprägte Position einschließlich ihrer Einzelmerkmale und der sie tragenden Argumente.

I. Die unterschiedlichen Rückwirkungsarten

Das BVerfG differenzierte zunächst durchgehend zwischen der echten und unechten Rückwirkung, für die jeweils andere Rechtfertigungsanforderungen gelten (siehe II., III.):

Eine *echte Rückwirkung* liegt nur vor, wenn ein Gesetz nachträglich ändernd in abgewickelte, der Vergangenheit angehörende Tatbestände eingreift, deren Rechtsfolgen vor der Verkündung des Gesetzes eingetreten sind (BVerfGE 11, 139 [145 f.]; 57, 361 [391]; 68, 287 [306]; 72, 175 [196]; 95, 65 [86]).

Eine *unechte Rückwirkung* liegt vor, wenn das Gesetz nur auf gegenwärtige, noch nicht abgeschlossene Sachverhalte und Rechtsbeziehungen für die Zukunft einwirkt (BVerfGE 14, 288 [297]; 15, 313 [324 f.]; 22, 241 [248]; 30, 392 [402 f.]; 43, 291 [391]; 51, 356 [362]; 64, 87 [104]; 69, 272 [309]; 72, 141 [154], 89, 48 [66]; 94, 241 [259]; 95, 64 [86]).

Der 1. Senat des BVerfG hat diese Unterscheidung bis heute beibehalten. Der 2. Senat hat in den 1980er Jahren eine andere Begrifflichkeit eingeführt:

Eine *Rückbewirkung von Rechtsfolgen* durch eine Norm liegt vor, wenn der Beginn ihres zeitlichen Anwendungsbereichs auf einen Zeitpunkt festgelegt ist, der vor dem Zeitpunkt liegt, zu dem die Norm gültig geworden ist (BVerfGE 72, 200 [242]; 83, 89 [110]).

Eine *tatbestandliche Rückanknüpfung* liegt vor, wenn das Gesetz den Eintritt seiner Rechtsfolgen von Gegebenheiten aus der Zeit vor seiner Verkündung abhängig macht (BVerfGE 72, 200 [242]).

Substanzielle Unterschiede zwischen den Unterscheidungskriterien von 1. und 2. Senat werden im Schrifttum ganz überwiegend nicht erkannt (siehe etwa *Fiedler* NJW 1998, 1624 [1625 f.]; Sachs/*Sachs* Art. 20 GG Rn. 132). Es ist vielmehr so, dass beide Begriffspaare unterschiedliche Anknüpfungspunkte wählen: Der 1. Senat knüpft an den Sachverhalt und dessen Abgeschlossensein an, der 2. Senat stellt auf die Rechtsfolgen der gesetzlichen Regelung ab (*Maurer* § 17 Rn. 105). Die unterschiedlichen Ansätze beider Senate haben bislang keine praktischen Konsequenzen gehabt, andernfalls wären die Senate gem. § 16 I BVerfGG verpflichtet gewesen, das Plenum des BVerfG anzurufen (*Maurer* § 17 Rn. 106).

Im Folgenden wird das bislang im Schrifttum noch gebräuchlichere Begriffspaar von echter und unechter Rückwirkung verwandt.

II. Verfassungsrechtliche Zulässigkeit der Rückwirkung

1. Die dogmatische Verankerung des verfassungsrechtlichen Maßstabes

Wie im Ausgangspunkt bereits kurz angeklungen, ist es der Gedanke des Vertrauensschutzes, der in einem Spannungsverhältnis zu rückwirkenden Gesetzen steht. An welcher Grundgesetznorm die Grenzen rückwirkender Gesetze zu messen sind, bemisst sich daher nach der Grundlage des Vertrauensschutzes. Dies wird nicht einheitlich beantwortet. Überwiegend wird der Vertrauensschutz grundsätzlich im Rechtsstaatsprinzip nach Art. 20 III GG verankert gesehen; teilweise und verstärkt im neueren Schrifttum wird die Verankerung in den Grundrechten als vorrangig und die im Rechtsstaatsprinzip als subsidiär angesehen (so etwa *Blanke* Vertrauensschutz im deutschen und europäischen Verwaltungsrecht, 2000). Auch die Äußerungen des BVerfG sind insoweit nicht eindeutig: Teilweise stellt es allein auf das Rechtsstaatsprinzip ab (z.B. BVerfGE 13, 261 [271]), teilweise spricht es davon, dass die Rückwirkung vorrangig an den jeweiligen Grundrechten zu messen sei (z.B. BVerfGE 72, 200 [242]). Lediglich im Bereich des Art. 14 GG hat sich eine relativ kontinuierliche Rechtsprechung herausgebildet, wonach auch die Rückwirkungsfrage allein in Art. 14 GG zu verorten ist (siehe etwa BVerfGE 71, 1 [11 f.]; 75, 78 [104 f.]; 76, 220 [244 f.]).

Man ist sich weitgehend einig, dass aus der unterschiedlichen Verankerung keine sachlichen Unterschiede folgen: Nimmt man eine Verankerung im Rechtsstaatsprinzip an, so ist der Fall – sofern er dazu Anlass gibt – zunächst ohne die Rückwirkungsfrage auf seine Vereinbarkeit mit den Grundrechten zu prüfen; sodann stellt sich Frage nach der Vereinbarkeit mit dem Rechtsstaatsprinzip im Hinblick auf die Rückwirkung. Nimmt man hingegen eine Verankerung in den Grundrechten an, so kann man ebenso zunächst den Fall ohne die Rückwirkungsfrage auf seine Vereinbarkeit mit dem betroffenen Grundrecht und dann bei der verfassungsrechtlichen Rechtfertigung des Eingriffs neben dem Grundsatz der Verhältnismäßigkeit die sogleich darzustellenden Kriterien im Hinblick auf die Rückwirkung prüfen (so etwa die Vorgehensweise in BVerfGE 64, 72 [83 f.]).

2. Die Zulässigkeitsvoraussetzungen einer echten Rückwirkung

a) Die grundsätzliche Unzulässigkeit

Die echte Rückwirkung ist grundsätzlich unzulässig (BVerfGE 13, 261 [271]; 30, 392 [401]; 45, 142 [173 f.]; 88, 384 [403 f.]; 94, 241 [258 f.]; 95, 64 [86]).

Argument
Mit dem Grundsatz des Vertrauensschutzes ist es grundsätzlich nicht vereinbar, dass eine gesetzliche Regelung, die für einen bestimmten Zeitraum gegolten hat, verbindlich war und angewendet wurde, nachträglich durch eine neue Regelung ersetzt wird; denn damit wird das, was unter der Herrschaft des früheren Rechts geschehen ist, nun zum Nachteil des Bürgers einer anderen rechtlichen Beurteilung unterworfen. Dispositionen, die der Bürger aufgrund des geltenden Rechts getroffen hat, dürfen nicht dadurch entwertet werden, dass diese Rechtsgrundlage nachträglich beseitigt wird.

b) Die ausnahmsweise Zulässigkeit

Ausnahmsweise ist eine echte Rückwirkung zulässig, wenn besondere Gründe dies rechtfertigen; dies gilt insbesondere in folgenden Fällen:

aa) Der Bürger musste für den Rückwirkungszeitraum mit einer Neuregelung rechnen (BVerfGE 13, 261 [272]; 37, 363 [397 f.]; 45, 142 [175]; 88, 384 [404]; 89, 48 [67]).

bb) Die bisherige Rechtslage war unklar und verworren und dies soll durch eine Rückwirkung beseitigt werden (BVerfGE 13, 261 [272]; 30, 367 [388 f.]; 45, 142 [173 f.]; 72, 200 [259]; 88, 384 [404]).

cc) Die bisherige Regelung ist verfassungswidrig und soll durch die rückwirkende Neuregelung ersetzt werden (BVerfGE 13, 261 [272]).

dd) Die aus der Rückwirkung folgende Belastung ist lediglich bagatellhaft und daher irrelevant (BVerfGE 30, 367 [389]; 72, 200 [258 f.]; 95, 64 [86 f.]).

ee) Zwingende Gründe des öffentlichen Wohls erfordern eine Rückwirkung (BVerfGE 13, 261 [272]; 30, 367 [390 f.]; 45, 142 [174]; 72, 200 [260]; 88, 384 [404]).

Argument zu aa)–cc)
In diesen Fällen bestand für den Bürger kein schutzwürdiger Vertrauenstatbestand.

3. Die Zulässigkeitsvoraussetzungen einer unechten Rückwirkung

a) Die grundsätzliche Zulässigkeit

Die unechte Rückwirkung ist grundsätzlich zulässig (BVerfGE 30, 392 [402]; 43, 291 [391]; 63, 152 [175]; 72, 141 [154]; 92, 277 [325]; 94, 241 [259]; 95, 64 [86]; 101, 239 [263]).

Argument
Bei einer unechten Rückwirkung überwiegt grundsätzlich der Belang, dass der Gesetzgeber für die Zukunft die Rechtsordnung neu gestalten können muss, selbst wenn er dabei auf Sachverhalte und Rechtsbeziehungen einwirkt, die in der Vergangenheit begonnen wurden.

b) Die ausnahmsweise Unzulässigkeit

Die unechte Rückwirkung ist ausnahmsweise unzulässig, wenn folgende Voraussetzungen *kumulativ* erfüllt sind:

aa) Das Gesetz nimmt einen Eingriff vor, mit dem der Betroffene nicht zu rechnen brauchte, den er also nicht bei seinen Dispositionen berücksichtigen konnte (BVerfGE 68, 287 [307]; 72, 175 [196]).

bb) Das Vertrauen ist im Einzelfall schutzwürdiger als das mit dem Gesetz verfolgte Anliegen. Dies ist dann der Fall, wenn die unechte Rückwirkung zur Erreichung des Gesetzeszweckes nicht geeignet oder erforderlich ist oder wenn die Bestandsinteressen der Betroffenen die Veränderungsgründe des Gesetzgebers überwiegen (BVerfGE 24, 220 [230 f.]; 69, 272 [310]; 70, 101 [114]; 72, 175 [196]; 76, 256 [356]; 78, 249 [284]; 89, 48 [66]; 103, 392 [403]).

Beispiel und ergänzende Hinweise:

1. Im Ausgangsfall maß das BVerfG die Frage der Rückwirkung und des Vertrauensschutzes allein am Rechtsstaatsprinzip. Es nahm eine unechte Rückwirkung an, da die Aufhebung der Steuervergünstigung zwar nur auf die Zukunft einwirkt, dabei aber an einen in der Vergangenheit begründeten (Erwerb der Briefe in den 1960er Jahren) und aufgrund der Laufzeit der Briefe noch nicht abgeschlossenen Sachverhalt

anknüpft. Das BVerfG kam hier dazu, dass die unechte Rückwirkung zulässig ist. Das BVerfG begründete zunächst ausführlich, dass viele Umstände dafür sprachen, dass der A nicht damit zu rechnen brauchte, dass die Steuerbefreiung während der Laufzeit der Briefe zu seinen Ungunsten geändert wird: Die gesetzgeberische Konzeption bei der Ausgabe der Briefe und ihrer Steuerbefreiung bestand darin, dass der Staat das privatrechtliche Gewinnstreben der Anleger als Mittel einsetzte, um wirtschaftspolitische und soziale Ziele zu erreichen. Auch A hatte die Briefe in Kenntnis der Steuerbefreiung erworben und im Rahmen seines Rentabilitätskalküls darauf vertraut, dass diese bis zum Ende der jeweiligen Laufzeit bestehen bleibe (BVerfGE 105, 17 [38]). Das BVerfG sah aber nicht das Vertrauen des A als schutzwürdiger an als das mit der Aufhebung der Steuervergünstigung verbundene gesetzgeberische Anliegen: Der Gesetzgeber hob die Steuervergünstigung nicht nur auf, um damit die Haushaltslage zu konsolidieren, sondern auch um das rechtsstaatlich relevante Ziel der Gleichmäßigkeit in der steuerlichen Belastung unterschiedlicher Einkommensarten zu erreichen. Ferner bestand aufgrund der sehr langen Laufzeit der Briefe jedenfalls kein allzu hoch zu bewertender Vertrauensschutz des A dahingehend, dass die Steuerbefreiung über die gesamt Laufzeit aufrecht erhalten würde (vgl. dazu BVerfGE 105, 17 [43 ff.]).

2. Ein Problem stellt häufig dar, worauf genau für die Beurteilung der Frage abzustellen ist, ob ein Tatbestand bereits abgewickelt ist und daher eine echte Rückwirkung gegeben ist. Für die Beurteilung des »Abgewickeltseins« kommen nämlich oft mehrere Anknüpfungspunkte in Betracht: Normiert z.B. eine Gesetzesnorm, die vertragliche Bestimmungen zum Gegenstand hat, dass sie auch Geltung hat »für Verträge« ab einem rückdatierten Zeitpunkt X, so fragt sich, ob hier auf den Abschluss des Vertrages oder sein Vollzug abzustellen ist.

Viel diskutiert ist auch, worauf abzustellen ist, wenn eine Steuer während des Veranlagungszeitraums mit Wirkung für den Beginn dieses Zeitraums erhöht wird (Beispiel: Die Einkommenssteuer wird durch Gesetz aus Juli eines Jahres mit Wirkung zum 1. Januar dieses Jahres erhöht). Hier stellt das BVerfG auf das Ende der Veranlagungsperiode ab mit der Folge, dass nur eine unechte Rückwirkung gegeben ist. Teile der Literatur entgegnen dem, dass unter dem Gesichtspunkt des Vertrauensschutzes nicht dieser Zeitpunkt, sondern das steuerbegründende Verhalten des Steuerpflichtigen maßgeblich sein müsse (etwa *Friauf* BB 1972, 669 [675 f.]).

3. Es gibt bestimmte Strukturmerkmale, die eine Fallgestaltung erfüllen muss, damit die Rückwirkungsproblematik relevant werden kann: Zum einen beinhaltet die Rückwirkung stets ein Zeitmoment. Der in Frage stehende Sachverhalt muss eine dauerhafte Wirkung besitzen, damit der Gesetzgeber später eine Regelung schaffen kann, die den Sachverhalt noch berührt. Daher sind Steuer- und Abgabengesetze, Sozialleistungsgesetze, Subventionsgesetze und dergleichen aufgrund ihrer oft dauerhaften Veranlagungs- und Leistungszeiträume »rückwirkungsträchtig«. Zum anderen stellt sich die Frage einer verfassungsrechtlich womöglich bedenklichen Rückwirkung bei diesen genannten Gesetzestypen nur dann, wenn der Bürger durch die Rückwirkung beschwert wird. Dies ist nur der Fall, wenn eine rückwirkende Regelung dem Bürger bereits gewährte Leistungen, Vergünstigungen oder Verschonungen entzieht. Steht die Verfassungsmäßigkeit von Eingriffsverwaltung in Frage (Beispiel: Ein Steuergesetz auferlegt eine stärkere Belastung als ein früheres Steuergesetz, knüpft dabei aber an einen in der Vergangenheit liegenden Sachverhalt an), so mag die

Fallgestaltung auch im Hinblick auf die Rückwirkung verfassungsrechtlich zu überprüfen sein; aber hier wird eher der Eingriffsakt als solcher im Hinblick auf seine grundrechtliche Vereinbarkeit unabhängig der Rückwirkungsfrage im Zentrum der Überlegungen stehen.

4. Didaktisch ausgerichtete Beiträge zur Rückwirkungsproblematik: *Fischer* JuS 2001, 861 ff.; *Wernsmann* JuS 1999, 1177 ff. und JuS 2000, 39 ff. (jeweils mit starkem steuerrechtlichem Akzent); *Muckel* JA 1994, 13 ff.; *Bauer* JuS 1984, 241 ff.; *Pieroth* Jura 1983, 122 ff.; weitere ausführliche Schrifttumsnachweise bei *Maurer* § 17 Rn. 126.

5. Falllösungen: *Heimann/Kirchhof/Waldhoff* Fall 15; *Starck/Schmidt* Fälle 109–111; *Degenhart* Klausurenkurs I, Fall 13; *Degenhart* Klausurenkurs II, Fall 5; *Geis* Fall 3.

25. Problem: Welche Anforderungen stellt das Demokratieprinzip an die Legitimation funktionaler Selbstverwaltungstätigkeit?

Beispiel:

Durch das Lippeverbandsgesetz ist der Lippeverband als eine Körperschaft öffentlichen Rechts geschaffen worden, dem alle wesentlichen wasserwirtschaftlichen Aufgaben für das Einzugsgebiet der Lippe übertragen sind. Zweck des Verbandes ist die selbstverantwortliche Sicherung des Wassers und dessen Qualität. Das Gesetz ermächtigt den Lippeverband, gegen seine Mitglieder, aber auch gegen Dritte Verwaltungsakte zu erlassen. Dem Verband gehören in einer Verbandsversammlung das Land NRW, die an der Lippe gelegenen Kommunen sowie sämtliche öffentliche und private Unternehmen und Privatpersonen an, die z.B. durch Wasserentnahme oder Grundstückslage einen besonderen Bezug zur Lippe aufweisen. Die Verbandsversammlung wählt einen Verbandsrat, dieser bestellt den Verbandsvorstand als (Haupt-) Ausführungsorgan des Verbandes. Sind diese Regelungen des Lippeverbandsgesetzes mit dem Demokratieprinzip des Grundgesetzes vereinbar (nach BVerfGE 107, 59 ff. und BVerwG NVwZ 1999, 870 ff.; vgl. auch BVerwGE 106, 64 ff.)?

Ausgangspunkt:

Art. 20 I GG trifft die Strukturentscheidung für einen demokratischen Staat. Art. 20 II 1, 2 Hs. 1 GG konkretisiert dies dahingehend, dass alle Staatsgewalt vom Volke ausgeht und sie vom Volk in Wahlen und Abstimmungen ausgeübt wird. Durch Art. 20 II GG wird damit als ein wesentliches Element des Demokratieprinzips der Grundsatz und das Erfordernis demokratischer Legitimation von Staatsgewalt festgeschrieben. Demokratische Legitimation zielt also darauf ab, einen effektiven Einfluss des Volkes auf die Ausübung der Staatsgewalt herbeizuführen und zu sichern. Dabei ist jedes amtliche Handeln mit Entscheidungscharakter als Ausübung von Staatsgewalt und damit als Legitimationsobjekt anzusehen (vgl. etwa BVerfGE 93, 37 [68]).

Mit welchen Mechanismen die nötige demokratische Legitimation sicherzustellen ist, haben BVerfG und Lehre herausgearbeitet und ein zumindest im Grundsatz weitgehend anerkanntes Legitimationsmodell erarbeitet (zur Kritik daran siehe etwa *Bryde* StWStPr 5 [1994], 305 ff.). Danach gibt es zwei unterschiedliche Legitimationsstränge, nämlich die sog. organisatorisch-personelle und die sog. sachlich-inhaltliche Legitimation: Die *organisatorisch-personelle Legitimation* besteht in einer auf das Volk zurückzuführenden Kette für die mit der Wahrnehmung staatlicher Aufgaben betrauten Amtswalter; unmittelbare Volkswahl ist dabei nicht nötig, sondern ein Legitimationszusammenhang mittels einer ununterbrochenen Legitimationskette ist ausreichend. Die *sachlich-inhaltliche Legitimation* soll die Ausübung der Staatsgewalt ihrem Inhalt nach vom Volk herleiten. Diese Legitimation kann auf zwei Wegen hergestellt werden: Erstens durch das parlamentarische Gesetzgebungsrecht; es gibt den Amtswaltern vor, was (materiell-rechtliche Vorgaben) und wie (verfahrensrechtliche Vorgaben) sie zu handeln haben. Zweitens durch Kontrollrechte (d.h. die Amtswalter unterstehen Kontroll- und Aufsichtsrechten); dabei müssen nicht stets detaillierte Vorgaben durch das Gesetz und das Unterstehen unter eine Aufsicht gegeben sein, sondern entscheidend ist, dass insgesamt eine sachlich-inhaltliche Legitimation gegeben ist (Beispiel: ein Richter, der auch Staatsgewalt i.S.v. Art. 20 II GG ausübt, ist nicht weisungsabhängig, dafür ist er aber streng an das Gesetz ohne eigene Gestaltungsspielräume gebunden).

Dieses Legitimationsmodell fußt gedanklich auf der hierarchisch strukturierten Ministerialverwaltung: Das Volk wählt den Bundestag (Art. 38 GG), dieser beschließt die Gesetze (Art. 77 I GG) und wählt den Bundeskanzler (Art. 63 GG). Auf dessen Vorschlag werden die Minister ernannt (Art. 64 I GG) und diese führen ihren jeweiligen Geschäftsbereich selbstständig (Art. 65 S. 2 GG). Diesen Ministerien sind in der Regel mehrere Behörden hierarchisch nachgeordnet und in dieser Hierarchie bestehen in der Regel detaillierte Aufsichts- und Weisungsrechte; die Auswahl und Amtseinsetzung der Amtswalter erfolgt zudem ministerial(mit-)bestimmt. Das Gesagte gilt für die Länderebene mit Landtagswahl, Ministerpräsident, Ministern und Ministerien samt hierarchisch untergeordneten Behörden entsprechend.

Es gibt aber auch Verwaltungskonstruktionen und damit auch Formen der Ausübung von Staatsgewalt i.S.v. Art. 20 II 1 GG, die anders aufgebaut sind. In der Staatspraxis weitverbreitet ist die sog. *funktionale Selbstverwaltung*. Darunter versteht man, dass eine bestimmte Aufgabe aus der unmittelbaren Staatsverwaltung ausgegliedert und zur eigenverantwortlichen Erledigung einem eigenständigen öffentlich-rechtlichen Rechtssubjekt (in der Regel einer Körperschaft) übertragen wird. Beispiele sind berufsständische Kammern wie Rechtsanwalts-, Notar- oder Ärztekammern, sowie land- und forstwirtschaftliche Zusammenschlüsse und wie im Ausgangsfall wasserwirtschaftliche Verbände. Hier passt das beschriebene Legitimationsmodell ersichtlich nicht ganz: Funktionale Selbstverwaltungsträger sollen die ihnen übertragene Staatsaufgabe eigenverantwortlich erledigen und dies bedeutet gerade, dass sie eigene Rechtsfähigkeit besitzen und (wenn überhaupt) nur sehr beschränkt ministerialen Weisungsbefugnissen unterstehen; zudem werden ihre Amtswalter in der Regel durch körperschaftsinterne Wahlen bestimmt.

Ob – und wenn ja, durch welche Mechanismen und in welchem Umfang – funktionale Selbstverwaltungstätigkeit demokratisch legitimiert werden kann, ist umstritten. Die Diskussion dazu hat erst in den letzten Jahren verstärkt eingesetzt und ist noch im Fluss. Es geht hier lediglich darum, die grundlegenden Ansätze und Argumente aufzuzeigen, so dass das Problem in seinen Grundzügen verständlich wird. Nicht aufgezeigt werden können und sollen Feinheiten und Einzelfragen, die aus der häufig komplizierten inneren Verfasstheit der funktionalen Selbstverwaltungseinheiten herrühren und die u.U. auch auf die verfassungsrechtliche Argumentation im Hinblick auf die demokratische Legitimation rückwirken können.

I. (hier sog.) **Theorie des monistischen Legitimationsansatzes**

Auch im Bereich funktionaler Selbstverwaltung gelten die demokratischen Legitimationserfordernisse wie im Bereich der Ministerialverwaltung entsprechend zumindest dann, wenn die Wahrnehmung von Aufgaben in Frage steht, die die Allgemeinheit betreffen.

Vertreten von:
BVerwGE 106, 64 (76 ff.); BVerwG NVwZ 1999, 870 (873 ff.); *Jestaedt* Demokratieprinzip und Kondominialverwaltung, 1993, S. 543 ff.; andeutungsweise auch: *Jestaedt* JuS 2004, 649 (653); *Sodan/Ziekow* § 6 Rn. 34.

1. Argument
Es gibt im Grundgesetz grundsätzlich keinen Anhaltspunkt, die funktionale Selbstverwaltung, sofern sie auch die Allgemeinheit betrifft, im Hinblick auf das Erfordernis nach ihrer demokratischen Legitimation anders zu behandeln als die Ministerialverwaltung. Art. 87 GG erlaubt zwar ausdrücklich, Selbstverwaltungsträger durch Gesetz zu schaffen. Ein Wesensmerkmal der Selbstverwaltung ist es aber, dass die vom Selbstverwaltungsträger zu erfüllende Aufgabe nur die in der Selbstverwaltungseinheit zusammengeschlossenen bzw. ihnen angehörenden Bürger betrifft und dass nicht Aufgaben Dritter und damit solche der Allgemeinheit wahrgenommen werden.

2. Argument
Die Anwendung der demokratischen Legitimationserfordernisse, wie sie für die Ministerialverwaltung entwickelt wurden, bedeutet für die funktionale Selbstverwaltung, dass sie regelmäßig nicht die nötige personell-organisatorische Legitimation aufweist, da die Bestellung der Amtswalter regelmäßig körperschafsintern erfolgt. Dieses Defizit in personell-organisatorischer Hinsicht kann auch nicht durch das Vorhandensein einer sachlich-inhaltlichen Legitimation in Form eines Parlamentsgesetzes, das die Aufgaben und Befugnisse der Selbstverwaltungskörperschaft festschreibt, kompensiert werden.

3. Argument
Selbst wenn die körperschaftsinterne Bestellung der Amtswalter in Form von Wahlen durch die Mitglieder der Körperschaft erfolgt, so genügt dies nicht dem Wahlerfordernis des Art. 20 II 2 Hs. 1 GG. Denn Legitimationssubjekt ist das Volk und mit Volk ist das Gesamtvolk gemeint und nicht auch Teilvölker in Form von Verbandsvölkern und dergleichen. Dafür sprechen der Wortlaut in Art. 20 II GG sowie grundgesetzliche Einzelverbürgungen, die Art. 20 II GG näher ausfüllen wie z.B. Art. 38 I 1 GG, wonach das Wahlrecht u.a. ein allgemeines und somit ein auf das Gesamtvolk als Legitimationsgeber bezogenes ist. Zwar werden für die Landes- und die Kommunalebene auch Teilvölker ausnahmsweise als legitimationsgebend anerkannt (Beispiel: Nur die jeweilige wahlberechtigte Landesbevölkerung wählt die Landtage), sie stellen aber eine strukturell gleiche Teilmenge zum gesamtstaatlichen Verband dar;

auch daran fehlt es aber bei körperschaftlichen Zusammenschlüssen im Rahmen der funktionalen Selbstverwaltung.

II. (hier sog.) **Theorie der pluralistischen Legitimationsansätze**

Das Legitimationskonzept, wie es für die Ministerialverwaltung Gültigkeit besitzt, muss im Bereich funktionaler Selbstverwaltung modifiziert werden: Es ist entweder auf andere Mechanismen als hinreichend legitimationsstiftend abzustellen oder das Defizit ist bei einem Legitimationsstrang des herkömmlichen Legitimationskonzepts durch das Vorhandensein der Legitimation bei dem anderen Legitimationsstrang vollständig kompensierbar.

Vertreten von:
BVerfGE 107, 59 (86 ff.); OVG Münster NWVBl 1996, 254 (256 f.); *Emde* Die demokratische Legitimation der funktionalen Selbstverwaltung, 1991, S. 382 ff.; Maunz/Dürig/*Herzog* Art. 20 II Rn. 56 f.; *Herzog* Allgemeine Staatslehre, 1971, S. 220 ff.; *Kluth* Funktionale Selbstverwaltung, 1997, S. 374 ff.; *Kluth* in: Schnapp (Hrsg.), Funktionale Selbstverwaltung und Demokratieprinzip – am Beispiel der Sozialversicherung, 2001, S. 17 (33 f.); *Axer* Normsetzung der Exekutive in der Sozialversicherung, 2000, S. 295; Friauf/Höfling/*Volkmann* Art. 20 GG (Demoktratieprinzip) Rn. 47; *Groß* Das Kollegialprinzip in der Verwaltungsorganisation, 1999, S. 163 ff.; *Groß* in: Demokratie und Grundgesetz (Redaktion KJ), 2000, S. 93 (93 ff.); *Kleine-Cosack* Berufsständische Autonomie und Grundgesetz, 1986, S. 111 f.; *Unruh* VerwArch 92 (2001), 531 (547 ff.); *Unruh* JZ 2003, 1061 (1063); *Tettinger* in: Schnapp (Hrsg.), Funktionale Selbstverwaltung und Demokratieprinzip – am Beispiel der Sozialversicherung, 2001, S. 89 (112); *Dederer* NVwZ 2000, 403 (405); *Dederer* Korporative Staatsgewalt, 2004, S. 236 f.; *Britz* VerwArch 91 (2000), 418 (430 f.); *Mehde* VerwArch 91 (2000), 540 (554); *Bryde* FS Thieme, 1993, S. 9 (19 f.); *Bryde* StWStPr 5 (1994), 305 (317 ff.); *Dreier* Hierarchische Verwaltung, 1991, S. 275–277; wohl auch: Jarass/Pieroth/*Pieroth* Art. 20 GG Rn. 10a; Dreier/*Dreier* Art. 20 GG (Demokratie) Rn. 131 ff.; v. Münch/Kunig/*Schnapp* Art. 20 GG Rn. 22; ähnlich: *Musil* DÖV 2004, 116 (120); *Muckel* NZS 2002, 118 (124 f.); *Schmidt-Aßmann* AöR 116 (1991), 329 (329 ff.); *Brohm* VVdStRL 30 (1972), S. 245 (269); *Oebbecke* VerwArch 81 (1990), 349 (357 f.); *Bryde* in: Demokratie und Grundgesetz (Redaktion KJ) 2000, S. 59 (59 ff.); *Kingreen* NZS 2007, 113 (116); *Schoch/Wieland* ZG 2005, 223 (228 ff.); *Kahl* AöR 130 (2005), 225 (239).

Anmerkung:
Hinter den hier sog. pluralistischen Legitimationsansätzen verbergen sich mehrere Einzelansätze mit teils sich gegenseitig ausschließenden Argumenten. Die folgenden Argumente sind daher nicht kumulativ, sondern alternativ zu verstehen.

1. Argument (gegen das 3. Argument der Theorie des monistischen Legitmationsansatzes)

Es muss nicht immer das Staatsvolk in seiner Gesamtheit an der Herstellung demokratischer Legitimation beteiligt sein. Es reicht auch die Legitimationsvermittlung durch sog. Teilvölker aus. Dies folgt bereits daraus, dass beim Bundestagswahlrecht, das keine Bundeslisten kennt und bei dem daher die über die Landeslisten gewählten Bundestagsabgeordneten ihre Legitimation genaugenommen nicht auf das Bundesvolk, sondern auf das jeweilige Landesvolk und somit ein Teilvolk zurückführen. Zu fordern ist aber stets, dass eine Identität von Herrschaftsbefugnissen und Herrschaftsunterworfenen gegeben ist und dass somit keine Außenstehenden von der staatlichen Machtausübung des funktionalen Selbstverwaltungsträgers betroffen werden dürfen.

2. Argument
Das demokratische Prinzip wurzelt in dem Gedanken der individuellen Selbstbestimmung. Wenn Staatsverwaltung so ausgestaltet ist, dass sie diesem gerecht wird, so ist sie als unter dem Grundgesetz mit dem Demokratieprinzip vereinbar anzusehen. So verstanden, erfordert das Demokratieprinzip nicht zwingend eine Rückkopplung in Form einer ununterbrochenen Legitimationskette von den Amtswaltern bis hin zum Gesamtvolk. Ausreichend ist vielmehr, dass die jeweils Betroffenen ihre Amtswalter wählen oder dass die Amtswalter von Gremien, die die Betroffenen wählen, ernannt werden.

3. Argument
Wenngleich bei funktionalen Selbstverwaltungsträgern regelmäßig die organisatorisch-personelle Legitimationskomponente in Form einer ununterbrochenen Legitimationskette nach dem herkömmlichen Legitimationskonzept fehlt, so kann die personelle Legitimation dennoch anderweitig, nämlich durch Gesetz, hergestellt werden. Denn das Gesetz, das die funktionale Selbstverwaltungstätigkeit festlegt, kann nicht nur die Aufgabe und die Befugnisse der Selbstverwaltung festlegen, sondern auch Regelungen über die Berufung der Amtswalter enthalten. Ist letzteres der Fall, so ist auch die personelle Besetzung parlamentarisch determiniert und somit legitimatorisch hinreichend rückgekoppelt.

Beispiel und ergänzende Hinweise:

1. Im Ausgangsfall stellt die vom Lippeverband wahrgenommene Aufgabe der Verwaltung der Wasserwirtschaft eine staatliche, lebenswichtige Aufgabe der Daseinsvorsorge für die Bevölkerung dar. Das BVerwG als Anhänger der Theorie des monistischen Legitimationsansatzes hat das Lippeverbandsgesetz als mit dem Grundgesetz unvereinbar wegen Verstoßes gegen das Demokratieprinzips erachtet. Es hat dabei betont, dass sich die einzelnen Normen nur schwer getrennt voneinander isoliert auf ihre Verfassungsmäßigkeit hin überprüfen lassen, sondern dass sich die meisten Vorschriften einander wechselseitig bedingen und somit insgesamt die »Konzeption der funktionalen Selbstverwaltung, so wie sie im Lippeverbandsgesetz festgelegt ist, den Anforderungen des grundgesetzlichen Demokratieprinzips nicht genügt« (BVerwG NVwZ 1999, 870 [875]). Denn die Amtswalter des Lippeverbandes seien nicht organisatorisch-personell demokratisch legitimiert, so dass es an einem notwendigen Legitimationsstrang fehle; zugleich nehme der Verband mit der Wasserwirtschaft eine Aufgabe wahr, die die Allgemeinheit betreffe und er sei durch das Gesetz auch zu Verwaltungsakten gegenüber der Allgemeinheit und somit auch gegenüber außerhalb des Verbandes stehenden Dritten befugt.

Ob auch alle pluralistischen Legitimationsansätze das Gesetz als verfassungswidrig erachten, lässt sich ohne weiteres nicht eindeutig und wohl auch nicht einheitlich beantworten. Im Gegensatz zum BVerwG hat das BVerfG (BVerfGE 107, 59 [86 ff.])

das Gesetz für verfassungsgemäß erachtet, allerdings ist die Begründung der Entscheidung nur schwer verständlich und es bleibt weitgehend unklar, welchem dogmatischen Ansatz das BVerfG genau folgt (so mit Recht die scharfe Kritik von *Jestaedt* JuS 2004, 659 [651–653]; kritisch zur Begründung auch *Unruh* JZ 2003, 1061 [1062 f.]; *Musil* DÖV 2004, 116 [119 f.]). Diejenigen, die davon ausgehen, dass auch ein Teilvolk legitimierend wirken kann (vgl. 1. Argument der Theorie der pluralistischen Legitimationsansätze), müssten zwar dazu gelangen, dass die Wahl durch die Verbandsversammlung legitimierend wirken kann; sie müssten aber zumindest die Vorschriften, die dazu führen, dass auch Nichtmitglieder von Verwaltungsmaßnahmen des Verbandes betroffen sein können und somit keine Identität von Herrschaftsbefugnissen und Herrschaftsunterworfenen gegeben ist, für verfassungswidrig erachten. Diejenigen, die vom 2. bzw. 3. Argument ausgehen, würden das Gesetz wohl für verfassungsgemäß erachten (vorbehaltlich einer genaueren Prüfung, die aufgrund der sehr gestrafften Sachverhaltsschilderung hier nicht möglich ist).

2. Eine weitere, im Schrifttum ausgiebig diskutierte Erscheinungsform funktionaler Selbstverwaltung, bei der die demokratische Legitimation in Frage steht, stellt der Bundesausschuss für Ärzte und Krankenkassen im Bereich des Krankenversicherungsrechts dar (siehe dazu etwa *Butzer/Kaltenborn* MedR 2001, 333 ff.; *Hebeler* DÖV 2002, 936 ff.).

3. Falllösung: *Geis* Fall 1.

26. Problem: Gilt im Bereich der Leistungsverwaltung der Gesetzesvorbehalt?

Beispiel:

Im Bundeshaushalt werden Fördermittel zur Ansiedelung von Unternehmen in strukturschwachen Gebieten bereitgestellt. Ein Parlamentsgesetz, das die Fördervoraussetzungen, die Förderhöhe und dergleichen bestimmt, existiert nicht. Im Bundeswirtschaftsministerium, das ressortmäßig für die Wirtschaftsförderung zuständig ist, wird lediglich ein behördeninterner »Leitfaden« erarbeitet, der grobe Anhaltspunkte dafür enthält, in welchen Fällen und in welcher Höhe die Fördermittel bereitgestellt werden sollen. Ist dies ausreichend oder bedürfte es eines förmlichen Gesetzes, das nähere Festlegungen über die Fördermodalitäten trifft?

Ausgangspunkt:

Der Gesetzesvorbehalt besagt, dass hoheitliche Tätigkeit einer formell-gesetzlichen Grundlage bedarf. Es handelt sich um eine Frage der Kompetenzverteilung zwischen Legislative und Exekutive: Wann muss das Parlament eine Regelung selbst treffen und wann darf die Exekutive selbst ohne formell-gesetzliche Grundlage tätig werden? Die genaue dogmatische Verortung des Gesetzesvorbehalts, der als Begriff im Grundgesetz nirgends auftaucht, ist nicht klar und bereits (zumeist unausgesprochen) Gegenstand der vorgebrachten Argumente des Problems. Die Verortungen schwanken teils alternativ, teils kumulativ zwischen dem Rechtsstaats- und Demokratieprinzip sowie den Grundrechten (vgl. dazu *Wehr* JuS 1997, 419 [420]). Auch in begrifflicher Hinsicht wird nicht immer einheitlich operiert: Teilweise wird nicht von Gesetzesvorbehalt, sondern von »Vorbehalt des Gesetzes« gesprochen; beides wird aber synonym verwandt. Der Begriff »Parlamentsvorbehalt« ist ebenfalls regelmäßig gleichbedeutend mit dem Gesetzesvorbehalt. *Parlamentsvorbehalt* betont begrifflich stärker den Adressaten, dem es vorbehalten ist, eine Regelung zu treffen, *Gesetzesvorbehalt* stärker das instrumentelle Mittel, mit dem dies zu geschehen hat. Inhaltlich gleichbedeutend sind beide Begriffe regelmäßig deshalb, weil das formelle Gesetz die gängige Handlungsform des Parlaments ist; handelt es ausnahmsweise einmal nicht in Gesetzesform, sondern z.B. in Beschlussform und ist die Materie, über die zu beschließen ist, dem Parlament vorbehalten, so ist nur der Begriff »Parlamentsvorbehalt«, nicht aber »Gesetzesvorbehalt« zutreffend.

Unbestritten ist, dass der Gesetzesvorbehalt grundsätzlich (vgl. aber 27. Problem) im Bereich der Eingriffsverwaltung gilt. Dies folgt allein schon daraus – unabhängig davon, ob man auch weitere Begründungsansätze zugrunde legt –, dass bei Eingriffsverwaltung stets eine Grundrechtsbetroffenheit gegeben ist und schon deshalb – über die speziellen grundrechtlichen Gesetzesvorbehalte hinaus, welche die einzelnen Grundrechte normieren – aus rechtsstaatlichen Gesichtspunkten eine gesetzliche Grundlage erforderlich ist (vgl. auch dazu *Wehr* JuS 1997, 419 [420]).

Strittig ist hingegen, ob auch im Bereich der Leistungsverwaltung der Gesetzesvorbehalt gilt. Für den Sozialleistungsbereich bestimmt § 31 SGB I, dass »Rechte (...) in den Sozialleistungsbereichen dieses Gesetzbuchs (...) nur begründet werden (dürfen), soweit ein Gesetz es vorschreibt oder zulässt«. Oft wird diese Norm dafür angeführt, dass im Sozialleistungsbereich daher die Frage nach der Geltung des Gesetzesvorbehalts beantwortet sei. Dies ist indes nicht ganz präzise, denn diese Frage kann nur auf verfassungsrechtlicher Ebene beantwortet werden. Wird eine Sozialleistung entgegen § 31 SGB I ohne gesetzliche Grundlage gewährt, besteht vielmehr (bereits) ein Verstoß gegen den Grundsatz des Vorrangs des Gesetzes.

Der im Bereich der Leistungsverwaltung mit Abstand meistdiskutierte Fall der Geltung des Gesetzesvorbehalts ist der der Subventionen. Manche Äußerungen in Rechtsprechung und Schrifttum sind »subventionsspezifisch«; soweit solche Äußerungen aber so zu verstehen sind, dass sie offenbar auch für den übrigen Leistungsbereich Geltung beanspruchen, sind auch sie im Folgenden aufgeführt.

I. (hier sog.) **Theorie des Totalvorbehalts**

Der Gesetzesvorbehalt besteht mit Ausnahme von Notfällen auch im Bereich der Leistungsverwaltung. Die bloße Einstellung der zu leistenden Mittel im Haushaltplan genügt nicht.

Vertreten von:
Maurer Allgemeines Verwaltungsrecht, 17. Aufl. 2009, § 6 Rn. 19–23; *Maurer* § 8 Rn. 22; Maunz/Dürig/*Herzog* Art. 20 III GG Rn. 69–75; v. Mangoldt/Klein/Starck/*Sommermann* Art. 20 GG Rn. 281 f.; *Jesch* Gesetz und Verwaltung, 2. Aufl. 1968, S. 92 ff., 124 ff.; *Rupp* Grundfragen der heutigen Verwaltungsrechtslehre, 2. Aufl. 1991, S. 113 ff.; *Bauer* DÖV 1983, 53 (53 ff.); *Götz* Recht der Wirtschaftssubventionen, 1966, S. 283–285; *Schlotke* Die hoheitliche Einflussnahme auf den Empfang öf-

fentlicher Subventionen und ihre rechtlichen Grenzen, 1968, S. 61 ff.; *Grosser* Die Spannungslage zwischen Verfassungsrecht und Verfassungswirklichkeit bei Vergabe von staatlichen Wirtschaftssubventionen durch die öffentliche Hand, 1983, S. 93 ff.; wohl auch: Dreier/*Schulze-Fielitz* Art. 20 GG (Rechtsstaat) Rn. 108; *Oldiges* NJW 1984, 1927 (1929); *Kisker* NJW 1977, 1313 (1316); andeutungsweise (zurückhaltender): *Mallmann* VVDStRL 19 (1961), S. 165 (189 ff.); *Achterberg* Allgemeines Verwaltungsrecht, 2. Aufl. 1986, § 18 Rn. 29; in der Tendenz auch: *Friauf* DVBl 1966, 729 (735 f.); ähnlich: *Ipsen* Allgemeines Verwaltungsrecht, 6. Aufl. 2009, Rn. 612–614; *Jakobs* BayVBl 1985, 353 (355 f.); *Hendler* Rn. 61.

1. Argument
Anders als noch in der konstitutionellen Monarchie hat unter der Geltung des Demokratieprinzips des Grundgesetzes die Exekutive ihre Führungsrolle gegenüber dem Parlament eingebüßt. Das Parlament, das ehemals lediglich ein beschränkender Faktor der monarchischen Gewalt war, ist zum obersten Staatsorgan aufgestiegen. Aus dieser Stellung als höchstes Staatsorgan heraus folgt die Befugnis und zugleich auch die umfassende Notwendigkeit einer parlamentarischen Ermächtigung für exekutives Handeln, sei dieses eingreifender oder leistender Natur.

2. Argument
Die Umstände, unter denen sich die Freiheit des einzelnen Bürgers im Staat verwirklicht, haben sich geändert. Es mag zwar früher so gewesen sein, dass sich die Freiheit des einzelnen dadurch realisiert hat, dass man einen selbstbeherrschten Lebensraum vor dem Staat besaß und es insoweit lediglich galt, dem Staat Bindungen aufzuerlegen, in diesen Bereich einzudringen. Dies hat sich aber völlig gewandelt, denn im modernen Staat der Gegenwart ist der einzelne Bürger vom Staat sozial abhängig und bedarf seiner Leistungen. Die Vorenthaltung einer staatlichen Leistung kann den Bürger nicht weniger gravierend und u.U. sogar härter treffen als ein Eingriff in Freiheit und Eigentum. Von daher macht es keinen entscheidenden Unterschied, ob der Staat dem Bürger leistend oder eingreifend gegenübertritt. In beiden Fällen muss der Bürger gleichermaßen vor staatlichem Handeln geschützt und muss somit dieses Handeln rechtlich durch Gesetz geregelt sein.

3. Argument
Zwar ergeht der Haushaltsplan für den Bund und die Länder in Form eines Gesetzes und das Parlament trifft in diesem Zusammenhang auch die grundsätzliche Entscheidung darüber, dass finanzielle Mittel bereitgestellt werden und der Staat in einem bestimmten Bereich etwas leisten kann. Dies ist aber keine hinreichende rechtliche Regelung, die dem Gesetzesvorbehalt genügt. Denn der Haushalt lässt völlig offen, an wen, unter welchen Voraussetzungen, in welcher Höhe und mit welchen Bedingungen die bereitgestellten Mittel verteilt werden sollen. Das Rechtsstaatsprinzip erfordert aber, dass die Verteilung staatlicher Mittel durch Gesetz bestimmt wird, das die Vergabe im Einzelnen bindend und voraussehbar festlegt und dem Bürger entsprechende subjektive Rechte vermittelt.

4. Argument
Staatliche Leistungen betreffen häufig nicht nur den jeweiligen Leistungsempfänger, sondern, soweit sie etwa eine wirtschaftliche oder künstlerische Betätigung fördern,

auch Grundrechte oder jedenfalls Interessen von Konkurrenten und sind deshalb vom Parlament regelungsbedürftig.

5. Argument
Regelungen in Form von Parlamentsgesetzen gewährleisten besser als Verwaltungsvorschriften oder andere rangmäßig unterhalb des Parlamentsgesetzes stehende Regelungen eine Gleichbehandlung gleichgelagerter Fälle, die bei der Leistungsverwaltung oft eine große Rolle spielt. Denn das Gesetz wird vom Parlament beschlossen; es setzt sich aus Abgeordneten zusammen, die in ihrer Gesamtheit breite Interessen vertreten. Zugleich findet das Gesetzgebungsverfahren unter einer viel breiteren Begleitung durch die Öffentlichkeit statt als bei der unterparlamentsgesetzlichen Rechtssetzung, bei der in Regel sogar jegliche solche Beteiligung und somit auch Kontrolle fehlt. All diese Umstände führen dazu, dass bestimmte Bevölkerungsgruppen nicht Gefahr laufen, ohne sachlichen Grund aufgrund Bedenken-/Gedankenlosigkeit oder aufgrund gezielten Ausschlusses bei der staatlichen Leistungsgewährung außen vor zu bleiben wie dies der Fall ist, wenn die Bürokratie über die Kriterien der Leistungsvergabe zu befinden hat.

6. Argument
Es ist nicht so, dass die Voraussetzungen der Leistungsvergabe praktisch nicht normierbar wären. So gibt es häufig (auch im Subventionsbereich) behördliche Verwaltungsvorschriften, die die Vergabemodalitäten regeln. Die mögliche Regelung hat aufgrund der anderen Argumente (vgl. 1. bis 5.) aber nicht durch die Verwaltung, sondern durch das Parlament in Gesetzesform zu erfolgen.

7. Argument
Selbstverständlich kann es sein, dass überraschend Notfälle (Naturkatastrophen o.ä.) auftreten, bei denen sofort leistende Hilfe des Staates geboten ist und bei denen nicht vorher ein formelles Parlamentsgesetz erlassen werden kann. Aber lediglich für solche seltenen Ausnahmefälle ist eine Art Notkompetenz der Verwaltung zu sofortigem leistendem Handeln anzuerkennen.

II. (hier sog.) **Ablehnende Theorie**

Im Bereich der Leistungsverwaltung gilt der Gesetzesvorbehalt nicht, es sei denn, eine Leistungsgewährung stellt ausnahmsweise für einen Drittbetroffenen einen Grundrechtseingriff dar. Grundsätzlich genügt die Bereitstellung der zu vergebenden Mittel im Haushaltsplan.

Vertreten von:
BVerfGE 8, 155 (167); 80, 124 (132); BVerwGE 6, 282 (287 f.); 18, 352 (353); 20, 101 (102); 45, 8 (11); 58, 45 (48); 90, 112 (126); BVerwG NJW 1959, 1098 (1098); BVerwG DÖV 1961, 426 (426); BVerwG DÖV 1963, 387 (388); BVerwG DÖV 1977, 606 (606); BVerwG DVBl 1979, 881 (881); BVerwG DVBl 1978, 212 (213); OVG Münster NVwZ 1982, 381 (381); OVG Münster NVwZ 1991, 174 (175); VGH Kassel DVBl 1963, 443 (445 f.); VGH Kassel DVBl 1968, 259 (261); BGHZ 111, 229 (234); *Degenhart* Rn. 300; Jarass/Pieroth/*Jarass* Art. 20 GG Rn. 49; Umbach/Clemens/*Roellecke* Art. 20 GG Rn. 76; *Ossenbühl* Verwaltungsvorschriften und Grundgesetz, 1968, S. 227 ff.; *Wehr* JuS 1997, 419 (421); v. Münch/Kunig/*Schnapp* Art. 20 GG Rn. 55;

Selmer JuS 1968, 489 (493 f.); *Mußgnug* VVDStRL 47 (1989), S. 113 (123 f.); *Wolff/ Bachof/Stober/Kluth* Verwaltungsrecht, Bd. I, 12. Aufl. 2007, § 18 Rn. 16–20; *Erichsen* Jura 1995, 550 (553); *Rüfner* Formen öffentlicher Verwaltung im Bereich der Wirtschaft, 1967, S. 220 ff.; *Peters* FS Huber, 1961, S. 206 (214); *Zimmerling* VR 1993, 257 (262); ähnlich: *Detterbeck* Allgemeines Verwaltungsrecht, 8. Aufl. 2010, Rn. 286 f.; *Detterbeck* Jura 2002, 235 (239); *Krebs* Jura 1979, 304 (309–312); *Stober* GewArch 1993, 187 (193); tendenziell auch: *Pietzcker* JuS 1979, 710 (713 f.); *Stein/Frank* § 20 III 3.

1. Argument
Wenn man den Gesetzesvorbehalt auf die Leistungsverwaltung ausdehnt, dann wird die Verwaltung gehindert, mit der nötigen Flexibilität auf die jeweilige Bedarfssituation reagieren zu können.

2. Argument
Die Ausdehnung des Gesetzesvorbehalts auch auf die Leistungsverwaltung führt zu einem weiteren Anstieg der ohnehin gegebenen Gesetzgebungsflut und bringt die Gefahr einer Übernormierung mit sich. Zugleich würde das schon überlastete Parlament noch mehr belastet.

3. Argument (gegen das 2. Argument der Theorie des Totalvorbehalts)
Das Bestreben, dem Bürger unter den gewandelten Daseinsbedingungen einen gefestigten »status positivus socialis« zu verschaffen, ist zwar legitim, aber diesem Ziel kann durch eine Ausweitung des Gesetzesvorbehalts letztlich nicht wirksam gedient werden. Im Gegenteil gibt man dem Bürger eher Steine statt Brot; denn dass das Parlament zu einer umfassenden Regelung auch im Bereich der Leistungsverwaltung *befugt* ist, steht außer Zweifel und dazu bedarf es nicht der Ausweitung des Gesetzesvorbehalts zu einem Totalvorbehalt. Bei einem Totalvorbehalt ist das Parlament aber auch zu einer umfassenden Regelung der Leistungsverwaltung insoweit *verpflichtet*, als ohne diese Regelung keine Leistungen an den Bürger verteilt werden dürfen. Ein Totalvorbehalt raubt damit dem Bürger letztlich die Chance, Leistungen in einem Bereich zu erhalten, in dem der Gesetzgeber bisher untätig geblieben ist – sei es bewusst, sei es, weil er aufgrund anderweitiger Belastungen zu einer Regelung noch nicht in der Lage war.

4. Argument
Nur dann, wenn die Leistungsgewährung ausnahmsweise einen Eingriff in Grundrechte Dritter darstellt, folgt aus dem Rechtsstaatsprinzip i.V.m. den Grundrechten, dass es dafür einer gesetzlichen Eingriffsermächtigung bedarf.

5. Argument
Der bloße Haushaltsansatz bedeutet nicht, wie die Anhänger des Totalvorbehalts teils explizit, teils implizit vorwurfsvoll zum Ausdruck bringen, dass das Parlament (nahezu) gar nicht steuernd auf die Mittelvergabe Einfluss nimmt. Denn die nicht unbedeutende Grundentscheidung, für einen bestimmten Sachbereich Mittel zur Verfügung zu stellen, trifft das Parlament als diejenige Instanz, die den Haushalt aufstellt. Hinzu kommt, dass man Art. 110 GG, der die Haushaltsplanaufstellung regelt, als eine spezielle verfassungsrechtliche Ausprägung des Gesetzesvorbehalts begreifen kann. Nach Art. 110 I 1 Hs. 1 GG sind alle Einnahmen und Ausgaben des Bundes in

den Haushaltsplan einzustellen und man kann dies so verstehen, dass es damit hinsichtlich der erforderlichen Regelungsdichte für die Verwendung der Mittel sein Bewenden haben soll.

6. Argument
Aus dem Erfordernis der demokratischen Legitimation aller Staatsgewalt folgt, dass die Exekutive ebenso wie die Legislative legitimiert ist, eigenständig zu entscheiden. Eine Ausdehnung des Gesetzesvorbehalts auch auf die Leistungsverwaltung stellt daher eine Perpetuierung des historisch überkommenen Gegensatzes demokratischer Gesetzgebung und nicht demokratisch legitimierter Verwaltung dar.

Beispiel und ergänzende Hinweise:

1. Im Ausgangsfall kommt die Theorie des Totalvorbehalts dazu, dass ein förmliches Gesetz nötig ist. Nach der ablehnenden Theorie ist dies nicht der Fall, da eine Grundrechtsverletzung eines Drittbetroffenen nicht ersichtlich ist.

2. Die Einschränkung, die die ablehnende Theorie für Grundrechtseingriffe bei Drittbetroffenen macht, kam etwa in BVerwGE 90, 112 (122 ff.) zum Tragen: Die Bundesrepublik stellte einem Verein, der nach seiner Satzung religiösen und ideologischen Missbräuchen, durch die vor allem junge Menschen geistig und psychisch Schaden erleiden, entgegentreten wollte und der im Rahmen seiner Aktivitäten sich u.a. abwertend mit der Osho-Bewegung auseinander setzte, aus dem Bundeshaushalt finanzielle Mittel für dessen Arbeit zur Verfügung. Die Osho-Bewegung sah diese Mittelzuwendung als rechtswidrig an, u.a. weil sie ohne gesetzliche Grundlage erfolgte. Das BVerwG gab der Osho-Bewegung Recht: Es begründete zunächst ausführlich, dass für die Osho-Bewegung der Schutzbereich von Art. 4 I, II GG eröffnet sei. Auch liege ein Grundrechtseingriff durch die Mittelvergabe vor, da auch staatliche Warnungen als Eingriffe in Art. 4 I, II GG anzusehen seien und insoweit die Mittelvergabe dem gleichzusetzen sei, da auch sie im Hinblick auf Art. 4 I, II GG zielgerichtet (final) erfolge (vgl. dazu auch das 5. und 27. Problem). Zur Rechtfertigung dieses Eingriffs sei aus dem Rechtsstaatsprinzip in Verbindung mit dem berührten Grundrecht eine gesetzliche Ermächtigungsgrundlage zu fordern, die aber fehle; die Ansätze der Mittel im Haushaltsplan reichten nicht aus, da dort nur der Förderungszweck, nicht aber die Tatbestände, für die die Mittel zu vergeben seien, näher geregelt sei.

3. Abgesehen von solchen Sonderfällen wie unter 2. ist es oft schwierig, aufgrund einer Mittelvergabe (etwa im Subventionsbereich) einen Grundrechtseingriff bei Dritten begründen zu können. Inwieweit dies möglich bzw. geboten ist, hängt maßgeblich auch davon ab, welchen Standpunkt man beim Eingriffsbegriff einnimmt (siehe dazu das 5. Problem). Im Bereich der Wirtschaftssubventionen geht die überwiegende Ansicht davon aus, dass die Förderung des einen den anderen (=Konkurrenten) lediglich als Nebenfolge/Reflex trifft und eine Eingriffsqualität nur dann angenommen werden kann, wenn im Einzelfall die wirtschaftliche Stellung des Konkurrenten besonders schwer und unzumutbar geschädigt wird (vgl. dazu etwa BVerwGE 71, 183 [191 ff.]).

4. Zu beachten ist, dass auch die Anhänger der Theorie des Totalvorbehalts nicht verlangen, dass die Voraussetzungen und Modalitäten der Leistungsverwaltung bis ins

letzte Detail im Gesetz festgelegt werden müssen, sondern dass dies etwa auch in behördeninternen Verwaltungsvorschriften festgeschrieben werden kann. Wie hoch der Detailgrad der formell-gesetzlichen Normierung nach dieser Ansicht sein muss, lässt sich kaum allgemeingültig, sondern nur im Einzelfall bestimmen. Man wird insoweit allgemein lediglich sagen können, dass die grundsätzlichen, wesentlichen Regelungen im Gesetz enthalten sein müssen.

5. Falllösung: *Böhm/Gaitanides* Fälle zum Allgemeinen Verwaltungsrecht, 4. Aufl. 2007, Fall 1.

27. Problem: Gilt für Informations- und Warntätigkeit der Regierung, mit denen Grundrechtseingriffe verbunden sind, der Gesetzesvorbehalt?

Beispiel:

Die Bundesregierung bezeichnet durch den Bundesminister für Jugend, Familie und Gesundheit in einer Presseverlautbarung die »Transzendentale Meditation« (TM) u.a. als Jugendsekte, deren Inhalte von nicht ausreichend qualifizierten Lehrern vermittelt würden und die zu psychischen Schäden bei Jugendlichen führen könnten. Die TM ist der Ansicht, dass die Bundesregierung nicht berechtigt sei, solche Äußerungen zu tätigen; denn die Bundesregierung greife in das Grundrecht aus Art. 4 I, II GG ein, wozu aber eine gesetzliche Ermächtigungsgrundlage nötig sei, die jedoch fehle. Benötigt die Bundesregierung eine gesetzliche Grundlage, um die Äußerung tätigen zu dürfen (nach BVerwGE 82, 76 ff.; BVerfG [Kammer] NJW 1989, 3269 ff.; vgl. auch 5. Problem – auch dort Augangsfall)?

Ausgangspunkt:

Vgl. zunächst (nochmals) Ausgangspunkt 26. Problem.

Im Ausgangspunkt des 26. Problems wurde ausgeführt, dass grundsätzlich unbestritten ist, dass im Bereich der Eingriffsverwaltung wegen der damit verbundenen Grundrechtsbetroffenheit der Gesetzesvorbehalt gilt. Es ist aber fraglich, ob dies ausnahmslos so ist oder ob es nicht Fallgestaltungen gibt, in denen gleichwohl eine gesetzliche Grundlage entbehrlich ist. Diskutiert wird dies für Fälle, in denen die Regierung informierend bzw. warnend und damit nicht imperativ tätig wird. Eine Vorfrage dazu ist somit, ob solches Handeln einen Grundrechtseingriff darstellt; dies bemisst sich danach, welche Position man zum Eingriffsbegriff einnimmt (siehe 5. Problem). Verneint man im zu entscheidenden Einzelfall einen Grundrechtseingriff, so greift nach wohl einhelliger Ansicht der Gesetzesvorbehalt nicht ein und die Bundesregierung ist aus den ihr grundgesetzlich zugewiesenen Aufgaben heraus auch zugleich befugt, Informationen bzw. Warnungen auszusprechen (vgl. zu diesem »Aufgabenargument« sogleich unter I., 1. Argument; vgl. ferner aber auch ergänzende Hinweise unter 2.). Das 5. und das hiesige Problem hängen daher folgendermaßen zusammen: Macht jemand geltend, es werde durch Informations- bzw. Warntätigkeit der Regierung in seine Grundrechte eingegriffen und dieser Eingriff sei u.a. deshalb verfassungswidrig, weil es bereits an einer nötigen gesetzlichen Eingriffsgrundlage fehle, so ist zunächst problematisch, ob ein Grundrechtseingriff vorliegt (siehe 5. Problem). Ist dies nicht der Fall, kommt es auf das hiesige Problem nicht mehr an, denn dann gilt unstrittig der Gesetzesvorbehalt nicht. Liegt indes ein Grundrechtseingriff vor, so ist fraglich, ob nicht ausnahmsweise dennoch eine gesetzliche Ermächtigungsgrundlage entbehrlich ist.

I. (hier sog.) **Theorie der Informations- und Warnbefugnis**

Es gibt für Warn- und Informationstätigkeit eine verfassungsunmittelbare Befugnis der Regierung zum Eingriff in Grundrechte auch ohne einfachgesetzliche Ermächtigungsgrundlage.

Vertreten von:
BVerfGE 105, 252 (268–270); 105, 279 (301–305); BVerfG (Kammer) NJW 1989, 3269 (3270); BVerwGE 82, 76 (80 f.); 87, 37 (51); BVerwG NJW 1991, 1770 (1770–1772); tendenziell auch: *Schürmann* Öffentlichkeitsarbeit der Bundesregierung, 1992, S. 291–295; ähnlich Hömig/*Bergmann* vor Art. 62 GG Rn. 9.

1. Argument
Die Ermächtigung zur Erteilung von Informationen und zum Aussprechen von Warnungen ergibt sich aus der nicht explizit normierten, aber aus einer Gesamtschau der Art. 62 ff. GG zu entnehmenden, der Bundesregierung zugewiesenen Aufgabe, im Rahmen ihrer Öffentlichkeitsarbeit auf aktuelle, streitige, die Öffentlichkeit erheblich berührende Fragen einzugehen und damit staatsleitend tätig zu werden. Die Aufgabe zur Staatsleitung, die sich die Bundesregierung mit anderen dazu berufenen Staatsorganen insgesamt teilt, wird nicht allein mit den Mitteln der Gesetzgebung und der richtungsweisenden Einwirkung auf den Gesetzesvollzug (vgl. Art. 83 ff. GG) erfüllt; Staatsleitung durch die Bundesregierung wird auch im Wege des täglichen Informationshandelns im Wechselspiel mit dem Parlament und mit der interessierten Öffentlichkeit sowie den jeweils betroffenen Bürgern wahrgenommen. Es gehört daher zur Aufgabe der Regierung, die Öffentlichkeit über wichtige Vorgänge außerhalb oder weit im Vorfeld ihrer eigenen gestaltenden politischen Tätigkeit zu unterrichten. In einer auf ein hohes Maß an Selbstverantwortung der Bürger bei der Lösung gesellschaftlicher Probleme ausgerichteten politischen Ordnung ist von der Regierungsaufgabe auch die Verbreitung von Informationen erfasst, welche die Bürger zu eigenverantwortlichem Mitwirken an der Problembewältigung befähigen. Mit dieser Aufgabe geht die Befugnis einher, informierend und warnend tätig werden zu dürfen.

2. Argument
Die unter 1. angesprochene Befugnis zur Information bzw. zur Warnung besteht auch dann, wenn damit eine mittelbar-faktische Grundrechtsbeeinträchtigung und daher ein Grundrechtseingriff verbunden sind. Zwar ist der Grundrechtseingriff angesichts neuer Gefährdungslagen, die den Bürgern durch den Staat drohen, ausgeweitet worden; dies bedeutet aber nicht ausnahmslos, dass in dem Maße, in dem diese Ausweitung stattgefunden hat, auch der Gesetzesvorbehalt auszuweiten ist, denn nicht stets greifen die Gesichtspunkte, die den Gesetzesvorbehalt tragen. Dem Gesetzesvorbehalt liegt u.a. eine rechtsstaatliche Komponente zugrunde, nämlich derge-

stalt, dass das Recht für den Bürger hinreichend klar und bestimmt sein soll, er damit als potenziell Betroffener wissen soll, wie er sich nach dem Recht zu verhalten hat und auf welche Belastungen er sich gegebenenfalls einstellen muss. Diese Komponente greift aber bei mittelbar-faktischen Einwirkungen in der Regel nicht, denn hier liegt die Beeinträchtigung anders als bei gezielten und unmittelbaren Eingriffen nicht in einem staatlicherseits geforderten Verhalten des Normadressaten, sondern in den Wirkungen staatlichen Handelns für einen Dritten, die insbesondere vom Verhalten anderer Personen abhängen. Die Beeinträchtigung entsteht aus einem komplexen Geschehensablauf, bei dem Folgen grundrechtserheblich werden, die indirekt mit dem eingesetzten Mittel oder dem verwirklichten Zweck zusammenhängen. Derartige faktisch-mittelbare Wirkungen entziehen sich aber typischerweise einer Normierung. Art und Weise des gebotenen staatlichen Vorgehens werden durch den konkreten Anlass der Information bzw. Warnung bestimmt, der oft kurzfristig entsteht, sich unter Umständen schnell wieder ändert und deshalb ebenfalls nicht prognostiziert werden kann. Eine gesetzliche Ermächtigungsnorm könnte daher – wenn überhaupt – nur so allgemein und generalklauselartig gefasst sein, dass sie keinen relevanten Gewinn an Messbarkeit und Berechenbarkeit staatlichen Handelns mit sich brächte.

II. (hier sog.) **Theorie des umfassenden Erfordernisses des Gesetzesvorbehalts**

Auch für Informations- und Warntätigkeit der Regierung, mit der Grundrechtseingriffe verbunden sind, gilt der Gesetzesvorbehalt.

Vertreten von:
Jeand'Heur/Cremer JuS 2000, 991 (995); *Heintzen* VerwArch 81 (1990), 532 (551–555); *Lege* DVBl 1999, 569 (574 f.); *Gusy* NJW 2000, 977 (984 f.); *Gusy* JZ 1989, 1003 (1004 f.); *Gramm* Der Staat 30 (1991), 51 (79 f.); *Gröschner* DVBl 1990, 619 (628 f.); *Gröschner* JZ 1991, 628 (630); *Wahl/Masing* JZ 1990, 553 (557 ff.); *Ibler* FS Maurer, 2001, S. 145 (156–159); *Schmidt* Staatliches Informationshandeln und Grundrechtseingriff, 2004, S. 120–133; *Schulte* Schlichtes Verwaltungshandeln, 1995, S. 141–143; *Schoch* DVBl 1991, 667 (670–674); *Bethge* VVDStRL 57 (1998), S. 7 (48); *Bethge* Jura 2003, 327 (332); *Huber* JZ 2003, 290 (294–296); *Schatzschneider* NJW 1991, 3202 (3203); *Muckel* JA 1995, 343 (347); *Cremer* JuS 2003, 747 (750); *Schmidt* Verhaltenslenkende Informationsmaßnahmen der Bundesregierung, 2003, S. 98 ff.; *Leidinger* DÖV 1993, 925 (930 f.); ähnlich: *Discher* JuS 1993, 463 (467–469); ebenfalls insgesamt kritisch zur Theorie der Informations- und Warnbefugnis: *Meyn* JuS 1990, 630 (633); *Murswiek* NVwZ 2003, 1 (6 f.).

1. Argument
Die Regierung ist als Teil der vollziehenden Gewalt ebenso an den Gesetzesvorbehalt gebunden wie jede übrige vollziehende Gewalt auch. Es darf daher nicht, wie dies bei der Theorie der Informations- und Warnbefugnis der Fall ist, von der Aufgabe auf die Befugnis geschlossen werden. Das Verbot des Schlusses von der Aufgabe auf eine Befugnis ist im Verwaltungsrecht – und dort speziell im Polizei- und Ordnungsrecht – seit langem allgemein anerkannt und es gilt auch hier. Von daher kann es letztlich dahinstehen, ob der Regierung aus Art. 62 ff. GG die Aufgabe zukommt, auch informierend oder warnend im Hinblick auf Umstände tätig zu werden, die für die breite Öffentlichkeit von Interesse sind.

2. Argument
Der Verweis der Theorie der Informations- und Warnbefugnis darauf, dass eine Befugnisnorm gar nicht normierbar wäre, trifft so nicht zu. Dies ergibt sich allein schon aus der Existenz von Generalklauseln im Polizeirecht: Das Polizeirecht ist in Teilen der Informations- und Warntätigkeit der Regierung insofern vergleichbar, da es beide Male – im Polizeirecht stets, bei der informierenden bzw. warnenden Regierung regelmäßig – um Gefahrenabwehr bzw. bereits um Handeln im Vorfeld einer polizeilichen Gefahr geht. Auch im Polizeirecht ist es schwer, für alle denkbaren Konstellationen, in denen ein staatliches Tätigwerden sinnvoll erscheint, entsprechende Ermächtigungsnormen zu formulieren. Dennoch hat man dort durchgehend neben speziellen Ermächtigungsgrundlagen zumindest eine Generalklausel gewissermaßen als Auffangklausel geschaffen. Jedenfalls eine solche Klausel in Gesetzesform ist dann aber auch für das Tätigwerden der Regierung möglich und nötig.

3. Argument
Die Theorie der Informations- und Warnbefugnis argumentiert letztlich sowohl begrifflich als auch sachlich-inhaltlich nicht ganz schlüssig. Denn wenn sie von »Öffentlichkeitsarbeit« und »Staatsleitung« spricht und daraus letztlich auch die Befugnis zu grundrechtsrelevanten Warnungen entnimmt, so verkennt sie, dass öffentliche Warnungen mit Öffentlichkeitsarbeit nicht gleichgesetzt werden dürfen. Unter Öffentlichkeitsarbeit ist zunächst lediglich zu verstehen, dass die Politik der Regierung, ihre Maßnahmen und Vorhaben sowie die künftig zu lösenden Fragen darzulegen und zu erläutern sind. Öffentlichkeitsarbeit ist demnach akzessorisch, da sie staatliche Tätigkeit voraussetzt und diese der Öffentlichkeit vermitteln will. Im Gegensatz dazu sind öffentliche Warnungen nicht Informationen der Öffentlichkeit über staatliche Aktivität, sondern die Aktivität selbst. Die Kompetenz zur Öffentlichkeitsarbeit fließt daher aus der Sachkompetenz. Wenn diese aber erst noch begründet werden muss, begibt man sich in einen Zirkelschluss, wenn man schon vorab mit »Öffentlichkeitsarbeit« argumentiert.

4. Argument
Grundrechtsrelevante Informations- bzw. Warntätigkeit lässt sich häufig als Handeln in Erfüllung einer grundrechtlichen Schutzpflicht auffassen. Wenn z.B. die Regierung vor einer Jugendsekte warnt, so kann sie dies tun, weil sie der Auffassung ist, Art. 6 I, II, 7 I, II 2 GG würden es dem Staat verbieten, dem Treiben von Jugendsekten tatenlos zuzusehen. Selbst wenn man aber hier eine grundrechtliche Schutzpflicht im Einzelfall annehmen können sollte, so folgt daraus selbst noch keine Befugnis, in Grundrechte Dritter einzugreifen. Dazu ist die Schutzpflicht zu unbestimmt. Sie kann zwar ihrerseits Grundlage für ein gesetzgeberisches Tätigwerden zur Schaffung von Ermächtigungsgrundlagen sein, nicht aber selbst Befugnisse vermitteln. Auch insoweit ist also der Schluss von der Aufgabe auf die Befugnis unzulässig.

5. Argument
Man muss sich vor Augen halten, dass der Gesetzesvorbehalt nicht nur die Funktion hat, ein Gesetz zu erfordern, welches dann Ermächtigungen bereit stellt, damit in Rechte der Bürger eingegriffen werden darf. Das Gesetz hat nämlich nicht nur diese Ermöglichungsfunktion, sondern auch eine Begrenzungsfunktion, indem es die Eingriffstatbestände festlegt und somit für Bestimmtheit und Berechenbarkeit des staatlichen Handelns sorgt. Das Grundgesetz kann diese rechtsstaatliche Sicherungsfunk-

tion des einfachen Gesetzes nur sehr unvollkommen übernehmen, denn der Grundgesetztext als Verfassungstext ist notwendigerweise abstrakt und lapidar.

6. Argument
Eine eng umgrenzte Ausnahme von der umfassenden Geltung des Gesetzesvorbehalts ist allenfalls dann zu machen, wenn allein die Regierung einer außergewöhnlichen Not- und Gefahrenlage Herr werden kann. Dann, aber auch nur dann, ist im öffentlichen Interesse eine Notbefugnis anzuerkennen. Dies wird indes nur selten der Fall sein.

Beispiel und ergänzende Hinweise:

1. Im Ausgangsfall ist nach der Theorie der Informations- und Warnbefugnis keine gesetzliche Grundlage nötig, damit die Bundesregierung die Äußerung tätigen darf. Nach der Theorie des umfassenden Erfordernisses des Gesetzesvorbehalts hingegen ist, wenn man einen Grundrechtseingriff annimmt, eine gesetzliche Grundlage erforderlich.

2. Ein weiteres Problem im Zusammenhang mit der Informations- und Warntätigkeit der Regierung besteht darin, wonach sich bemisst, ob der Bundesregierung in der bundesstaatlichen Kompetenzverteilung überhaupt die Verbandskompetenz zukommt. Sollte diese nicht gegeben sein, ist das Regierungshandeln deshalb rechts- und verfassungswidrig. Die bundesstaatliche Kompetenzordnung weist die staatlichen Aufgaben und insbesondere die Verwaltungszuständigkeit den Ländern zu, sofern das Grundgesetz keine andere Regelung trifft (Art. 30, 83 ff. GG). Viele Stimmen in der Literatur gehen davon aus, dass es keine »andere Regelung« i.S.v. Art. 30 GG gebe und man Informations- und Warnkompetenzen auch nicht aus der Amtshilfe nach Art. 35 GG herleiten könne; ebenso wenig würden die Kompetenzkataloge zur Gesetzgebung (Art. 73, 74 GG) weiterhelfen; selbst wenn zu der Sachmaterie, zu der die Information bzw. Warnung erfolge, ein entsprechender Gesetzgebungskompetenztitel des Bundes vorhanden wäre, könne daraus noch auf keine Informations- bzw. Warnungskompetenz gleichsam im Vorfeld einer denkbaren Gesetzgebungstätigkeit geschlossen werden, weil dies eine nicht mehr vertretbare, unbeschränkte Befassungskompetenz des Bundes bedeuten würde (vgl. dazu etwa *Lege* DVBl 1999, 569 [575]; *Heintzen* NJW 1990, 1448 [1448 ff.]; *Schatzschneider* NJW 1991, 3202 [3202 f.], jeweils m.w.N.). Die Rechtsprechung kommt zu einem anderen Ergebnis und zwar maßgeblich mit der Erwägung, dass Informations- und Warntätigkeit lediglich der Überprüfung und Urteilsbildung dienende Regierungstätigkeit darstelle und als solche nicht unmittelbar an den Zuständigkeitskatalogen gemessen werden könne, die das Grundgesetz für die Gesetzgebung und Verwaltung aufstelle (Art. 73 ff., 83 ff. GG). Zudem folge aus der Befugnis zur Öffentlichkeitsarbeit und Staatsleitung (vgl. 1. Argument der Theorie der Informations- und Warnbefugnis), dass für sämtliche Sachbereiche, die von allgemeinem öffentlichen Interesse seien, (auch) eine bundesweite Informations- und Warnbefugnis bestehe (vgl. dazu BVerwG NJW 1991, 1770 [1772]).

3. Falllösungen: *Starck/Schmidt* Fall 361; *Jeand'Heur/Cremer* JuS 2000, 991 ff.

28. Problem: Ist die sog. Sperrklausel in § 6 VI 1, 1. Alt. BWahlG verfassungsgemäß?

Beispiel:

Die A-Partei erringt bei der Bundestageswahl einen Zweitstimmenanteil von 4,5% und zieht aufgrund § 6 VI 1, 1. Alt. BWahlG nicht in den Bundestag ein. Wähler B, der seine Zweitstimme der A-Partei gegeben hat, ist der Ansicht, es könne nicht sein, dass gar kein Abgeordneter der A-Partei in den Bundestag einziehe und die Zweitstimmen aller Wähler der A-Partei somit gleichsam »unter den Tisch fielen«. B fragt sich, ob die entsprechende Wahlvorschrift verfassungsgemäß ist. Was ist dem B zu antworten?

Ausgangspunkt:

Nach Art. 38 I 1 GG werden die Abgeordneten des Deutschen Bundestages in allgemeiner, unmittelbarer, freier, gleicher und geheimer Wahl gewählt. Von diesen sog. Wahlgrundsätzen wirft der Grundsatz der Gleichheit der Wahl die meisten Fragestellungen auf. Die Ausgestaltung des Wahlsystems der Abgeordneten des Bundestages erfolgt nicht im Grundgesetz, sondern im BWahlG (vgl. Art. 38 III GG). Dort ist eine personalisierte Verhältniswahl normiert. Der personale Aspekt besteht darin, dass über die Erststimme einzelne Abgeordnete in den Wahlkreisen gewählt werden; wer die Mehrheit der Erststimmen in einem Wahlkreis erringt, ist zum Abgeordneten gewählt (§ 5 BWahlG). Über die Zweitstimme wird die Wahl jedoch auch zu einer Verhältniswahl; der hierbei anzuwendende Modus ist mehrschrittig, kompliziert und im Einzelnen in §§ 6, 7 BWahlG geregelt (alle Einzelheiten können hier nicht dargestellt werden; vgl. die sehr übersichtliche Darstellung bei *Ipsen* I, Rn. 106 ff.). Wesentlich ist, dass die Zweitstimmen für Landeslisten von Parteien abgegeben und die für die Zweitstimmen zu vergebenden Bundestagssitze verhältnismäßig nach dem Zweitstimmenanteil ermittelt werden (d.h. die Partei, die z.B. 10% Zweitstimmenanteil erhält, entsendet auch 10% der über die Zweitstimme zu vergebenden Bundestagssitze).

§ 6 VI 1, 1. Alt. BWahlG regelt nun, dass bei der Verteilung der Sitze auf die Landeslisten nur Parteien berücksichtigt werden, die mindestens 5% der im Wahlgebiet abgegebenen gültigen Zweitstimmen erhalten. Danach bleiben also alle Parteien bei der Sitzvergabe unberücksichtigt, die nicht mindestens 5% der gültigen Zweitstimmen erhalten haben. Diese Regelung berührt den Grundsatz der Wahlgleichheit. Insofern hat sich eine eigene Terminologie herausgebildet. Der Grundsatz der Wahlgleichheit verlangt zunächst eine sog. *Zählwertgleichheit*, nämlich dass jede abgegebene Stimme gleich viel zählt. § 6 VI 1, 1. Alt. BWahlG berührt nicht diese Zählwertgleichheit, aber die sog. *Erfolgswertgleichheit*. Diese verlangt, dass grundsätzlich jede abgegebene gültige Stimme gleiches Gewicht für die Zusammensetzung des Bundestages hat. Die Zweitstimme, die für eine Partei abgegeben wurde, die insgesamt weniger als 5% der Zweitstimmen erhält, hat gar keinen Erfolgswert, weil die Stimme für die Sitzverteilung unberücksichtigt bleibt. Ob diese Regelung mit Art. 38 I 1 GG vereinbar ist, ist umstritten. Allgemein anerkannt – und auch vom BVerfG (vgl. etwa BVerfGE 14, 121 [133]; 29, 154 [164[; 34, 160 [163]) mehrfach ausgesprochen – ist, dass der Wahlgleichheitssatz des Art. 38 I 1 GG im Sinne einer strengen und formalen Gleichheit zu verstehen ist und dass eine Differenzierung bei der Wahlgleichheit stets eines besonderen rechtfertigenden, zwingenden Grundes bedarf.

I. (hier sog.) **Rechtfertigungstheorie**

Die Sperrklausel in § 6 VI 1, 1. Alt. BWahlG ist verfassungsgemäß.

Vertreten von:
BVerfGE 1, 208 (248 ff.); 4, 31 (40); 4, 375 (380); 5, 77 (83); 6, 84 (92 f.); 14, 121, (134 f.); 34, 81 (99); 47, 198 (227); 51, 222 (236 ff.); 71, 81 (97); 82, 322 (338 f.); 95, 408 (418–420); *Ipsen* I, Rn. 100 f.; Maunz/Dürig/*Klein* Art. 38 GG Rn. 126 f.; *Rietdorf* DÖV 1953, 487 (489); *Füßlein* DÖV 1957, 601 (604 f.); *Rinck* DVBl 1958, 221 (225); *Forsthoff* AöR 76 (1950/51), 369 (373); *Henrichs* NJW 1956, 1703 (1704 f.); *Jülich* Chancengleichheit der Parteien, 1967, S. 109; *Degenhart* Rn. 59; *Hesse* Rn. 146; Hömig/*Silberkuhl* Art. 38 GG Rn. 9; *Hendler* Rn. 153; Friauf/Höfling/*Schreiber* Art. 38 GG Rn. 88; *Erichsen* Jura 1984, 22 (31); Sachs/*Magiera* Art. 38 GG Rn. 94; AK-GG/*Schneider* Art. 38 GG Rn. 69; BK/*Badura* Anhang zu Art. 38 GG Rn. 24; *Badura* Kap. E, Rn. 9; *Linck* DÖV 1984, 884 (884); *Stern* Bd. I, S. 311 und 965; *Ehlers* Jura 1999, 660 (665); *Wilms* I, Rn. 527; *Sodan/Ziekow* § 6 Rn. 55; *Schreiber* Bundeswahlgesetz-Kommentar, 8. Aufl. 2009, § 6 BWahlG Rn. 35 ff.; *v. Münch/Mager* Rn. 107; *Gröpl* Rn. 1054; wohl auch: Jarass/Pieroth/*Pieroth* Art. 38 GG Rn. 19; Umbach/Clemens/*Roth* Art. 38 GG Rn. 66–68; *Meyer* Wahlsystem und Verfassungsordnung, 1973, S. 225 ff.; *Heinig* NWVBl 2000, 121 (125); Schmidt-Bleibtreu/Hofmann/Hopfauf/*Kretschmer* Art. 38 GG Rn. 52.

Anmerkung:
Nicht alle der zitierten BVerfG-Entscheidungen sind zu § 6 VI 1, 1. Alt. BWahlG ergangen, sondern z.T. zu landesrechtlichen 5%-Sperrklauseln für Landtags- bzw. Kommunalwahlen; das BVerfG hat in diesen Urteilen aber direkt Bezug zu Entscheidungen zu § 6 VI 1, 1. Alt. BWahlG genommen und entsprechend argumentiert (vgl. dazu auch ergänzende Hinweise unter 2.).

1. Argument
Die Sicherung der Funktionsfähigkeit der zu wählenden Volksvertretung ist ein Grund von hinreichend zwingendem Charakter, Differenzierungen bei der Wahlrechtsgleichheit durch § 6 VI 1, 1. Alt. BWahlG zu rechtfertigen. Das dem Verhältniswahlsystem eigene Prinzip, den politischen Willen der Wählerschaft in der zu wählenden Körperschaft möglichst wirklichkeitsnah abzubilden, kann eine Aufspaltung der Volksvertretung in viele kleine Gruppen zur Folge haben, die die Bildung einer stabilen Mehrheit erschweren oder verhindern würde. Soweit es zur Sicherung der Handlungs- und Entscheidungsfähigkeit des Parlaments geboten ist, darf der Gesetzgeber deshalb den Erfolgswert der Stimmen unterschiedlich gewichten und auch Sperrklauseln einführen. Inwieweit eine Sperrklausel daher zulässig ist, kann nicht ein für alle Mal abstrakt beurteilt werden, sondern es sind stets die Verhältnisse des Landes, für das sie gelten soll, zu berücksichtigen. Die 5%-Klausel des § 6 VI 1, 1. Alt. BWahlG für den Bundestag hält sich dabei noch im zulässigen Rahmen.

2. Argument
Ein zulässiger Belang, den der Wahlrechtsgesetzgeber auch im Hinblick auf eine Differenzierung der Wahlrechtsgleichheit verfolgen darf, ist es, den Charakter der Wahl als eines Integrationsvorgangs bei der politischen Willensbildung des Volkes zu sichern. Große Parteien erleichtern die Zusammenarbeit innerhalb des Parlaments, weil sie in sich bereits einen Ausgleich zwischen verschiedenen Volkskreisen und deren Anliegen vollziehen. Der unbegrenzte Proporz würde die Möglichkeit schaffen, dass auch solche kleinen Gruppen eine parlamentarische Vertretung erlangen, die nicht ein am Gesamtwohl orientiertes politisches Programm vertreten, sondern im Wesentlichen nur einseitige Interessen verfechten. Klare und ihrer Verantwortung bewusste Mehrheiten im Parlament sind aber für die Bildung einer nach innen und außen aktionsfähigen Regierung und zur Bewältigung der sachlichen und gesetzgeberischen Arbeit erforderlich. Es ist also ein aus der Natur des Sachbereichs »Wahl der Volksvertretung« sich ergebendes und darum eine unterschiedliche Bewertung des Erfolgswertes der Stimmen rechtfertigendes Kriterium, nach der größeren Eignung der Parteien für die Erfüllung der Aufgaben der Volksvertretung zu differenzieren. Mit dieser Begründung dürfen daher sog. Splitterparteien bei der Zuteilung von Sitzen in der Verhältniswahl ausgeschaltet werden.

3. Argument
Die Erfahrungen unter der WRV haben gelehrt, dass die Gefahr einer Erschwerung oder gar Unmöglichmachung der Regierungsbildung gegeben ist, wenn auch kleine Gruppen mit zerstreuter Wählerschaft oder reinen Interessenorganisationen in das Parlament einziehen könnten.

4. Argument (gegen das 1. Argument der kritischen Theorie)
Der Verweis auf die stabilen politischen Verhältnisse in der Geschichte der Bundesrepublik und der daraus gezogenen Schluss, die Stabilität des Systems würde nicht entscheidend beeinträchtigt, wenn man die Sperrklausel abschaffte oder zumindest reduzierte, verkennt, dass diese Stabilität gerade Ausdruck und Ergebnis des geltenden Wahlrechts und damit nicht zuletzt auch der Sperrklausel des § 6 VI 1, 1. Alt. BWahlG ist.

5. Argument (gegen das 2. Argument der kritischen Theorie)
Der politische Aufstieg und die parlamentarische Etablierung der Partei »Die Grünen« seit Anfang der 1980er Jahre belegt, dass die 5%-Klausel einer Veränderung des Parteiensystems nicht entgegensteht.

II. (hier sog.) **Kritische Theorie**

Die von der Rechtfertigungstheorie aufgestellten Kriterien bedürfen jedenfalls einer kritischen Neuüberprüfung anhand der derzeitigen politischen bzw. parlamentarischen Realitäten. Es bestehen erhebliche Bedenken, ob § 6 VI 1, 1. Alt. BWahlG dieser Überprüfung stand hält und heutzutage noch verfassungsmäßig ist.

Anmerkung:
Die Kritiker der Rechtfertigungstheorie äußern sich nicht durchweg eindeutig, ob sie im Ergebnis § 6 VI 1, 1. Alt. BWahlG für verfassungswidrig erachten. Die Argumente derjenigen, die sich insofern eher bedeckt halten und derjenigen, die die ihrer Mei-

nung nach gegebene Verfassungswidrigkeit aussprechen (sie sind sogleich als solche kenntlich gemacht), sind indes dieselben, so dass sie hier zusammengezogen sind.

Vertreten von:
v. Münch/Kunig/*Trute* Art. 38 GG Rn. 58 f.; *Meyer* in: HdBStR, § 46 Rn. 36 ff.; Epping/Hillgruber/*Huster/Rux* Art. 20 GG Rn. 70; *Meyer* DVBl 1999, 1276 (1278); *Brenner* AöR 116 (1991), 537 (585); Dreier/*Morlok* Art. 38 GG Rn. 107; *Hösch* ThürVBl 1996, 265 (267); *Dreier* Jura 1997, 249 (255); *Friesenhahn* in: Deutsch-Spanisches Verfassungsrechts-Kolloquium, 1982, S. 29 f.; *Wenner* Sperrklauseln im Wahlrecht der Bundesrepublik Deutschland, 1986, S. 147 ff., 393 ff.; *Schulte* DVBl 1991, 1102 (1103); kritisch auch: *Maurer* § 13 Rn. 32 f.; *Gusy* Jura 1995, 226 (230 f.); *Pauly* AöR 123 (1998), 232 (255 f.); *Grimm* in: HdBVerfR, § 14 Rn. 44; *Schmidt-Jortzig* DVBl 1983, 773 (778–780); *Linck* Jura 1986, 460 (463 f.); die Verfassungswidrigkeit eindeutig bejahen: *Frotscher* DVBl 1985, 917 (926 f.); v. Mangoldt/Klein/Starck/*Achterberg/Schulte* Art. 38 GG Rn. 138; *Becht* Die 5%-Klausel im Wahlrecht, 1990, durchgehend, zusammenfassend S. 179 ff.; *Antoni* ZParl 1980, 93 (93 ff.); *Hamann/Lenz* Grundgesetz-Kommentar, 3. Aufl. 1970, Art. 38 GG Anm. 5d.

1. Argument
Die Funktionsfähigkeit des Parlaments ist zwar ein verfassungsrechtlich geschütztes Rechtsgut und als solches grundsätzlich geeignet, Einschränkungen der Erfolgsgleichheit der Stimmen zu rechtfertigen. Die wesentlich durch das BVerfG geprägte Rechtfertigungstheorie kommt aber einer hinreichenden Prüfung der von ihr selbst aufgestellten Maßstäbe nicht nach. So fehlt in der BVerfG-Rechtsprechung jegliche kritische Auseinandersetzung mit der Frage, ob die Arbeitsfähigkeit des Bundestages und die Fähigkeit zur stabilen Regierungsbildung auch heutzutage – nach über 50 Jahren stabiler politischer Verhältnisse in der Bundesrepublik – ernsthaft dadurch gefährdet wäre, wenn politische Parteien, die weniger als 5% der Zweitstimmen errungen haben, in den Bundestag einziehen würden. Jedenfalls die Sperrhöhe von 5% scheint überzogen.

2. Argument
Man muss sich bewusst sein, dass die Normierung einer Sperrklausel erhebliche »demokratische Kosten« mit sich bringt. Eine Sperrklausel bedingt eine verringerte Offenheit des politischen Systems und kann daher zu Frustration und Verdrossenheit mit dem politischen System führen. Die erhebliche Schwierigkeit, die Sperrklausel zu überwinden, kann das politische System auf längere Zeit verkrusten lassen. Parteien, die durch die Sperrklausel nicht in den Bundestag gelangen, wird die Chance genommen, sich durch eine positive Parlamentsarbeit zu profilieren und dadurch die Wählerbasis zu verbreitern.

3. Argument
§ 6 VI 1, 1. Alt. BWahlG ist auch deshalb einer strengen und kritischen verfassungsrechtlichen Überprüfung zu unterziehen, weil bei keiner anderen Gesetzgebung die jeweilige Parlamentsmehrheit notwendig so sehr im Eigeninteresse befangen ist wie bei der Wahlgesetzgebung, da es um die Basis ihrer eigenen Existenz als Mehrheit geht. Wahlgesetzgebung lässt sich daher als ein immerwährender Versuch verstehen, den eigenen Vorteil bis zur Grenze des (vermeintlich) gerade noch für verfassungsrechtlich zulässig Gehaltenen gesetzlich abzusichern.

4. Argument
Die 5%-Sperrklausel greift so tief in die Wahlrechtsgleichheit ein, dass eine Regelung im Grundgesetz selbst getroffen werden müsste und nicht im einfachen Gesetz (BWahlG) getroffen werden darf. Dabei müsste das Grundgesetz zwar nicht selbst die Detailregelungen zur Sperrklausel enthalten, aber zumindest die Voraussetzungen für die Festlegung von Sperrklauseln.

5. Argument (gegen das 2. Argument der Rechtfertigungstheorie)
Es ist eine unzutreffende, verallgemeinernde und letztlich diskriminierende Einschätzung, den Parteien, die einen kleineren Zweitstimmenanteil als 5% erringen, schon deshalb die Gemeinwohlfähigkeit und die Eignung, die Aufgaben des Parlaments zu erfüllen, abzusprechen.

6. Argument
Die Rechtfertigungstheorie ist insgesamt geprägt von einer Furcht der Wiederkehr der politischen Entwicklungen in der Weimarer Republik. Die Existenz mehrerer kleinerer Parteien im Parlament wird per se für destabilisierend erachtet. Dies ist aber auch (vgl. bereits 5. Argument) historisch falsch, denn die politische Entwicklung der Weimarer Republik zeigt sehr deutlich, dass kleinere oder sog. Splitterparteien staatstragender und koalitionsfähiger sein können als größere Parteien. Die Weimarer Republik ist sicherlich nicht an der fehlenden 5%-Klausel gescheitert.

Beispiel und ergänzende Hinweise:

1. Im Ausgangsfall ist dem B nach der Rechtfertigungstheorie zu antworten, dass aufgrund der insoweit einschlägigen Wahlrechtsvorschrift des § 6 VI 1, 1. Alt. BWahlG in der Tat eine Differenzierung in der Wahlrechtsgleichheit vorliegt; doch diese Differenzierung ist aufgrund hinreichender Rechtfertigungsgründe verfassungsrechtlich nicht zu beanstanden. Nach der kritischen Theorie liegt der B mit seinen Bedenken nicht falsch, manche würden sie sogar für durchgreifend erachten und dem B antworten, dass die einschlägige Vorschrift des § 6 VI 1, 1. Alt BWahlG verfassungswidrig ist.

2. Das Problem ist hier allein auf § 6 VI 1, 1. Alt. BWahlG und damit auf die Bundestagswahl zugeschnitten. Wie bereits bei der Anmerkung zur Rechtfertigungstheorie angedeutet, gibt es im deutschen Wahlrecht aber nicht nur eine Sperrklausel für den Bundestag, sondern auch – je nach Landesrecht unterschiedlich – für die Landtage und für die durch Kommunalwahlen zu ermittelnden Vertretungskörperschaften in den Gemeinden und Landkreisen (siehe dazu etwa *Ehlers* Jura 1999, 660 [661], m.w.N.) sowie für die Wahlen der Abgeordneten des Europäischen Parlaments aus der Bundesrepublik Deutschland gem. § 2 VI EuropawahlG. Auch hier stellt sich die Frage, ob diese Sperrklauseln mit dem Grundsatz der Wahlrechtsgleichheit vereinbar sind. Dass die Wahlrechtsgleichheit auch hier gilt, folgt zwar nicht aus Art. 38 I 1 GG, da dieser nur für die Bundestagswahl gilt; für Landtags- und Kommunalwahlen ergibt sich dies aber aus Art. 28 I 2 GG. Für die Europawahl fehlt eine direkt einschlägige Grundgesetznorm; das BVerfG hat die einzufordernde Wahlrechtsgleichheit aber aus den soeben genannten Normen heraus zu einem allgemein gültigen Wahlrechtsgrundsatz erweitert, für den entsprechende Differenzierungsanforderungen gelten (vgl. BVerfGE 51, 222 [234]). Das BVerfG hat auch für diese Wahlen lange

Zeit die Verfassungsmäßigkeit der Sperrklauseln bejaht, im Jahr 2008 indes für das Kommunalwahlrecht Schleswig-Holstein für verfassungswidrig erklärt, weil es keine hinreichenden Rechtfertigungsgründe gegeben sah (BVerfGE 120, 82 [115 ff.]). Für die Kommunalwahlen hat der Landesgesetzgeber in mehreren Bundesländern in den letzten Jahren die Sperrklauseln nach und nach abgeschafft. Einige landesverfassungsgerichtliche Urteile und immer mehr Stimmen im Schrifttum sehen auf kommunaler Ebene für Sperrklauseln keine verfassungsrechtliche Rechtfertigung mehr (siehe dazu etwa VerfGH NRW NVwZ 1995, 579 ff.; LVerfG MV, LKV 2001, 270 ff.; *Krajewski* DÖV 2008, 345 ff.; *Hebeler* LKRZ 2008, 406 ff.; *Puhl* FS Isensee 2007, S. 441 ff.).

3. Falllösungen: *Höfling* Fälle zum Staatsorganisationsrecht, Fall 11; *Degenhart* Klausurenkurs I, Fall 1; *Degenhart* Klausurenkurs II, Fall 6; *Geis* Fall 2; *Kramer* JuS 2003, 966 ff.

29. Problem: Ist die sog. Grundmandatsklausel in § 6 VI 1, 2. Alt. BWahlG verfassungsgemäß?

Beispiel:

Bei der Bundestagswahl 1994 errang die Partei PDS bundesweit 4,4% der gültigen Zweitstimmen und im Bundesland Berlin vier Direktmandate über die Erststimme. Nach § 6 VI 1, 2. Alt. BWahlG wurde sie auch bei der Verteilung der Sitze auf die Landeslisten berücksichtigt und zog somit mit 26 weiteren Sitzen aus den Landeslisten in den Bundestag ein. Ist dies verfassungsrechtlich zulässig (nach BVerfGE 95, 408 ff.)?

Ausgangspunkt:

Das Problem hängt eng mit dem 28. Problem zusammen, so dass zunächst dieses (nochmals) durchgearbeitet werden sollte. Genauso wie beim 28. Problem stellt sich auch hier die Frage der Verfassungswidrigkeit der Wahlvorschrift des § 6 VI 1, 2. Alt. BWahlG im Hinblick auf die Wahlrechtsgleichheit nach Art. 38 I 1 GG. Daher gelten die Ausführungen im 28. Problem zu den zwingenden Rechtfertigungsgründen bei der Differenzierung in der Wahlrechtsgleichheit auch hier.

§ 6 VI 1, 2. Alt. BWahlG hat zur Folge, dass auch diejenigen Parteien, die zwar weniger als 5% Zweitstimmenanteil erhalten, deren Wahlkreiskandidaten aber mindestens drei Direktmandate erringen, auch im Verhältnis ihres Zweitstimmenanteils Bundestagssitze erringen. Folge davon ist, dass etwa eine Partei, die 4,9% Zweitstimmenanteil erzielt und deren Wahlkreisbewerber zwei Direktmandate erringen, letztlich nur mit ihren beiden Wahlkreisgewinnern in den Bundestag einzieht, während eine Partei wie die PDS im Ausgangsbeispiel mit etwas geringerem Zweitstimmenanteil letztlich mit einem Vielfachen an Abgeordneten im Bundestag vertreten ist.

Das verfassungsrechtliche Problem liegt nicht darin, dass errungene Direktmandate erhalten bleiben, denn dies folgt bereits aus § 5 BWahlG (wonach in einem Wahlkreis derjenige Wahlkreisbewerber zum Abgeordneten gewählt ist, der in diesem Wahlkreis die Mehrheit der Erststimmen erringt) und hat mit § 6 VI 1, 2. Alt. BWahlG letztlich gar nichts zu tun. Problematisch ist allein, dass die Grundmandatsklausel dazu führt, dass die Partei auch ohne Überwindung der 5%-Hürde verhältnismäßig ihrem Zweitstimmenanteil Bundestagssitze erringt.

I. (hier sog.) **Rechtfertigungstheorie**

Die Grundmandatsklausel in § 6 VI 1, 2. Alt BWahlG ist verfassungsgemäß.

Vertreten von:
BVerfGE 1, 208 (258 ff.); 4, 31 (40 f.); 5, 77 (83); 6, 84 (95 ff.); 95, 408 (420 ff.); 96, 264 (279); AK-GG/*Schneider* Art. 38 GG Rn. 69; v. Mangoldt/Klein/Starck/*Achterberg*/*Schulte* Art. 38 GG Rn. 142; Schmidt-Bleibtreu/Hofmann/Hopfauf/*Kretschmer* Art. 38 GG Rn. 53; *Hendler* Rn. 156; *Maurer* § 13 Rn. 34; *Badura* Kap. E, Rn. 9; BK/*Badura* Anhang zu Art. 38 GG Rn. 26; *Lege* Jura 1998, 462 (469); *Paech* NJ 1996, 617 (617 ff.); *Löwer* Aktuelle wahlrechtliche Verfassungsfragen, 1996, S. 85; wohl auch: *Schreiber* Bundeswahlgesetz-Kommentar, 8. Aufl. 2009, § 6 BWahlG Rn. 42 ff.; *Degenhart* Rn. 61; Friauf/Höfling/*Schreiber* Art. 38 GG Rn. 88; *Gröpl* Rn. 1056.

1. Argument

Die Grundmandatsklausel dient dem Zweck, eine effektive Integration des Staatsvolkes zu bewirken. Bei der Festlegung eines Kriteriums, das Rückschlüsse auf die Integrationskraft politischer Parteien erlaubt, ist der Gesetzgeber nicht darauf beschränkt, auf den Erfolg einer Partei in der Verhältniswahl (=Zweitstimmenwahl) abzustellen – so wie dies bei der 5%-Sperrklausel der Fall ist. Er kann – wie er dies bei der Grundmandatsklausel getan hat – eine besondere politische Kraft einer politischen Partei auch aus dem Ausmaß ihres Erfolges in der Mehrheitswahl (=Erststimmenwahl) ableiten. Wenn ein parteiangehöriger Abgeordneter ein Direktmandat erringt, so drückt sich in der Wahl dieses Kandidaten in aller Regel zugleich auch das Ausmaß der Billigung der politischen Anliegen der Partei aus, die ihn nominiert hat. Findet ein Wahlkreiskandidat einer Partei das Vertrauen der Mehrheit der Wähler im Wahlkreis, so darf der Gesetzgeber davon ausgehen, dass hierin zugleich ein besonderes Maß an Zustimmung zu der hinter dem Kandidaten stehenden Partei liegt. Gelingt es einer Partei, mit ihren Kandidaten mehrere Wahlkreismandate zu erringen, so kann der Gesetzgeber in diesem sich bereits in Parlamentssitzen niederschlagenden Erfolg ein Indiz dafür sehen, dass diese Partei besondere Anliegen aufgegriffen hat, die eine Repräsentation im Parlament rechtfertigen. In diesem Sinn darf der Gesetzgeber die Grundmandatspartei als politisch bedeutsam ansehen.

2. Argument

Man kann die Grundmandatsklausel als Ausnahme von der 5%-Sperrklausel und, da diese ihrerseits eine Ausnahme vom Grundsatz der Wahlrechtsgleichheit darstellt, als Ausnahme von der Ausnahme ansehen. Daher ist sie verfassungsrechtlich unproblematisch, da sie die durch die 5%-Sperrklausel hervorgerufene Beeinträchtigung der Wahlrechtsgleichheit wieder reduziert und mithin für sich betrachtet (mehr) Wahlrechtsgleichheit zwischen allen Parteien herstellt.

II. (hier sog.) Theorie der Verfassungswidrigkeit

Die Grundmandatsklausel in § 6 VI 1, 2. Alt. BWahlG ist verfassungswidrig.

Vertreten von:
Heintzen DVBl 1997, 744 (747 ff.); *Hobe* JA 1996, 391 (393–395); Umbach/Clemens/*Roth* Art. 38 GG Rn. 72; Jarass/Pieroth/*Pieroth* Art. 38 GG Rn. 22b; *Frowein* AöR 99 (1974), 72 (93); *Linck* Jura 1986, 460 (464 f.); Dreier/*Morlok* Art. 38 GG Rn. 111; *Rinck* DVBl 1958, 221 (226); *Wahl* NJW 1990, 2585 (2589 ff.); *Roth* NJW 1994, 3269 (3270 f.); *Pauly* AöR 123 (1998), 232 (259–262); v. Münch/Kunig/*Trute* Art. 38 GG Rn. 60; *Meyer* Wahlsystem und Verfassungsordnung, 1973, S. 236–240; *Meyer* VVDStRL 33 (1975), S. 69 (116); *Meyer* in: HdBStR, § 46 Rn. 44; *Becht* Die 5%-Klausel im Wahlrecht, 1990, S. 159 ff.; *Hoppe* DVBl 1995, 265 (265 ff.); *Erichsen* Jura 1984, 22 (31 f.); *Bücking* in: Jesse/Löw (Hrsg.), Wahlen in Deutschland, 1998, S. 141 (169 ff.); *Hegels* ZRP 1969, 105 (105 f.); *Hegels* Die Chancengleichheit der Parteien in deutschen und ausländischen Recht, 1967, S. 58 ff.; *Peter* Wahlabsprachen politischer Parteien und ihre rechtlichen Grenzen, 1964, S. 110 f.; *Jülich* Chancengleichheit der Parteien, 1967, S. 111–114; *Wenner* Sperrklauseln im Wahlrecht der Bundesrepublik Deutschland, 1986, S. 89 ff.; kritisch auch: Sachs/*Magiera* Art. 38 GG Rn. 94; *Rietdorf* DÖV 1953, 487 (490).

1. Argument

Die Rechtfertigungstheorie schließt von der Erringung mindestens dreier Direktmandate durch Kandidaten einer Partei auf die politische Bedeutung dieser Partei und ermöglicht ihr über die Grundmandatsklausel den Einzug in das Parlament. Damit werden aber die Elemente des personenbezogenen Mehrheitswahlrechts bei der Erststimme und des parteienbezogenen Verhältniswahlrechts bei der Zweitstimme miteinander vermischt. Es ist aber allgemein anerkannt, dass eine Vermischung beider Wahlsysteme unzulässig ist. Die Rechtfertigungstheorie führt keine stichhaltigen Argumente an, wieso diese Vermischung ausgerechnet bei der Grundmandatsklausel zulässig sein soll.

2. Argument

Die Rechtfertigungstheorie fußt maßgeblich auf dem Bestreben, eine möglichst weitgehende Integration der im Volk vorhandenen bedeutsamen politischen Strömungen zu erreichen. Bei der Verhältniswahl (=Zweitstimmenwahl) ist aber eine möglichst strikte Gleichbehandlung aller Partein zu fordern. Da die Bedeutung einer Partei als einer politischen Strömung nicht an dem Erfolg »ihrer« Direktkandidaten festgemacht werden kann (vgl. 1. Argument), führt die Grundmandatsklausel zu einem Eingriff in das Konkurrenzverhältnis der »Unter-Fünfprozent-Parteien«, für den sich kein Rechtfertigungstatbestand aufzeigen lässt.

3. Argument

Das Argument des Integrationsbedarfs der Rechtfertigungstheorie greift nicht, denn es verträgt sich nicht mit dem Demokratieprinzip, dem Gesetzgeber bei der Ausgestaltung des Wahlrechts Bewertungen über den Integrationsbedarf bestimmter Interessen zuzugestehen und bestimmten Parteien daher eine »Parlamentswürdigkeit« zuzusprechen.

4. Argument
Das Integrationsargument der Rechtfertigungstheorie fußt auf einer unbewiesenen Behauptung, nämlich darauf, dass eine Partei mit mindestens drei erfolgreichen Wahlkreiskandidaten eine größere Integrationskraft – die auf die Bundesrepublik insgesamt zu beziehen ist – hat als andere Parteien, die einen vergleichbaren Zweitstimmenanteil, aber keine drei erfolgreichen Wahlkreiskandidaten hat.

5. Argument
Die Rechtfertigungstheorie erklärt nicht hinreichend, wie sie eigentlich mit dem im Rahmen der Rechtfertigung der 5%-Sperrklausel angeführten Argument vereinbar sein soll, die Sperrklausel sei zur Erhaltung der Funktionsfähigkeit des Parlaments nötig. Die Sperrklausel führt dazu, dass kleinere Parteien nicht in den Bundestag einziehen; für Grundmandatsparteien gilt dies nicht mehr und sie sollen daher offenbar nicht die Funktionsfähigkeit des Parlaments beeinträchtigen. Es bleibt unerfindlich, wieso eine Partei, die einen vielleicht sogar höheren Zweitstimmenanteil als eine Grundmandatspartei errungen hat, die Entscheidungsfähigkeit des Parlaments vergleichsweise stärker lähmen können soll.

6. Argument
Die Rechtfertigungstheorie liefert letztlich nur wortreiche Aussagen dafür, *dass* Parteien, die die Grundmandatsklausel erfüllen, besonders »parlamentswürdig« seien. Eine Erklärung für das »Warum« bleibt sie im Kern aber schuldig.

7. Argument
Die Grundmandatsklausel eröffnet dem institutionellen Missbrauch Tür und Tor. Denn eine größere Partei kann in drei Wahlkreisen auf eigene Direktkandidaten zugunsten einer kleineren Partei verzichten, damit deren Zweitstimmen im Interesse der gemeinsamen Sache nicht verloren gehen (sog. Huckepackverfahren).

Beispiel und ergänzende Hinweise:

1. Im Ausgangsfall kommt die Rechtfertigungstheorie zur verfassungsrechtlichen Zulässigkeit der Grundmandatsklausel, während die Theorie der Verfassungswidrigkeit die Norm als verfassungswidrig ansieht.

2. Ein neben dem 28. und 29. Problem weiteres, vieldiskutiertes und kompliziertes Wahlrechtsgleichheitsproblem stellen die sog. Überhangmandate dar. Zumindest kurz sollte man sich mit diesem Begriff und dem dahinter steckenden Wahlrechtsmechanismus vertraut machen (siehe dazu instruktiv und knapp v. Münch/Kunig/*Trute* Art. 38 GG Rn. 61, m.w.N. zu Literatur und Rechtsprechung).

3. Falllösungen: *Höfling* Fälle zum Staatsorganisationsrecht, Fall 9; *Degenhart* Klausurenkurs I, Fall 1; *Degenhart* Klausurenkurs II, Fall 6; *Geis* Fall 2.

II. Bundesstaatsprinzip und Bundesstaatlichkeit

30. Problem:
Ist ein einzelner Bundesminister berechtigt, allgemeine Verwaltungsvorschriften gem. Art. 84 II, 85 II 1 GG zu erlassen?

Beispiel:

§ 104 AuslG (am 1.1.2005 außer Kraft getreten) ermächtigte den Bundesinnenminister zum Erlass allgemeiner Verwaltungsvorschriften zum AuslG. War dies verfassungsrechtlich zulässig?

Ausgangspunkt:

Nach Art. 84 II GG kann die Bundesregierung mit Bundesratszustimmung allgemeine Verwaltungsvorschriften für die landeseigene Verwaltung von Bundesgesetzen erlassen. Entsprechendes gilt nach Art. 85 II 1 GG für die Bundesgesetze, die die Länder im Auftrag des Bundes ausführen. Verwaltungsvorschriften sind abstrakte Regelungen für eine Vielzahl von Sachverhalten, die ähnlich wie Rechtsverordnungen dazu dienen, die Parlamentsgesetze insbesondere dahingehend näher auszuformen, dass sie Auslegungshilfen geben sowie Ermessen und Beurteilungsspielräume allgemein ausfüllen (siehe dazu näher die Lehrbücher zum Allgemeinen Verwaltungsrecht – etwa *Maurer* Allgemeines Verwaltungsrecht, 17. Aufl. 2009, § 13 und § 24).

Ermächtigt wird durch Art. 84 II GG und Art. 85 II 1 GG »die Bundesregierung«. Anerkannt ist, dass damit an sich das Kollegium (Kabinett) der Bundesminister und des Bundeskanzlers angesprochen ist. Von daher könnte es nahe liegen oder gar zwingend so sein, dass mit »Bundesregierung« in Art. 84 II GG und Art. 85 II 1 GG nur dieses Kollegium gemeint sein kann und nicht einzelne Bundesminister Verwaltungsvorschriften erlassen können. Dies ist aber umstritten.

I. (hier sog.) **Ermächtigungstheorie**

Ein einzelner Bundesminister kann allgemeine Verwaltungsvorschriften nach Art. 84 II, 85 II 1 GG dann erlassen, wenn er durch Bundesgesetz mit Zustimmung des Bundesrates dazu ermächtigt worden ist.

Vertreten von:
BVerfGE 26, 338 (398 f.); BVerwGE 42, 279 (283); 67, 173 (176); BVerwG NJW 1972, 1773 (1773); *Stern* Bd. II, S. 804; *Heitsch* Die Ausführung der Bundesgesetze durch die Länder, 2001, S. 235 f.; *Klein* DVBl 1970, 109 (110 f.); *Klein* FS BVerfG, Bd. II, 1976, S. 277 (292 f.); *Dux* Bundesrat und Bundesaufsicht, 1963, S. 89–92; *Vogel* in: HdBVerfR, § 22 Rn. 92; *Bürgel* NJW 1974, 629 (631); *Bleibaum* DVBl 1999, 1265 (1265 f.); *Tschentscher* JZ 1999, 993 (994–996); *Schäfer* Der Bundesrat 1955, S. 123 f.; *Schäfer* DÖV 1960, 641 (648); *Redeker* DÖV 1952, 235 (236); wohl auch: *Koch* Jura 2000, 179 (184–186).

1. Argument
Art. 84 II GG und Art. 85 II 1 GG geben als Ermächtigungsnormen dem Bund die Befugnis, für die Verwaltung der Länder allgemeine Verwaltungsvorschriften zu erlassen. Für diese das Bund-Länder-Verhältnis berührende Frage treffen sie Vorkehrungen zum Schutz der Eigenständigkeit der Verwaltung der Länder bei der Ausführung von Bundesgesetzen. Hierin erschöpft sich aber die Funktion der beiden Normen. Sie enthalten kein Verbot, durch Bundesgesetz auch einen Minister zum Erlass allgemeiner Verwaltungsvorschriften zu ermächtigen, sondern sie erteilen diese Ermächtigung nur für den Fall, dass es an einer speziellen gesetzlichen Ermächtigung fehlt. Solche speziellen Ermächtigungen sind zulässig und stehen nicht im Widerspruch zu Art. 84 II GG und Art. 85 II 1 GG. Aus der föderativen Bedeutung von Art. 84 II GG und Art. 85 II 1 GG ergibt sich aber, dass Ermächtigungen einzelner Bundesminister zum Erlass allgemeiner Verwaltungsvorschriften nur durch Gesetz und mit Zustimmung des Bundesrates erteilt werden können.

2. Argument
Es ist nicht ersichtlich, dass dem föderativen Schutzzweck der Art. 84 II GG und Art. 85 II 1 GG besser genügt wird, wenn dem Bundesrat die Zustimmung aller Bundesminister in Form eines Kabinettsbeschlusses zur Zustimmung zugeleitet wird. Man könnte hier im Gegenteil womöglich sogar vertreten, der mit größerer Autorität ausgestattete Kabinettsbeschluss sei eher geeignet, Bedenken des Bundesrates zu zerstreuen, als die vom fachlich zuständigen Bundesminister getragene Entscheidung.

3. Argument
Art. 84 II GG und Art. 85 II 1 GG wollen die Länderverwaltungen vor allzu intensiver Einwirkung schützen. Als »Normalstandard« dieses Schutzes legen Art. 84 II GG und Art. 85 II 1 GG fest, dass hinsichtlich des Erlasses von Verwaltungsvorschriften ein Kabinettsbeschluss – da mit Bundesregierung das Kollegium gemeint ist – nötig ist und der Bundesrat diesen Verwaltungsvorschriften zustimmen muss. Dieser »Normalstandard« muss auch bei einer anderen Regelung als der von Art. 84 II und Art. 85 II 1 GG direkt angesprochenen gewährleistet sein. Wenn nun ein Einzelminister durch Zustimmungsgesetz zum Erlass allgemeiner Verwaltungsvorschriften ermächtigt wird, so wird dieser »Normalstandard« erreicht. Würde man dies anders sehen, so würde man der Exekutive (hier: Erlass der Verwaltungsvorschrift durch die Bundesregierung als Kollegium) einen größeren Vertrauensvorsprung zubilligen als der Legislative (hier: das Gesetz, welches den Einzelminister zum Erlass der Verwaltungsvorschrift ermächtigt). Wieso dies gerechtfertigt sein soll, ist nicht ersichtlich. Im Gegenteil wird man sagen können, dass die Schutzfunktion erst recht gewahrt ist, wenn der Erlass allgemeiner Verwaltungsvorschriften aufgrund eines von Bundestag und Bundesrat beschlossenen Bundesgesetzes durch einen Bundesminister erfolgt.

4. Argument
Dem Bundesgesetzgeber ist es nach Art. 80 I GG möglich, auch einzelne Bundesminister zu ermächtigen, Rechtsverordnungen zu erlassen. Es leuchtet daher nicht ein, wieso die Ermächtigung eines Bundesministers zum Erlass allgemeiner Verwaltungsvorschriften unzulässig sein soll – zumal, wenn sie in Form eines Bundesgesetzes, welches der Bundesratszustimmung bedarf, ergeht.

5. Argument
Auch in Art. 86 S. 1 GG wird für die bundeseigene Verwaltung die Bundesregierung zum Erlass allgemeiner Verwaltungsvorschriften ermächtigt. Für Art. 86 S. 1 GG muss allerdings bezweifelt werden, dass er mit »Bundesregierung« das Kollegialorgan meint: Da Art. 86 GG nur die bundeseigene Verwaltung betrifft und insofern keine Länderinteressen berührt sind, wird es mit Recht als eine erhebliche Einschränkung der aus der Ressortzuständigkeit des Ministers gem. Art. 65 S. 2 GG folgenden Kompetenzen angesehen, wenn nicht der einzelne Minister in Art. 86 S. 1 GG Verwaltungsvorschriften erlassen können soll. Wenn also bei Art. 86 S. 1 GG der Begriff »Bundesregierung« aus Kompetenz- bzw. Schutzzweckerwägungen heraus einer offenen Auslegung zugänglich ist, so fragt sich, wieso dies nicht auch bei Art. 84 II GG und Art. 85 II 1 GG möglich sein soll. Dies gilt umso mehr, als der erforderliche Schutz der Länderverwaltungen durch das Erfordernis der Zustimmung des Bundesrates zu den allgemeinen Verwaltungsvorschriften und zu dem Gesetz, was den einzelnen Minister zum Erlass von Verwaltungsvorschriften ermächtigt, gewährleistet ist.

II. (hier sog.) **Theorie des Verbots der Ermächtigung**

Ein einzelner Bundesminister ist nicht berechtigt, Verwaltungsvorschriften gem. Art. 84 II und Art. 85 II 1 GG zu erlassen.

Vertreten von:
BVerfGE 100, 249 (261 f.); *Lüdemann* ZUR 1999, 268 (268); *Oebbecke* in; HdBStR, § 136 Rn. 60; Hömig/*Hömig* Art. 84 GG Rn. 12; *Rittstieg* InfAuslR 1989, 307 (309); Friauf/Höfling/*Groß* Art. 84 GG Rn. 35 und Art. 85 GG Rn. 16; Jarass/Pieroth/*Pieroth* Art. 85 GG Rn. 4; v. Münch/Kunig/*Broß* Art. 84 GG Rn. 26; Umbach/Clemens/*Umbach/Clemens* Art. 84 GG Rn. 43; AK-GG/*Bull* Art. 84 GG Rn. 38; Dreier/*Hermes* Art. 84 GG Rn. 65; Sachs/*Dittmann* Art. 85 GG Rn. 13; *Schmidt* JuS 1999, 861 (862); Maunz/Dürig/*Lerche* Art. 84 GG Rn. 110 f.; v. Mangoldt/Klein/Starck/*Trute* Art. 84 GG Rn. 33; *Hebeler* Jura 2002, 164 (167); *Kratzer* DÖV 1952, 230 (231–234); *Ossenbühl* Verwaltungsvorschriften und Grundgesetz, 1968, S. 456 f.

1. Argument
In Art. 30 GG und Art. 83 GG kommt der Grundsatz der Länderzuständigkeit (auch) bei der Ausführung von Bundesgesetzen zum Ausdruck. Alle in Art. 84 GG und Art. 85 GG normierten Einwirkungs- und Regelungsbefugnisse des Bundes auf/hinsichtlich diese(r) Länderzuständigkeit sind strikt auszulegen. Da der Wortlaut »Bundesregierung« in Art. 84 II GG und Art. 85 II 1 GG angesichts der Regelung in Art. 62 GG eindeutig das Regierungskabinett meint, ist insoweit die Befugnis zum Erlass von Verwaltungsvorschriften strikt auszulegen und daher auf das Regierungskabinett begrenzt.

2. Argument
Die Ermächtigungstheorie kann nicht erklären, warum eine einfachgesetzliche Ermächtigung an einen einzelnen Minister ausreichend sein soll, wenn nach den Grundsätzen der Art. 30 GG und Art. 83 GG Abweichungen von der Regelzuständigkeit der Länder – hier zum Erlass allgemeiner Verwaltungsvorschriften – mit Verfassungsrang ausgestattet sein müssen.

3. Argument
Wenn das Erfordernis einer Zustimmung des Bundesrates auf das Gesetz beschränkt wäre, durch das ein Bundesminister zum Erlass allgemeiner Verwaltungsvorschriften ermächtigt wird, dann hätten die Länder keine Möglichkeit mehr, auf die damit verbundene nähere Ausgestaltung ihrer Wahrnehmungskompetenz über den Bundesrat einzuwirken. Der Bundesrat würde ohne Kenntnis und Bestimmung des konkreten Inhalts künftiger Verwaltungsvorschriften praktisch eine Blankettermächtigung erteilen.

4. Argument
Systematisch spricht die teilweise im Grundgesetz ausdrücklich vorgesehene Möglichkeit (so in Art. 87b II 2 GG, Art. 120a I GG), die Einwirkungsmöglichkeiten der Bundesregierung durch zustimmungsbedürftiges Bundesgesetz auf Bundesoberbehörden zu übertragen, für ein restriktives, am Wortlaut orientiertes Verständnis von Art. 84 II und Art. 85 II 1 GG. Wenn aber das Grundgesetz für Sonderfälle Übertragungsmöglichkeiten vorgesehen hat, so ist davon auszugehen, dass es sie ansonsten bewusst unterlassen hat.

5. Argument (gegen das 4. Argument der Ermächtigungstheorie)
Aus Art. 80 I GG, wonach eine Ermächtigung einzelner Bundesminister zum Erlass von Rechtsverordnungen möglich ist, ergibt sich kein Argument für eine erweiternde Auslegung von Art. 84 II und Art. 85 II 1 GG. Denn Rechtsverordnungen und Verwaltungsvorschriften unterscheiden sich allein schon dadurch, dass Rechtsverordnungen im Gesetz dicht vorgezeichnet sein müssen (vgl. Art. 80 I 2 GG), während Verwaltungsvorschriften aufgrund einer beliebig aktualisierbaren Organisationsgewalt ergehen.

Beispiel und ergänzende Hinweise:

1. Im Ausgangsfall war die Ermächtigung in § 104 AuslG nach der Ermächtigungstheorie verfassungsrechtlich zulässig, da das AuslG ein Bundesgesetz war, das mit Zustimmung des Bundesrates ergangen ist. Nach der Theorie des Verbots der Ermächtigung war die Ermächtigung verfassungsrechtlich unzulässig, da nur die Bundesregierung insgesamt als Kollegium zum Erlass der Verwaltungsvorschrift ermächtigt werden durfte.

2. Die in Art. 84 II GG und in Art. 85 II 1 GG genannten Befugnisse der Bundesregierung sind sog. präventive Ingerenzrechte, da sie vorbeugende Einwirkungsmöglichkeiten einräumen. Ein weiteres präventives Ingerenzrecht für die Bundesregierung enthält Art. 84 V GG, wonach ihr durch Bundesgesetz, das der Zustimmung des Bundesrates bedarf, zur Ausführung von Bundesgesetzen die Befugnis verliehen werden kann, für besondere Fälle der Landesverwaltung Einzelweisungen zu erteilen (Art. 85 GG enthält insofern keine echte Parallele – vgl. dazu das 31. Problem). Art. 84 V GG hat praktisch eine viel geringere Bedeutung als Art. 84 II GG (zu Anwendungsbeispielen vgl. etwa Sachs/*Dittmann* Art. 84 GG Rn. 34 in Fn. 129). Dennoch stellt sich die Frage, ob mit »Bundesregierung« in dieser Vorschrift nur das gesamte Kabinett und nicht der Einzelminister gemeint ist. Der Meinungsstand dazu ist nicht identisch mit dem zu Art. 84 II GG, aber die überwiegende Anzahl derer, die Art. 84 II GG auf die Bundesregierung als Kollegium beschränkt sehen, sehen dies

auch bei Art. 84 V GG so. Eingestanden wird zwar, dass die Befassung mit Einzelfragen des Gesetzesvollzugs – wie sie Art. 84 V GG zum Gegenstand hat – nicht zu den typischen Aufgaben der Regierung gehört, dass aber Art. 84 V GG aufgrund seines Ausnahmecharakters eng auszulegen und daher keiner erweiterten Auslegung zugänglich sei (dazu etwa Friauf/Höfling/*Groß* Art. 84 GG Rn. 40, m.w.N.)

3. Zu dem Begriff »Bundesregierung« in Art. 86 S. 1 GG und zur Frage, ob danach auch ein einzelner Bundesminister Verwaltungsvorschriften erlassen kann, werden nochmals andere Argumente vorgebracht (vgl. dazu bereits das 5. Argument der Ermächtigungstheorie; vertiefend hierzu v. Mangoldt/Klein/Starck/*Burgi* Art. 86 GG Rn. 66 f., m.w.N.).

31. Problem: Wird ein Land, das im Rahmen der Bundesauftragsverwaltung nach Art. 85 III GG vom Bund eine inhaltlich fehlerhafte Weisung erhält, dadurch in seinen Rechten verletzt?

Beispiel:

Der für Atomkraft zuständige Bundesminister erlässt gegenüber Land A die Weisung, die atomrechtliche Genehmigung für den Betrieb eines in A gelegenen Atomkraftwerks zu erteilen. Land A ist der Ansicht, dass diese Weisung rechtswidrig sei, da im konkreten Fall die atomrechtlichen Voraussetzungen für eine Genehmigung des Kraftwerks gar nicht vorlägen. Land A sieht sich durch die Weisung in seinen Rechten verletzt. Zu Recht (nach BVerfGE 81, 310 ff.)?

Ausgangspunkt:

Vgl. zunächst (nochmals) Ausgangspunkt 30. Problem.

Die Auftragsverwaltung nach Art. 85 GG unterscheidet sich von der Ausführung der Bundesgesetze durch die Länder nach Art. 84 GG maßgeblich dadurch, dass dem Bund stärkere Einwirkungsrechte eingeräumt sind. Dies ergibt sich zum einen aus Art. 85 II 3 GG, wonach dem Bund im Personalbereich der Länder für bestimmte Fälle ein Einfluss zugestanden wird, und aus Art. 85 IV 2 GG, wonach dem Bund weitergehende Informationsrechte (Recht auf Bericht und Aktenvorlage sowie darauf, einen Beauftragten zu allen Behörden zu entsenden) eingeräumt sind. Zum anderen – und dies ist der weitaus wichtigere Unterschied – erstreckt sich gem. Art. 85 IV GG die Bundesaufsicht neben der Gesetzmäßigkeit auch auf die Zweckmäßigkeit der Ausführung. Aus Art. 85 IV GG folgt dann, dass die Länder den Weisungen des Bundes (genauer: der zuständigen obersten Bundesbehörde) unterstehen (Art. 85 III 1 GG). Dieses Weisungsrecht ist inhaltlich unbeschränkt und z.B. nicht auf Einzelfälle beschränkt.

Dieser Mechanismus des Art. 85 GG, dass einerseits es zwar die Länder sind, die die Gesetze ausführen, dass anderseits der Bund aber die beschriebenen weitreichenden Einwirkungsmöglichkeiten hat, führt zu einer nicht einfach zu deutenden Bund-

Länder-Kompetenzverschränkung, die zu zahlreichen Äußerungen und Deutungen von Art. 85 GG in der Literatur geführt haben. Ein Aspekt davon ist das hier aufgeworfene Problem.

Mit »inhaltlich fehlerhafter« Weisung ist nur der Fall gemeint, dass die Weisung des Bundes materiell-rechtlich im Widerspruch zur einfachgesetzlichen Rechtslage (im Beispiel: zum AtomG) erfolgt. Erfolgt die Weisung im Widerspruch zum Grundgesetz selbst, etwa weil für die fragliche Weisungsmaterie gar keine Auftragsverwaltung besteht, so kann das angewiesene Land durch die Weisung unstreitig in seinen Rechten verletzt werden (vgl. dazu BVerfGE 102, 167 ff.).

I. (hier sog.) **Rechtsverletzungstheorie**

Wenn Länder im Rahmen der Bundesauftragsverwaltung inhaltlich fehlerhafte Weisungen durch den Bund erhalten, dann sind die Länder dadurch in ihren Rechten verletzt.

Vertreten von:
Schulte VerwArch 81 (1990), 415 (426 ff.); *Winter* DVBl 1985, 993 (996 f.); *Pauly* Anfechtbarkeit und Verbindlichkeit von Weisungen in der Bundesauftragsverwaltung, 1989, S. 233; *Pauly* DÖV 1989, 884 (886 f.); *Tschentscher* Inhalt und Schranken des Weisungsrechts des Bundes aus Art. 85 III GG, 1988, S. 360 ff.; *Lange* NJW 1986, 2459 (2461); *Lange* Das Weisungsrecht des Bundes in der atomrechtlichen Auftragsverwaltung, 1990, S. 116 ff.; *Dieners* DÖV 1991, 923 (925 f.); *Schachtschneider* Der Rechtsweg zum BVerfG in Bund-Länder-Streitigkeiten, 1969, S. 135.

1. Argument
Art. 30 GG ist die grundlegende Norm für die Abgrenzung von Bundes- und Länderkompetenzen. Die Formulierung von Art. 30 Hs. 1 GG, demzufolge die Ausübung der staatlichen Befugnisse und die Erfüllung der staatlichen Aufgaben »Sache der Länder« ist, deutet darauf hin, dass den Ländern im Rahmen von Art. 30 GG subjektive Kompetenzrechte zugewiesen sind. Man kann von daher in Anlehnung an die Grundrechtsdogmatik von einer Art »Schutzbereich« des Art. 30 GG zugunsten der Länder sprechen. Jede Maßnahme des Bundes, die dieses Recht der Länder verkürzt, stellt einen Eingriff in den Schutzbereich dar. Als verfassungsrechtliche Schranke fungiert Art. 30 Hs. 2 GG, der die Voraussetzungen festlegt, unter denen ein Eingriff in den Schutzbereich des Art. 30 GG gerechtfertigt ist. Art. 30 Hs. 2 GG verweist für die Ausführung von Bundesgesetzen im Auftrag des Bundes auf Art. 85 GG. Da Art. 30 GG grundrechtsähnlich auszulegen ist, kann sich die Ermächtigung in Art. 85 III 1 GG zur Erteilung von Einzelweisungen nur auf rechtmäßige Weisungen beziehen, also solche, die auch im Einklang mit dem einfachgesetzlichen Recht stehen, das die Weisung zum Inhalt hat.

2. Argument
Selbst wenn man nicht dem »grundrechtsähnlichen« Ansatz (vgl. 1. Argument) folgen mag, so kann man in Art. 30 GG jedenfalls eine vertikale Funktionentrennung angelegt sehen. Diese geht davon aus, dass die Länder in ihrem Autonomiebereich grundsätzlich über einen eigenständigen, nur in der Rechtsordnung selbst seine Grenze findenden Handlungsspielraum verfügen. Dieser wäre weitgehend entwertet, wenn die

Länder rechtswidrige Weisungen des Bundes ohne Abwehrmöglichkeiten hinzunehmen hätten.

3. Argument
In Art. 93 I Nr. 3 GG werden als Hauptfall der Bund-Länder-Streitigkeit Meinungsverschiedenheiten bei der Ausführung von Bundesgesetzen durch die Länder und bei der Ausübung der Bundesaufsicht genannt. Darin steckt die Prämisse, dass es sich in diesem Bereich der Unterordnung der Länder unter den Bund um eine besonders prekäre Stelle handelt, für die mit dem BVerfG institutionell eine Schlichtungsinstanz vorgesehen werden musste. Wie selbstverständlich geht Art. 93 I Nr. 3 GG davon aus, dass es in dem genannten Bereich um Meinungsverschiedenheiten über Rechte und Pflichten gehen kann. Wann aber sind solche Meinungsverschiedenheiten bedeutsamer, als wenn von einem Land ein rechtwidriges Handeln verlangt wird?

4. Argument (zu den hier in Bezug genommenen Begriffen »Sach- und Wahrnehmungskompetenz« vgl. 1. Argument der Theorie der Sachkompetenz des Bundes)
Es ist nicht ersichtlich, warum mit der bloßen Etablierung der Weisungsgewalt des Bundes in Art. 85 III GG die Kompetenz der Länder auf eine bloße »Wahrnehmungskompetenz« beschränkt sein soll mit der Folge, inhaltlich rechtswidrige Weisungen nicht abwehren zu können. Die Etablierung einer Weisungsgewalt schließt noch nicht subjektive Rechte des Angewiesenen aus, sondern sie wird umgekehrt durch diese Rechte diszipliniert. Die Theorie der Sachkompetenz des Bundes, die zwischen Sach- und Wahrnehmungskompetenz unterscheidet, interpretiert Art. 85 III 1 GG zirkulär, denn die Frage ist doch gerade, ob der Bund auch für rechtswidrige Rechtsakte »sachkompetent« ist. Gerade dies muss aus rechtsstaatlichen Gründen verneint werden, da sich im Grundgesetz nirgendwo Kompetenzen zu rechtswidrigem Verhalten finden. Insofern ist im Falle rechtswidriger Weisungen auch keine Sachkompetenz des Bundes gegeben, die einem Länderabwehrrecht den Boden entziehen könnte.

5. Argument
Wenn die Länder rechtswidrigen Weisungen unterstünden und diese rechtsschutzlos hinnehmen müssten, so wäre nicht zu erklären, warum der Bund seine Weisungen nach Art. 85 III 2 GG an die obersten Landesbehörden und nicht direkt an die zuständigen untergeordneten Landesbehörden zu richten hat.

II. (hier sog.) **Theorie der Sachkompetenz des Bundes**

Die Länder werden durch inhaltlich fehlerhafte Weisungen im Rahmen der Bundesauftragsverwaltung grundsätzlich nicht in ihren Rechten verletzt und können nicht erfolgreich um Rechtsschutz gegen die Weisung nachsuchen. Eine Rechtsverletzung kommt nur dann in Betracht, wenn die anweisende oberste Bundesbehörde unter grober Missachtung der ihr obliegenden Obhutspflicht zu einem Tun oder Unterlassen anweist, das im Hinblick auf die damit einhergehende allgemeine Gefährdung oder Verletzung bedeutender Rechtsgüter schlechterdings nicht verantwortet werden kann.

Vertreten von:
BVerfGE 81, 310 (331 ff.); 84, 25 (31); 102, 167 (172); Jarass/Pieroth/*Pieroth* Art. 85 GG Rn. 7; v. Münch/Kunig/*Broß* Art. 85 GG Rn. 18; *Degenhart* Rn. 507 f.; *Ipsen* I,

Rn. 643; *Maurer* § 18, Rn. 18; *v. Münch/Mager* Rn. 458; Friauf/Höfling/*Groß* Art. 85 GG Rn. 23–25; Hömig/*Hömig* Art. 85 GG Rn. 6; *Zippelius/Würtenberger* § 46 Rn. 50 ff.; Schmidt-Bleibtreu/Hofmann/Hopfauf/*Henneke* Art. 85 GG Rn. 8; Sachs/*Dittmann* Art. 85 GG Rn. 23 f.; Umbach/Clemens/*Clemens/Umbach* Art. 85 GG Rn. 33, 38 und 42; *Oebbecke* in: HdBStR, § 136 Rn. 55, 62; *Ossenbühl* Der Staat 1989, 31 (36 f. und 42–48); *Gröpl* Rn. 1511 f.; Maunz/Dürig/*Lerche* Art. 85 GG Rn. 53; *Müller/Mayer/Wagner* VerwArch 93 (2002), 585 (597–599) und VerwArch 94 (2003), 127 (137 f.); v. Mangoldt/Klein/Starck/*Trute* Art. 85 GG Rn. 30–32; AK-GG/*Bull* Art. 85 GG Rn. 18–23; Dreier/*Hermes* Art. 85 GG Rn. 55 f.; *Sommermann* DVBl 1999, 1549 (1554); *Heitsch* Die Ausführung der Bundesgesetze durch die Länder, 2001, S. 273 f.; *Lerche* BayVBl 1987, 321 (322 ff.); *Steinberg* AöR 110 (1985), 419 (442); *Steinberg* Bundesaufsicht, Länderhoheit und Atomgesetz, 1990, S. 70 f.; *Hantke* DVBl 1990, 824 (825); *Gornig* JZ 1992, 308 (309); *Janz* Jura 2004, 227 (229); *Badura* Kap. G, Rn. 44; *Hendler* Rn. 330 f.

1. Argument
Aus den weitreichenden Einwirkungsbefugnissen des Bundes in Art. 85 III GG (vgl. Ausgangspunkt) folgt, dass die Verwaltungskompetenz des Landes schon nach der ursprünglichen Zuweisung eine eingeschränkte ist. Unentziehbar steht dem Land nur die sog. Wahrnehmungskompetenz zu; das Handeln und die Verantwortlichkeit nach außen, im Verhältnis zu Dritten, bleibt stets Landesangelegenheit. Für die Sachbeurteilung (die sog. Sachkompetenz) gilt dies nicht. Zwar liegt auch sie zunächst beim Land, aber der Bund kann sie nach eigener Entscheidung an sich ziehen, indem er das ihm zuerkannte Weisungsrecht in Anspruch nimmt. Daher steht die Sachkompetenz dem Land von vornherein nur unter dem Vorbehalt ihrer Inanspruchnahme durch den Bund zu. Die Länder können daher nicht geltend machen, der Bund übe seine Weisungskompetenz inhaltlich rechtswidrig aus. In diesem Fall wird in eine eigene Sachkompetenz der Länder nicht eingegriffen, denn an einer solchen Sachkompetenz fehlt es gerade, wenn der Bund seine Weisungsbefugnis in Anspruch genommen hat. Die dem Land in einem solchen Fall verbleibende Wahrnehmungskompetenz begründet keine entgegenstehende Rechtsposition, da sie von einer rechtswidrigen Weisung nicht betroffen wird.

2. Argument
Aus Art. 30 GG (i.V.m. Art. 85 GG) kann man kein subjektives Recht der Länder auf Unterlassung rechtswidriger Weisungen ableiten. Zum einen kommt Art. 30 GG eine eigenständige Bedeutung für die Rechtsstellung der Länder in der Bundesauftragsverwaltung nicht zu; vielmehr wird der Aussagegehalt des Art. 30 GG durch Art. 83 GG dahingehend konkretisiert, dass einerseits eine Präferenzentscheidung zugunsten der landeseigenen Ausführung der Bundesgesetze als Verwaltungstyp getroffen und andererseits eine Regelzuständigkeit der Länder für ihre Ausführung nach Maßgabe der Art. 84 GG und Art. 85 GG festgeschrieben wird. Zum anderen wird diese prinzipielle Kompetenz der Länder zur Ausführung der Bundesgesetze durch die unbeschränkte potenzielle Weisungsbefugnis des Bundes überlagert.

3. Argument
Der Sinn und Zweck des Weisungsrechts des Bundes in Art. 85 III 1 GG liegt darin, den eine zügige Gesetzesausführung behindernden Streit über die Rechtmäßigkeit dieser Gesetzesausführung dadurch zu vermeiden, dass insoweit die Meinung eines

der beiden Partner – nämlich die des Bundes – für maßgeblich erklärt wird. Damit ist dann aber nicht zu vereinbaren, darin eine Rechtsposition des Landes zu erblicken, die im Falle einer inhaltlich fehlerhaften Weisung berührt sein könnte.

4. Argument
Bei der Ausführung der Bundesgesetze tragen Bund und Länder unbeschadet bestehender Kompetenzverteilungsregelungen eine gemeinsame Verantwortung für den Bestand des Staates und seiner Verfassungsordnung sowie für die Abwehr kollektiver Existenzgefährdungen. Daraus folgt, dass eine Rechtsverletzung dann in Betracht kommt, wenn die anweisende oberste Bundesbehörde unter grober Missachtung der ihr obliegenden Obhutspflicht zu einem Tun oder Unterlassen anweist, das im Hinblick auf die damit einhergehende allgemeine Gefährdung oder Verletzung bedeutender Rechtsgüter schlechterdings nicht verantwortet werden kann. Von daher kann auch nicht mittels Weisung nach Art. 85 III 1 GG vom Land etwas gefordert werden, was schlechthin außerhalb des von einem Staat Verantwortbaren gelegen ist.

Beispiel und ergänzende Hinweise:

1. Im Ausgangsfall handelt es sich bei der Ausführung des AtomG nach Art. 87c GG i.V.m. § 24 I AtomG um Auftragsverwaltung, so dass die Weisung des Bundes eine gem. Art. 85 III 1 GG darstellt. Nach der Rechtsverletzungstheorie ist das Land A in seinen Rechten (aus Art. 30 GG i.V.m. Art. 85 GG) verletzt, sofern es mit seiner Auffassung Recht hätte, dass die Weisung atomrechtswidrig wäre (was hier aufgrund der Kürze des Sachverhalts nicht beurteilt werden kann). Nach der Theorie der Sachkompetenz des Bundes kommt es gar nicht darauf an, ob die Weisung atomrechtswidrig war; selbst wenn dies so wäre, so wäre A dadurch nicht in seinen Rechten verletzt, weil ihm insofern keine Sachkompetenz zusteht. Anhaltspunkte dafür, dass seitens des anweisenden Bundesministers eine grobe Missachtung der ihm obliegenden Obhutspflichten vorliegt und A zu einem Tun angewiesen wird, das im Hinblick auf die damit einhergehende allgemeine Gefährdung oder Verletzung bedeutender Rechtsgüter schlechterdings nicht verantwortet werden kann, sind von A nicht vorgetragen worden.

2. Die meisten Anhänger der Theorie der Sachkompetenz des Bundes sehen in Übereinstimmung mit dem BVerfG eine Rechtsverletzung des Landes aufgrund einer Weisung nach Art. 85 III GG noch dann als möglich an, wenn der Bund im Zusammenhang mit der Weisung gegen die Pflicht zu bundesfreundlichem Verhalten (siehe dazu insgesamt das 33. Problem) verstoßen hat. Aus dem Grundsatz zu bundesfreundlichem Verhalten folge im Rahmen von Art. 85 III GG für den Bund die Pflicht, auf die Befugnisse der Länder dadurch Rücksicht zu nehmen, dass er von seinem Weisungsrecht erst Gebrauch mache, wenn er – außer bei Eilbedürftigkeit – dem Land vorher Gelegenheit zur Stellungnahme gegeben und dessen Standpunkt in seine Erwägungen einbezogen habe (vgl. dazu BVerfGE 81, 310 [337 f.]). Ob dies im Ausgangsfall geschehen ist, lässt sich nicht erkennen.

3. Es stellt sich die Frage, vor welchem Gericht und in welchem Verfahren das Land seine (vermeintliche) Rechtsverletzung geltend machen kann. Diejenigen Anhänger der Rechtsverletzungstheorie, die das verletzte Recht argumentativ auf Art. 30 GG i.V.m. Art. 85 III 1 GG stützen, müssen dazu kommen, dass eine verfassungsrechtliche Rechtsposition in Frage steht und zwar eine solche, die unter Art. 93 I Nr. 3 GG

fällt, so dass das Land im Wege des Bund-Länder-Streit-Verfahrens vor dem BVerfG diese Rechtsverletzung geltend machen muss. Stimmen, die insofern eine nichtverfassungsrechtliche Streitigkeit und damit eine Zuständigkeit der Verwaltungsgerichtsbarkeit annehmen (so etwa *Winter* DVBl 1985, 993 [997]; *Lange* NJW 1986, 2459 [2461]) sind eindeutig in der Minderheit geblieben.

Auch nach der Theorie der Sachkompetenz des Bundes stellt sich, wenn ein Land eine Rechtsverletzung aufgrund inhaltlich fehlerhafter Weisung nach Art. 85 III 1 GG geltend macht, die Frage, welcher Rechtsweg eröffnet ist. Denn die Klage des Landes kann zwar keinen Erfolg haben, da nach dieser Ansicht das Land kein Recht hat, welches verletzt wurde; dies ist aber erst eine Frage der Begründetheit (wenn man die Klage- bzw. Antragsbefugnis nicht zu streng auslegt) und keine der Zulässigkeit. In dieser Frage sind die Anhänger der Theorie der Sachkompetenz des Bundes der gleichen Ansicht wie die soeben angesprochene Mehrheit der Anhänger der Rechtsverletzungstheorie. Das BVerwG, das insofern auch die Theorie der Sachkompetenz des Bundes zum Ausgangspunkt genommen hat, hat dazu eindeutige Worte gefunden: Die Klage eines Landes, die sich auf eine Verletzung einer Rechtsposition aus Art. 85 III 1 GG beruft, ist stets eine verfassungsrechtliche und wird auch nicht dadurch zu einer nicht-verfassungsrechtlichen, dass die geltend gemachte Rechtsposition aus Art. 85 III 1 GG womöglich von der einfachgesetzlichen Rechtswidrigkeit der Weisung abhängt. Die einfachgesetzliche Rechtslage schlägt demnach nicht durch auf den Charakter der geltend gemachten Rechtsposition. Würde man dies anders sehen, so hinge bereits die Rechtswegfrage letztlich von der Frage nach der Rechtmäßigkeit der Weisung ab, was nicht sein kann, da Rechtswegfragen stets möglichst klar beantwortet werden müssen (vgl. BVerwG NVwZ 1998, 500 [500 f.]; im Ergebnis ebenso schon BVerfGE 84, 25 [30]).

4. Falllösung: *Kahl/Brehme* JuS 2005, 917 ff.

32. Problem: Welche inhaltlichen Anforderungen gelten für die sog. Abweichungsgesetzgebung nach Art. 72 III GG und welche Rechtsfolgen hat diese?

Beispiel:

Der Bund erlässt – gestützt auf Art. 74 I Nr. 33 GG – ein neues Bundeshochschulgesetz, das u.a. in umfassender Form Regelungen zur Hochschulzulassung trifft. Das Bundesland A ist sachlich-inhaltlich mit weiten Teilen dieser Regelungen nicht einverstanden. Die Regierung des Landes A strebt daher an, nach Art. 72 III 1 Nr. 6 GG abweichende Regelungen zum Bundeshochschulgesetz in einem neuen Landeshochschulgesetz zu treffen. Wie sind folgende Vorgehensweisen verfassungsrechtlich zu beurteilen:

a) Das Land A erlässt ein Landeshochschulgesetz, das nur punktuell abweichende Regelungen vom Bundeshochschulgesetz betreffend die Hochschulzulassung trifft. Folge ist, dass erst aus der Zusammenschau von Bundeshochschulgesetz und Landeshochschulgesetz zu entnehmen ist, welche rechtlichen Vorgaben für die Hochschulzulassung gelten.

b) Das Landeshochschulgesetz des Landes A erschöpft sich in einer Negativregelung dergestalt, dass es lediglich das Bundeshochschulgesetz außer Kraft setzt, ansonsten aber keine Regelungen betreffend die Hochschulzulassung trifft.

Zusatzfrage: Unterstellt, das Landeshochschulgesetz unterliegt nach a) und b) keinen verfassungsrechtlichen Bedenken – was sind exakt die Rechtsfolgen im Hinblick auf die Geltung des Bundes- und Landeshochschulgesetzes?

Ausgangspunkt:

Die grundgesetzliche Grundregel der Kompetenzverteilung zwischen Bund und Ländern für alle staatlichen Befugnisse ist in Art. 30 GG normiert. Danach ist die Ausübung staatlicher Befugnisse und die Erfüllung der staatlichen Aufgaben Sache der Länder, soweit das Grundgesetz keine andere Regelung trifft oder zulässt. Dieser Grundsatz wird in Art. 70 I GG für die Gesetzgebung wiederholt. Nach dieser Vorschrift haben die Länder das Recht der Gesetzgebung, soweit das Grundgesetz nicht dem Bund Gesetzgebungsbefugnisse verleiht. Es gilt daher: Die Gesetzgebungskompetenz liegt stets bei den Ländern, soweit sich keine Kompetenzzuweisung für den Bund auffinden lässt. Art. 70 II GG lässt sich entnehmen, dass es die ausschließliche und die konkurrierende Gesetzgebung als Arten der Bundesgesetzgebung gibt (daneben noch nach Art. 109 IV GG die Grundsatzgesetzgebung im Bereich des Haushalts- und Finanzrechts).

Art. 74 GG listet (neben Art. 105 II, 115c I 1 GG) die Gebiete auf, auf die sich die konkurrierende Gesetzgebung erstreckt. Art. 72 GG trifft Regelungen zum Gesetzgebungstypus der konkurrierenden Gesetzgebung. Nach Art. 72 I GG haben im Bereich der konkurrierenden Gesetzgebung die Länder die Befugnis zur Gesetzgebung, solange und soweit der Bund von seiner Gesetzgebungszuständigkeit nicht durch Gesetz Gebrauch gemacht hat. Diese Regelung lässt sich zu folgendem Merksatz verknappen: Bei konkurrierender Gesetzgebung sperrt Bundesgesetzgebung die Landesgesetzgebung (*Hebeler* JA 2010, 688 [690]).

Die Föderalismusreform I im Jahr 2006 (zu ihr siehe überblicksartig z.B. *Thiele* JA 2006, 714 ff.; *Selmer* JuS 2006, 1052 ff.) hat die bedeutsame Neuerung gebracht, dass die soeben genannte Formel nicht mehr ausnahmslos gilt. Grund dafür ist der neu eingefügte Art. 72 III GG, der verfassungshistorisch in Deutschland vorbildlos ist (*Klein/Schneider* DVBl 2006, 1549 [1552]; *Rengeling* in: HdBStR, § 135 Rn. 179). Nach Art. 72 III 1 GG können die Länder, wenn der Bund von seiner Gesetzgebungszuständigkeit Gebrauch gemacht hat, vom Bundesgesetz abweichende Regelungen treffen (sog. Abweichungsgesetzgebung).

Mit dieser Abweichungsgesetzgebung sind einige neue Fragestellungen verbunden, die im Folgenden dargestellt werden. Insgesamt ist die Diskussion noch sehr im Fluss, das Bundesverfassungsgericht hat sich bisher zu Art. 72 III GG n.F. noch nicht geäußert. Strittig sind insbesondere die verfassungsrechtlichen inhaltlichen Anforderungen an die Abweichungsgesetzgebung (dazu III.). Aber auch der Anwendungsbereich (I.), die formellen Anforderungen (II.) und die Folgen (IV.) der Abweichungsgesetzgebung sollen hier aufgezeigt werden, so dass abweichend von der üblichen

Vorgehensweise nicht nur sich einander gegenüberstehende Theorien dargestellt werden.

I. Anwendungsbereich der Abweichungsgesetzgebung

Die Möglichkeit zur Abweichungsgesetzgebung besteht nur für die Gesetzesmaterien, die in Art. 72 III 1 Nr. 1–6 GG aufgelistet sind. Ein Vergleich von Art. 72 III 1 Nr. 1–6 GG mit Art. 74 I GG ergibt, dass es sich dabei um die Materien aus Art. 74 I Nr. 28–33 GG handelt. Im Einzelnen besteht die Möglichkeit zur abweichenden Gesetzgebung für das Jagdwesen, den Naturschutz und die Landschaftspflege, die Bodenverteilung, die Raumordnung, den Wasserhaushalt und die Hochschulzulassung und die Hochschulabschlüsse (siehe Art. 72 III Nr. 1–6 GG). In Art. 72 III 1 Nr. 1, 2, 5 GG finden sich – insoweit nicht deckungsgleich mit Art. 74 I Nr. 28–33 GG – jeweils in Klammerzusätzen aufgeführte sog. »abweichungsfeste Kerne« (zum Begriff siehe etwa *Franzius* NVwZ 2008, 492 [495]), auf die sich die Abweichungskompetenz nicht erstreckt. So kommt den Ländern z.B. nach Art. 72 III 1 Nr. 1 GG für das Jagdwesen nicht die Abweichungskompetenz zu für das Recht der Jagdscheine.

II. Formelle Anforderungen

Art. 72 III 1 GG spricht davon, dass die Länder »durch Gesetz« abweichende Regelungen treffen können. Mit »Gesetz« ist in diesem Zusammenhang das formelle Gesetz, d.h. das Parlamentsgesetz, gemeint. Zwar ist insgesamt in der deutschen Rechtssprache der Begriff des Gesetzes mehrdeutig und kann auch Normen unterhalb des Parlamentsgesetzes einbeziehen (insbesondere Rechtsverordnungen und Satzungen). Indes ist zu beachten, dass Art. 72 III 1 GG eine Norm des VII. Abschnitts des Grundgesetzes ist und dort, wenn von Gesetz oder Gesetzgebung die Rede ist, stets das formelle Gesetz und das Verfahren der parlamentarischen Gesetzgebung gemeint ist (*Degenhart* DÖV 2010, 422 [423]). Dies bedeutet im Ergebnis: Will ein Land nach Maßgabe von Art. 72 III 1 GG von einem Bundesgesetz abweichen, so muss es dies stets in der Form eines Landesparlamentsgesetzes tun.

Das Grundgesetz regelt in Art. 72 III GG nicht ausdrücklich, dass das Abweichungsgesetz das Gesetz, von dem abgewichen wird, ausdrücklich benennen muss. Unterbleibt die Kennzeichnung als Abweichungsgesetz, sieht man dem Gesetz nicht an, dass es ein Abweichungsgesetz i.S.v. Art. 72 III GG ist und es können daher Unsicherheiten verbleiben, ob das Bundesrecht weiterhin anwendbar ist. Vereinzelt wird eine Kennzeichnung eines Abweichungsgesetzes als solches zwar nicht als verfassungsrechtlich geboten, aber als in jedem Fall wünschenswert erachtet (*Mammen* DÖV 2007, 376 [378]). Vereinzelt wird – ohne argumentative Untermauerung – eine Kennzeichnung als verfassungsrechtlich geboten erachtet (*Fischer-Hüftle* NuR 2007, 78 [80]). Vereinzelt wird eine verfassungsrechtliche Kennzeichnungspflicht aus dem Rechtsstaatsprinzip (Gebot nach Klarheit, welches Gesetz gilt) abgeleitet (*Degenhart* DÖV 2010, 422 [427]).

III. Inhaltliche Anforderungen an die Abweichungsgesetzgebung

Mit der Abweichungsgesetzgebung sind Fragestellungen im Hinblick auf den zulässigen Inhalt von Abweichungsgesetzen verbunden.

1. Ermessen
Art. 72 III 1 GG spricht davon, dass die Länder abweichende Regelungen treffen »können«. Dies bedeutet, dass die Ausübung der Abweichungskompetenz im freien politischen Ermessen eines Landes liegt, mithin keine Pflicht besteht (*Haug* DÖV 2008, 851 [854]; *Zippelius/Würtenberger* § 45 Rn. 30; *Franzius* NVwZ 2008, 492 [494]; *Rengeling* in: HdBStR, § 135 Rn. 181; *Selmer* ZG 2009, 33 [35]). Das Ermessen des Landes erstreckt sich darauf, überhaupt ein Abweichungsgesetz zu erlassen, und darauf, welchen Inhalt es haben soll.

2. Zulässigkeit einer Negativgesetzgebung
Fraglich ist, ob ein Abweichungsgesetz darin bestehen kann, dass es eine Negativgesetzung dergestalt beinhaltet, dass es Bundesrecht lediglich außer Kraft setzt. Manche (Sachs/*Degenhart* Art. 72 Rn. 43; *Degenhart* NVwZ 2006, 1209 [1213]; *Degenhart* DÖV 2010, 422 [425f.], *Franzius* NVwZ 2008, 492 [494]; *Köck/Wolf* NVwZ 2008, 353 [358]; wohl auch *Stöbener* Jura 2008, 327 [329]; *Fischer-Hüftle* NuR 2007, 78 [80]; in diese Richtung auch *Rengeling* in: HdBStR, § 135 Rn. 182; Dreier/*Stettner* Art. 125b GG Rn. 5) sehen dies als unzulässig an.

Argument: Mit einer Negativgesetzgebung wird der Begriff des »Abweichens« nicht erfüllt, weil dieser stets auch einen positiven Regelungsgehalt erfordert.

Andere (Jarass/Pieroth/*Pieroth* Art. 72 GG Rn. 30; Sodan/*Haratsch* Art. 72 GG Rn. 27; *Haug* DÖV 2008, 851 [854]; *Uhle* in: Kluth (Hrsg.), Föderalismusreformgesetz, 2007, Art. 72 GG Rn. 51; Schmidt-Bleibtreu/Hofmann/Hopfauf/*Sannwald* Art. 72 GG Rn. 80i; Epping/Hillgruber/*Seiler* Art. 72 GG Rn. 24.2; *Ipsen* NJW 2006, 2801 [2804]; *Hebeler* JA 2010, 688 [691]) sehen eine Negativgesetzgebung als zulässig an.

Argument: Auch mit einer Negativgesetzgebung wird eine andere Rechtslage herbeigeführt und somit liegt auch in ihr ein gestaltendes Element; mehr wohnt dem Begriff des Abweichens nicht inne.

3. Erfordernis einer Vollregelung oder zumindest einer in sich geschlossenen Teilregelung
Ändert ein Abweichungsgesetz eine in sich geschlossene, vollständige bundesgesetzliche Regelung lediglich punktuell, so kann es zu einer unübersichtlichen Gemengelage von Bundesrecht und Landesrecht kommen, denn das Landesrecht (als Abweichungsrecht) verdrängt das Bundesrecht nur soweit, wie das Landesrecht seinerseits reicht. Erst aus einer – u.U. sehr mühsamen – Zusammenschau von Bundes- und Landesregelung weiß der Rechtsanwender, welche Regelungen letztlich gelten. Dieses Problem ist indes ein allein praktisches, kein verfassungsrechtliches.

Argumente: Der Begriff »abweichen« umfasst seiner Wortbedeutung nach auch ein Detailabweichen. Der Verfassungsgeber hat im Zuge der Föderalismusreform die Möglichkeit einer Gemengelage von Bundes- und Landesrecht gesehen, aber in Kauf genommen. Das Recht zur Abweichungsgesetzgebung soll den Ländern gerade die Möglichkeit eröffnen, das Bundesrecht insoweit anzupassen, als es aus Sicht des Landes dessen jeweiligen Bedürfnissen nicht entspricht (BT-Dr. 16/813, S. 11).

Angesichts dieser Argumente ist es im Schrifttum bislang im Ergebnis unumstritten, dass auch lediglich punktuelle Regelungen in einem Abweichungsgesetz verfassungsrechtlich zulässig sind (Sachs/*Degenhart* Art. 72 GG Rn. 43; *Degenhart* DÖV 2010, 422 [425f.]; *Häde* JZ 2006, 930 [933]; *Stöbener* Jura 2008, 327 [329 f.]; Dreier/*Stettner* Art. 72 GG Rn. 51 [Supplementum]; *Haug* DÖV 2008, 851 [853 f.]; *Mammen* DÖV 2007, 376 [378]; Jarass/Pieroth/*Pieroth* Art. 72 GG Rn. 30; *Fischer-Hüftle* NuR 2007, 78 [80]).

IV. Folgen eines Abweichungsgesetzes

Nach Art. 72 III 3 GG geht auf den Gebieten des Art. 72 III 1 GG im Verhältnis von Bundes- und Landesrecht das jeweils spätere Gesetz vor. Hat ein Land ein Abweichungsgesetz erlassen, so ist daher im jeweiligen Land dieses und nicht das Bundesgesetz anwendbar. In Art. 72 III 3 GG wird der allgemeine Rechtssatz lex posterior derogat legi priori (das spätere Gesetz verdrängt das vorherige Gesetz) in einem konkreten Kontext verfassungsrechtlich festgeschrieben. Art. 72 III 3 GG stellt insoweit eine Spezialregelung zu Art. 31 GG (»Bundesrecht bricht Landesrecht«) dar, der insoweit keine Geltung erlangt (Jarass/Pieroth/*Pieroth* Art. 72 GG Rn. 32; *Papier* NJW 2007, 2145 [2147]; *Mammen* DÖV 2007, 376 [377]; *Thiele* JA 2006, 714 [716]; *Hebeler* JA 2010, 688 [691]).

Art. 72 III 3 GG ordnet nur einen Anwendungs-, hingegen keinen Geltungsvorrang an, d.h. es wird kein Recht ersetzt (*Zippelius/Würtenberger* § 45 Rn. 32; *Haug* DÖV 2008, 851 [854 f.]; *Ipsen* NJW 2006, 2801 [2804]; *Mammen* DÖV 2007, 376 [377]; *Selmer* ZG 2009, 33 [37]; *Hebeler* JA 2010, 688 [691]). Dies ist nicht lediglich ein semantischer, sondern auch praktischer Unterschied. Es wird durch Art. 72 III 3 GG nicht der Geltungsanspruch des jeweils früheren Gesetzes aufgehoben, verdrängt oder beseitigt, sondern nur im Sinne eines Anwendungsvorrangs überlagert. Die Konsequenz davon ist, dass beim Wegfall des späteren Rechts die Überlagerung wegfällt und das überlagerte Recht wieder gilt. Im Falle einer Ersetzung würde beim Wegfall des ersetzenden Rechts das ersetzte Recht nicht wieder aufleben.

Art. 72 III 3 GG lässt sich noch ein weiterer Regelungsgehalt und damit einhergehender Mechanismus der Abweichungsgesetzgebung entnehmen. Es heißt in Art. 72 III 3 GG, dass das »jeweils spätere Gesetz« vorgeht. Dies bedeutet, dass mit der Abweichungsgesetzgebung ein längerer Gesetzgebungsprozess einhergehen kann, der sich nicht in einer Bundesgesetzgebung und einer ihr dann nachfolgenden, einmaligen Abweichungsgesetzgebung des Landes erschöpfen muss. Vielmehr kann, wenn ein Land ein Abweichungsgesetz erlassen hat, auf dem jeweiligen Sachgebiet der Bund auf Grundlage von Art. 74 I GG erneut ein Bundesgesetz erlassen. Geschieht dies, so geht wiederum des Bundesgesetz dem Landesgesetz vor, weil das Bundesgesetz das »spätere Gesetz« im Sinne von Art. 72 III 3 GG ist. Auch damit ist aber noch nicht notwendigerweise ein Ende erreicht. Das Land kann nunmehr erneut vom Bundesrecht abweichen und das Landesrecht geht dann (wieder) nach Art. 72 III 3 GG vor. Dieser Mechanismus kann sich der gesamten Fassung des Art. 72 III GG nach beliebig oft wiederholen. Dieser Umstand wird oftmals abwertend als »Ping-Pong-Gesetzgebung« bezeichnet. Verfassungsrechtlich ist eine solche Ping-Pong-Gesetzgebung zulässig (*Stöbener* Jura 2008, 327 [330]; Sachs/*Degenhart* Art. 72 GG Rn. 43; Epping/Hillgruber/*Seiler* Art. 72 GG Rn. 26; *Uhle* in: Kluth [Hrsg.], Föderalismusreformgesetz, Art. 72 GG Rn. 53; Schmidt-Bleibtreu/Hofmann/Hopfauf/*Sannwald* Art. 72 GG Rn. 80r; *Selmer*, ZG 2009, 33 [37]; *Fischer-Hüftle* Nur 2007, 78 [78]). Es wird indes im Schrifttum auch darauf hingewiesen, dass das Szenario eines endlosen

Hin-und-Her ein theoretisches ist und allein schon aus politischen Gründen der Bundes- und die Landesgesetzgeber sich nicht ständig mit neuen Gesetzen zur selben Materie einander »überholen« werden (*Klein/Schneider* DVBl 2006, 1549 [1553]; *Papier* NJW 2007, 2145 [2147]; Epping/Hillgruber/*Seiler* Art. 72 GG Rn. 29.1).

Beispiel und ergänzende Hinweise:

Im Ausgangsfall ist das Vorgehen in Variante a) im Ergebnis nach dem derzeitigen Meinungsstand (siehe soeben III. 3.) verfassungsrechtlich zulässig, wenngleich die praktische Handhabung der neuen Gesetzeslage beschwerlich sein mag. Ob das Vorgehen in Variante b) verfassungsrechtlich zulässig ist, ist umstritten (siehe soeben III. 2.). Die Zusatzfrage im Ausgangsfall ist folgendermaßen zu beantworten: Das Landeshochschulgesetz geht nach Art. 72 III GG in seiner Anwendung dem Bundeshochschulgesetz vor. Das Bundeshochschulgesetz wird aber nicht ersetzt, sondern nur überlagert; sollte der Landesgesetzgeber das Landeshochschulgesetz wieder aufheben, fällt die Überlagerung weg und das Bundeshochschulgesetz gilt auch wieder im Bundesland A.

33. Problem:
Gibt es eine verfassungsrechtliche Pflicht zur Bundestreue bzw. zu bundesfreundlichem Verhalten?

Beispiel:

1960 wollte die Bundesregierung ein zweites Fernsehprogramm auf Bundesebene schaffen. Träger sollte eine »Deutschland-Fernseh-GmbH« mit mehrheitlicher Beteiligung der Bundesrepublik und Beteiligung aller Länder sein. Die Bundesregierung verhandelte zunächst nur mit den CDU-regierten Bundesländern und gründete daraufhin die GmbH. In der Gesellschaftssatzung wurde sie für den Beitritt der einzelnen Bundesländer offen gehalten. Die SPD-regierten Bundesländer sahen sich durch das Vorgehen des Bundes »überrollt«. Die Abstimmung des Bundes mit nur einigen Ländern habe die übrigen vor vollendete Tatsachen gestellt und einem faktischen Beitrittszwang ausgesetzt. Sie sahen darin eine Verletzung der Pflicht der Bundesregierung zur Bundestreue bzw. zu bundesfreundlichem Verhalten. Zu Recht (nach BVerfGE 12, 205 ff.)?

Ausgangspunkt:

Die bundesstaatliche Kompetenzordnung ist im Grundgesetz detailliert geregelt. Neben der Grundnorm des Art. 30 GG finden sich zahlreiche Einzelbestimmungen in den Art. 72 ff., 83 ff., 92 ff., 104a ff. GG. Daneben gibt es mit Art. 35 GG (Rechts- und Amtshilfe) eine Bestimmung, die sich (auch) im bundesstaatlichen Verhältnis als eine auf Kooperation und gegenseitige Unterstützung angelegte Regelung begreifen lässt. Trotz dieses Normenreichtums herrscht keine Einigkeit, ob es damit mit der Justiziabilität der bundesstaatlichen Kompetenzordnung sein Bewenden hat oder ob es darüber hinaus ungeschriebene Regeln gibt. Diese werden unter dem Stichwort

»Bundestreue« diskutiert. Teilweise ist auch von der »Pflicht zu bundesfreundlichem Verhalten« die Rede. Beide Begriffe werden aber synonym gebraucht.

I. (hier sog.) **Befürwortende Theorie**

Die Bundestreue stellt im bundesstaatlichen Verhältnis zwischen Bund und Ländern ein allgemeines Gebot der Zusammenarbeit, Abstimmung, Koordination, gegenseitiger Information und Rücksichtnahme dar. Dieses Gebot ist insbesondere bei der Ausübung an sich gegebener Kompetenzen zu beachten; es bestimmt insoweit generell das zwischen den Beteiligten einzuhaltende Prozedere und kann im Einzelfall sogar als Kompetenzschranke wirken. Als ungeschriebener Verfassungsgrundsatz ist die Bundestreue nur subsidiär anwendbar.

Vertreten von:
BVerfGE 1, 299 (315); 4, 115 (140); 6, 309 (361); 8, 122 (138); 12, 205 (254); 13, 54 (75); 14, 197 (215); 21, 312 (326); 32, 199 (218); 34, 9 (38 f.); 34, 216 (232); 41, 291 (308 f.); 42, 103 (117); 43, 291 (348); 61, 149 (205); 81, 310 (337); 92, 203 (230); 95, 250 (266); 98, 106 (118 ff.); 98, 265 (301); 103, 81 (88); 104, 238 (248); *Doerfert* JuS 1996, L 89 (90 ff.); *Lücke* Der Staat 17 (1978), 341 (341 ff.); *Lücke* VerwArch 70 (1979), 293 (295 ff.);; *Ipsen I,* Rn. 717–720; *Degenhart* Rn. 481–491; *v. Münch/Mager*, Rn. 481; Hömig/*Antoni* Art. 20 GG Rn. 6; Schmidt-Bleibtreu/Hofmann/Hopfauf/*Hofmann* Art. 20 GG Rn. 13 ff.; *Hendler* Rn. 102–104; Maunz/Dürig/*Grzeszick* Art. 20 GG, IV (Bundesstaat) Rn. 118 ff.; v. Münch/Kunig/*Schnapp* Art. 20 GG Rn. 11; *Maurer* § 10 Rn. 50–54; Sachs/*Sachs* Art. 20 GG Rn. 68–72; *Bayer* Die Bundestreue, 1961, durchgehend; *Bleckmann* JZ 1991, 900 (900 ff.); v. Mangoldt/Klein/Starck/*Sommermann* Art. 20 GG Rn. 37–43; *Stern* Bd. I, S. 699–704; *Vogel* in: HdBVerfR, § 22 Rn. 45–48; Jarass/Pieroth/*Pieroth* Art. 20 GG Rn. 20–22; Umbach/Clemens/*Roellecke* Art. 20 GG Rn. 38–45; Dreier/*Bauer* Art. 20 GG (Bundesstaat) Rn. 38–41; *Bauer* Die Bundestreue, 1992, passim; *Stein/Frank* § 13 II; *Badura* Kap. D, Rn. 86; AK-GG/*Bothe* Art. 20 I–III GG (Bundesstaat) Rn. 39; *Bullinger* AöR 87 (1962), 488 (492 ff.); *Walter* DÖV 1967, 622 (625); *Zippelius/Würtenberger* § 14 Rn. 40 ff.; *Berg* Rn. 175–177; *Krüger* DÖV 1960, 725 (727); *Thieme* AöR 88 (1963), 38 (62 f.); *Frowein* VVDStRL 31 (1961), S. 13 (16); *Frowein* Die selbstständige Bundesaufsicht nach dem Grundgesetz, 1961, S. 76 ff.; *Rupp* FS Schmid, 1962, S. 141 ff.; *Sarcevic* Das Bundesstaatsprinzip, 2000, S. 150 ff.; *Mallmann* Zur Rechtsaufsicht über das Zweite Deutsche Fernsehen, 1975, S. 130 f.; *Faller* FS Maunz, 1981, S. 53 (54 ff.); *Görg* FS Herrfahrdt, 1961, S. 73 ff.; *Geiger* in: Süsterhenn (Hrsg.), Föderalistische Ordnung, 1961, S. 113 ff.; *Smend* FS Mayer, 1916, S. 247 (261); *Rudolf* FS BVerfG, Bd. II, 1976, S. 233 (246 ff.); *Wilms* I, Rn. 272–274; *Sodan/Ziekow* § 8 Rn. 31 ff.; *Gröpl* Rn. 660 ff.; *Katz* Rn. 146–248; *Isensee* in: HdBStR, § 126 Rn. 160 ff.; Epping/Hillgruber/*Huster/Rux* Art. 20 GG Rn. 31.

1. Argument
Die Bundestreue findet ihre Rechtsgrundlage im allgemeinen Rechtsgrundsatz von Treu und Glaube in bundesstaatsspezifischer Ausprägung.

2. Argument
Die Bundestreue hat die Funktion, die aufeinander angewiesenen Teile des Bundesstaates – Bund und Länder – stärker unter der gemeinsamen Verfassungsordnung zur

Erreichung des gesamtstaatlichen Gemeinwohls aneinander zu binden. Das gesamtstaatliche Gemeinwohl kann nämlich nur durch das Handeln von Bund *und* Ländern erreicht werden. Die insoweit durch das Grundgesetz gegebenen Einwirkungs- und Einmischungsrechte (sog. Ingerenzrechte) z.B. in Art. 83 ff. GG sind nur begrenzte und können nicht insgesamt zu gemeinwohlkonformem Handeln zwingen. Die grundgesetzliche Kompetenzteilung zwischen Bund und Ländern fordert daher ein Gegenprinzip, das die eigenständigen Kompetenzträger zusammenführt und in die »Mitwirkung fürs Allgemeine« einbindet.

3. Argument
Die Bundestreue steht in keinem unzulässigen Konflikt zum geschriebenen Verfassungsrecht, denn sie kommt lediglich subsidiär zur Anwendung. Sind zur Lösung eines bundesstaatlichen Konflikts konkrete Grundgesetznormen einschlägig, so gelten diese und werden durch die Bundestreue auch nicht verdrängt. Lediglich dort, wo für einen konkreten Konflikt eine Regelungslücke besteht, kommt die Bundestreue zur Ergänzung der geschriebenen Verfassung zur Anwendung.

4. Argument
Die Bundestreue rechtfertigt sich auch aus organisationstheoretischen Überlegungen: Die Bundestreue stellt ein unentbehrliches Korrektiv in einer Organisation (hier: der Bundesstaatsorganisation) dar. Eine Organisation kann nämlich auf Dauer nur bestehen, wenn störende Ungleichgewichte ausbalanciert und informale Verfahren respektiert werden. Solche Verhaltensansprüche sind für den Bestand und das Funktionieren einer Organisation unentbehrlich. Gemeinsam ist aber solchen Verhaltensansprüchen auch, dass sie nicht von vornherein normierbar sind und damit nicht ausdrücklich in der Verfassung verankert sein können. In verfassungsergänzender Auslegung die Bundestreue anzuwenden, ist somit sachgerecht.

5. Argument (gegen das 1. Argument der kritischen Theorie)
Der Vorwurf zu großer Unbestimmtheit greift letztlich nicht durch. Es mag zwar so sein, dass die Bundestreue kaum mit präzise und abschließend benennbaren Einzelverbürgungen zu definieren ist. Dies ist aber kein Sonderproblem der Bundestreue, sondern ein jeder Generalklausel und jedem Rechtsgrundsatz anhaftendes Problem. Zumindest dann, wenn eine Generalklausel bzw. ein Rechtsgrundsatz durch die Rechtsprechung und Rechtslehre mittels Fallgruppenbildung oder anderweitig näher konturiert und damit handhabbar gemacht worden ist, sind diese auch hinreichend bestimmt. Dies ist bei der Bundestreue der Fall. Denn allein schon die umfangreich ergangene BVerfG-Rechtsprechung lässt erkennen, welchen Gehalt und welche Stoßrichtung die Bundestreue hat.

II. (hier sog.) **Kritische Theorie**

Die Bundestreue ist sehr kritisch zu beurteilen und, wenn überhaupt, dann äußerst restriktiv zu handhaben.

Anmerkung:
Die Formulierungen schwanken hier im Einzelnen. Manche gehen dahin, die Bundestreue gänzlich abzulehnen.

Vertreten von:
Hesse Der unitarische Bundesstaat, 1962, S. 5 ff.; *Hesse* Rn. 269; *Schröcker* Der Staat 5 (1966), 315 (338 ff.); *Fuß* DÖV 1964, 37 (37 f.); *Scheuner* DÖV 1963, 197 (197 f.); *Lerche* VVDStRL 21 (1964), S. 66 (88–90); *Oeter* Integration und Subsidiarität im deutschen Bundesstaatsrecht, 1998, S. 480–486; tendenziell ebenso: *Spanner* DÖV 1961, 481 (484 f.); *Scheuner* DÖV 1962, 641 (646); *Boysen* Gleichheit im Bundesstaat, 2004, S. 226 ff.

1. Argument
Die Bundestreue ist zu unbestimmt und bringt eine erhebliche Rechtsunsicherheit mit sich. Um sie im Einzelfall handhabbar zu machen, muss sie unvermeidlich mit Werturteilen aufgeladen werden. Unklar bleibt, welche dies sein sollen. Bundestreue erweist sich insoweit als ein Blankettbegriff, über den verfassungspolitische – insbesondere bundesstaatstheoretische – Vorstellungen Eingang in das Recht finden.

2. Argument
Die Ableitung der Bundestreue als ungeschriebener Verfassungssatz mag zwar womöglich noch ihre Berechtigung gehabt haben zur Zeit der Reichsverfassung von 1871, aus der sie historisch stammt und auf die letztlich auch die Lehre von der Bundestreue unter dem Grundgesetz zurückgeht. Damals enthielt die Reichsverfassung im Hinblick auf das Verhältnis zwischen Reich und Ländern keine umfassende Regelung und die faktische politische Entwicklung stärkte die Stellung des Reichs auf Kosten der Länder, ohne dass dafür immer eine ausdrückliche verfassungsrechtliche Grundlage gegeben war. Vor dem Hintergrund dieser schleichenden Kompetenzauszehrung der Länder versuchte man, ungeschriebene verfassungsrechtliche Grenzen gegen eine Kompetenzauszehrung und dergleichen abzuleiten. All dies gilt angesichts der detailliert ausgestalteten bundesstaatlichen Kompetenzordnung unter dem Grundgesetz nicht mehr.

3. Argument
Die Bundestreue ist in den meisten Fällen, in denen sie von ihren Befürwortern angeführt wird, entbehrlich. Oft käme man mit der geschriebenen Verfassung und deren systematischer Auslegung zum gleichen Ergebnis, wie über den unnötigen und unzulässigen Umweg der Bundestreue.

4. Argument
Mit der Etablierung der Bundestreue als denkbar weiten ungeschriebenen Verfassungsgrundsatz läuft man Gefahr, auf ihn vorschnell zurückzugreifen und somit das geschriebene Verfassungsrecht zu überspielen.

Beispiel und ergänzende Hinweise:

1. Im Ausgangsfall stellt sich das Vorgehen der Bundesregierung bereits deshalb als verfassungswidrig dar, weil dem Bund für die Materie, »Fernsehen zu veranstalten« nach Art. 30, 83 ff. GG gar keine Verbandskompetenz zukommt. Das BVerfG als Anhänger der befürwortenden Theorie prüfte überdies einen Verstoß gegen die Bundestreue und bejahte diesen (BVerfGE 12, 205 [255 f.]): Das Procedere und der Stil der Verhandlungen, die zwischen dem Bund und seinen Gliedern und zwischen den Ländern im Verfassungsleben erforderlich würden, stünden unter dem Gebot bun-

desfreundlichen Verhaltens. Alle Länder hätten den gleichen verfassungsrechtlichen Status und Anspruch auf gleiche Behandlung durch den Bund. Dieser dürfe daher nicht auf eine Spaltung der Länder ausgehen und nur mit einigen eine Vereinbarung suchen und andere vor einen faktischen Zwang zum Beitritt stellen. Bei Verhandlungen, die alle Länder angingen, dürfe der Bund die Länder nicht aufgrund unterschiedlicher parteipolitischer Landesregierungen verschieden behandeln. Soweit noch offene Fragen zur Gründung der in Frage stehenden GmbH zu diskutieren waren, hätte der Bund gleichermaßen alle Länder einbinden müssen.

Nach der kritischen Theorie muss man wohl dazu kommen – trotz der unterschiedlichen Formulierungen ihrer Anhänger –, dass die Bundestreue hier nicht anzuwenden ist, da ein Zurückgreifen auf sie als ein nach dieser Ansicht nur sehr schwer handhabbares Rechtsinstitut gar nicht nötig ist; denn insoweit ergibt sich schon aus der mangelnden Kompetenz des Bundes nach Art. 30, 83 ff. GG, dass das Handeln des Bundes verfassungswidrig war.

2. Die gängige, recht wortreiche Formel, was unter Bundestreue zu verstehen ist (vgl. I. am Anfang), kann man dahingehend verkürzen, dass die Bundestreue einerseits Verfahrenspflichten mit sich bringen kann, andererseits aber auch Kompetenzschranken setzen kann. Das Ausgangsbeispiel ist ein Fall, in dem nach der Bundestreue zu beachtende Verfahrenspflichten verletzt wurden. Ein Beispiel dafür, dass Bundestreue Kompetenzschranken setzen kann, bietet die Entscheidung in BVerfGE 98, 106 ff.: In diesem Fall ging es um die Verfassungsmäßigkeit der aufgrund einer Satzung der Stadt Kassel erhobenen kommunalen Verpackungssteuer. Die Steuer wurde erhoben auf nicht wiederverwertbare Verpackungen und nicht wiederverwertbares Geschirr, sofern darin Speisen und Getränke zum Verzehr an Ort und Stelle verkauft wurden. Fraglich war u.a., ob die Stadt Kassel die Kompetenz hatte, die Satzung zu erlassen. Das BVerfG kam dazu, dass es sich bei der Verpackungssteuer zwar um eine örtliche Verbrauchssteuer i.S.v. Art. 105 II a GG gehandelt habe und danach eine Kompetenz für die Stadt Kassel gegeben sein könnte. Dem BVerfG zufolge werde durch die Verpackungssteuer aber auf die Sachmaterie des Abfallwesens in einer Art und Weise eingewirkt, die im Widerspruch zur bundesabfallrechtlichen Grundkonzeption stehe. Es könne aber nicht sein, dass sich die Stadt Kassel in Widerspruch zum bundesgesetzlich geregelten Abfallrecht setze und dieses konterkariere. Dies folge nicht zuletzt aus der »Verpflichtung (...) zur Ausübung der Kompetenz in wechselseitiger bundesstaatlicher Rücksichtnahme« (BVerfGE 98, 106 [118]).

3. Obwohl die befürwortende Theorie dies selbst bereits zum Ausdruck bringt, ist nochmals zu betonen, dass die Bundestreue erst dann Anwendung finden kann, wenn für die Lösung des bundesstaatlichen Konflikts nicht konkrete Grundgesetzvorschriften bereitstehen. Die Bundestreue ist also lediglich subsidiär anzuwenden.

4. Falllösung: *Brinktrine/Sarcevic* Fall 11.

III. Bundesrat

34. Problem:
Inwieweit kann eine einheitliche Stimmabgabe der Bundesratsmitglieder eines Bundeslandes noch hergestellt werden – etwa auch infolge Nachfragens durch den Bundesratspräsidenten –, wenn zunächst eine uneinheitliche Stimmabgabe erfolgt ist?

Beispiel:

Der Bundestag hatte das politisch sehr umstrittene sog. Zuwanderungsgesetz beschlossen. Danach beriet der Bundesrat über das gem. Art. 84 I GG zustimmungsbedürftige Gesetz. Schon vor der Bundesratssitzung war absehbar, dass die Stimmen des Landes Brandenburg, das von einer großen Koalition aus SPD und CDU regiert wurde, ausschlaggebend sein würden für die Erreichung der für eine Zustimmung nötigen Stimmenmehrheit. Das Land Brandenburg hatte aufgrund seiner Einwohnerzahl vier Stimmen (vgl. Art. 51 II GG). Mitglieder in der Bundesratssitzung waren der Ministerpräsident, Minister S und zwei weitere Minister. Es war bekannt, dass der Ministerpräsident mit »Ja« stimmen wollte, während Minister S während der Bundesratsdebatte erklärte, er werde mit »Nein« stimmen. Die Abstimmung wurde nach der Debatte durch Aufruf der Länder (vgl. § 29 I 2 GOBR) durchgeführt. Bei Aufruf des Landes Brandenburg, ob es dem Gesetz zustimme, rief ein Minister Brandenburgs »Ja« und Minister S »Nein«. Der Bundesratspräsident stellte daraufhin fest, dass das Land Brandenburg nicht einheitlich abgestimmt habe und verwies auf Art. 51 III 2 GG, wonach die Stimmen eines Landes nur einheitlich abgegeben werden können. Er fragte beim Ministerpräsidenten nach, wie Brandenburg abstimme und dieser erklärte »mit Ja«. Minister S rief daraufhin: »Sie kennen meine Auffassung, Herr Präsident«. Der Bundesratspräsident stellte fest, dass Brandenburg mit »Ja« abgestimmt habe. Aufgrund der übrigen Stimmabgaben war die für die Zustimmung nötige Stimmenanzahl nur erreicht, wenn die Stimmen des Landes Brandenburg als wirksame »Ja-Stimmen« zu werten sind. Ist dem so (nach BVerfGE 106, 310 ff.)?

Ausgangspunkt:

Das Problem betrifft erkennbar eine sehr spezielle Fragestellung, die durch die im Beispiel geschilderten Geschehnisse in der 774. Sitzung des Bundesrats vom 22.03. 2002 aufgeworfen wurde. Diese Sitzung hat innerhalb kürzester Zeit zu einer enormen Anzahl von Reaktionen im Schrifttum geführt, noch bevor das BVerfG am 18.12.2002 sich in der im Ausgangsbeispiel genannten Entscheidung u.a. mit dem hier aufgeworfenen Problem beschäftigt hat. Diese Entscheidung hat ihrerseits zahlreiche Reaktionen im Schrifttum nach sich gezogen. Einige Äußerungen gehen davon aus, dass »die am 22.03.2002 erfolgte Abstimmung (...) im Bundesrat zu einem Klassiker des deutschen Verfassungsrechts werden wird« (so *Tetzlaff* DÖV 2003, 693 [693]). Entsprechend dürfte auch eine Prüfungsrelevanz des Problems für die Zukunft gegeben sein. Das Problem hier ist so formuliert, dass es nicht alle verfassungsrechtlichen Fragestellungen erfasst, die mit dieser besagten Sitzung zusammenhängen – vgl. dazu die ergänzenden Hinweise.

Nach Art. 51 III 2 GG können die Stimmen eines Landes bei einer Bundesratsabstimmung nur einheitlich und nur durch anwesende Mitglieder oder deren Vertreter abgegeben werden. Die Einheitlichkeit der Stimmabgabe betont die Vertreterfunktion der Bundesratsmitglieder (v. Mangoldt/Klein/Starck/*Korioth* Art. 51 GG Rn. 21) – die Vertreter sollen also nicht »individuell« abstimmen können, sondern nur für ihr Land. Bis zur besagten Bundesratssitzung stand bei der Auslegung dieser Vorschrift die Rechtsfolgenfrage ganz im Vordergrund, wie sich eine uneinheitliche Stimmabgabe eines Landes bei einer Bundesratssitzung auswirkt. Bis auf zwei Literaturstimmen (*Stern* Bd. II, S. 137; BK/*Blumenwitz* Art. 51 GG Rn. 29) herrschte im Ergebnis Einigkeit, dass die Stimmen desjenigen Landes, das uneinheitlich abgestimmt hat, unwirksam sind (umfassende Literaturnachweise dazu etwa bei *Pünder* Jura 2003, 622 [624 in Fn. 12], und *Lang* ZParl 2003, 596 [600 in Fn. 19]). Da der Bundesrat gem. Art 52 III GG seine Beschlüsse stets mit mindestens der Mehrheit seiner Mitglieder fasst, wirken sich ungültige Stimmen somit wie Nein-Stimmen aus. Die Gegenansicht, die insoweit die Stimme des Stimmführers entscheidend sein lassen möchte, findet keine Stütze im Grundgesetz; etwaige landes(verfassungs-)rechtliche Normen, aus denen sich eine herausgehobene Rolle des Ministerpräsidenten in Form eines »Stimmführers« womöglich herleiten ließe, sind für die bundesverfassungsrechtliche Einschätzung irrelevant. Über diese Rechtsfolgenfrage herrscht auch nach dem Urteil des BVerfG – welches sich insofern auch dem Schrifttum angeschlossen hat – weiterhin kein Streit.

Neu, weil durch die 774. Bundesratssitzung erstmals aufgeworfen und äußerst umstritten, ist hingegen die Frage auf der Tatbestandsseite, wann überhaupt eine uneinheitliche Stimmabgabe vorliegt. An sich scheint diese Frage einfach zu klären zu sein. Denn wenn bei einer Abstimmung über die Zustimmung zu einem Zustimmungsgesetz der Vertreter A eines Landes auf die Frage des Bundesratspräsidenten, ob er dem Gesetz zustimme, mit »Ja« antwortet und Vertreter B des gleichen Landes mit »Nein«, so liegt eindeutig eine uneinheitliche Stimmabgabe vor. Strittig ist hingegen, ob noch eine Korrekturmöglichkeit dieser uneinheitlichen Stimmabgabe möglich ist – nämlich insbesondere dadurch, dass der Bundesratspräsident das Land erneut befragt und Gelegenheit zur Stimmabgabe gibt.

I. (hier sog.) **Theorie der endgültigen Stimmungültigkeit**

Wenn ein Land die Stimmen in der Bundesratsabstimmung uneinheitlich abgegeben hat und dies erkennbar nicht auf einem Versehen oder einem Missverständnis beruht, dann besteht keine Korrekturmöglichkeit mehr – auch nicht dadurch, dass der Bundesratspräsident nachfragt –, um doch noch eine einheitliche Stimmabgabe zu ermöglichen.

Vertreten von:
BVerfGE 106, 310 (330–336); *Degenhart* Rn. 656; Schmidt-Bleibtreu/Hofmann/Hopfauf/*Hofmann* Art. 51 GG Rn. 18; *Becker* NVwZ 2002, 569 (569 ff.); *Wilms* ZRP 2002, 265 (267); *Burkiczak* BayVBl 2002, 578 (580); *Risse* DVBl 2003, 390 (391); *Linke* VR 2002, 229 (231 ff.); *Pünder* Jura 2003, 622 (624 f.); Umbach/Clemens/*Weckerling-Wilhelm* Art. 51 GG Rn. 10; *Lang* ZParl 2003, 596 (603–605); *Renner* NJW 2003, 332 (332); wohl auch: *Badura* Kap. E, Rn. 59; Friauf/Höfling/*de Wall* Art. 51 GG Rn. 26; *Lerche* BayVBl 2002, 577 (577 f.); *Starke* SächsVBl 2002, 232

(233 f.); ähnlich: *Schenke* NJW 2002, 1318 (1318 ff.); *Gröschner* JZ 2002, 621 (625 f.); *Bauer* RuP 2002, 70 (75 f.); *Hendler* Rn. 217a; *Wilms* I, Rn. 651; *Gröpl* Rn. 1143, 1145.

1. Argument
Der die Abstimmung leitende Bundesratspräsident ist grundsätzlich berechtigt, bei Unklarheiten im Abstimmungsverlauf mit geeigneten Maßnahmen eine Klärung herbeizuführen; denn dies entspricht seiner Pflicht als unparteiischer Sitzungsleiter, dem die Aufgabe obliegt, den Willen des Bundesrates eindeutig festzustellen. Wann eine Unklarheit als Anlass für Rückfragen gegeben ist, ist verfassungsrechtlich nachprüfbar, es besteht insoweit aber eine Einschätzungsprärogative des Bundesratspräsidenten.

2. Argument
Wenn der Wille eines Landes zur uneinheitlichen Abstimmung klar zu Tage tritt, dann greift der Bundesratspräsident durch eine Nachfrage unzulässig in den Verantwortungsbereich des Landes über und erweckt den Anschein, es gelte nunmehr, den »wahren Landeswillen« festzustellen oder doch noch auf eine Einheitlichkeit der Stimmabgabe hinzuwirken.

3. Argument
Ein einzelnes Bundesratsmitglied eines Landes – auch der Ministerpräsident dieses Landes – hat nach erfolgter uneinheitlicher Stimmabgabe kein Recht, durch Weisung oder gar durch Selbsteintritt den Stimmendissens innerhalb des Landes auszuräumen, denn solche Weisungs- oder Selbsteintrittsrechte könnten allenfalls aus dem Landesverfassungsrecht herleitbar sein; dies ist aber irrelevant, weil andernfalls das durch Landesverfassungsrecht geprägte Innen- mit dem durch Bundesverfassungsrecht geprägten Außenverhältnis vermengt würde.

4. Argument
Wenn man ein Recht zur Stimmenkorrektur über Fälle des Versehens oder des Missverständnisses bei der Stimmenabgabe oder -übermittlung anerkennen würde, dann würde das Postulat der absoluten Rechtssicherheit missachtet und die Gefahr endloser Abstimmungen heraufbeschworen.

II. (hier sog.) **Theorie der Korrekturmöglichkeit**

Wenn ein Land die Stimmen in der Bundesratsabstimmung uneinheitlich abgegeben hat, dann besteht noch die Möglichkeit, dass der Bundesratspräsident durch Nachfrage o.ä. eine einheitliche Stimmabgabe herstellen lässt.

Vertreten von:
BVerfGE (Sondervotum) 106, 310 (337 ff.); *v. Mutius/Pöße* LKV 2002, 345 (345 ff.); *Dörr* ZRP 2002, 265 (265 f.); Jarass/Pieroth/*Pieroth* Art. 51 GG Rn. 6; *Tetzlaff* DÖV 2003, 693 (696 f.); *Mahrenholz* FS Tsatsos, 2003, S. 323 (327); tendenziell zuneigend offenbar auch: *Gusy* ZParl 2003, 605 (611 ff.); Sachs/*Robbers* Art. 51 GG Rn. 16 (der Bundesratspräsident müsse »auf eine gültige Stimmabgabe hinwirken«).

1. Argument
Man kann bereits davon ausgehen, dass durch die Uneinheitlichkeit der Stimmabgabe gar keine Stimmabgabe im Sinne einer wirksamen Abgabehandlung vorgelegen hat.

Dafür spricht der Wortlaut des Art. 51 III 2 GG; denn danach »können« die Stimmen eines Landes nur einheitlich abgegeben werden. Diese Formulierung legt nahe, dass – anders als etwa im Falle der Verwendung des Wortes »dürfen« – nicht erst die Gültigkeit, sondern schon die Möglichkeit einer uneinheitlichen Stimmabgabe des Landes ausgeschlossen werden soll. Da somit noch keine wirksame Abstimmungshandlung vorliegt, stellen sich Nachfragen und daraus resultierende Korrekturmöglichkeiten letztlich gar nicht als solche dar, sondern vielmehr wird damit nur die Gelegenheit eingeräumt, erstmals eine wirksame Stimmabgabe zu tätigen.

2. Argument
Selbst wenn man dem 1. Argument nicht folgt und daher eine wirksame Abgabehandlung annimmt, so besteht gleichwohl ein Recht zur Korrektur der Stimmabgabe. Denn zum einen werden nach § 32 S. 1 GOBR Beschlüsse des Bundesrates mit dem Ende der Sitzung wirksam. Aus § 32 S. 2 GOBR, wonach über Gegenstände, deren Behandlung abgeschlossen ist, nicht erneut beraten und abgestimmt werden darf, wenn ein Land widerspricht, kann man schließen, dass eine Wiederholung von Abstimmungsvorgängen grundsätzlich nicht ausgeschlossen ist. Zum anderen ist es in der Praxis des Bundesrates ständige Übung, dass der Bundesratspräsident eine Abstimmung oder einen Teil davon wiederholen lässt, wenn ein Abstimmungsbeteiligter darum ersucht.

3. Argument
Die Möglichkeit zur Korrektur der uneinheitlichen Stimmabgabe wird auch dadurch nicht berührt, dass sie infolge einer Nachfrage durch den Bundesratspräsidenten erfolgt. Eine Beschränkung der Möglichkeit zur Nachfrage auf Fälle bei Unklarheiten im Abstimmungsvorgang lässt sich nicht herleiten. Solange der Bundesratspräsident nach einer uneinheitlichen Abstimmung lediglich nachfragt, so ist darin keine unzulässige Lenkung des Abstimmungsverhaltens zu erblicken, denn dem nachgefragten Land steht es völlig frei, die gebotene Gelegenheit zu erneuter Stimmabgabe zu nutzen oder darauf zu verzichten. Die Beschränkung des Nachfragerechts auf bestimmte Konstellationen, wie sie die Theorie der endgültigen Stimmungültigkeit vornimmt, macht das Nachfragerecht von fallbezogenen Wahrnehmungen und Prognosen abhängig, die die politischen Positionen einzelner Bundesratsmitglieder und die landesinterne Bildung eines einheitlichen Willens im Hintergrund der Bundesratsabstimmung betreffen. Solche fallspezifischen, landesinternen Hintergründe sind aber bundesverfassungsrechtlich irrelevant; denn es herrscht Einigkeit darüber, dass es gar nicht darauf ankommt, ob der Stimmabgabe im Bundesrat überhaupt eine regierungsinterne Willensbildung auf Landesebene vorausgegangen ist und ob das Stimmverhalten aus politischen Rücksichtnahmen folgt.

Beispiel und ergänzende Hinweise:

1. Im Ausgangsfall kommt die Theorie der endgültigen Stimmungültigkeit dazu, dass keine einheitliche Stimmabgabe des Landes Brandenburg vorliegt, da die erste Stimmabgabe uneinheitlich gewesen ist; dies hat auch nicht auf einem Versehen beruht, so dass keine Korrekturmöglichkeit – insbesondere nicht infolge einer Nachfrage durch den Bundesratspräsidenten – möglich ist; somit ist die Uneinheitlichkeit der Stimmen auch endgültig und die Stimmen des Landes sind ungültig.

Die Theorie der Korrekturmöglichkeit kommt zum gegenteiligen Ergebnis. Für sie stellt sich für die vollständige Falllösung die weiterführende Frage, ob eine Korrektur überhaupt erfolgt ist. Denn der Bundesratspräsident hatte lediglich den Ministerpräsidenten gefragt, wie das Land abstimmt, und – nachdem dieser »mit Ja« geantwortet hatte – noch den Minister S, der geantwortet hatte »sie kennen meine Auffassung«. Das Minderheitenvotum des BVerfG ist in Übereinstimmung mit der im Ausgangspunkt dargestellten Lehre der Ansicht, dass der Ministerpräsident nicht der geborene Adressat von Nachfragen kraft »Stimmführerschaft« ist. Das Minderheitenvotum räumt ein, dies spreche zwar dafür, dass Nachfragen grundsätzlich an das betreffende Land und nicht an einzelne Vertreter zu richten seien; aber in dem Umstand, dass die Nachfrage nur beim Ministerpräsidenten erfolgt sei, sei kein evidenter Verfahrensfehler zu erblicken. Das Minderheitenvotum sieht in der erneuten Stimmabgabe eine einheitliche Abstimmung mit »Ja«. Denn der Ministerpräsident habe so geantwortet und die frühere Nein-Stimme des Ministers S habe, da man sich in einem neuen, zweiten Durchgang befunden habe, nicht mehr im Raum gestanden. Seine Äußerung »sie kennen meine Auffassung« sei nicht als Widerspruch – also als Nein-Stimme – zu der Stimme des Ministerpräsidenten zu werten. Zwar sei in der Tat die politische Auffassung des Ministers S bekannt gewesen, aber auf sie komme es insoweit nicht an; denn Art. 51 III 2 GG verlange nicht, dass die Bundesratsvertreter einheitlicher Auffassung seien, sondern das Grundgesetz stelle insoweit allein auf die Einheitlichkeit der Stimmabgabe ab. Eine Stimmabgabe erfordere Klarheit; Minister S hätte auch auf Nachfrage ausdrücklich mit Nein stimmen müssen, damit angesichts der vorherigen Ja-Stimme des Ministerpräsidenten insgesamt keine einheitliche Ja-Stimme des Landes vorliege. Das Minderheitenvotum des BVerfG kommt damit dazu, dass letztlich die Stimmen des Landes Brandenburg einheitlich und damit gültig abgegeben wurden. Ob diesem Ergebnis auch alle diejenigen folgen, die der Theorie der Korrekturmöglichkeit anhängen, ist damit noch nicht gesagt (z.B. *v.Mutius/Pöße* LKV 2002, 345 [345 ff.], und *Dörr* ZRP 2002, 265 [265 f.], liegen vollumfänglich auf der Linie des Minderheitenvotums, vorsichtiger hingegen Jarass/Pieroth/*Pieroth* Art. 51 Rn. 6; eindeutig das Minderheitenvotum insofern ablehnend *Kramer* JuS 2003, 645 [648 f.]; *Hoppe* DVBl 2002, 725 [725 f.]; *Burkiczak* BayVBl 2002, 577 [580 f.]; ergebnisoffen insoweit *Odendahl* JuS 2002, 1049 [1052 f.]).

2. Falllösungen: *Höfling* Fälle zum Staatsorganisationsrecht, Fall 3; *Palme* Jura 2003, 272 ff.

35. Problem: Ist die Änderung eines ursprünglich zustimmungsbedürftigen Gesetzes in seinen für sich gesehen nicht zustimmungsbedürftigen Teilen zustimmungsbedürftig?

Beispiel:

Durch ein Rentenreformgesetz werden bestimmte Rentenleistungen in ihrer Höhe geändert. Das ursprüngliche Gesetz, welches geändert wird, war – da es auch Bestimmungen über das Verwaltungsverfahren enthielt – gem. Art. 84 I GG zustimmungsbedürftig und der Bundesrat hatte seine Zustimmung erteilt. Das Änderungsgesetz ist nun ohne Zustimmung des Bundesrates zustande gekommen. Der Bundesrat ist der

Auffassung, das Gesetz sei nicht verfassungsgemäß zustande gekommen, weil es ebenfalls zustimmungsbedürftig sei. Hat er damit Recht (nach BVerfGE 37, 363 ff.)?

Ausgangspunkt:

Für den Bereich des Sozialversicherungsrechts und somit auch für das Rentenrecht besteht nach Art. 74 I Nr. 12 GG eine konkurrierende Gesetzgebungskompetenz des Bundes. Das Rentenrecht – zum Zeitpunkt von BVerfGE 37, 363 ff. noch in der RVO, heute im SGB VI geregelt – stellt somit Bundesrecht dar. Ob ein Bundesgesetz zustimmungsbedürftig ist, hängt davon ab, ob es im Grundgesetz einen einschlägigen Zustimmungstatbestand gibt; ist dies nicht der Fall, so handelt es sich um ein Einspruchsgesetz. Da das ursprüngliche Gesetz im Ausgangsbeispiel auch Bestimmungen über das Verwaltungsverfahren enthielt, war es nach Art. 84 I GG, der den in der Gesetzgebungspraxis mit Abstand am häufigsten einschlägigen Zustimmungstatbestand darstellt, zustimmungsbedürftig.

Das Grundgesetz regelt indes nicht ausdrücklich, was gilt, wenn ein ursprünglich zustimmungsbedürftiges Gesetz geändert wird. Einigkeit besteht, dass das Änderungsgesetz seinerseits zustimmungsbedürftig ist, wenn es diejenigen Vorschriften ändert, die die Zustimmungsbedürftigkeit ursprünglich begründet haben. Ebenso besteht Einigkeit, dass ein Änderungsgesetz zustimmungsbedürfig ist, wenn es neue Vorschriften enthält, die schon für sich die Zustimmungsbedürftigkeit auslösen; in diesem Fall stellt sich letztlich gar keine »Änderungsproblematik«, sondern die Zustimmungsbedürftigkeit folgt unmittelbar aus der einschlägigen Grundgesetznorm, die sie auslöst.

Problematisch ist die Fallgestaltung, dass ein ursprünglich zustimmungsbedürftiges Gesetz in den Teilen geändert wird, die für sich gesehen nicht zustimmungsbedürftig sind. Die Lösung dieses Problems hängt von einer Vorfrage ab, auf der die unterschiedlichen Theorien alle aufbauen. Es fragt sich nämlich zunächst, was mit dem Begriff »Bundesgesetze«, den die Zustimmungstatbestände wie etwa Art. 84 I, 85 I GG verwenden, gemeint ist. Ist »Gesetz« in diesem Sinn lediglich die einzelne Norm, deren Zustimmungsbedürftigkeit in Frage steht, oder das kodifikatorische Gesamtwerk, in das die einzelne Norm formal eingefasst ist? Das BVerfG (etwa BVerfGE 8, 274 [294 f.]; 55, 274, 318 [326 f.]) und die herrschende Lehre (siehe etwa Maunz/Dürig/*Maunz* Art. 77 GG Rn. 8, m.w.N.) nehmen letzteres an und fassen »Gesetz« als gesetzestechnische Einheit auf. Hauptargument dafür ist, dass Art. 78 GG erkennen lasse, dass durch den Gesetzesbeschluss des Bundestages das Gesetz zu einer Einheit zusammengefasst werde. Für die Frage der Zustimmungsbedürftigkeit neuer Gesetze hat dies zur Folge, dass ein Gesetz insgesamt zustimmungsbedürftig ist, auch wenn nur eine einzige Vorschrift die Zustimmungsbedürftigkeit auslöst. Nur wenn man dieser Theorie der gesetzestechnischen Einheit folgt, stellt sich überhaupt das hier aufgeworfene Problem. Denn nur der Gesichtspunkt der gesetzestechnischen Einheit kann insoweit einen Erstreckungstatbestand derart darstellen, dass Teile eines Gesetzes, die für sich betrachtet nicht zustimmungsbedürftig sind, zustimmungsbedürftig werden. Für diejenigen, die nicht der Theorie der gesetzestechnischen Einheit folgen, stellt sich das Problem hingegen nicht. Denn danach ist die Zustimmung des Bundesrates auch bei neuen Gesetzen nur auf die an sich zustimmungsbedürftigen Regelungen des Gesetzes beschränkt, so dass die Änderung dieser Vorschriften – aber auch nur dieser – wiederum zustimmungsbedürftig ist.

Hier wird im Folgenden die Theorie der gesetzestechnischen Einheit des BVerfG und der herrschenden Lehre als zutreffend unterstellt.

I. (hier sog.) **Theorie der Zustimmungsbedürftigkeit**

Die Änderung eines ursprünglich zustimmungsbedürftigen Gesetzes in seinen für sich gesehen nicht zustimmungsbedürftigen Teilen ist zustimmungsbedürftig.

Vertreten von:
BVerfGE (Sondervotum) 37, 363 (401 ff.); Maunz/Dürig/*Maunz* Art. 77 GG Rn. 10; v. Münch/Kunig/*Broß* Art. 84 GG Rn. 19; *Held* AöR 80 (1955/56), 50 (65 f.); *Kratzer* AöR 77 (1951/52), 266 (269); *Kutscher* DÖV 1952, 710 (713); *Schäfer* Der Bundesrat, 1955, S. 91 f.; *Weides* JuS 1973, 337 (341); *Hamann/Lenz* Grundgesetz-Kommentar, 3. Aufl. 1970, Art. 78 GG, Anm. 2.

1. Argument
Aus der Theorie der gesetzestechnischen Einheit folgt, dass der Bundesrat für das gesamte Ursprungsgesetz die Mitverantwortung übernommen hat (sog. Mitverantwortungsthese). Lässt man die Änderung auch nur von Teilen, die für sich betrachtet beim Neuerlass eines Gesetzes nicht zustimmungsbedürftig wären, ohne Zustimmung des Bundesrates zu, so wird der Bundesrat aus seiner übernommenen Mitverantwortung unzulässig hinausgedrängt.

2. Argument
Jedes Gesetz kann nur durch einen actus contrarius geändert werden, der genauso wie das Ursprungsgesetz zustande gekommen ist. Daher kann ein Zustimmungsgesetz stets nur durch ein Zustimmungsgesetz geändert werden.

3. Argument
Wenn ein Gesetz, das ursprünglich zustimmungsbedürftig war, ohne Zustimmung des Bundesrates geändert wird, dann geht das Änderungsgesetz über eine Entscheidung des Bundesrates hinweg. Dies ist aber vom Grundgesetz nur in einem einzigen Fall vorgesehen, nämlich der Überstimmung des Einspruchs des Bundesrates nach Art. 77 IV GG.

4. Argument
Wenn die nachträglichen Änderungen schon im Ursprungsgesetz erschienen wären, so wären auch sie vom Zustimmungsbedürfnis erfasst worden. Daran kann sich auch nichts dadurch ändern, dass der Gesetzgeber in Etappen vorgeht.

5. Argument
Das im Änderungsgesetz enthaltene neue Recht ist angelegt auf das Einfügen dieser Neuerung in das alte Gesetz, so dass eine einzige neue Regelung der im Gesetz behandelten Materie – also das alte Gesetz in neuer Fassung – entsteht. Dies bedeutet aber, dass der wesentliche Inhalt des Änderungsgesetzes notwendigerweise Teil eines Gesetzes wird, das zweifellos wegen seines Inhaltes zustimmungsbedürftig war und, solange es besteht, zustimmungsbedürftig bleibt. Aus dieser Besonderheit eines Änderungsgesetzes, »eins zu werden« mit dem Zustimmungsgesetz, ergibt sich die Notwendigkeit der Zustimmungsbedürftigkeit des Änderungsgesetzes.

II. (hier sog.) **Theorie der Zustimmungsfreiheit**

Die Änderung eines ursprünglich zustimmungsbedürftigen Gesetzes in seinen für sich gesehen nicht zustimmungsbedürftigen Teilen ist nicht zustimmungsbedürftig.

Anmerkung: Zu Ausnahmen, die insoweit insbesondere vom BVerfG zugelassen werden, siehe bei den ergänzenden Hinweisen unter 2.

Vertreten von:
BVerfGE 37, 363 (379 ff.); 39, 1 (33); BVerwGE 28, 36 (43); Friauf/Höfling/*Groß* Art. 84 GG Rn. 29; v. Münch/Kunig/*Bryde* Art. 77 GG Rn. 22; *Lepa* DVBl 1974, 399 (399 ff.); *v. Hase* DÖV 1973, 838 (840 f.); *Franssen* JZ 1974, 314 (315 f.); *Schmidt* JuS 1999, 861 (865); Jarass/Pieroth/*Pieroth* Art. 77 GG Rn. 5; v. Mangoldt/Klein/Starck/*Masing* Art. 77 GG Rn. 54; BK/*Kokott* Art. 77 GG Rn. 43 f.; Dreier/*Hermes* Art. 84 GG Rn. 55; *Zippelius/Würtenberger* § 45 Rn. 97; *Badura* Kap. G, Rn. 50; Dreier/*Stettner* Art. 77 GG Rn. 13; Umbach/Clemens/*Umbach/Clemens* Art. 84 GG Rn. 37; *Menger* VerwArch 66 (1975), 291 (297); Umbach/Clemens/*Rubel* Art. 77 GG Rn. 23; *Haas* AöR 80 (1955/56), 81 (88–90); *Hebeler* Jura 2002, 164 (166 f.); *Antoni* AöR 113 (1988), 329 (340–345); *Ossenbühl* AöR 99 (1974), 369 (424–427); *v. MünchMager* Rn. 260; *v. Mutius* Jura 1988, 49 (51); *Heinsen* RiA 1973, 146 (147 f.); *Schneider* DVBl 1953, 257 (258–260); Schmidt-Bleibtreu/Hofmann/Hopfauf/*Sannwald* Art. 78 GG Rn. 14; *Hesse* Die Regelung von Rundfunkleistungen der Post durch Rechtsverordnung, 1966, S. 26 f.; *Friesenhahn* in: Der Bundesrat als Verfassungsorgan und politische Kraft, 1974, S. 267 f.; *Erichsen/Biermann* Jura 1998, 494 (498); *Wernsmann* NVwZ 2005, 1352 (1354); *Wilms* I, Rn. 890; *Sodan/Ziekow* § 13 Rn. 15; im Ergebnis ebenso, aber mit eigener Begründung, da nicht die Theorie der gesetzestechnischen Einheit teilend: *Pestalozza* JuS 1975, 366 (366 ff.); im Ergebnis wohl auch, wenngleich insgesamt kritisch: AK-GG/*Bull* Art. 84 GG Rn. 27; *Klein* ZParl 1974, 485 (485 ff.); wohl auch, wenngleich nicht ausdrücklich: Sachs/*Lücke/Mann* Art. 77 GG Rn. 16; *Degenhart* Rn. 659–661; *Gröpl* Rn. 1262.

1. Argument
Daraus, dass sich die Zustimmung des Bundesrates auf das ganze Gesetz als eine gesetzgebungstechnische Einheit bezieht, folgt nicht, dass jedes Änderungsgesetz wiederum der Zustimmung des Bundesrates bedarf. Vielmehr spricht die Auffassung vom Zustimmungsgesetz als gesetzgebungstechnische Einheit gegen die Zustimmungsbedürftigkeit von Änderungsgesetzen. Denn auch das Änderungsgesetz ist eine gesetzgebungstechnische Einheit, bei dessen Erlass, ebenso wie bei jedem anderen Gesetz, sämtliche Voraussetzungen der Gesetzgebung erneut geprüft werden müssen. Es muss festgestellt werden, ob der Bundesgesetzgeber für den Erlass eines Gesetzes mit diesem Inhalt zuständig ist und ob das Gesetz seinem Inhalt nach zustimmungsbedürftig ist. Enthält das Gesetz nicht selbst auch zustimmungsbedürftige Vorschriften und ändert es auch keine solchen Vorschriften ab, so ist es nicht zustimmungsbedürftig. Die dem ursprünglich zustimmungsbedürftigen Gesetz erteilte Zustimmung hat sich nur auf dieses Gesetz bezogen und konnte sich nur darauf beziehen. Die These, dass die Zustimmungsbedürftigkeit das Gesetz, durch dessen Inhalt sie ausgelöst worden ist, gewissermaßen »überlebt« – dass sie also eine Fern- und Dauerwirkung haben soll mit der Folge, dass jedes Änderungsgesetz erneut der Zustimmung des Bundesrates bedarf –, findet im Grundgesetz keine Stütze.

2. Argument
Der Bundestag kann in Ausübung seiner gesetzgeberischen Freiheit ein Gesetzesvorhaben in mehreren Gesetzen regeln und so z.B. die materiell-rechtlichen Vorschriften in ein Gesetz aufnehmen, gegen das dem Bundesrat nur ein Einspruch zusteht, und kann Vorschriften über das Verfahren in einem anderen, zustimmungsbedürftigen Gesetz beschließen. Wenn man der Theorie der Zustimmungsbedürftigkeit folgen würde, so wäre eine spätere Änderung des ersten Gesetzes, das nur materielles Recht enthält, nicht zustimmungsbedürftig. Wären materielle und Verfahrensvorschriften aber in einem – dann zustimmungsbedürftigen – Gesetz enthalten, so wäre jede spätere Änderung dieses Gesetzes ebenfalls zustimmungsbedürftig. Es wäre aber widersinnig, wenn man beide Fälle unterschiedlich behandeln würde.

3. Argument (gegen das 1. Argument der Theorie der Zustimmungsbedürftigkeit)
Die Mitverantwortungsthese der Theorie der Zustimmungsbedürftigkeit greift letztlich nicht, da sich eine dauerhafte Mitverantwortung schon deshalb nicht begründen lässt, weil es von Zufällen abhängen kann, ob eine für sich betrachtet zustimmungsbedürftige Materie ursprünglich mit zustimmungsbedürftigen Vorschriften gesetzestechnisch zu einem Gesetz vereint war.

Beispiel und ergänzende Hinweise:

1. Im Ausgangsbeispiel ist nach der Theorie der Zustimmungsbedürftigkeit das Rentenreformgesetz zustimmungsbedürftig, nach der Theorie der Zustimmungsfreiheit nicht.

2. Das BVerfG als Anhänger der Theorie der Zustimmungsfreiheit bleibt nicht dabei stehen, dass das Änderungsgesetz, soweit es lediglich materiell-rechtliche Normen ändert und damit keinen im Grundgesetz aufgeführten Zustimmungstatbestand erfüllt, nie zustimmungsbedürftig ist, sondern macht eine Ausnahme. Materiell-rechtliche Änderungen sollen nämlich dann erneut die Zustimmungsbedürftigkeit auslösen, wenn sie früher erlassenen Vorschriften über Organisation und Verfahren der Landesbehörden (vgl. Art. 84 I GG) eine wesentlich andere Bedeutung und Tragweite verleihen und somit zu einer »Systemverschiebung« führen (vgl. BVerfGE 37, 363 [383]; 48, 127 [178]). Das BVerfG wird so gedeutet, dass es ausschließen will, dass der Gesetzgeber einem ursprünglich zustimmungsbedürftigen Gesetz einen im Vergleich zu seiner Entstehung entgegengesetzten Sinn gibt, ohne dass der Bundesrat zustimmen müsste (so *Ipsen* I, Rn. 371). Wann dies im Einzelfall so ist, lässt sich zum einen schwer beurteilen; zum anderen eröffnet das BVerfG dadurch die von ihm vertretene Theorie der Zustimmungsfreiheit für Sonderfälle wieder ein Stück weit in Richtung der Theorie der Zustimmungsbedürftigkeit. Nicht zuletzt wegen dieser beiden Gesichtspunkte wird die Systemverschiebungsthese des BVerfG von zahlreichen Stimmen in der Literatur, die ihm in der Theorie der Zustimmungsfreiheit folgen, abgelehnt (siehe dazu etwa Friauf/Höfling/*Groß* Art. 84 GG Rn. 29; Dreier/*Hermes* Art. 84 GG Rn. 55).

3. Wenn man insgesamt dem BVerfG folgt, so ergibt sich danach folgende gedankliche Prüfungsabfolge: Auszugehen ist (a) davon, dass die Zustimmungstatbestände des Grundgesetzes den Begriff »(Bundes-)Gesetz« als gesetzestechnische Einheit betrachten, so dass sich (b) die Frage stellt, ob die Änderung eines ursprünglich zustimmungsbedürftigen Gesetzes in seinen für sich gesehen nicht zustimmungsbedürftigen Teilen zustimmungsbedürftig ist. Dies ist grundsätzlich zu verneinen, es sei

denn, dass (c) das Änderungsgesetz zu einer »Systemverschiebung« innerhalb der geregelten Materie führt.

4. Nahe verwandt mit der Frage, ob die Änderung eines ursprünglich zustimmungsbedürftigen Gesetzes in seinen für sich gesehen nicht zustimmungsbedürftigen Teilen zustimmungsbedürftig ist, ist die Frage, ob ein Bundesgesetz, durch das der Bundestag ein von Beginn an oder durch eine Änderung zustimmungsbedürftiges Gesetz gänzlich aufhebt, zustimmungsbedürftig sein kann. Dies wird von der ganz herrschenden Meinung grundsätzlich verneint mit dem Hauptargument, die Zustimmungstatbestände hätten nicht den Zweck, ein Vertrauen des Bundesrates in den prinzipiellen Fortbestand der mit seiner Zustimmung ergangenen Gesetze zu schützen (siehe dazu etwa Sachs/*Lücke*/*Mann* Art. 77 GG Rn. 16). Etwas anderes soll nur dann gelten, wenn ausnahmsweise mit der Aufhebung eines Gesetzes ein Kompetenzentzug für die Länder verbunden ist und sich die Gesetzesaufhebung daher als belastende Maßnahme für die Länder erweist; als Beispiel wird hier die Aufhebung eines Gesetzes nach Art. 87d GG angeführt, durch das abweichend vom Regelfall der Ausführung in bundeseigener Verwaltung Bundesauftragsverwaltung vorgeschrieben wird (siehe dazu etwa Umbach/Clemens/*Rubel* Art. 77 GG Rn. 26 m.w.N.).

IV. Bundespräsident und Bundeskanzler

36. Problem: Was sind gegenzeichnungsbedürftige »Anordnungen und Verfügungen« des Bundespräsidenten i.S.v. Art. 58 S. 1 GG?

Beispiel:

Bundespräsident A hält vor Vertretern von Wirtschaftsverbänden eine Rede, in der er u.a. Vorstands- und Managergehälter als »oftmals weit überzogen, bisweilen raffgierig und nicht in die sozialpolitische Landschaft« passend kritisiert. Die Rede bekommt ein großes Medienecho. Bundeskanzler B ist wegen dieser Äußerungen verärgert und der Ansicht, A hätte sie ohne seine vorherige Gegenzeichnung nach Art. 58 GG nicht tätigen dürfen. Hat er damit Recht?

Ausgangspunkt:

Nach Art. 58 S. 1 GG bedürfen Anordnungen und Verfügungen des Bundespräsidenten zu ihrer Gültigkeit der Gegenzeichnung durch den Bundeskanzler oder durch den zuständigen Bundesminister. Sinn und Zweck der Regelung ist, eine einheitliche Regierungspolitik zu wahren (siehe dazu etwa Dreier/*Pernice* Art. 58 GG Rn. 6). Wie weit der Bundespräsident durch Art. 58 S. 1 GG in die politische Entscheidungsgewalt der Bundesregierung eingebunden ist, hängt davon ab, wie die Begriffe »Anordnungen und Verfügungen« zu verstehen sind. Man sollte das Problem also nicht als eines auffassen, welches sich lediglich mit einer speziellen Auslegungsfrage von Art. 58 GG befasst, sondern als eines, welches – wie auch die sogleich die bei den Theorien angeführten Argumente zeigen – maßgeblich die Frage nach der Stellung des Bundespräsidenten im Verfassungsgefüge (insbesondere im Verhältnis zur Bundesregierung) insgesamt betrifft.

Aus dieser grundsätzlichen Bedeutung heraus erklärt sich wohl auch, dass sich die Literatur mit dem Problem recht ausgiebig beschäftigt hat. Süffisant wird dazu angemerkt: »Die Situation ist seltsam: Die praktische Anwendung des Art. 58 GG scheint bislang zwischen den beteiligten Verfassungsorganen keine Schwierigkeiten zu machen, der Wissenschaft ist dieser Artikel des Grundgesetzes (aber) eine Delikatesse« (so *Schlaich* AöR 105 [1980], 145 [145]).

Nach ganz überwiegender Ansicht handelt es sich bei »Anordnungen« und »Verfügungen« nicht um zwei eigenständige, trennscharf voneinander abgrenzbare Begriffe, sondern um einen einheitlichen (Doppel-)Begriff (v. Mangoldt/Klein/Starck/*Fink* Art. 58 GG Rn. 25, m.w.N.; anders Maunz/Dürig/*Herzog* Art. 58 GG Rn. 22 ff., der sich um eine Abgrenzung beider Begriffe bemüht). Daher betreffen die für die Theorien vorgebrachten Argumente beide in Art. 58 S. 1 GG genannten Begriffe.

Zu beachten ist, dass in Art. 58 S. 2 GG Ausnahmen vom Gegenzeichnungserfordernis geregelt sind, für die es jeweils besondere Gründe gibt. Danach ist u.a. die Ernennung und Entlassung des Bundeskanzlers nicht gegenzeichnungsbedürftig. Dafür spricht, dass dem bisherigen bzw. dem zukünftigen Amtsinhaber kein Einfluss auf die Neubesetzung des Amtes zustehen soll (siehe dazu und auch zu den anderen Ausnahmen in Art. 58 S. 2 GG Dreier/*Pernice* Art. 58 GG Rn. 19, m.w.N.).

I. (hier sog.) **Rechtsaktstheorie**

Gegenzeichnungsbedürftig sind lediglich alle auf rechtliche Verbindlichkeit angelegten Akte des Bundespräsidenten.

Vertreten von:
Jarass/Pieroth/*Pieroth* Art. 58 GG Rn. 2; Dreier/*Pernice* Art. 58 GG Rn. 10; Umbach/Clemens/*Umbach* Art. 58 GG Rn. 17; BK/*Schenke* Art. 58 GG Rn. 42–50; AK-GG/*Jekewitz* Art. 58 GG Rn. 5 f.; Maunz/Dürig/*Herzog* Art. 58 GG Rn. 48–56; Sachs/*Nierhaus* Art. 58 GG Rn. 16–19; *Nettesheim* in: HdBStR, § 62 Rn. 32; *Ipsen* I, Rn. 522–524; *Hendler* Rn. 239; *Isensee* NJW 1994, 1329 (1330); Hömig/*Dellmann* Art. 58 GG Rn. 2 f.; *Herzog* FS Müller, 1970, S. 117 (134 ff.); *Nierhaus* Entscheidung, Präsidialakt und Gegenzeichnung, 1973, S. 142 und 206 ff.; *Schulz* Die Gegenzeichnung, 1978, S. 123; Schmidt-Bleibtreu/Hofmann/Hopfauf/*Butzer* Art. 58 GG Rn. 22–24; *Sodan/Ziekow* § 14 Rn. 4; Sodan/*Leisner* Art. 58 GG Rn. 2.

1. Argument
Der Wortlaut des Art. 58 S. 1 GG spricht gegen eine extensive Auslegung der Gegenzeichnungsbedürftigkeit über rechtsverbindliche Akte hinaus. Denn die Norm spricht eben nicht vollumfänglich von »Amtshandlungen«, die der Gegenzeichnung bedürfen, sondern lediglich von »Anordnungen und Verfügungen«, was engere Begriffe sind, die auf eine Rechtsverbindlichkeit hindeuten.

2. Argument
Die Rechtsfolge in Art. 58 S. 1 GG – »Gültigkeit« – passt nur auf rechtsverbindliche Akte; denn Realakte können nicht gültig oder ungültig sein, sondern sie »sprechen für sich«.

3. Argument
Eine extensive Auslegung des Art. 58 S. 1 GG über rechtsverbindliche Akte hinaus würde auf eine Totalüberwachung des Bundespräsidenten hinauslaufen und seine Kompetenzfülle aushöhlen. Der Bundespräsident würde zum »Sprachrohr der Regierung« verkümmern.

4. Argument
Der Bundespräsident ist nicht nur Vollzugsorgan der Bundesregierung, sondern er hat eine von deren tagespolitischen Interessen abgehobene eigenständige Integrationsaufgabe. Diese über alle Parteien und Interessen stehende Stellung, die durch den besonderen Modus seiner Wahl gefördert wird (vgl. Art. 54 I, III, VI GG), würde leer laufen, wenn der Bundespräsident nicht die Möglichkeit hätte, ohne Einwirkung der Regierung auch zu tagespolitischen Fragen Stellung nehmen zu können.

5. Argument
Die Theorie des weiten Anordnungs- und Verfügungsbegriffs ist schon praktisch nicht realisierbar. Denn es ist nicht möglich, dass sich der Bundespräsident bei jeder Form von – auch amtlichem – Verhalten nur deshalb der Zustimmung der Bundesregierung mittels Gegenzeichnung versichert, weil dieses unter Umständen später in irgendeinem unglücklichen Zusammenhang politisch relevant werden könnte.

6. Argument (gegen das 4. Argument der Theorie des weiten Anordnungs- und Verfügungsbegriffs)
Das Argument, eine umfassende Gegenzeichnungsbedürftigkeit im Interesse einer Befassungsmöglichkeit durch den Bundestag anzunehmen, überzeugt nicht. Denn nirgends im Grundgesetz steht, dass sich der Bundestag nicht mit Äußerungen des Bundespräsidenten befassen darf. Lediglich der politische Stil und der Respekt vor dem Amt gebieten insoweit Mäßigung.

II. (hier sog.) **Theorie des weiten Anordnungs- und Verfügungsbegriffs**

Gegenzeichnungsbedürftig sind alle präsidialen Amtshandlungen, worunter auch Realakte fallen, soweit sie im Zusammenhang mit dem Amt erfolgen und politische Wirkungen entfalten. Dazu zählen etwa auch Reden, Interviews, Aufrufe, Empfänge und ähnliches. Lediglich reine Privathandlungen sind ausgenommen.

Vertreten von:
v. Münch/Kunig/*Hemmrich* Art. 58 GG Rn. 4; Epping/Hillgruber/*Pieper* Art. 58 GG Rn. 8; *Maurer* § 15 Rn. 25–28; *Degenhart* Rn. 706; *Maurer* FS Carstens, Bd. II, 1984, S. 701 (714–718); *Maurer* DÖV 1966, 665 (671); *Küchenhoff* DÖV 1966, 675 (679); *Knöpfle* DVBl 1966, 713 (721); *Stern* Bd. II, S. 213 f.; *Erichsen* Jura 1985, 373 (379 f.); *Badura* Kap. E, Rn. 80; *Servatius* Die Gegenzeichnung von Handlungen des Bundespräsidenten, 1960, S. 34 und 40; *Kastner* Die Gegenzeichnung im deutschen Staatsrecht, 1962, S. 61 ff.; *Kröger* Ministerverantwortlichkeit in der Bundesrepublik Deutschland, 1972, S. 88; *Winkler* Der Bundespräsident – Repräsentant oder Politiker?, 1967, S. 49 f.; *Biehl* Die Gegenzeichnung im parlamentarischen Regierungssystem der Bundesrepublik Deutschland, 1971, S. 83 f.; *Seidel* Der Bundespräsident als Träger auswärtiger Gewalt, 1972, S. 128 f.; *Rein* JZ 1969, 573 (576 f.); *Wilms* I, Rn. 700.

1. Argument
Die Funktion des Gegenzeichnungserfordernisses liegt darin, den Bundespräsidenten an die Politik des Bundeskanzlers zu binden im Interesse einer einheitlichen Staatsführung, die nicht durch einen Dualismus in der Exekutivspitze gefährdet werden soll. Es soll also eine eigenständige Politik des Bundespräsidenten verhindert werden.

2. Argument
Das Gegenzeichnungserfordernis ist weit zu verstehen, da es den Bundespräsidenten von politischer Verantwortung freistellen will, denn diese geht durch die Gegenzeichnung auf den Bundeskanzler oder den zuständigen Minister über.

3. Argument
Gerade auch bei rechtlich nicht verbindlich wirkenden Handlungen kann der Bundespräsident kraft seiner Stellung als Staatsoberhaupt politisch wirken und gerade dort greift somit der Zweck des Art. 58 GG ein, eine eigenständige Politik des Bundespräsidenten zu verhindern.

4. Argument
Nur über eine weitreichende Gegenzeichnungsbedürftigkeit lässt sich erreichen, dass der gegenzeichnende Bundeskanzler oder Minister die Verantwortung für alle Amtshandlungen des Bundespräsidenten übernimmt und nur über die so erreichte Verantwortung gegenüber dem Parlament eröffnet sich die Möglichkeit für den Bundestag, auch über nicht rechtsverbindliche Handlungen des Bundespräsidenten zu debattieren.

Beispiel und ergänzende Hinweise:

1. Im Ausgangsfall war die Rede nach der Rechtsaktstheorie nicht gegenzeichnungsbedürftig, weil sie keinen rechtsverbindlichen Akt und damit keine Anordnung oder Verfügung darstellte. Nach der Theorie des weiten Anordnungs- und Verfügungsbegriffs hingegen war die Rede gegenzeichnungsbedürftig, da sie politisch bedeutsam war.

2. Die Praxis der Bundespräsidenten folgte bisher stets der Rechtsaktstheorie, denn Reden o.ä. des Bundespräsidenten werden grundsätzlich nicht zur Gegenzeichnung vorgelegt. Reden des Bundespräsidenten im Bereich der Außenpolitik werden aber mit der Bundesregierung abgestimmt. In der Regel erstellt das Auswärtige Amt die Redeentwürfe, so dass in der Sache, aber nicht formell eine Gegenzeichnung vorliegt.

3. Manche Vertreter der Rechtsaktstheorie kommen der Theorie des weiten Anordnungs- und Verfügungsbegriffs insoweit entgegen, als sie für nicht rechtsverbindliche Handlungen des Bundespräsidenten eine Organtreue bzw. ein Rücksichtnahmegebot einfordern. Der Bundespräsident habe sich danach bei politischen Äußerungen zwar nicht formell wie bei der Gegenzeichnung rückzuversichern, aber er dürfe durch sein Verhalten nicht die Regierungsarbeit konterkarieren (dazu etwa ausführlich BK/*Schenke* Art. 58 GG Rn. 51 f.). Die dabei anzuwendenden Kriterien bleiben indes vage.

4. Das BVerfG hat sich mit dem Problem bisher nicht befasst.

37. Problem:
Unter welchen Voraussetzungen ist der Bundeskanzler nach Art. 68 I 1 GG berechtigt, eine Vertrauensfrage mit dem Ziel zu stellen, eine Auflösung des Bundestages zu erreichen?

Beispiel:

Durch ein konstruktives Misstrauensvotum nach Art. 67 GG wurde K (CDU) auch mit einem Teil der Stimmen der FDP-Fraktion zum Bundeskanzler gewählt. CDU/CSU und FDP einigten sich in Koalitionsverhandlungen auf Neuwahlen. Teile der FDP-Fraktion waren dagegen und stimmten in diversen Bundestagsabstimmungen nicht mehr mit der dennoch weiterhin bestehenden Stimmenmehrheit von CDU/CSU und FDP. Nach einigen Wochen im Amt als Bundeskanzler stellte K die Vertrauensfrage nach Art. 68 GG und erklärte, die anstehenden Sachfragen benötigten eine dauerhafte und sichere Bundestagsmehrheit. In der Abstimmung über die Vertrauensfrage enthielt sich die Mehrheit der Abgeordneten der Stimme, worauf K dem Bundespräsidenten die Auflösung des Bundestages vorschlug und dieser dem nachkam. War K berechtigt, die Vertrauensfrage zu stellen (nach BVerfGE 62, 1 ff.)?

Ausgangspunkt:

Gem. Art. 39 I 1 GG wird der Bundestag auf vier Jahre gewählt. Das Grundgesetz sieht nur in zwei besonderen Fällen die Möglichkeit vor, dass er vorzeitig aufgelöst werden kann (siehe zum Folgenden ausführlich *Terhechte* Jura 2005, 512 ff.): Nämlich entweder nach Art. 63 IV 3 GG, wenn im dritten Wahlgang der Bundestag einen Bundeskanzler lediglich mit der einfachen Mehrheit der Stimmen gewählt hat; oder nach Art. 68 I 1 GG, wenn erstens der Bundeskanzler die sog. Vertrauensfrage an den Bundestag gestellt, zweitens der Bundestag per Beschluss dem Bundeskanzler das Vertrauen verweigert und drittens daraufhin der Bundeskanzler den Antrag an den Bundespräsidenten gestellt hat, den Bundestag aufzulösen.

Um die Bedeutung von Art. 68 GG erfassen zu können, muss man die Norm im Zusammenhang mit Art. 67 GG sehen. Danach kann der Bundestag dem Bundeskanzler das Misstrauen aussprechen, allerdings nur dadurch, dass er mit der Mehrheit seiner Mitglieder einen Nachfolger wählt und den Bundespräsidenten ersucht, den Bundeskanzler zu entlassen (Abs. 1 S. 1); der Bundespräsident muss dem Ersuchen entsprechen und den Gewählten ernennen (Abs. 1 S. 2). Art. 67 GG eröffnet also die Möglichkeit, den Bundeskanzler zu stürzen, stellt aber keinen vorzeitigen Auflösungstatbestand für den Bundestag dar. Dadurch, dass nach Art. 67 GG sich ein Misstrauensvotum nicht gegen einen einzelnen Minister richten und es nur durch die Wahl eines neuen Bundeskanzlers erfolgen darf, wird es allgemein als *konstruktives Misstrauensvotum* bezeichnet; es will eine hohe Regierungsstabilität erreichen. Aus Art. 67 GG folgt, dass eine Bundesregierung solange im Amt bleibt – auch wenn sie nicht mehr das Vertrauen der Mehrheit der Mitglieder des Bundestages besitzt –, wie der Bundestag sich nicht mehrheitlich auf einen neuen Bundeskanzler einigt. U.a. für eine solche Situation könnte Art. 68 GG für den Bundeskanzler unter den genannten drei Voraussetzungen den Weg zu vorzeitigen Neuwahlen eröffnen. Nach diesen rein formalen Vorraussetzungen scheint diese Möglichkeit gegeben zu sein. Es fragt sich aber, ob die explizit in Art. 68 I 1 GG genannten Voraussetzungen abschließend sind und insbesondere, ob dem Bundeskanzler die Vertrauensfrage nach Art. 68 GG überhaupt mit der Zielsetzung zur Verfügung steht, eine Auflösung des Bundestages zu erreichen. Letzteres bezeichnet man als sog. negative (unechte) Vertrauensfrage im Gegensatz zur sog. positiven (echten) Vertrauensfrage, die der Bundeskanzler mit dem Ziel stellt, ihm werde das Vertrauen ausgesprochen.

I. (hier sog.) **Theorie des umfassenden Rechts zur Vertrauensfrage**

Der Bundeskanzler ist stets berechtigt, die Vertrauensfrage zu stellen, sei es mit dem Ziel, eine Auflösung des Bundestages zu erreichen, sei es mit dem Ziel, dass ihm das Vertrauen ausgesprochen wird.

Vertreten von:
Schneider JZ 1973, 652 (655 f.); *Püttner* NJW 1983, 15 (15 f.); *Liesegang* NJW 1983, 147 (147 ff.); *Badura* Kap. E, Rn. 111; *Seuffert* AöR 108 (1983), 403 (404 f.); *Geiger* JöR 33 (1984), 41 (53 f.); *Scheller* Die vorzeitige Beendigung der Wahlperiode durch Auflösung des Bundestages, 1978, S. 22; *Tiemann* JZ 1972, 510 (511); *Hamann-Lenz* Grundgesetz-Kommentar, 3. Aufl. 1970, Art. 68 GG, Anm. 1; Sodan/*Leisner* Art. 68 GG Rn. 1.

1. Argument
Der Wortlaut des Art. 68 GG spricht nicht von fehlender oder vorhandener Mehrheit einer Regierung oder eines Bundeskanzlers, sondern knüpft das in Art. 68 GG beschriebene Verfahren allein an die Voraussetzung, dass der Antrag des Bundeskanzlers, ihm das Vertrauen auszusprechen, keine Mehrheit findet. Warum die Mehrheit ausbleibt, wieso also die Abgeordneten kein positives Votum abgeben, spielt keine Rolle.

2. Argument (gegen die Theorie des Verbots der negativen Vertrauensfrage)
Wenn man dem Bundeskanzler nicht das Recht zubilligt, die Vertrauensfrage mit dem Ziel zu stellen, eine Auflösung des Bundestages zu erreichen, so macht man den Anwendungsbereich von Art. 68 I 1 GG letztlich von einer Motivforschung abhängig. Eine solche Motivforschung verbietet sich, weil sie der vom Grundgesetz geregelten Stellung des Bundestages und seiner Abgeordneten nicht gerecht wird. Im Übrigen wird die Motivforschung nicht immer zu eindeutigen Ergebnissen führen, d.h. es wird sich nicht immer feststellen lassen, ob eine negative oder positive Vertrauensfrage vorliegt.

3. Argument
Selbst wenn man in eine Motivforschung eintritt, so fragt sich, welches Motiv vor Art. 68 GG nicht zu billigen sein kann. Insoweit hier vorgetragen wird, das Motiv, Neuwahlen vorzeitig herbeiführen zu wollen, sei missbräuchlich, so lässt sich diese These nicht halten. Denn eine Pflicht für die Bundestagsabgeordneten, dem Bundeskanzler ein positives Votum zu geben, enthält Art. 68 GG nicht. Die Missbrauchsthese beruht offenbar auf einem moralisch überfrachteten und damit falschen Verständnis des Begriffs »Vertrauen« in Art. 68 GG; er meint allein die Versagung politischer Gefolgschaft, durch welchen tatsächlichen oder politischen Umstand diese Versagung auch immer ausgelöst worden sein mag.

4. Argument
Der Sinn und Zweck des Art. 68 GG ist darin zu sehen, durch einen Appell an die Wähler zu versuchen, klare Mehrheitsverhältnisse im Bundestag für oder gegen den Bundeskanzler herbeizuführen, der die Vertrauensfrage stellt. Daher ist nicht ersichtlich, warum der in die Hand des Bundeskanzlers gelegte Schritt zur Herbeiführung von Neuwahlen rechtlich von ungeschriebenen weiteren Voraussetzungen abhängig sein soll.

5. Argument (gegen die Theorie der materiellen Auflösungslage)
Wer eine materielle Auflösungslage fordert, macht das Recht des Bundeskanzlers, die Vertrauensfrage stellen zu dürfen, davon abhängig, ob er seine Politik in Zukunft noch sinnvoll zu verfolgen vermag. Um dies beurteilen zu können, müsste man aber erst einmal wissen, welche Politik der Bundeskanzler verfolgen will. Der Bundeskanzler ist aber stets frei, dies aufs Neue für sich festzulegen und er ist darüber keinem Rechenschaft oder Erklärung schuldig. Die Vorstellung, das Grundgesetz erlaube dem Bundeskanzler nur bei Bestehen einer Auflösungslage die Vertrauensfrage, besagt letztlich nichts anderes, als dass das Grundgesetz dem Bundeskanzler und dem Bundestag vorschreiben wolle, welche Politik sie in einer bestimmten Lage einzuschlagen hätten.

II. (hier sog.) Theorie des Verbots der negativen Vertrauensfrage

Der Bundeskanzler ist nicht berechtigt, die Vertrauensfrage mit Ziel zu stellen, eine Auflösung des Bundestages zu erreichen.

Vertreten von:
Delbrück/Wolfrum JuS 1983, 758 (761); *Schultz* MDR 1972, 926 (927); *Potthast* Die Auflösung des Bundestages nach Art. 68 GG, 1986, S. 75 f.; *Starke* Recht und Sinn der Parlamentsauflösung, zugleich ein Beitrag zur Reform des Grundgesetzes, 1972, S. 174 f.; *Wahl* in: Heyde/Wöhrmann (Hrsg.), Auflösung und Neuwahl des Bundestages 1983 vor dem BVerfG, 1984, S. 18 f.; *Wilms* I, Rn. 741a; *Hartwig* Der Staat 45 (2006), 409 (421 f.); ähnlich: BVerfGE (Sondervotum) 62, 70 (72 und 105 f.).

Argument
Der Wortlaut des Art. 68 I 1 GG spricht von einem »Antrag des Bundeskanzlers, ihm das Vertrauen auszusprechen«. Vertrauen zu suchen und zu finden, ist demnach Gegenstand von Art. 68 I 1 GG. Daher ist nur eine positive Vertrauensfrage zulässig.

III. (hier sog.) Theorie des Minderheitskanzlers

Lediglich ein sog. Minderheitskanzler, d.h. bei dem erkennbar ist (etwa dadurch, dass er in Sachabstimmungen im Bundestag unterlegen war), dass er bereits keine politische Mehrheit mehr im Bundestag besitzt, ist berechtigt, eine negative Vertrauensfrage zu stellen.

Vertreten von:
BVerfGE (Sondervotum) 62, 108 (110); *Maurer* DÖV 1982, 1001 (1004); *Steiger* Organisatorische Grundlagen des parlamentarischen Regierungssystems, 1973, S. 307;

Stern Bd. II, S. 258; *Achterberg* DVBl 1983, 478 (483 f.); *Gusseck* NJW 1983, 721 (723); *Hochrathner* Anwendungsbereich und Grenzen des Parlamentsauflösungsrechts nach dem Bonner Grundgesetz, 1985, S. 64 f.; *Meyer* DÖV 1983, 243 (244 f.); *Meyer* VVDStRL 33 (1975), S. 69 (118); *Hendler* Rn. 205; *Neubauer* DÖV 1973, 597 (598); *Schenke* NJW 1982, 2521 (2525); *Schenke* NJW 1983, 150 (150 ff.); *Schlichting* JZ 1984, 120 (122 f.); *Wiegand* VR 1983, 333 (336 ff.); Jarass/Pieroth/*Pieroth* Art. 68 GG Rn. 1; wohl auch: *Zeh* ZParl 1983, 119 (122 f.); ähnlich: *Arndt* RuP 1983, 65 (65 f.); *Wassermann* RuP 2006, 131 (132).

1. Argument
Wenn man auch einem Bundeskanzler, der noch eine Mehrheit bei Sachabstimmungen im Bundestag besitzt (Mehrheitskanzler), zubilligt, die Vertrauensfrage stellen zu dürfen, dann ist zu befürchten, dass durch Vereinbarungen zwischen der Mehrheit im Bundestag und dem Bundeskanzler eine absprachegemäße Vertrauensfrage im Ergebnis zur Selbstauflösung des Bundestages führen kann. Dabei würde es sich aber um einen Missbrauch von Art. 68 I GG handeln, der verfassungswidrig ist.

2. Argument
Die negative Vertrauensfrage des Mehrheitskanzlers würde diesem und der ihn tragenden Parlamentsmehrheit die Chance eines für sie günstigen Wahltermins einräumen. Es ist aber vom Grundgesetz nicht vorgesehen und mit der Chancengleichheit der um die Wählerstimmen ringenden Parteien nicht vereinbar, dass über Art. 68 GG ein Mehrheitskanzler letztlich einen neuen Wahltermin zu einem aus seiner Sicht politisch günstigen Zeitpunkt herbeiführen kann.

3. Argument
Anders als im Fall des Minderheitskanzlers würde bei der Zulässigkeit einer negativen Vertrauensfrage des Mehrheitskanzlers ein mehrheitsfähiges Parlament möglicherweise durch ein nicht mehr mehrheitsfähiges ersetzt werden und damit ohne Not die Handlungsfähigkeit der Regierung aufs Spiel gesetzt. Art. 68 GG erwiese sich bei einem solchen Gebrauch im Widerspruch zu seiner Ratio häufig als geradezu destabilisierend.

4. Argument
Es besteht Einigkeit darin, dass das Grundgesetz die Stellung des Bundespräsidenten vor dem Hintergrund der Erfahrungen in der Weimarer Republik bewusst schwach ausgestaltet hat. Echte politische Entscheidungen sind dem Bundespräsidenten grundsätzlich verwehrt mit Ausnahme der in Art. 63 IV, 68 und 81 GG normierten Befugnisse. Diese Befugnisse resultieren aber alle aus der in den genannten Normen vorausgesetzten Krisensituation. Bei einer Erstreckung des Art. 68 GG auch auf die vom Mehrheitskanzler initiierte negative Vertrauensfrage würde der Anwendungsbereich des Art. 68 GG erheblich erweitert und damit dem Bundespräsidenten eine politische Schiedsrichterfunktion beigemessen, die ihm angesichts der vorgenannten Erwägungen nicht zukommen kann.

5. Argument
Einer negativen Vertrauensfrage durch einen Mehrheitskanzler steht der systematische Zusammenhang von Art. 68 GG mit Art. 67 GG entgegen. Durch Art. 68 GG

soll dem Bundeskanzler ein Instrument der Krisenbewältigung an die Hand gegeben werden, wenn ein Konflikt zwischen Parlament und Regierung wegen Fehlens einer konstruktiven Mehrheit nicht auf dem Weg über Art. 67 GG behoben werden kann. Der mit Art. 67 GG verfolgten Zielsetzung der Sicherung einer stabilen und handlungsfähigen Regierung liefe es strikt zuwider, wenn ein Mehrheitskanzler mittels Stellens einer negativen Vertrauensfrage »abdankt« und den Weg zu Neuwahlen freimacht, an deren Ende nicht ebenso klare parlamentarische Mehrheitsverhältnisse wie zuvor zu stehen brauchen.

IV. (hier sog.) **Theorie der materiellen Auflösungslage**

Der Bundeskanzler ist berechtigt, die positive oder negative Vertrauensfrage zu stellen, sofern eine sog. materielle Auflösungslage besteht. Diese ist dann gegeben, wenn es an einer stetigen parlamentarischen Unterstützung des Bundeskanzlers fehlt. Dafür ist nicht unbedingt nötig, dass es sich beim Bundeskanzler um einen Minderheitskanzler handelt, der in Sachabstimmungen im Bundestag bereits unterlegen war. Ausreichend ist, wenn für die Zukunft zu erwarten ist, dass der Bundeskanzler keine parlamentarische Mehrheit hinter sich wissen wird. Dem Bundeskanzler steht eine Einschätzungsprärogative zu, dies zu beurteilen.

Vertreten von:
BVerfGE 62, 1 (1 ff.); 114, 121 (121 ff.); *Schröder* JZ 1982, 786 (787 f.); *Burkiczak* Jura 2002, 465 (467 f.); Sachs/*Oldiges* Art. 68 GG Rn. 15; *Degenhart* Rn. 683–685b; *v. Münch/Mager* Rn. 366 ff.; AK-GG/*Schneider* Art. 68 GG Rn. 6 f.; *Schneider* NJW 1983, 1529 (1529 f.); Umbach/Clemens/*Umbach* Art. 68 GG Rn. 41 ff.; Maunz/Dürig/*Herzog* Art. 68 GG Rn. 24, 81; v. Münch/Kunig/*Mager* Art. 68 GG Rn. 9 ff.; Friauf/Höfling/*Busse* Art. 68 GG Rn. 16 ff.; *Küchenhoff* JuS 1983, 948 (952); *Klein* ZParl 1983, 402 (404 ff.); *Reimer* JuS 2005, 680 (680–682); *Ipsen* NVwZ 2005, 1147 (1147 ff.); *Buettner/Jäger* DÖV 2006, 408 (408 ff.); *Gröpl* Rn. 1407–1409; Schmidt-Bleibtreu/Hofmann/Hopfauf/*Brockmeyer* Art. 68 GG Rn. 10 ff.; *Sodan/Ziekow* § 15 Rn. 14; ähnlich: *Hauck* DVBl 1971, 135 (137); *Strohmeier* ZParl 1983, 422 (428); *Carstens* FS Rechtswissenschaftliche Fakultät der Universität zu Köln, 1988, S. 661 (675 f.); *Görisch* VR 2006, 192 (193); *Pfeifer* VR 2005, 253 (253 ff. – allerdings kritisch zur Einschätzungsprärogative des Bundeskanzlers); wohl auch: Dreier/*Hermes* Art. 68 GG Rn. 10–16.

1. Argument
Das Erfordernis einer materiellen Auflösungslage folgt daraus, dass Art. 68 GG mit der erklärten Absicht in das Grundgesetz eingefügt worden ist, zusammen mit anderen Grundgesetzbestimmungen insgesamt die Stabilität des Regierungssystems zu gewährleisten. Das destabilisierende Parlamentsauflösungsrecht des Art. 54 WRV (»Der Reichskanzler und die Reichsminister bedürfen zu ihrer Amtsführung des Vertrauens des Reichstages. Jeder von ihnen muss zurücktreten, wenn ihm der Reichstag durch ausdrücklichen Beschluss sein Vertrauen entzieht«) wurde durch ein Krisenregulativ ersetzt, das Parlamentswahlen auf den Fall einer anders nicht mehr behebbaren politischen Krise beschränkt. Eine politische Lage der Instabilität ist daher ein ungeschriebenes Tatbestandsmerkmal des Art. 68 GG. Die Vertrauensfrage und die ggf. anschließende Bundestagsauflösung sind daher nur dann verfassungsrechtlich zulässig, wenn sie zur Behebung einer solchen Krisensituation eingesetzt werden.

2. Argument
Der Begriff »Vertrauen« in Art. 68 I 1 GG setzt nicht notwendigerweise eine personelle oder programmatische Diskordanz voraus, sondern bedeutet nur eine wie auch immer motivierte, aktuelle Aufkündigung der Bereitschaft zu parlamentarischer Zusammenarbeit. Es verbietet sich daher bei der Beurteilung, ob eine materielle Auflösungslage vorliegt, irgendeine Art Motivforschung bei den die Unterstützung versagenden Bundestagsabgeordneten zu betreiben.

3. Argument (gegen die Theorie des Minderheitskanzlers)
Die Ratio von Art. 68 GG liegt darin, die Entscheidungsfähigkeit des Bundestages wiederherzustellen. Ob mangelnde Entscheidungsfähigkeit vorliegt, kann man nicht allein an bereits erlittenen Abstimmungsniederlagen festmachen, denn es sind Konstellationen denkbar, in denen die Regierung in wichtigen Sachfragen gar nicht bis zur Abstimmung gelangt, weil sie sich uneins ist oder mit Rücksicht auf die öffentliche Meinung nicht die Kraft dazu aufbringt.

4. Argument (gegen die Theorie des Verbots der negativen Vertrauensfrage)
Bereits der Wortlaut deutet an, dass es eine negative Vertrauensfrage geben muss, indem es heißt: »Findet ein Antrag (...) nicht die Zustimmung«. Der Zweck der Vertrauensfrage muss daher nicht zwingend in der Abgabe eines positiven Votums liegen.

5. Argument
Dass dem Bundeskanzler eine Einschätzungsprärogative einzuräumen ist, folgt daraus, dass die Stellung der Vertrauensfrage nach Art. 68 GG eine politische Leitentscheidung des Bundeskanzlers ist, die sich einer uneingeschränkten rechtlichen Nachprüfung entzieht. Erst dort, wo die Parlamentsauflösung und Neuwahlen zur Krisenbewältigung ersichtlich entbehrlich sind, hört die Einschätzungsprärogative auf zu greifen.

Beispiel und ergänzende Hinweise:

1. Im Ausgangsfall war nach der Theorie des umfassenden Rechts zur Vertrauensfrage K berechtigt, die Vertrauensfrage zu stellen. Nach der Theorie des Verbots der negativen Vertrauensfrage war er dies nicht, da er beabsichtigte, dass ihm nicht das Vertrauen ausgesprochen werde und somit eine negative Vertrauensfrage vorlag. Nach der Theorie des Minderheitskanzlers war K ebenfalls nicht berechtigt, die Vertrauensfrage zu stellen, da er noch keine Abstimmungsniederlagen in der Vergangenheit erlitten hatte und damit noch ein Mehrheits- und kein Minderheitskanzler war. Fraglich ist, zu welchem Ergebnis die Theorie der materiellen Auflösungslage kommt. Das BVerfG (BVerfGE 62, 1 ff.) nahm nicht zuletzt auch unter Annahme der Einschätzungsprärogative des Bundeskanzlers das Vorliegen einer materiellen Auflösungslage an; ein anderes Ergebnis wäre insoweit aber vertretbar.

2. Man sollte sich bewusst machen, dass das Problem – so wie es hier formuliert ist – sich nicht stets in der Art und Weise stellt, wenn eine Klausur die Vertrauensfrage nach Art. 68 GG zum Gegenstand hat:

a) Nur dann, wenn wie im Ausgangsbeispiel der Mehrheitskanzler eine negative Vertrauensfrage gestellt hat, kommen alle vier Theorien zum Tragen.

b) Wenn der Bundeskanzler, egal ob als Mehrheits- oder Minderheitskanzler, eine positive Vertrauensfrage gestellt hat, braucht man sich mit der Theorie des Verbots der negativen Vertrauensfrage gar nicht auseinander zu setzen.

c) Stellt der Mehrheitskanzler eine positive Vertrauensfrage, sollte man sich zuerst mit der Theorie des umfassenden Rechts zur Stellung der Vertrauensfrage beschäftigen; kommt man dazu, dass sie nicht überzeugt, da über die drei in Art. 68 I 1 GG genannten formalen Voraussetzungen hinaus ein weiteres einschränkendes Korrektiv nötig ist, dann ist zu diskutieren, wie dieses auszusehen hat, d.h. eine Entscheidung zwischen der Theorie des Minderheitskanzler und der Theorie der materiellen Auflösungslage ist nötig.

d) Stellt der Minderheitskanzler eine negative Vertrauensfrage, dann fragt sich, ob man damit stets den Streitentscheid zwischen der Theorie des Minderheitskanzlers und der Theorie der materiellen Auflösungslage deshalb offen lassen kann, da die Voraussetzungen der Theorie des Minderheitskanzlers erfüllt sind und damit auch zwingend die der Theorie der materiellen Auflösungslage, da insoweit die Theorie des Minderheitskanzlers enger ist. Man wird dies wohl pauschal sagen können, wenngleich die Literatur nicht deutlich herausarbeitet, ob die Theorie des Minderheitskanzlers stets enger als die der materiellen Auflösungslage ist und damit allein aufgrund des Umstandes, dass ein Minderheitskanzler die Vertrauensfrage stellt, auch bereits die materielle Auflösungslage gegeben ist. Denn die Theorie der materiellen Auflösungslage verzichtet im Unterschied zur Theorie des Minderheitskanzlers auf zwingend in der Vergangenheit stattgefundene (aus Sicht des Kanzlers negative) Ereignisse (Abstimmungsniederlagen o.ä.) und lässt insoweit ein in die Zukunft gerichtetes prognostisches Element ausreichend und entscheidend sein (vgl. dazu etwa BK/*Schenke* Art. 68 GG Rn. 115). Dies heißt aber umgekehrt nicht, dass nach dieser Ansicht in der Vergangenheit liegende Anhaltspunkte ausgeblendet sein müssen; haben sie sich ereignet und kann man aus ihnen bereits auf eine unstabile Lage schließen, so liegt damit auch die materielle Auflösungslage im Sinne dieser Theorie vor.

3. In der bisherigen Staatspraxis wurde die Vertrauensfrage fünfmal gestellt. Zwei davon waren positive Vertrauensfragen – nämlich die von Helmut Schmidt 1982 und von Gerhard Schröder 2001 –, drei negative – nämlich die von Willy Brandt 1972, die von Helmut Kohl 1982 (vgl. Ausgangsfall) und die von Gerhard Schröder 2005 (vgl. insgesamt dazu Friauf/Höfling/*Busse* Art. 68 GG Rn. 7–9).

4. Falllösungen: *Starck/Schmidt* Fall 559; *Degenhart* Klausurenkurs I, Fall 8.

38. Problem:
Steht dem Bundespräsidenten ein materielles Prüfungsrecht vor der Gesetzesausfertigung zu?

Beispiel:

Der Bundestag beschließt mit Zustimmung des Bundesrates ein Haushaltskonsolidierungsgesetz, das u.a. zahlreiche Förderungsleistungen, Steuervergünstigungen und dergleichen für Ehepaare und Personen mit Kindern streicht. Dem Bundespräsidenten wird das Gesetz zur Ausfertigung vorgelegt. Er hat Zweifel, ob das Gesetz mit Art. 6 GG vereinbar ist. Er beabsichtigt, die Ausfertigung des Gesetzes zu verweigern. Ist er dazu berechtigt?

Ausgangspunkt:

Nach Art. 82 I 1 GG werden die nach den Vorschriften dieses Grundgesetzes zustande gekommenen Gesetze vom Bundespräsidenten nach Gegenzeichnung ausgefertigt und im Bundesgesetzblatt verkündet. Die Ausfertigung und Verkündung stellen den letzten Verfahrensschritt im Gesetzgebungsverfahren von Bundesgesetzen dar, damit ein Gesetz wirksam (rechtverbindlich) wird. Ausfertigung von Gesetzen bedeutet, dass der Bundespräsident die Urschrift des Gesetzes herstellt, indem er die Gesetzesurkunde mit seinem vollen Namen unterzeichnet und datiert (Jarass/Pieroth/*Pieroth* Art. 82 GG Rn. 2).

Strittig ist, inwieweit Art. 82 I 1 GG mit der Wendung »die nach den Vorschriften dieses Grundgesetzes zustande gekommenen Gesetze« dem Bundespräsidenten bei der Gesetzesausfertigung eine Prüfungskompetenz einräumt. Unstrittig sind hier zwei Eckpunkte:

Einerseits ist anerkannt, dass dem Bundespräsidenten ein formelles Prüfungsrecht zukommt; dies bedeutet, dass er das Gesetz daraufhin überprüfen darf, ob die verfahrensmäßigen Vorrausetzungen für das Zustandekommen des Gesetzes vorliegen; diese umfassen die Art. 76–78 GG (sowie der – praktisch indes bisher bedeutungslosen – Art. 81 II 1, 115d II 3 GG) und nach ganz herrschender Ansicht auch die Zuständigkeitsnormen für den Bundesgesetzgeber der Art. 70–75 GG (so etwa v. Mangoldt/Klein/Starck/*Brenner* Art. 82 GG Rn. 23; v. Münch/Kunig/*Bryde* Art. 82 GG Rn. 3; Dreier/*Bauer* Art. 82 GG Rn. 12; *Ipsen* I, Rn. 495; BK/*Maurer* Art. 82 Rn. 28; Jarass/Pieroth/*Pieroth* Art. 82 GG Rn. 3; *Rau* DVBl 2004, 1 [2]; zweifelnd Umbach/Clemens/*Rubel* Art. 82 GG Rn. 19; ablehnend hingegen *Lücke* in: Art. 82 GG Rn. 3). Dass dieses formelle Prüfungsrecht besteht, ergibt sich erstens aus dem Wortlaut von Art. 82 I 1 GG, der von nach den Vorschriften dieses Grundgesetzes »zustande gekommenen« Gesetzen spricht und somit das Verfahren anspricht; zweitens aus der systematischen Stellung von Art. 82 GG, der wie die besagten Verfahrensnormen mit diesen im VII. Abschnitt des Grundgesetzes steht und der auch hinsichtlich seines Regelungsgehaltes chronologisch den Abschluss des Gesetzgebungsverfahrens bildet.

Andererseits ist anerkannt, dass dem Bundespräsidenten kein politisches Prüfungsrecht zukommt. Denn darin läge ein unzulässiger Eingriff in die politische Staatsleitung durch das Parlament und die Bundesregierung und ein solches Eingriffsrecht ist durch den Wortlaut des Art. 82 I 1 GG eindeutig nicht umfasst.

Der Streit um den Umfang des Prüfungsrechts bewegt sich zwischen diesen beiden Eckpunkten: Bleibt es dabei, dass der Bundespräsident nur ein formelles Prüfungsrecht hat oder hat er das Recht, ein auszufertigendes Gesetz auch auf seine materielle Verfassungsmäßigkeit hin zu untersuchen?

Dieser Streit wird als »mittlerweile (...) staatsrechtlicher Schulfall« angesehen, zu dem »nahezu alle Gesichtspunkte vorgetragen und endlos wiederholt worden (sind)« (so *Ipsen* I, Rn. 497). Entsprechend umfangreich sind auch das Schrifttum und die zu diesem Streit vorgebrachten Argumente.

I. (hier sog.) **Theorie des umfassenden Prüfungsrechts**

Dem Bundespräsidenten kommt ein umfassendes Prüfungsrecht zu. Er darf die Ausfertigung eines Gesetzes nicht nur verweigern, wenn das Gesetz verfahrensmäßig nicht grundgesetzkonform zustande gekommen ist, sondern auch, wenn das Gesetz in materiell-rechtlicher Hinsicht seiner Ansicht nach verfassungswidrig ist.

Vertreten von:
Maurer § 17 Rn. 89; BK/*Maurer* Art. 82 GG Rn. 44; Maunz/Dürig/*Maunz* Art. 82 GG Rn. 2; *Hesse* Rn. 667; *Stern* Bd. II, S. 230 ff.; *v. Münch/Mager* Rn. 327; *Schack* AöR 89 (1964), 88 (92 f.); *Held* AöR 80 (1955/1956), 50 (64); *Ipsen* I, Rn. 497–500; Sachs/*Lücke/Nierhaus* Art. 82 GG Rn. 5–11; BK/*Fritz* Art. 54 GG Rn. 85–94; *Ipsen/Epping* JuS 1992, 305 (309 f.); *Lehngut* DÖV 1992, 439 (442); *Epping* JZ 1991, 1102 (1105–1107); *Anders* DÖV 1963, 653 (656 f.); *Hall* JZ 1965, 305 (306); *Arndt* DÖV 1958, 604 (605 f.) *Hallier* AöR 85 (1960), 391 (398 f.); *v. Münch* JuS 1965, 417 (420); Maunz/Dürig/*Herzog* Art. 54 GG Rn. 75 f.; *Borysiak/Fleury* JuS 1993, L 81 (82–84); *Schoch* ZG 2008, 209 (219 ff.); Schmidt-Bleibtreu/Hofmann/Hopfauf/*Sannwald* Art. 82 GG Rn. 16; *Nierhaus* Entscheidung, Präsidialakt und Gegenzeichnung, 1973, S. 104 ff.; *Nierhaus* FS Friauf, 1996, S. 233 (233 ff.); *Herzog* FS Müller 1970, S. 117 (129 f.); Hömig/*Hömig* Art. 82 GG Rn. 3; *Berg* Rn. 300; *Schäfer* DVBl 1951, 434 (436); *Eicher* DÖV 1952, 449 (450); *Scheuner* DVBl 1952, 293 (298); *Biehl* Die Gegenzeichnung im parlamentarischen Regierungssystem der Bundesrepublik Deutschland, 1971, S. 113 ff.; *Hamann/Lenz* Grundgesetz-Kommentar, 3. Aufl. 1970, Art. 82 GG, Anm. 4; *Wild* Die Ausfertigung von Gesetzen und Rechtsverordnungen und die Anordnung ihrer Verkündung, 1969, S. 54 ff.; *Pohl* Die Prüfungskompetenz des Bundespräsidenten bei der Ausfertigung von Gesetzen, 2001, S. 93 ff.; *Wilms* I, Rn. 910; ähnlich: *Sodan/Ziekow* § 14 Rn. 10 f.

1. Argument
Der Wortlaut des Art. 82 I GG schränkt durch die Formulierung »nach den Vorschriften dieses Grundgesetzes zustande gekommen« das Prüfungsrecht nicht ein; das Zustandekommen des Gesetzes beinhaltet auch die inhaltliche Prüfung.

2. Argument
Die Formulierung des Art. 82 GG knüpft an die des Art. 70 WRV (»Der Reichspräsident hat die verfassungsgemäß zustande gekommenen Gesetze auszufertigen (...)«) an und für den Reichspräsidenten war anerkannt, dass ihm ein umfassendes Prüfungsrecht zusteht.

3. Argument
Der Amtseid des Bundespräsidenten nach Art. 56 S. 1 GG spricht davon, dass der Bundespräsident »das Grundgesetz (...) des Bundes wahren und verteidigen« werde; dadurch wird er verpflichtet, die Einhaltung des Grundgesetzes als Ganzes zu wahren, was für die Gesetzesausfertigung auf ein umfassendes Prüfungsrecht hindeutet.

4. Argument
Nach Art. 20 III GG ist die Gesetzgebung an die verfassungsmäßige Ordnung gebunden und nach Art. 1 III GG sind alle drei Gewalten an die Grundrechte als unmittelbar geltendes Recht gebunden. Zwar ist es insgesamt schwierig, den Bundesprä-

sidenten in das Gewaltenteilungsschema einzuordnen, aber bei der Ausfertigung und Verkündung von Gesetzen nimmt er jedenfalls eine Funktion der Legislative wahr, denn erst mit Ausfertigung und Verkündung wird aus dem bloßen Gesetzesbeschluss ein Gesetz. Wenn aber die Ausfertigung und Verkündung funktionell gesehen zur Legislative gehören, so gelten für den Bundespräsidenten insoweit auch die Bindungen des Art. 20 III GG und Art. 1 III GG, was bedeutet, dass er ein materielles Prüfungsrecht besitzt.

5. Argument
Das materielle Prüfungsrecht des Bundespräsidenten kann man mittlerweile als verfassungsgewohnheitsrechtlich verfestigt ansehen.

6. Argument (gegen das 4. Argument der Theorie des formellen Prüfungsrechts)
Dass dem BVerfG umfassende Kompetenzen für die Überprüfung von Gesetzen auf ihre Verfassungsmäßigkeit hin eingeräumt sind, macht die Prüfung des Gesetzes durch den Bundespräsidenten auch auf seine materielle Verfassungsmäßigkeit hin nicht entbehrlich. Denn das BVerfG wird nicht automatisch prüfend tätig, sondern nur bei Klageerhebung durch einen in der jeweiligen Klageart Klagebefugten. Ferner sind die Verfahren vor dem BVerfG, wenn sie denn beschritten werden sollten, recht langwierig und bis zu einer Entscheidung bliebe das Gesetz auf seine materielle Verfassungsmäßigkeit hin ungeprüft, wenn dem Bundespräsidenten kein materielles Prüfungsrecht zustünde. Schließlich wird durch ein materielles Prüfungsrecht des Bundespräsidenten auch nicht die Letztentscheidungsbefugnis des BVerfG angetastet.

7. Argument
Ein gegen – egal ob in formeller oder materieller Hinsicht – das Grundgesetz verstoßendes Gesetz ist ein verfassungsänderndes Gesetz. Für verfassungsändernde Gesetze schreibt aber Art. 79 I 1 GG vor, dass es »den Wortlaut des Grundgesetzes ausdrücklich ändert oder ergänzt«. Mangels Einhaltung dieses Gebotes des Art. 79 I 1 GG ist also das materiell verfassungswidrige Gesetz auch formell verfassungswidrig. Dies zeigt, dass die Unterscheidung zwischen einem formellen und einem materiellen Prüfungsrecht praktisch nicht möglich ist.

8. Argument
Es geht nicht an, dass im Verfassungsstaat des Grundgesetzes ein Staatsorgan eine Entscheidung oder Maßnahme trifft, ohne die verfassungsrechtlichen Voraussetzungen vollumfänglich zu prüfen. Davon kann bei der Gesetzesausfertigung keine Ausnahme gelten.

II. (hier sog.) **Theorie des formellen Prüfungsrechts**

Der Bundespräsident hat lediglich das Recht, ein Gesetz auf seine formelle Verfassungsmäßigkeit hin zu untersuchen.

Vertreten von:
Friesenhahn FS Leibholz, Bd. II, 1966, S. 679 (679 ff.); *Friesenhahn* VVDStRL 16 (1958), S. 9 (71 und 152 f.); *Friesenhahn* VVDStRL 25 (1967), S. 228 (229 f.); *Salzwedel* VVDStRL 25 (1967), S. 232 (232); *Wertenbruch* DÖV 1952, 201 (201 ff.); *Rode* Die Ausfertigung der Bundesgesetze, 1968, S. 88 f.; *Schambeck* FS Carstens, Bd. II,

1984, S. 789 (807 f.); *Erichsen* Jura 1985, 424 (425 f.); dem nahestehend: *Hederich* ZG 1999, 123 (123 ff. – er erkennt eine materielle Kontrollkomponente nur durch Art. 79 III GG an, d.h. insoweit, als ein Gesetz gegen die dort genannten Rechtsprinzipien verstoßen würde).

1. Argument (gegen das 2. Argument der Theorie des umfassenden Prüfungsrechts)

Dass für den Reichspräsidenten in der Weimarer Republik ein umfassendes Prüfungsrecht anerkannt war, folgte nicht aus Art. 70 WRV, sondern vielmehr aus der insgesamt sehr starken Stellung, die die WRV dem Reichspräsidenten einräumte. Da die Stellung des Bundespräsidenten insgesamt eine ganz andere ist als die des Reichspräsidenten, verbieten sich insoweit Vergleiche.

2. Argument (gegen das 3. Argument der Theorie des umfassenden Pürfungsrechts)

Der Wortlaut des Amtseids hat keine Aussagekraft für den Umfang der Prüfungskompetenz bei der Gesetzesausfertigung; denn der Amtseid nimmt nur Bezug auf die ihm zustehenden Rechte und Pflichten, sagt aber nicht selbst etwas über ihren Umfang aus.

3. Argument

Der Wortlaut des Art. 82 I GG lässt ein materielles Prüfungsrecht nicht eindeutig erkennen. Ein materielles Prüfungsrecht greift aber so stark in die Rechte des Gesetzgebers ein, dass es ausdrücklich und eindeutig im Grundgesetz hätte geregelt werden müssen. Ein non liquet führt daher zu einer Verneinung eines materiellen Prüfungsrechts.

4. Argument

Das Grundgesetz hat es dem BVerfG durch die zahlreichen bei ihm statthaften Klagearten lückenlos eingeräumt zu beurteilen, ob ein Gesetz (auch) materiell verfassungsgemäß ist. Es besteht daher kein Bedürfnis für ein materielles Prüfungsrecht des Bundespräsidenten.

5. Argument (gegen das 7. Argument der Theorie des umfassenden Prüfungsrechts)

Eine Unterscheidung zwischen formellem und materiellem Prüfungsrecht ist sehr wohl möglich und scheitert nicht an Art. 79 I 1 GG. Denn die Erwägung mit Art. 79 I 1 GG geht an der Praxis vorbei. Die gesetzgebenden Organe wollen ja gerade nicht die Verfassungsänderung, sondern halten ihre Gesetzesbeschlüsse für verfassungsmäßig.

6. Argument

Wenn man dem Bundespräsidenten ein materielles Prüfungsrecht einräumt, so wird dies nicht dem Verhältnis des Bundespräsidenten zum Bundestag und Bundesrat gerecht. Denn auch wenn das materielle Prüfungsrecht nur die Verfassungsmäßigkeit des Gesetzes betrifft, so kommt doch die Ablehnung der Ausfertigung einem suspensiven oder gar absoluten Veto gleich. Es kann aber nicht sein, dass ein Gesetz, das vom demokratisch legitimierten Bundestag und föderativ begründeten Bundesrat auch unter Prüfung der verfassungsrechtlichen Vorgaben beschlossen wurde, vom Bundespräsidenten verworfen werden kann.

III. (hier sog.) **Theorie der Evidenzkontrolle**

Dem Bundespräsidenten steht grundsätzlich nur ein formelles Prüfungsrecht zu. In Fällen evidenter Verfassungsverletzungen ist er aber berechtigt, die Gesetzesausfertigung auch aus materiellen Gesichtspunkten heraus zu verweigern.

Vertreten von:
Kaltefleiter Die Funktionen des Staatsoberhauptes in der parlamentarischen Demokratie, 1970, S. 260 f.; *Rauschning* Die Sicherung der Beachtung von Verfassungsrecht, 1969, S. 161 f.; *Stein/Frank* § 11 V 3b; *Hendler* Rn. 293; *Heyde* DÖV 1971, 797 (799 f.); *Friauf* FS Carstens, Bd. 2, 1984, S. 545 (567); *Herzog* FS Carstens, Bd. 2, 1984, S. 601 (609); v. Münch/Kunig/*Bryde* Art. 82 GG Rn. 6 f.; *Degenhart* Rn. 716; *Kilian* JuS 1988, L 33 (36); Jarass/Pieroth/*Pieroth* Art. 82 GG Rn. 3; *Riedel/Schmidt* DÖV 1991, 371 (374); Dreier/*Bauer* Art. 82 GG Rn. 13; AK-GG/*Ramsauer* Art. 82 GG Rn. 17a; v. Mangoldt/Klein/Starck/*Brenner* Art. 82 GG Rn. 27; Umbach/Clemens/*Rubel* Art. 82 GG Rn. 17 f.; *Rau* DVBl 2004, 1 (2); *Gröpl* Rn. 1270–1286; *Katz* Rn. 390; *Frotscher/Afflerbach* JuS 1992, L 4 (7); *Kunig* Jura 1994, 217 (220 f.).

1. Argument
Die Frage nach einem materiellen Prüfungsrecht des Bundespräsidenten ist im Kern eine Kompetenzfrage, ob im Gesetzgebungsverfahren die Auffassung des Bundespräsidenten oder die des Gesetzgebers (Bundestag und ggf. noch Bundesrat) im Hinblick auf die Verfassungsmäßigkeit des Gesetzes ausschlaggebend sein soll. Der Gesichtspunkt der Gewaltenteilung spricht dafür, dass nach der Konstruktion des Grundgesetzes primär der demokratisch legitimierte Gesetzgeber für den Inhalt der Gesetze verantwortlich sein soll. Insoweit kommt dem Gesetzgeber eine Einschätzungsprärogative auch im Hinblick auf die Frage zu, ob das in Frage stehende Gesetz materiell verfassungsgemäß ist. Grundsätzlich ist daher der Bundespräsident an die vom Gesetzgeber bekundete Auffassung hinsichtlich der materiellen Verfassungsmäßigkeit eines Gesetzes gebunden. Dies gilt nur dann nicht mehr, wenn die Auffassung des Gesetzgebers offensichtlich falsch ist; denn dann – aber auch nur dann – tritt die Einschätzungsprärogative des Gesetzgebers hinter das Gebot der Wahrung der Verfassungsordnung zurück.

2. Argument
Die Beschränkung des materiellen Prüfungsrechts auf eine Evidenzkontrolle ist auch mit Blick auf das BVerfG gerechtfertigt. Es macht keinen Sinn, wenn zwei Verfassungsorgane mit gleichem Maßstab dasselbe prüfen. Auch könnte das Amt des Bundespräsidenten Schaden nehmen, wenn er, stellte er eine Prüfung von gleicher Intensität an wie das BVerfG, von diesem korrigiert würde.

3. Argument
Für den Fall eines evidenten Verfassungsverstoßes kann dem Bundespräsidenten ein Eingreifen zum Schutz der Verfassung in Form der Verweigerung der Ausfertigung eines Gesetzes nicht verwehrt werden.

4. Argument
Außer in Fällen eines evidenten Verfassungsverstoßes ist es dem Bundespräsidenten zuzumuten, eine spätere Prüfung des Gesetzes auf seine materielle Verfassungsmäßigkeit durch das BVerfG abzuwarten.

Beispiel und ergänzende Hinweise:

1. Im Ausgangsfall hat nach der Theorie des umfassenden Prüfungsrechts der Bundespräsident das Recht, die Ausfertigung des Gesetzes zu verweigern. Nach der Theorie des formellen Prüfungsrechts hat er dazu kein Recht, da der Verstoß gegen ein Grundrecht einen materiellen Grundgesetzverstoß darstellt. Nach der Theorie der Evidenzkontrolle müsste man wohl das Recht, die Ausfertigung zu verweigern, ebenso verneinen. Denn wenn der Bundespräsident schon für sich die Zweifel an der Verfassungswidrigkeit nicht ausräumen kann, dann wird man einen evidenten Verfassungsverstoß nicht annehmen könne; dazu, beurteilen zu können, ob der Bundespräsident mit seinen Zweifeln richtig liegt, gibt der Sachverhalt zu wenig her.

2. Ob der Bundespräsident nicht lediglich ein Prüfungsrecht, sondern auch eine Prüfungspflicht und eine daraus folgende Pflicht zur Ausfertigungsverweigerung hat, ist nicht geklärt. Die wohl als herrschend zu bezeichnende Ansicht bejaht eine solche Pflicht, da verfassungsmäßige Kompetenzen dem jeweiligen Bundesorgan nicht als subjektive Rechte, sondern als um der Allgemeinheit und der Rechtswahrung willen auferlegte Betätigungspflichten normiert seien und auch Art. 82 I GG dem Bundespräsidenten kein Ermessen einräume (so etwa *Borysiak/Fleury* JuS 1993, L 81 [82 f.]; *Stern* Bd. II, S. 235 m.w.N.). Andere nehmen insoweit zugunsten des Bundespräsidenten einen Beurteilungs- und Ermessensspielraum an (so etwa BK/*Maurer* Art. 82 GG Rn. 50). Andere differenzieren noch weiter: Den Bundespräsidenten treffe zwar ein Prüfpflicht, er habe aber freies Ermessen hinsichtlich der zu ziehenden Konsequenzen (so BK/*Fritz* Art. 54 GG Rn. 95).

3. Das BVerfG hat sich zu dem Problem bisher noch nicht eindeutig geäußert. Es hat lediglich in einigen wenigen Fällen die Frage beiläufig gestreift (BVerfGE 1, 396 [413 f.]; 2, 143 [169]; 34, 9 [22 f.]); die Äußerungen lassen zumindest keine Ansatzpunkte erkennen, dass das BVerfG von einem eingeschränkten Prüfungsrecht ausgeht, was dafür sprechen könnte, dass es auch ein materielles Prüfungsrecht annimmt.

4. Ein gute Übersicht zur Praxis der Gesetzesausfertigung findet sich vom ehemaligen Bundespräsidenten *Rau* DVBl 2004, 1 (3–6). Dort sind alle Fälle aufgelistet, in denen die Bundespräsidenten bis zum damaligen Zeitpunkt Gesetze nicht ausgefertigt haben. Man wird insgesamt sagen können, dass die Bundespräsidenten stets zwar von einem auch materiellen Prüfungsrecht ausgingen, von ihm aber zumeist nur in evidenten Fällen Gebrauch machten.

5. Falllösungen: *Heimann/Kirchhof/Waldhoff* Fall 1; *Brauner/Stollmann/Weiß* Fall M; *Brüning/Suerbaum* Examensfälle zum Öffentlichen Recht, 2005, Fall 14; *Degenhart* Klausurenkurs II, Fall 3; *Geis* Fall 9; *Nolte/Tams* JuS 2006, 1088 ff.; *Winkler* VR 2007, 166 ff.

C. Verfassungsprozessrecht

39. Problem:
Inwieweit erfordert der sog. Grundsatz der Subsidiarität der Verfassungsbeschwerde, bei einer Rechtssatzverfassungsbeschwerde zunächst fachgerichtlichen Rechtsschutz nachzusuchen?

Beispiel:

In einer Novelle des saarländischen Pressegesetzes (PresseG) wird der Gegendarstellungsanspruch erweitert. In § 11 (»Gegendarstellungsanspruch«) n.F. heißt es u.a.: »(I) Die (...) Verleger eines periodischen Druckwerks sind verpflichtet, eine Gegendarstellung der Person (...) zum Abdruck zu bringen, die durch eine in dem Druckwerk aufgestellte Tatsachenbehauptung betroffen ist (...). (III) Die Gegendarstellung muss in der nach Empfang der Einsendung nächstfolgenden, für den Druck nicht abgeschlossenen Nummer an gleichwertiger, der Seite der Erstmitteilung entsprechender Stelle, mit gleicher Schrift und Aufmachung ohne Einschaltungen und Weglassungen abgedruckt werden (...)«. A ist Zeitungsverleger im Saarland. Er sieht sich durch § 11 PresseG n.F. in seinem Grundrecht auf Pressefreiheit aus Art. 5 I 2 GG verletzt. Er erhebt gegen § 11 PresseG Verfassungsbeschwerde. Zur Zulässigkeit der Verfassungsbeschwerde führt er aus, die Gesetzesänderung treffe ihn selbst, gegenwärtig und unmittelbar, da kein Vollzugsakt dazwischengeschaltet sei, bevor er von den Wirkungen der Vorschrift betroffen werde. Ein fachgerichtlicher Rechtsweg gegen die Norm, den es zu erschöpfen gebe, sei nicht vorhanden. Die Verfassungsbeschwerde sei daher zulässig. Hat A damit Recht (nach BVerfGE 97, 157 ff.)?

Ausgangspunkt:

Der Begriff »Subsidiarität« der Verfassungsbeschwerde findet sich weder in §§ 90 ff. BVerfGG noch in Art. 93, 94 GG. Gleichwohl wird dieser schillernde Begriff in sehr zahlreichen BVerfG-Urteilen verwandt und das, was sich nach Ansicht des BVerfG hinter ihm verbirgt, führt in der Praxis häufig in ganz unterschiedlichen Fallgestaltungen zur Unzulässigkeit der Verfassungsbeschwerde. Auch die Lehre hat sich ausgiebig zur Figur der Subsidiarität der Verfassungsbeschwerde geäußert. Ihre exakte dogmatische Verortung und ihre praktische Reichweite sind indes bis heute umstritten. Die Ansichten dazu sind sehr unterschiedlich. Umfangreichere Untersuchungen neuerer Zeit kommen zu dem Fazit, dass trotz aller Bemühungen um Systematisierungen Unsicherheiten verbleiben (so *Sodan* DÖV 2002, 925 [935]). Es kann daher hier nicht darum gehen, auch nur annähernd umfassend die sich im Zusammenhang mit der Subsidiarität der Verfassungsbeschwerde stellenden Fragen aufzuzeigen und die dazu vertretenen Ansichten vorzustellen. Dementsprechend ist das Problem auf eine bestimmte Fallkonstellation zugespitzt, die die Figur der Subsidiarität möglichst gut veranschaulichen und diese Figur als solche begreifbar machen soll. In einer Fallprüfung sind stets die Einzelfallumstände besonders genau zu würdigen; die Problemdarstellung hier dient dazu, dafür Anhaltspunkte an die Hand zu geben.

Die Figur der Subsidiarität der Verfassungsbeschwerde kann man auf Grundlage der ganz herrschenden Begründung grob damit umreißen, dass sie eine ungeschriebene und einschränkende Zulässigkeitsvoraussetzung für die Verfassungsbeschwerde ist. Sie zielt darauf ab, dass ein Beschwerdeführer zuerst umfassend vor den anderen Fachgerichten (Zivil-, Straf-, Verwaltungs-, Sozial-, Finanz- und Arbeitsgerichten) um Rechtsschutz – und zwar auch um Grundrechtsschutz – nachzusuchen hat, bevor er berechtigt ist, Verfassungsbeschwerde zu erheben.

Um das Problem zu verstehen, bedarf es indes einiger näherer Bemerkungen über die Zulässigkeitsvoraussetzungen einer Verfassungsbeschwerde und die Rechtsschutzmöglichkeiten vor den Fachgerichten:

Gegenstand einer Verfassungsbeschwerde kann jeder Akt öffentlicher Gewalt sein, also Akte der vollziehenden Gewalt, Rechtsprechung und Gesetzgebung (vgl. §§ 90 I, 93 III, 94 III, IV, 95 II, III BVerfGG). Das Erfordernis der Beschwerdebefugnis, das § 90 I BVerfGG entnommen wird, ist dann gegeben, wenn nach der Behauptung des Beschwerdeführers die Möglichkeit einer Grundrechtsverletzung gegeben ist; die Betroffenheit in den Grundrechten muss zudem eine eigene, gegenwärtige und unmittelbare sein. Die Unmittelbarkeit fehlt dann, wenn nicht der angegriffene Akt selbst, sondern erst ein notwendiger oder in der Verwaltungspraxis üblicher Vollzugsakt in Grundrechte des Beschwerdeführers eingreift (vgl. etwa BVerfGE 70, 35 [50 f.]). Nach § 90 II 1 BVerfGG schließlich kann, wenn gegen die Verletzung der Rechtsweg zulässig ist, die Verfassungsbeschwerde erst erhoben werden, nachdem der Rechtsweg erschöpft wurde. Nimmt man die zulässigen Beschwerdegegenstände und das Erfordernis der Rechtswegeerschöpfung zusammen, so kann man zwei Haupttypen der Verfassungsbeschwerde unterscheiden:

Zum einen gibt es die *Urteilsverfassungsbeschwerde* gegen ein letztinstanzliches fachgerichtliches Urteil; denn zwar ist an sich jeder Akt öffentlicher Gewalt tauglicher Beschwerdegegenstand – und somit beispielsweise auch ein den Beschwerdeführer belastender Verwaltungsakt; da es aber gegen jeden Akt öffentlicher Gewalt nach Art. 19 IV GG und aufgrund weiterer einfachgesetzlicher Ausgestaltung (VwGO, GVG, ZPO, SGG, FGO, ArbGG, StPO) Klagemöglichkeiten vor den jeweiligen Fachgerichten gibt, muss aufgrund des Erfordernisses der Rechtswegeerschöpfung die Verfassungsbeschwerde gegen das letztinstanzliche Urteil gerichtet sein; das BVerfG lässt es daneben zu, auch die Ausgangsmaßnahme bzw. die unterinstanzlichen Urteile mit anzugreifen.

Zum anderen gibt es die *Rechtssatzverfassungsbeschwerde*, die sich gegen eine Norm als Beschwerdegegenstand wendet. Gegen Normen ist nur sehr eingeschränkt ein Rechtsweg vor den Fachgerichten eröffnet. Nach § 47 VwGO kann gegen bestimmte Rechtsverordnungen und Satzungen eine Normenkontrolle mit dem Ziel der Nichtigerklärung dieser Normen angestrengt werden. Fallen Rechtsverordnungen und Satzungen nicht darunter, ist eine fachgerichtliche Rechtsschutzmöglichkeit gegen sie nicht gegeben. Gegen formelle Gesetze fehlt überhaupt eine fachgerichtliche Rechtsschutzmöglichkeit – für sie besitzt das BVerfG das Verwerfungsmonopol. Ist Rechtsschutz über § 47 VwGO nicht möglich, so gibt es lediglich Klagearten, in denen die Fachgerichte die Normen, die nach Ansicht eines Beschwerdeführers verfassungswidrig sind, inzident zu prüfen haben – nämlich im Rahmen der Prüfung der Rechtmäßigkeit einer Einzelmaßnahme. Die Recht- und Verfassungsmäßigkeit der vom Fachgericht zu überprüfenden Einzelmaßnahme hängt auch davon ab, ob die der

Einzelmaßnahme zugrundeliegende Rechtsnorm ihrerseits verfassungsgemäß ist. Ist die vom Fachgericht inzident zu prüfende Norm eine unterparlamentsgesetzliche und erachtet das Fachgericht diese als verfassungswidrig, so kann es deshalb in seiner Entscheidung die Einzelmaßnahme für verfassungs- und damit rechtswidrig erklären und dem Kläger im Einzelfall von der durch diese verfassungswidrige Norm ausgehenden Beschwer abhelfen. Ist die vom Fachgericht inzident zu prüfende Norm eine parlamentsgesetzliche und erachtet das Fachgericht diese als verfassungswidrig, so muss es das Einzelverfahren aussetzen und im Wege der konkreten Normenkontrolle nach Art. 100 I GG dem BVerfG die Norm zur Überprüfung auf ihre Verfassungsmäßigkeit vorlegen; dies ist Ausfluss des angesprochenen Normverwerfungsmonopols des BVerfG.

Soweit sich eine Rechtssatzverfassungsbeschwerde gegen eine Norm wendet, gegen die nach dem soeben Gesagten kein fachgerichtlicher Rechtsschutz eröffnet ist, ist bei unbefangener Betrachtungsweise kein »Rechtsweg zulässig« i.S.v. § 90 II 1 BVerfGG, der zu erschöpfen wäre. Bereits hier wird häufig pauschal mit der Figur der Subsidiarität der Verfassungsbeschwerde angesetzt und argumentiert, es könne nicht sein, dass sogleich das BVerfG mit der Rechtssatzverfassungsbeschwerde angerufen werde. Richtigerweise sind hier aber zumindest zwei weitere Unterfallgruppen zu unterscheiden:

Ist die Norm, die der Beschwerdeführer mit seiner Rechtssatzverfassungsbeschwerde angreift, eine, die auf Normvollziehung (in der Regel in Form eines Verwaltungsaktes) im Einzelfall angelegt ist, bevor ihre Wirkungen den Beschwerdeführer erreichen, so fehlt es bereits an der unmittelbaren Betroffenheit (s.o.). Daher ist schon deshalb die Verfassungsbeschwerde unzulässig ist, ohne dass es eines Rückgriffs auf die Subsidiarität der Verfassungsbeschwerde bedarf.

Die andere Fallgruppe bilden Normen, die nicht der Normvollziehung im Einzelfall bedürfen, sondern auch ohne diese den Beschwerdeführer direkt erreichen. So verhält es sich auch im Ausgangsfall, denn die Pflicht zum Abdruck der Gegendarstellung besteht, ohne dass zuvor eine Behörde, ein Gericht etc. diese ausgesprochen haben muss. Hier ist die unmittelbare Betroffenheit gegeben. Ob – und wenn ja, inwieweit – auch in diesen Fallgestaltungen der Beschwerdeführer noch um fachgerichtlichen Rechtsschutz im Wege der inzidenten Normenkontrolle nachsuchen muss, bevor er zulässig Verfassungsbeschwerde erheben kann, ist umstritten.

I. (hier sog.) **Theorie der umfangreichen Geltung des Subsidiaritätsgrundsatzes**

Auch dann, wenn sich der Beschwerdeführer mit seiner Verfassungsbeschwerde gegen eine Norm wendet, die nicht der Umsetzung im Einzelfall bedarf, kann er nicht sogleich zulässig Rechtssatzverfassungsbeschwerde erheben, sondern muss – etwa durch Ignoranz der als verfassungswidrig gerügten Norm – einen einzelfallbezogenen Akt öffentlicher Gewalt herbeiführen, im Rahmen dessen fachgerichtlicher Überprüfung dann auch die Verfassungsmäßigkeit der Norm inzident geprüft wird.

Vertreten von:
BVerfGE 68, 319 (325 f.); 69, 122 (125 f.); 71, 305 (336 ff.); 78, 58 (68 f.); 97, 157 (165 f.); 112, 50 (60); BVerfG (Kammer) NJW 2001, 2009 (2009); *Hillgruber/Goos* Verfassungsprozessrecht, 2. Aufl. 2006, Rn. 216 ff.; *Sodan* DÖV 2002, 925 (935);

Sodan/Ziekow § 51 Rn. 42 ff.; *Detterbeck* DÖV 1990, 558 (560 ff.); *Gersdorf* Jura 1994, 398 (407); Umbach/Clemens/*Clemens* Art. 93 GG Rn. 71; Lechner/Zuck/*Zuck* BVerfGG-Kommentar, 5. Aufl. 2006, § 90 BVerfGG Rn. 157 ff.; *Zuck* FS Redeker 1993, S. 213 (219 f.); *Schenke* NJW 1986, 1451 (1456 ff.); *Erichsen* Jura 1991, 638 (641 f.); *Bettermann* AöR 86 (1961), 129 (169); *Schenke* Verfassungsgerichtsbarkeit und Fachgerichtsbarkeit, 1987, S. 20; ähnlich: BVerfGE 74, 69 (74 ff.); 86, 382 (386 f.); wohl auch: *Pieroth/Schlink* Rn. 1261; v. Mangoldt/Klein/Starck/*Voßkuhle* Art. 93 GG Rn. 191; *Gerontas* DÖV 1982, 440 (443 ff.); *Ho Chung* Bedeutung des § 90 BVerfGG für die Zulässigkeit der Verfassungsbeschwerde unmittelbar gegen Gesetze, 1993, S. 262 f.; AK-GG/*Rinken* Art. 93 GG Rn. 60c; Umbach/Clemens/Dollinger/*Sperlich* BVerfGG-Kommentar, 2. Aufl. 2005, § 90 BVerfGG Rn. 127 ff.; *Stern* Bd. III/2, S. 1331.

1. Argument

Es entspricht der grundgesetzlichen Zuständigkeitsverteilung und Aufgabenzuweisung, wonach grundsätzlich die Fachgerichte Rechtsschutz (auch) gegen Verfassungsverletzungen zu gewähren haben. Es muss daher weitreichend ihnen überantwortet werden, zeitlich vorrangig vor dem BVerfG etwaige Verfassungsverletzungen, die von einem Gesetz ausgehen, zu prüfen. Dies bedeutet auch, dass der Beschwerdeführer umfangreich um fachgerichtlichen Rechtsschutz nachsuchen muss bzw. diesen ggf. auch erst selbst ermöglichen muss.

2. Argument

Die einzige Aufgabe des BVerfG ist es, Verfassungsschutz zu gewährleisten. Um diese Aufgabe effektiv wahrnehmen zu können und um sich auf diese Aufgabe auch zu beschränken, ist es nötig, dass dem BVerfG ein in tatsächlicher und einfachgesetzlicher Hinsicht möglichst umfassend aufbereiteter Fall vorgelegt wird. Diese Aufbereitung geschieht durch die Fachgerichte. Auch wenn ein Beschwerdeführer sich gegen eine Norm wendet, die unmittelbar vollzugsfähig ist, so ist die besagte Fallaufbereitung nicht entbehrlich, da z.B. aus tatsächlichen Umständen heraus entgegen der Auffassung des Beschwerdeführers die Norm auf ihn gar keine Anwendung finden und das zuständige Fachgericht nach erfolgter Herbeiführung eines Einzelfallaktes dies in seiner Entscheidung zum Ausdruck bringen und der Beschwer des Beschwerdeführers somit bereits abhelfen kann.

3. Argument (Anmerkung: Es handelt sich hierbei um einen alternativen Begründungsansatz, der gar nicht auf die Figur der Subsidiarität der Verfassungsbeschwerde zurückgreift, aber zum gleichen Ergebnis gelangt)

Das Gebot der Rechtswegerschöpfung des § 90 II 1 BVerfGG verlangt nicht nur die Erschöpfung des fachgerichtlichen Rechtsschutzes, der unmittelbar gegen den Angriffsgegenstand der Verfassungsbeschwerde zur Verfügung steht. Es verlangt darüber hinaus auch dann die Inanspruchnahme fachgerichtlichen Rechtsschutzes, wenn er nicht unmittelbar, sondern lediglich mittelbar gegen den Angriffsgegenstand der Verfassungsbeschwerde möglich ist. Dies bedeutet für die Rechtssatzverfassungsbeschwerde, dass unter Rechtsweg i.S.v. § 90 II 1 BVerfGG nicht nur der unmittelbar gegen das angegriffene Gesetz zur Verfügung stehende Rechtsweg gemeint ist, sondern auch ein Rechtsweg, in dem das Gesetz mittelbar einer fachgerichtlichen verfassungsrechtlichen Überprüfung unterzogen werden kann.

II. (hier sog.) **Unzumutbarkeitstheorie**

Wenn der Beschwerdeführer mit seiner Verfassungsbeschwerde sich gegen eine Norm wendet, die nicht der Umsetzung im Einzelfall bedarf, so ist es ihm nicht zuzumuten, zuerst noch einen einzelfallbezogenen Akt herbeizuführen, bevor er zulässig Verfassungsbeschwerde erheben kann. Er kann dies vielmehr direkt tun.

Vertreten von:
Van den Hövel NVwZ 1993, 549 (551); *van den Hövel* Zulässigkeits- und Zulassungsprobleme der Verfassungsbeschwerde gegen Gesetze, 1990, S. 116 ff.; *Hagedorn* NJW 1985, 2177 (2179); *Pestalozza* Verfassungsprozessrecht, 3. Aufl. 1991, § 12 Rn. 12; Dreier/*Wieland* Art. 94 GG Rn. 29; Jarass/Pieroth/*Pieroth* Art. 93 GG Rn. 58; *Posser* Die Subsidiarität der Verfassungsbeschwerde, 1993, S. 456–460; wohl auch: *Klein* FS Zeidler, 1987, Bd. II, S. 1325 (1326 f. und 1339 f.); *Benda/Klein* Verfassungsprozessrecht, 2. Aufl. 2001, Rn. 593 ff. (insbesondere 608); v. Münch/Kunig/*Meyer* Art. 93 GG Rn. 59; *Vitzthum* in: Stern (Hrsg.), Deutsche Wiedervereinigung, Bd. II, 1991, S. 3 (8); kritisch zur Theorie der umfassenden Geltung des Subsidiaritätsgrundsatzes auch: Maunz/Schmidt-Bleibtreu/Klein/Bethge/*Schmidt-Bleibtreu* BVerfGG-Kommentar, § 90 BVerfGG Rn. 194.

1. Argument
Einer so weitreichenden Geltung des Subsidiaritätsgrundsatzes wie sie die Theorie der umfassenden Geltung annimmt, steht die Grundidee des Art. 19 IV GG entgegen. Danach steht demjenigen, der durch die öffentliche Gewalt in seinen Rechten verletzt wird, der Rechtsweg offen. Wenn § 90 II 1 BVerfGG das Erfordernis der Rechtswegerschöpfung normiert, es aber keinen Rechtsweg gibt und die angegangene Norm mangels dazwischengeschalteten Vollziehungsakt den Beschwerdeführer direkt betrifft und somit auch das Merkmal der unmittelbaren Betroffenheit erfüllt ist, so geht es über die Grenzen der zulässigen Rechtsfortbildung hinaus, vom Beschwerdeführer auch noch zu verlangen, einen Rechtsakt zu provozieren, um dadurch den fachgerichtlichen Rechtsweg beschreiten zu können.

2. Argument
Wenn man von dem Beschwerdeführer verlangt, hinsichtlich einer an sich nicht auf Vollzug im Einzelfall angelegten Norm dennoch einen einzelfallbezogenen Vollzugsakt zu provozieren, so bedeutet dies nichts anderes als dem Beschwerdeführer aufzuerlegen, sich zunächst formal gegen die Rechtsordnung stellen zu müssen. Man drängt ihn damit aber in die Nähe der Selbstjustiz, ein von ihm als verfassungswidrig eingeschätztes Gesetz (zunächst) zu ignorieren.

3. Argument
Die Figur der Subsidiarität der Verfassungsbeschwerde ist (auch) von dem Gedanken bestimmt, dass das BVerfG entlastet werden soll und zeitlich vorrangig die Fachgerichte möglichst umfassend auch über die Frage der Grundrechtsverletzung des Beschwerdeführers durch einen Akt öffentlicher Gewalt entscheiden sollen. Jedenfalls dann, wenn sich der Beschwerdeführer gegen eine parlamentsgesetzliche Norm wendet, greifen diese Beweggründe aber nicht durch. Denn wenn die vom Beschwerdeführer angegangene Norm auch vom Fachgericht für verfassungswidrig erachtet wird, so kann es selbst nicht abhelfen, sondern muss dem BVerfG nach Art. 100 I GG

vorlegen. Erachtet das Fachgericht die Norm nicht für verfassungswidrig, muss der Beschwerdeführer alle fachgerichtlichen Instanzen durchlaufen, bevor er sich schließlich an das BVerfG wenden kann. Letztlich wird also so oder so das BVerfG mit der Prüfung der Verfassungswidrigkeit der angegangenen Norm befasst – allerdings mit dem Unterschied, dass bei einer extensiven Auslegung der Subsidiarität der Verfassungsbeschwerde dem Beschwerdeführer viel Zeit und Geduld abverlangt werden, bevor sein eigentliches Klageziel adäquat geprüft werden kann.

4. Argument
Das Ziel der Entlastung des BVerfG wird bei einer extensiven Auslegung der Subsidiarität der Verfassungsbeschwerde nicht erreicht, weil das BVerfG nach den von ihm zugrundegelegten Maßstäben oft in eine recht umfangreiche Prüfung in Form einer »Qualitätskontrolle« einsteigen muss, ob der Beschwerdeführer nun wirklich alles versucht hat, um fachgerichtlichen Rechtsschutz nachzusuchen (bzw. um dessen Eröffnung durch Provokation überhaupt erst möglich zu machen). Die Zeit und Energie, die in eine solche Prüfung investiert wird, könnte das BVerfG stattdessen ebenso gut sogleich in die Prüfung der Verfassungsmäßigkeit der vom Beschwerdeführer angegangenen Norm investieren.

5. Argument
Die komplizierten Kriterien, die die Theorie der umfangreichen Geltung des Subsidiaritätsgrundsatzes aufstellt, bevor ein Beschwerdeführer zulässig Verfassungsbeschwerde erheben kann, nehmen der Verfassungsbeschwerde ihren Charakter als Jedermannsrecht und führen dazu, dass nur noch mit Hilfe eines im Verfassungsprozessrecht erfahrenen Rechtsanwalts zulässig Verfassungsbeschwerde erhoben werden kann.

6. Argument
Von dem Beschwerdeführer die Provokation eines Vollzugsaktes zu verlangen, ist unzumutbar, da er dann Gefahr läuft, in der Öffentlichkeit als »Rechtsnormmissachter« und somit als Querulant angesehen zu werden.

Beispiel und ergänzende Hinweise:

1. Im Ausgangsfall ist die Verfassungsbeschwerde nach der Theorie der umfassenden Geltung des Subsidiaritätsgrundsatzes unzulässig. Das BVerfG (siehe zum Folgenden BVerfGE 97, 157 [165 f.]) hat dazu in der Entscheidung, der der Ausgangsfall nachgebildet ist, ausgeführt, dass A durch § 11 PresseG selbst, gegenwärtig und unmittelbar betroffen sei. Die gegenwärtige Betroffenheit folge daraus, dass die Rechtsfolgen des Gesetzes – nämlich der Gegendarstellungsanspruch – nicht ohne weiteres einträten, sondern den A erst dann träfen, wenn ein Gegendarstellungsverlangen aus Anlass einer bestimmten Meldung erhoben werde; der Eintritt eines solchen Falles könne aber als sicher gelten und zum anderen erschöpften sich die Wirkungen der Norm nicht in der Regelung konkreter Streitfälle, sondern die Norm sei geeignet, das Verhalten der im Pressewesen Tätigen schon im Vorfeld eines bestimmten Gegendarstellungsverlangens zu beeinflussen. Der Zulässigkeit der Verfassungsbeschwerde stehe aber der Grundsatz der Subsidiarität der Verfassungsbeschwerde entgegen. Denn A könne und müsse Abhilfe auf dem fachgerichtlichen Rechtsweg erlangen. Wenn A einem Gegendarstellungsverlangen nicht nachkomme, so entschieden über dessen Be-

rechtigung auf Antrag des von der Mitteilung Betroffenen die Zivilgerichte. Diese hätten die Verfassungsmäßigkeit der gesetzlichen Grundlage zu prüfen und gegebenenfalls die Entscheidung des BVerfG nach Art. 100 I GG einzuholen.

Nach der Unzumutbarkeitstheorie wird man dazu kommen müssen, dass die Verfassungsbeschwerde zulässig ist. Danach wäre es unzumutbar von A zu verlangen, sich angesichts des klaren und eindeutigen Wortlautes des § 11 PresseG einem Gegendarstellungsverlangen zu verweigern. Er müsste sich nämlich zunächst formal gegen die Rechtsordnung stellen, nur um so einen Akt öffentlicher Gewalt in Form eines zivilgerichtlichen Urteils, in dem über den Gegendarstellungsanspruch entschieden wird, gewissermaßen zu provozieren und dann den Rechtsweg gegen dieses Urteil zu erschöpfen.

2. Die Subsidiarität der Verfassungsbeschwerde kommt nicht nur bei der Rechtssatzverfassungsbeschwerde zum Tragen, sondern auch bei der Urteilsverfassungsbeschwerde. Dies soll hier lediglich kurz angedeutet werden: Nicht schon über das Erfordernis der Rechtswegerschöpfung abgedeckt sind Fallgestaltungen, in denen es z.B. darum geht, ob der Beschwerdeführer auch von nichtförmlichen Rechtsbehelfen wie z.B. einer Gegenvorstellung im Strafverfahren (dazu BVerfGE 63, 77 ff.) Gebrauch machen muss (zahlreiche weitere Beispiele bei *Sodan* DÖV 2002, 925 [929–931].

3. Sowohl für die Urteils- als auch für die Rechtssatzverfassungsbeschwerde gibt es nach dem BVerfG weitere Ausprägungen des Subsidiaritätsprinzips. Als sog. materielle Subsidiarität wird das Erfordernis angesehen, dass die vom Beschwerdeführer behauptete Grundrechtsverletzung bereits im fachgerichtlichen Verfahren geltend gemacht werden muss – dass also das Fachgericht auch durch den Vortrag des Beschwerdeführers schon Anlass bekommt, sich mit den verfassungsrechtlichen Fragen auseinander zu setzen (dazu etwa *Kreuder* NJW 2001, 1243 [1246], m.w.N.). Durchläuft der Beschwerdeführer also lediglich formal die fachgerichtlichen Instanzen, ohne dort schon umfassend (auch) die seiner Ansicht nach gegebene Grundrechtsverletzung vorgetragen zu haben, so soll die Verfassungsbeschwerde unzulässig sein.

4. Wichtig ist, dass nach wohl einhelliger Ansicht die Subsidiarität der Verfassungsbeschwerde stets unter dem Vorbehalt ihrer Zumutbarkeit für den Beschwerdeführer steht. Auch die Anhänger der Theorie der umfangreichen Geltung des Subsidiaritätsgrundsatzes nehmen eine Unzumutbarkeit etwa an, wenn in einem Straf- oder Ordnungswidrigkeitenverfahren für den Beschwerdeführer die Möglichkeit einer Inzidentkontrolle durch die Fachgerichte in Frage steht. Der Beschwerdeführer, der eine strafgesetzliche Norm für verfassungswidrig erachtet, muss also nicht erst den strafgerichtlichen Instanzenzug beschreiten (was im Falle einer ausgesprochenen Freiheitsstrafe zur Folge hätte, dass er während der Dauer des Ganges durch die fachgerichtlichen Instanzen die Freiheitsstrafe auch bereits verbüßen müsste), sondern kann sogleich zulässig Rechtssatzverfassungsbeschwerde vor dem BVerfG erheben (vgl. dazu *Hillgruber/Goos* Verfassungsprozessrecht, 2. Aufl. 2006, Rn. 229; BVerfGE 81, 70 [82]). Weiterhin anerkennt das BVerfG, dass es unzumutbar ist, den fachgerichtlichen Rechtsweg zunächst zu beschreiten, wenn die fragliche Norm bereits mit ihrem Inkrafttreten den Beschwerdeführer zu später nicht mehr korrigierbaren Entscheidungen und Dispositionen von nicht unerheblicher Tragweite veranlasst (vgl. dazu BVerfGE 77, 84 [100 f.]).

5. Es ist ferner § 90 II 2 BVerfGG zu beachten. Danach kann das BVerfG unter den dort genannten Voraussetzungen über eine Verfassungsbeschwerde bereits vor Er-

schöpfung des Rechtswegs und somit erst recht auch trotz Nichterfüllung der an sich nach der Subsidiarität der Verfassungsbeschwerde erforderlichen Voraussetzungen sofort entscheiden (siehe als Beispiele dazu BVerfGE 84, 90 [116 f.]; 93, 319 [338 ff.]).

6. Falllösungen: *Volkmann* Fälle 2, 5; *Heimann/Kirchhof/Waldhoff* Fall 8; *Degenhart* Klausurenkurs II, Fall 5.

40. Problem: Können politische Parteien Antragsteller im Organstreitverfahren sein?

Beispiel:

Die X-Partei wandte sich 1990 gegen Regelungen des BWahlG, wonach bei der ersten gesamtdeutschen Bundestagswahl im Jahr 1990 Listenverbindungen von Parteien möglich waren. Parteien konnten danach ihre Landeslisten verbinden, um als bloße Zählgemeinschaft die 5%-Klausel gem. § 6 VI 1, 1. Alt. BWahlG zu überwinden. Die X-Partei sah darin eine Verletzung der Chancengleichheit bei Wahlen. Kann bzw. muss die X-Partei, wenn sie vor dem BVerfG gegen die gesetzliche Regelung vorgehen möchte, das Organstreitverfahren beschreiten (nach BVerfGE 82, 322 ff.)?

Ausgangspunkt:

Unbestritten ist, dass im Grundsatz eine politische Partei antragsberechtigt im Verfassungsbeschwerdeverfahren vor dem BVerfG sein kann, sofern die Voraussetzung des Art. 19 III GG vorliegt, dass sie Grundrechte geltend macht, soweit sie ihrem Wesen nach auf sie anwendbar sind (siehe zu diesem Merkmal von Art. 19 III GG das 2. Problem). Denn eine Partei ist nach der Definition des § 2 I PartG eine Vereinigung von natürlichen Personen; sie kann gem. § 3 PartG ohne Rücksicht darauf, ob sie als juristische Person des Privatrechts gegründet worden ist, unter ihrem Namen klagen und verklagt werden. Sie ist daher eine juristische Person i.S.v. Art. 19 III GG.

Ob politische Parteien auch Antragsteller im Organstreitverfahren sein können bzw. dieses Verfahren statt der Verfassungsbeschwerde in bestimmten Konstellationen sogar anstrengen müssen, ist hingegen umstritten. Ausgangspunkt dieses Streits sind Art. 93 I Nr. 1 GG und § 63 BVerfGG, wo jeweils die möglichen Antragsteller im Organstreitverfahren genannt sind. Nach § 63 BVerfGG können Antragsteller nur sein der Bundespräsident, der Bundesrat, die Bundesregierung und die im Grundgesetz oder in der Geschäftsordnung des Bundestages und des Bundesrates mit eigenen Rechten ausgestatteten Teile dieser Organe. Die Parteien sind dort also nicht explizit aufgeführt und man ist sich auch einig, dass sie nicht ein Teil der dort genannten Organe sind. Nach Art. 93 I Nr. 1 GG entscheidet indes das BVerfG nicht nur über Streitigkeiten über den Umfang der Rechte und Pflichten eines obersten Bundesorgans (insofern deckt sich Art. 93 I Nr. 1 GG mit § 63 BVerfGG), sondern auch »anderer Beteiligter, die durch dieses Grundgesetz oder in der Geschäftsordnung eines obersten Bundesorgans mit eigenen Rechten ausgestattet sind«. Art. 93 I Nr. 1 GG ist also sprachlich weiter gefasst als § 63 BVerfGG. Den politischen Parteien ist in

Art. 21 GG ein eigener Grundgesetzartikel gewidmet. In dieser Norm könnten die Parteien mit eigenen Rechten ausgestattet und als solche andere Beteiligte nach Art. 93 I Nr. 1 GG sein.

I. (hier sog.) **Differenzierende Theorie**

Eine politische Partei kann und muss die Verletzung ihres durch Art. 21 I GG garantierten verfassungsrechtlichen Status und der ihr dadurch vermittelten Rechte ausschließlich im Wege des Organstreitverfahrens geltend machen, sofern sie mit dem Antragsgegner in einem verfassungsrechtlichen Rechtsverhältnis zueinander steht und der Antragsgegner somit im Rahmen des Organstreitverfahrens parteifähig ist. Sofern diese Voraussetzungen nicht erfüllt sind, kann und muss sie die Verletzung anderer Rechte (Grundrechte) im Wege der Verfassungsbeschwerde geltend machen.

Vertreten von:
BVerfGE 1, 208 (226); 4, 27 (30 f.); 7, 99 (103); 13, 1 (9); 13, 54 (84); 14, 121 (129); 20, 119 (128 f.); 20, 134 (140); 24, 260 (263); 24, 300 (329); 44, 125 (136 f.); 60, 53 (61); 66, 107 (115); 73, 1 (27); 74, 44 (48 f.); 74, 96 (100); 79, 379 (383 f.); 82, 322 (335); 84, 290 (298); 103, 164 (168); 110, 403 (405); Maunz/Schmidt-Bleibtreu/Klein/Bethge/*Bethge*, § 63 BVerfGG Rn. 56–64; *Degenhart* Rn. 96 f.; *Fleury* Verfassungsprozessrecht, 8. Aufl. 2009, Rn. 53; *Hillgruber/Goos* Verfassungsprozessrecht, 2. Aufl. 2006, Rn. 352; *Benda/Klein* Verfassungsprozessrecht, 2. Aufl. 2001, Rn. 1011; *Pestalozza* Verfassungsprozessrecht, 3. Aufl. 1991, § 7 Rn. 12; *Robbers* JuS 1994, 129 (131); *Stein/Frank* § 23 VII; *Hesse* Rn. 177, 679; *Sodan/Ziekow* § 52 Rn. 6; Epping/Hillgruber/*Butzer* Art. 38 GG Rn. 120.

1. Argument
Politischen Parteien kommt auf Grund ihres besonderen, in Art. 21 GG umschriebenen verfassungsrechtlichen Status eine organschaftliche Qualität zu. Parteien sind mittels Art. 21 GG ins Verfassungsrecht inkorporiert und zu verfassungsrechtlichen Institutionen erhoben worden. Dies hat die prozessuale Konsequenz, dass sie im Organstreitverfahren Antragsteller sein können.

2. Argument
Die Inkorporierung von politischen Parteien ins Verfassungsrecht reicht nur soweit, wie um Rechtspositionen aus Art. 21 GG gestritten wird. Daraus folgt, dass für die übrigen (Grund-) Rechtspositionen das Verfassungsbeschwerdeverfahren offen steht, denn insoweit suchen politische Parteien wie normale Bürger um verfassungsgerichtlichen Rechtsschutz nach.

3. Argument
Mit der Formulierung »oder anderer Beteiligter« in Art. 93 I Nr. 1 GG wollte der Parlamentarische Rat an die Rechtsprechung des Staatsgerichtshofs für das Deutsche Reich anknüpfen und politische Parteien wurden dort stets als parteifähig im Organstreitverfahren angesehen.

4. Argument (gegen die ausschließliche Verfassungsbeschwerdetheorie)
Die ausschließliche Verfassungsbeschwerdetheorie, die nur die Verfassungsbeschwerde als verfassungsprozessualen Rechtsbehelf der politischen Parteien annimmt, er-

kennt nicht hinreichend, dass Art. 21 GG selbst nicht zu den nach Art. 93 I Nr. 4a GG im Rahmen der Verfassungsbeschwerde rügefähigen Grundrechten gehört und auch dessen gelegentliche Qualifikation als grundrechtsgleiches oder grundrechtsähnliches Recht der politischen Parteien unzutreffend ist. Die Gegenansicht führt daher zu einer erheblichen Verkürzung der verfassungsprozessualen Rechtsschutzmöglichkeiten politischer Parteien.

5. Argument
Eine in fünf Jahrzehnten gewachsene und gefestigte BVerfG-Rechtsprechung trägt ihren Wert in sich. Man kann womöglich sogar schon von durch das BVerfG geschaffenem Verfassungsgewohnheitsrecht sprechen.

II. (hier sog.) **Ausschließliche Verfassungsbeschwerdetheorie**

Eine politische Partei kann nie Antragsteller im Organstreitverfahren sein. Das einzige Verfahren, welches ihr vor dem BVerfG offen stehen kann, ist die Verfassungsbeschwerde.

Vertreten von:
Ipsen I, Rn. 886; Sachs/*Ipsen* Art. 21 GG Rn. 50–52; *Maurer* § 11 Rn. 25 f.; *Maurer* JuS 1992, 296 (296 f.); v. Münch/Kunig/*Kunig* Art. 21 GG Rn. 31; v. Mangoldt/Klein/Starck/*Streinz* Art. 21 GG Rn. 147; BK/*Henke* Art. 21 GG Rn. 254; *Dißmann* Rechtsschutz für politische Parteien, 1992, S. 208 ff.; kritisch gegen die differenzierende Theorie, letztlich diese aber nicht eindeutig ablehnend: *Schlaich/Korioth* Das BVerfG, 8. Aufl. 2010, Rn. 92; Maunz/Dürig/*Klein* Art. 21 GG Rn. 400 f.; BK/*Stern* Art. 93 GG Rn. 139; Sodan/*Leisner* Art. 21 GG Rn. 18.

1. Argument
Politische Parteien sind unbeschadet ihrer ausdrücklichen verfassungsrechtlichen Anerkennung und ihrer grundgesetzlichen Ausstattung mit einer spezifischen Rechtsposition gerade nicht Bestandteil der staatlichen Ämterorganisation, zu der die Beteiligten eines verfassungsgerichtlichen Organstreitverfahrens begriffsnotwendig gehören.

2. Argument (gegen die differenzierende Theorie)
Die differenzierende Theorie unterscheidet zwischen einem engeren Begriff des Verfassungsorgans im verfassungsorganisatorischen Sinn und einem weiteren Begriff des Verfassungsorgans im verfassungsprozessualen Sinn, der auch Parteien einschließt. Dies stößt auf Bedenken, wenn man allgemeine organisationsrechtliche Maßstäbe anlegt. Denn es gibt Organe des Staates, die für den Staat handeln, aber keine Organe der Verfassung. Ein Verfassungsorgan bildet einen Unterfall der Staatsorgane und letzteres erfasst diejenigen Organe, die ihre Grundlage in der Verfassung haben. Die politischen Parteien sind nach heute unbestrittener Auffassung keine Staatsorgane und können daher auch keine Verfassungsorgane sein. Damit fehlt aber eine wesentliche Voraussetzung des Organstreitverfahrens, das gerade zwischen zwei Verfassungsorganen stattfindet.

3. Argument
Die abschließende Aufzählung der Beteiligten im Organstreitverfahren in § 63 BVerfGG erwähnt die Parteien eindeutig nicht und angesichts des Wortes »nur« in

§ 63 BVerfGG ist die dortige Aufzählung auch abschließend. Eine verfassungskonforme Auslegung oder ein Rückgriff auf Art. 93 I Nr. 1 GG ist deshalb nicht möglich. Die Gegenansicht müsste § 63 BVerfGG für verfassungswidrig erachten, doch diese Konsequenz zieht niemand.

4. Argument
Es würde der Klarheit hinsichtlich der »richtigen« Verfahrenart vor dem BVerfG dienen, wenn man Parteien generell als Erscheinungen des gesellschaftlichen Bereichs ansehen und auf die entsprechenden Rechtsbehelfe des öffentlichen Rechts, des Zivilrechts und ggf. des Strafrechts verweisen würde, wobei dann letztlich nach Erschöpfung des Rechtswegs allein die Verfassungsbeschwerde offen steht.

5. Argument
Die Reduzierung der politischen Parteien im Verfassungsprozess auf eine allen anderen privat begründeten Vereinigungen gleiche formale Stellung würde den Rechtsschutz nicht schmälern und die Wahrnehmung der von Art. 21 GG zugewiesenen Aufgaben nicht erschweren; sie würde dafür aber deutlich betonen, dass das System des Grundgesetzes nur den Staat und seine Bürger, nicht aber Zwitter kennt, die dazu tendieren können, den Staat mit sich selbst zu identifizieren.

6. Argument (gegen die differenzierende Theorie)
Soweit die differenzierende Theorie auf der Erwägung beruhen sollte, ohne die Eröffnung des Organstreitverfahrens mangele es den politischen Parteien an hinreichenden Rechtsschutzmöglichkeiten, so ist dies unzutreffend. Denn insbesondere Verstöße gegen den Gleichheitssatz, die in aller Regel Streitgegenstand sind, können im Wege der Verfassungsbeschwerde geltend gemacht werden.

7. Argument
Die Zulässigkeit des Organstreits für politische Parteien ist ein überkommenes historisches Relikt. Es stammt aus der Zeit der Rechtsprechung des Staatsgerichtshofs der Weimarer Zeit. Diese Rechtsprechung verschaffte den politischen Parteien mit dem Organstreit den Zugang zum Staatsgerichtshof, der ansonsten verschlossen gewesen wäre, da es noch keine Verfassungsbeschwerde gab. Heute bestehen solche drohenden Rechtsschutzlücken nicht mehr.

8. Argument (gegen die differenzierende Theorie)
Die differenzierende Theorie kann nicht plausibel erklären, wieso sie in Fallkonstellationen, in denen der Sache nach um Rechtspositionen allein aus Art. 21 GG gestritten wird, es aber an einem tauglichen Antragsgegner nach § 63 BVerfGG für ein Organstreitverfahren mangelt, die politischen Parteien als Antragsteller dann doch auf die Verfassungsbeschwerde verweist. Denn die zutreffende Bestimmung der Antragstellereigenschaft im Rahmen des Organstreitverfahrens muss unabhängig davon erfolgen, ob ein tauglicher Antragsgegner gegeben ist.

Beispiel und ergänzende Hinweise:

1. Im Ausgangsfall sah das BVerfG als Vertreter der differenzierenden Theorie für die X-Partei (allein) das Organstreitverfahren als statthafte Verfahrensart an. Denn die geltend gemachte Verletzung der Chancengleichheit bei Wahlen berührt sie in ihrem

Status aus Art. 21 GG. Die ausschließliche Verfassungsbeschwerdetheorie spricht der X-Partei die Antragstellereigenschaft für das Organstreitverfahren ab. Sie würde stattdessen die X-Partei auf die Verfassungsbeschwerde verweisen, wobei sie die Beschwerdebefugnis hinsichtlich der geltend gemachten Verletzung in der Chancengleichheit aus Art. 21 i.V.m. 3 I GG herleitet.

Ob man die Chancengleichheit der Parteien allein in Art. 21 I GG oder in Art. 21 I GG i.V.m. Art. 3 I GG verortet, macht für den Begründetheitsmaßstab keinen Unterschied, sondern hat seine Ursache allein in dem hier behandelten Problem. Praktische Unterschiede können sich allein im Hinblick auf das Erfordernis der Erschöpfung des Rechtswegs bzw. das Merkmal der Subsidiarität der Verfassungsbeschwerde (siehe dazu das 39. Problem) ergeben. Im Ausgangsfall ist kein Rechtsweg eröffnet, der zu erschöpfen wäre und auch aus dem Grundsatz der Subsidiarität der Verfassungsbeschwerde ergibt sich hier nichts anderes, so dass die X-Partei sofort Verfassungsbeschwerde erheben kann.

2. Die oppositionelle Y-Partei möchte in der Stadt Z eine Demonstration gegen die »soziale Kahlschlagspolitik« der Bundesregierung veranstalten. Das zuständige Ordnungsamt spricht ein Versammlungsverbot aus, da ein sicherer Ablauf der Demonstration nicht gewährleistet werden könne. Die Y-Partei sieht sich in ihrem Grundrecht aus Art. 8 I GG verletzt. Wie kann sie gerichtlichen Rechtsschutz nachsuchen?

Hier steht der Y-Partei nach einhelliger Ansicht nicht das Organstreitverfahren vor dem BVerfG offen, da keine Rechtsposition aus Art. 21 I GG in Streit steht. Vor dem BVerfG kommt daher allein die Verfassungsbeschwerde in Betracht. Zuvor müsste allerdings der Rechtsweg erschöpft werden; d.h. die Y-Partei muss zunächst Widerspruch gegen das Versammlungsverbot einlegen und, wenn dieser nicht Erfolg hat, den verwaltungsgerichtlichen Instanzenzug durchlaufen.

3. Falllösungen: *Höfling* Fälle zum Staatsorganisationsrecht, Fall 11; *Degenhart* Klausurenkurs I, Fall 1; *Degenhart* Klausurenkurs II, Fall 6.